Die Familie des Familienunternehmens

Fritz B. Simon (Hrsg.)

Ein System zwischen Gefühl und Geschäft

2002

Carl-Auer-Systeme im Internet: **www.carl-auer.de**
Bitte fordern Sie unser Gesamtverzeichnis an!

Carl-Auer-Systeme Verlag
Weberstr. 2
69120 Heidelberg

Satz u. Grafik: W. G. V. Verlagsdienstleistungen GmbH, Weinheim
Umschlaggestaltung: WSP Design, Heidelberg
Umschlagbild: © photodisc
Werksansicht Leimen mit freundlicher Genehmigung der HeidelbergCement AG
Printed in Germany
Druck und Bindung: Kösel, Kempten, www.koeselbuch.de

Erste Auflage, 2002
ISBN 3-89670-293-9

Die Deutsche Bibliothek - CIP-Einheitsaufnahme

Ein Titeldatensatz für diese Publikation ist bei
Der Deutschen Bibliothek erhältlich.

Inhalt

1. **Einleitung ... 7**
Zwischen Gefühl und Geschäft –
Familien und ihre Unternehmen
Fritz B. Simon

2. **Familien und Unternehmen ... 17**
Überlegungen zu Unterschieden, Gemeinsamkeiten
und den Folgen
Fritz B. Simon

3. **Die Familie des Familienunternehmens ... 35**
Besonderheiten der Familiendynamik
Fritz B. Simon

4. **Gerechtigkeit, Richtigkeit und Rechtmäßigkeit ... 55**
Entscheidungsfindung in Familienunternehmen
Fritz B. Simon

5. **Der Patriarch, die Familie, die Firma und der Konflikt ... 73**
Eine Falldarstellung
Bettina Haas

6. **Familienbetriebe als „Familien eigener Art" ... 115**
Bruno Hildenbrand

7. **Was steht auf Ihrer Bürotür, Frau Faust? ... 145**
Frauen in Geschäftsfamilien
Rosmarie Welter-Enderlin

8. Die „Dritte im Bunde" des Unternehmerpaares: die Bank ... 167
Margarete Haaß-Wiesegart

9. Der Dritte in der Eltern-Kind-Beziehung ... 179
Familiäre Funktionen des Fremdmanagers
Fritz B. Simon

10. Das Dilemma des Nachfolgers ... 187
Konflikte zwischen traditionellen und modernen Familienformen
Fritz B. Simon

11. „Eigentlich müsste man dich klonen ..." ... 209
Familiendynamische Aspekte einer Nachfolgeregelung
Tom Levold, Karin Martens-Schmid, Christiane Schuchardt-Hain

12. Familien- und Organisationsaufstellungen als eine neue Beratungsmethode für Familienunternehmen – ein Fallbeispiel ... 265
Gunthard Weber

13. AROMA – Zwei Familien und ein Unternehmen suchen ihre Zukunft ... 315
Zur Zukunftssicherung in Familienunternehmen
Reinhart Nagel, Margit Oswald, Rudolf Wimmer

14. Der goldene Käfig ... 339
Eine Unternehmerfamilie im Prozess der Autonomisierung
Reinhard Sieder

15. Nachbemerkung ... 367
Die Entkopplung von Familie und Unternehmen
Fritz B. Simon

Literatur ... 373
Über die Autoren ... 381
Über den Herausgeber ... 384

1. Einleitung

Zwischen Gefühl und Geschäft – Familien und ihre Unternehmen

Fritz B. Simon

Schlägt man den Wirtschaftsteil von Tageszeitungen oder Wochenmagazinen auf, so findet man fast regelmäßig Nachrichten oder Kommentare zum Thema Familienunternehmen. An erster Stelle steht dabei die Nachfolgefrage. In den nächsten zehn Jahren stellt sie sich in schätzungsweise 700 000 Unternehmen. Es handelt sich dabei um eine Frage, die nicht nur aus familiendynamischer Perspektive von großer Tragweite ist, sondern auch aus ökonomischer Sicht. Schließlich sind etwa 75–80 % aller Unternehmen im deutschsprachigen Raum – wie in der gesamten westlichen Welt – Familienunternehmen. Sie erwirtschaften ca. 66 % des Bruttoinlandsproduktes und sorgen dafür, dass 65 % aller Beschäftigten eine Arbeitsstelle haben.

Widmet man sich dem Thema Familienunternehmen, so ist man mit einem merkwürdigen Phänomen konfrontiert. Es betrifft sehr viele Personen, es wird viel darüber geredet, es ist nach allgemein geäußerter Einschätzung psychologisch wie wirtschaftlich von großer Bedeutung, und dennoch gibt es kaum systematisches Wissen – außer den Klatschgeschichten in der Regenbogen- und Wirtschaftspresse – darüber. Familienunternehmen sind, sowohl was die Familienseite als auch die Unternehmensseite betrifft, nicht näher erforscht, zumindest wenn man dies mit anderen Unternehmensformen oder anderen Familientypen (z. B. den Familien magersüchtiger Mädchen) vergleicht. Sucht man nach wissenschaftlichen Analysen, so ist man mit weißen Flecken auf der Landkarte konfrontiert. So gab es bis vor wenigen Jahren im ganzen deutschsprachigen Raum kein einziges Universitätsinstitut, das sich speziell mit Familienunternehmen beschäftigte. Erklären lässt sich dieser Kontrast zwischen allgemein bekundeter Wichtigkeit und wissenschaftlicher Ignoranz mit der Logik universitärer Strukturen. Die Betriebswirte beschäftigen sich mit Unternehmen und betrachten die Familie nur als Randbedingung. Dementsprechend gibt es viel Forschung zum Thema „Klein- und Mittelständische Unternehmen" (KMU), von denen auch viel in Vorwahlzeiten von den Vertretern der verschiedenen Parteien die Rede ist (die leidige Steuergesetzgebung ...). Obwohl die meisten kleinen und mittelständischen Unternehmen Familienunternehmen sind, ist diese Gleichsetzung aber nicht berechtigt. Definiert man solche Unternehmen als Familienunternehmen, bei denen eine Familie einen entscheidenden Einfluss auf die Firmenpolitik hat[1], so gibt es viele weltweit operierende Konzerne wie BMW, Ford und Bertelsmann, die man als Familienunternehmen betrachten kann. Was Familienunternehmen dabei von börsennotierten Aktiengesellschaften unterscheidet, ist nicht so sehr die Anzahl der Beschäftigten oder die Größe des Umsatzes, sondern die Qualität der Unternehmenskultur, der Umgang mit Fragen der Personalpolitik, die andersartigen Managemententscheidungen, die durch die Langfristigkeit der Planung möglich werden (im Gegensatz zu börsennotierten Unternehmen, die alle Vierteljahre Bericht über Umsatz und Gewinnerwartung geben müssen und bei allen Entscheidungen den Aktienkurs im Auge behalten müssen), und Ähnliches. All dies wird erst durch die Kopplung von Familie und Unternehmen verständlich, durch die Langfristigkeit der Kapitalbindung, durch familiäre Spielregeln, die einen Einfluss auf das Unternehmen haben. Die Beschränkung der Beobachtung auf allein das Unternehmen reduziert die ko-evolutive Einheit „Familie plus Unternehmen" (falls man beides überhaupt trennen kann) in unangemessener Weise.

Analoges kann von der Familienforschung und -psychologie gesagt werden. Wenn die Familie des Familienunternehmens unabhängig von der Tatsache betrachtet wird, dass sie eng mit einem Unternehmen gekoppelt ist, so wird auch hier eine Rahmenbedingung vernachlässigt, die von entscheidender Bedeutung für die Entwicklung der Familiendynamik wie auch die individuelle

1 Vgl. die Definition von Wimmer et al. (1996)

Psychodynamik ihrer Mitglieder ist. Es macht eben einen Unterschied, ob Mutter und Vater an getrennten Arbeitsstellen arbeiten, ob sie selbstständig sind oder in langfristig gesicherten Beschäftigungsverhältnissen, ob sie abends nach Hause kommen und die Familie als kompensatorische Gegenwelt zur Arbeit sehen können oder ob sie ihre beruflichen und wirtschaftlichen Sorgen mit zum gemeinsamen Abendessen nehmen. Und für die Kinder ergeben sich ganz andere Dilemmata bei ihren Lebensentscheidungen, wenn sie die Chance haben, in eine ökonomische Erfolgsgeschichte einzusteigen – die aber nicht primär ihre ist –, sie die Last einer familiären Tradition, der Delegationen früherer Generationen, auf ihren Schultern spüren und sie vor der Frage stehen, ob sie nun ihre eigenen Talente und Begabungen nutzen, um sich selbst zu „verwirklichen“ oder ob sie das Risiko eingehen, familiären Erwartungen nicht gewachsen zu sein.

Da sich Familienforscher nur für Familien, Ökonomen nur für Unternehmen interessieren, fallen Familienunternehmen bzw. Familie und Unternehmen als soziale Systeme, die eine gemeinsame Geschichte durchlaufen, durch den Rost unseres Wissenschaftssystems.

Ziel dieses Buches ist es, den Fokus der Aufmerksamkeit auf die Familie des Familienunternehmens zu lenken. Dabei gilt es, die Bedingungen, die solche Familien zu besonderen Familien machen, zu berücksichtigen und zu analysieren. Doch der Begriff Familie des Familienunternehmens ist, zugegebenermaßen, nicht unproblematisch, da er nur zu leicht suggerieren könnte, es gäbe so etwas wie „die“ Familie des Familienunternehmens. Das ist aber nicht der Fall. Schließlich sind die Bedingungen des Unternehmens wie der Familie, die Ein- und Ausschließung von Familienmitgliedern als Gesellschafter und Mitarbeitern des Unternehmens zu vielgestaltig, als dass von einem einzigen Familientyp gesprochen werden könnte. Dennoch verbindet all diese Familien etwas: dass sie sich mit Fragen der Unternehmensführung und des Eigentums auseinander setzen müssen. Schaut man auf das Spektrum möglicher Konstellationen, so empfiehlt sich zur Orientierung folgendes Schema, in dem Familie, Unternehmen und Eigentum zueinander in Beziehung gesetzt werden.

Das Schema zeigt, dass Familienmitglied nicht gleich Familienmitglied ist, dass es auch innerhalb von Familien große Status- und

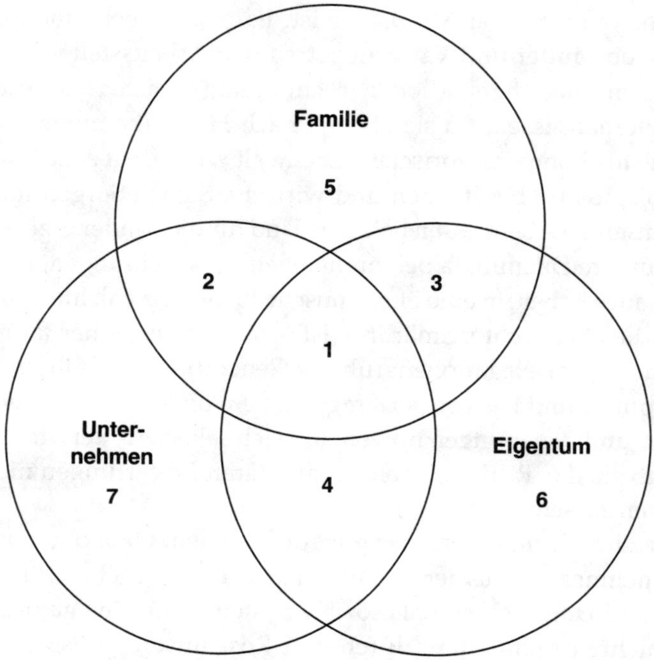

Abb. 1: Die drei gekoppelten Systeme des Familienunternehmens: Familie, Unternehmen, Eigentum. Je nach Zugehörigkeit zu einem, zwei oder allen drei Systemen haben Einzelpersonen einen anderen Status und andere Beziehungen zueinander.

Verantwortungsunterschiede geben kann, die von der Zugehörigkeit zu den drei miteinander verbundenen und sich gegenseitig beeinflussenden Systemen Familie, Unternehmen und Eigentum abhängen. Ob man zu allen drei, zu zwei oder nur zu einem – und dann zu welchem? – gehört, hat weit reichende Folgen. Und diese Folgen erstrecken sich nicht allein auf das Unternehmen und dessen Dynamik, sondern auch und vor allem auf die Familie und ihre Dynamik.

Die drei sich überschneidenden Kreise sollen die Besonderheit von Familienunternehmen symbolisieren. Wenn wir unser Wirtschaftssystem und die unterschiedlichen Familien- und Unternehmensformen betrachten, so zeigt sich, dass wir es mit einem Spektrum zu tun haben, auf dessen einer Seite die drei Kreise sich nicht nur überschneiden, sondern zur Deckung kommen. Es sind dies

Unternehmen, wie sie heutzutage kaum noch (wahrscheinlich noch am ehesten in der Gastronomie, in kleinen Beratungsunternehmen, Steuerberatungsbüros o. Ä.) zu finden sind, in denen alle Familienmitglieder in der Firma arbeiten, allen gemeinsam gehört das Geschäft, und es werden keine Fremden beschäftigt. Diesem Extrem steht auf der anderen Seite des Spektrums die vollkommene Entflechtung dieser drei Kreise gegenüber. Sie überschneiden sich gar nicht mehr, d. h. die Mitarbeiter eines Unternehmens sind weder verwandt noch verschwägert und es arbeiten keine Personen, die zur selben Familie gehören, im selben Unternehmen, die Familienmitglieder haben ausschließlich eine familiäre Beziehung zueinander und das Kapital ist auf Personen oder Investoren verteilt, die weder in der Firma arbeiten, noch irgendwelchen privaten Interessen nachgehen, die sie mit der Firma verbinden. Die drei Systeme Familie, Unternehmen und Kapital sind gegeneinander abgegrenzt und folgen in ihren Entscheidungen ihrer eigenen Logik. Sie interagieren miteinander als Systeme, aber es gibt keine Akteure, die eine Doppelrolle als Mitglied oder Teilnehmer an mehreren dieser Systeme haben.

In Familienunternehmen ist diese Trennung nicht gegeben. Darin liegt ihre Chance und ihr Risiko. Da jedes Familienunternehmen irgendwo zwischen diesen beiden hier skizzierten Endpunkten des Spektrums positioniert ist, ist seine Situation und die der Familie immer ein wenig anders und speziell geartet. Es gibt Unternehmen, in denen das gesamte Kapital in den Händen der Familie ist, aber kein Familienmitglied in der Firma arbeiten darf (!), andere, in der nur diejenigen, die im Unternehmen arbeiten als Familie im engeren Sinne betrachtet werden usw. Es gibt zahlreiche Möglichkeiten, diese drei Bereiche und Zugehörigkeiten miteinander zu kombinieren und sie zu organisieren. Das gilt es zu bedenken. Dennoch kann man wohl feststellen, dass die Spezifität der Familien- und Unternehmensdynamik, sei sie nun positiv oder negativ bewertet, stets aus dem Spannungsverhältnis dieser drei Systeme resultiert.

Jenseits solch eines analytischen Ansatzes entfaltet sich diese Spannung im Alltag konkret in der Interaktion und Kommunikation im Unternehmen und in der Familie, d. h. in erlebbaren Bindungen und Konflikten, in Liebe und Hass, in rationaler Kalkulation und emotionaler Reaktion, in Gefühlen und Geschäften.

Wenn man es etwas formelhaft und verkürzt ausdrücken will, so kann man feststellen, dass Menschen sich aus (zumindest) zwei unterschiedlichen Gründen aufeinander einlassen: Was sie verbindet und dazu veranlässt, eine (zumindest zeitweise) gemeinsame Geschichte zu durchleben, ist das Geld oder die Liebe.

Seit geraumer Zeit ist es in unseren Breiten eher unüblich, sich seine Frau oder seinen Mann zu kaufen oder durch den Tausch gegen eine größere Zahl von Rindern zu (er-)„werben". Stattdessen herrscht die Erwartung oder Hoffnung, Partnerschaften würden oder sollten im Feuer von Leidenschaft und Liebe geschmiedet werden. Dieser Erwartung gemäß hält sich denn auch die Überraschung in Grenzen, wenn nach einer Phase der Abkühlung die Beziehung wieder aufgelöst wird.

Der Bereich, in dem Gefühle die Kommunikation in zentraler Weise bestimmen, wird in unserer westlichen industriellen Gesellschaftsform im allgemeinen dem „Privatleben" zugerechnet. Die sozialen Systeme, in denen das Gefühlsleben seinen legitimen Ort hat, sind die Paarbeziehung und die Familie (in welcher spezifischen Form auch immer). Hier werden die Entscheidungen nicht nach monetären Gesichtspunkten getroffen, und es wird nicht nüchtern die in Euro und Cent berechenbare Rentabilität des gegenseitigen Gebens und Nehmens berechnet. Der erwartete Lohn wird in anderer, ideeller Weise gefordert und bezahlt (z. B. in Verpflichtungs- und Schuldgefühlen, Dankbarkeit, Anerkennung etc. und eben: gezeigter oder geforderter Liebe). Die Familie ist im reinen Geldsinne eine (mehr oder weniger) ökonomiefreie Zone, zumindest ist das Familienleben in diesem Sinne meist ein schlechtes „Geschäft".

Diesem Typ sozialen Systems stehen diejenigen Systeme gegenüber, bei denen nicht erwartet wird, dass irgendwelche Gefühlsbindungen bestehen oder entstehen. Es sind Organisationen, die in unserer Gesellschaft dafür sorgen, dass unterschiedliche gesellschaftliche Funktionen ausgeführt und gesichert werden. Hier wird man für seine Leistungen bzw. die Übernahme sachlicher und fachlicher Aufgaben nicht nur anerkannt und mit Dankbarkeit honoriert, sondern im Allgemeinen bezahlt. Dies ist einer der Gründe, warum man überhaupt zusammenkommt, und die Beziehungen, die man knüpft, sind Arbeitsbeziehungen. Dass bei den jeweiligen Akteuren auch Gefühle ausgelöst werden, ist unvermeidlich, aber nicht konstituierend für die jeweilige Organisation. Oft werden sie sogar ausdrücklich als Störfaktoren definiert, die den sachgerecht geordneten Ablauf – z. B. eines Gerichtsverfahrens (Entscheidungen sollen „ohne Ansehen der Person" gefällt werden) – gefährden. Die Beziehungen, die in solchen Kontexten entstehen, sind eher von sachlichen Erwägungen definiert. Man mag seine Arbeit zwar lieben und durch sie erfüllt werden, aber was einen mit dem Arbeitsplatz und den Personen dort verbindet, ist die Tatsache, dass man dafür bezahlt wird und so seinen Lebensunterhalt sichern kann. Wenn wir das Spektrum der beziehungsstiftenden Medien zwischen Liebe auf der einen Seite und Geld auf der anderen Seite betrachten, so bilden diejenigen Systeme, deren Aufgabe die Erwirtschaftung finanzieller Profite ist, das extreme Gegenstück zur zeitgenössischen Familie. Es sind die so genannnten profitorientierten Organisationen, genannt Unternehmen. Sie überleben nur, wenn sie langfristig mehr Geld einnehmen als ausgeben.

Die Kopplung von Familie und Unternehmen als Systeme, die nicht nur unterschiedlichen, sondern teilweise kontradiktorischen Regeln folgen, unterliegt beschreib- und analysierbaren Eigengesetzlichkeiten. Die gegenseitige Beeinflussung führt sowohl zur Veränderung der Familiendynamik als auch zur Veränderung der Unternehmenskultur. Wenn die Regeln bekannt sind, so können daraus praktische Konsequenzen gezogen werden, die nicht nur für das Unternehmen, sondern auch für die Familie von weit reichender Konsequenz sein. Im Falle des Familienunternehmens gewinnt aber noch eine dritte Dimension an Bedeutung: die juristische Ebene. Eigentum an einem Unternehmen kann verschieden groß sein, es wird vererbt, es werden Verträge geschlossen usw. All dies hat wiederum Auswirkungen auf Familie wie Unternehmen. Die Komplexität der Situation wird weiter gesteigert.

Mit den Risiken und Chancen, die aus der Kopplung dieser Bereiche entstehen, beschäftigen sich die verschiedenen Beiträge dieses Buches. Dabei steht, um es noch einmal klar und deutlich zu betonen, die Familie des Familienunternehmens im Mittelpunkt der Aufmerksamkeit. Es geht also nicht in erster Linie um betriebswirtschaftliche Fragen, auch wenn die hier behandelte Thematik für das Überleben von Unternehmen von zentraler Bedeutung ist oder zumindest sein kann.

In den ersten drei Kapiteln wird versucht, einen theoretischen Rahmen abzustecken, der die beobachtbaren Phänomene versteh-

und erklärbar macht. In den darauf Folgenden wird – meist anhand charakteristischer Fallbeispiele – verdeutlicht, welchen speziellen Herausforderungen sich diese Familien gegenüber sehen und wie sie bewältigt werden können.

Die verschiedenen Autoren verbindet miteinander, dass sie allesamt nicht nur ein professionelles Interesse an der Thematik haben, sondern in ihrer eigenen Lebensgeschichte persönliche Erfahrungen als Familienmitglieder solcher Familien erwerben konnten – als Gründer, Unternehmerkinder, Gesellschafter, Erben usw. Fast alle Autoren haben darüber hinaus professionell nicht nur ein theoretisches Interesse als Wissenschaftler, sondern auch praktische Erfahrungen in der Organisationsberatung von Familienunternehmen, als Paar- und Familientherapeuten oder als Berater von Familien und Unternehmen.

Auch wenn dies ein Mehr-Autoren-Buch ist, so ist es doch mehr als nur eine Sammlung unterschiedlicher Beiträge. Vor dem Verfassen des Buches standen gemeinsame Diskussionen, das Klären von Grundannahmen und Perspektiven. Das hat die Aufmerksamkeit auf manche Unterschiede der Bewertung und Schwerpunktsetzung gerichtet, es hat aber auch die gemeinsamen Grundlagen einer systemischen Sichtweise verdeutlicht. So präsentiert sich dem Leser ein in sich konsistentes Buch, in dem in den einzelnen Kapiteln unterschiedliche Schwerpunkte gesetzt werden. Die Beiträge sind – das mag für eine Publikation mit einem wissenschaftlichen Anspruch außergewöhnlich sein – allesamt sehr persönlich, sodass die jeweiligen Autoren hinter ihren Texten zum Vorschein kommen (der eine mehr, der andere weniger); und die Texte sind allesamt so verfasst, dass sie auch und gerade der Nicht-Wissenschaftler, der oder die Betroffene, das Mitglied der Familie eines Familienunternehmens lesen kann. Dabei dürfte dann deutlich werden, dass viele der Erfahrungen, die Einzelne in ihren Familien machen konnten oder mussten, nicht auf die spezielle Familie begrenzt sind, sondern ein Muster bilden, das mit einer gewissen Wahrscheinlichkeit unabhängig vom guten oder bösen Willen der beteiligten Personen auftritt. Um das Lesen des Buches als Gesamtbuch zu erleichtern, sind den einzelnen Kapiteln kurze überleitende Kommentare des Herausgebers vorausgeschickt. Dennoch kann man die einzelnen Beiträge auch getrennt und unabhängig voneinander lesen.

Mit der Publikation dieses Buchs ist die Hoffnung verbunden, die Aufmerksamkeit auf ein Feld zu lenken, in dem es nicht nur gilt, Wissen zu sammeln bzw. das in der Praxis vielfältig vorhandene Wissen zu systematisieren, sondern auch für einen Beratungsbedarf zu sensibilisieren. Denn es sind nicht nur ökonomische Probleme, die es in Familienunternehmen zu bewältigen gilt, sondern auch emotionale. Sie entstehen erfahrungsgemäß eher in Familien, in denen die Mitglieder stark aneinander gebunden sind. Solche Bindungen sind für jeden Einzelnen mit dem Risiko verbunden, in einen Konflikt zwischen seinen eigenen, individuellen Interessen und Zielen und den Interessen und Zielen der Familie zu geraten. Dabei gilt in den Familien von Familienunternehmen, dass gemeinsames Eigentum mindestens so starke Bindungen wie Liebe schafft und dass die Verwicklungen, die daraus entstehen können, sich in ihren Wirkungen nicht wesentlich voneinander unterscheiden. Wenn beides miteinander kombiniert ist, Liebe und Eigentum, verschärft sich die Konfliktanfälligkeit zwangsläufig – vor allem, wenn unentscheidbar bleibt, was wichtiger ist. Ganz problematisch wird die Situation allerdings, wenn die Gefühle sich zum Negativen wandeln und Abneigung, ja, Hass, eigentlich dazu führen sollten, sich aus dem Wege zu gehen, aber das gemeinsame Eigentum die betroffenen Parteien aneinander bindet.

2. Familien und Unternehmen

Überlegungen zu Unterschieden, Gemeinsamkeiten und den Folgen ...

Familie und Unternehmen können heute, Anfang des 21. Jahrhunderts, als zwei unterschiedliche Typen sozialer Systeme verstanden werden, in denen unterschiedliche Verhaltens- und Kommunikationsregeln gelten. Diese Regeln passen nicht immer zusammen, manchmal schließt sich ihre gleichzeitige Gültigkeit aus. Im Familienunternehmen stehen die Spielregeln beider Systeme in einer besonderen Beziehung zueinander. Ihre Grenzen sind nicht immer klar und für die Beteiligten ist nicht immer klar, auf welchem der beiden Spielfelder sie sich gerade bewegen. Welche Folgen diese Unklarheit oder Vermischung hat oder haben kann, wird am ehesten deutlich, wenn die Regeln beider Systeme einander gegenübergestellt werden. Im folgenden Kapitel werden daher beide Systeme bzw. einige ihrer Charakteristika einander gegenübergestellt, um so den Blick auf Chancen und Risiken, die sich aus der Verbindung beider im Familienunternehmen ergeben, zu eröffnen.

FBS

Familien und Unternehmen

Überlegungen zu Unterschieden, Gemeinsamkeiten und den Folgen ...

Fritz B. Simon

In der Bezeichnung Familienunternehmen sind zwei Begriffe miteinander kombiniert, die im heutigen Sprachgebrauch üblicherweise getrennt sind: Familie und Unternehmen. Beide stehen für unterschiedliche soziale Systeme, die sich in vielfacher Hinsicht unterscheiden. Da die Unterschiedlichkeit des Sprachgebrauchs auf unterschiedliche Eigenarten der beiden sozialen Systeme verweist, erscheint es für das Phänomen Familienunternehmen wie auch die Analyse der Situation der Familie des Familienunternehmens nützlich, sich mit den Merkmalen beider Systemtypen näher zu beschäftigen. Sie bilden gewissermaßen die Pole, zwischen denen sich das Familienunternehmen und alle, die sich ihm zugehörig fühlen, bewegen.

Die Familie als ökonomische Überlebenseinheit

Über Jahrhunderte wurde unter „Familie" in erster Linie eine ökonomische Überlebenseinheit verstanden. Sie war eine Art Unternehmen, zu dem nicht nur Blutsverwandte gehörten. In jener glücklichen Zeit brauchte man noch keine allzu große Fähigkeit, zwischen unterschiedlichen Spielfeldern zu unterscheiden, weil die Lebenswelt aller Beteiligten eigentlich nur aus einem einzigen, alle relevanten Arten von Beziehungen umfassenden Kontext bestand: der Familie. (Aber vielleicht war diese Zeit doch nicht so glücklich, schließlich konnte man dieses Feld auch nicht verlassen ...)

Auch heute kann man die Familie noch als ökonomische Überlebenseinheit betrachten (Paare leben beispielsweise in Gütergemeinschaft etc.), aber sie ist meistens weder der Ort noch die formale Organisation, innerhalb derer gearbeitet und Geld verdient wird. Der Mann geht hinaus ins feindliche Leben, und drinnen waltet die züchtige Hausfrau, die Mutter der Kinder (oder auch nicht, aber dann geht sie in der Regel auch hinaus ins „feindliche Leben")

Mit der Entwicklung hin zu einer funktionell differenzierten Gesellschaft mit Subsystemen, die spezialisierte Funktionen innerhalb der Gesamtgesellschaft übernehmen (Recht, Wirtschaft, Wissenschaft usw.), entwickelten sich auch die Funktionen von Familie und Unternehmen zunehmend auseinander. Mit dieser Differenzierung entstanden unterschiedliche Bereiche, in denen inhaltlich über unterschiedliche Themen kommuniziert und unterschiedliche Beziehungsformen und Spielregeln praktiziert werden.

Da die meisten Leute ihre Vorstellungen über die Natur zwischenmenschlicher Beziehung in ihrer Herkunftsfamilie gewinnen, liegt es nahe, die Familienmetapher auch auf andere Beziehungsmuster zu übertragen (der Chef als „Vaterfigur", rivalisierende Kollegen als „Brüder oder Schwestern" etc.). Das ist innerhalb der Organisationsberatung manchmal nützlich, manchmal schädlich, je nachdem, ob die Metapher besser oder schlechter zu den beschriebenen Sachverhalten passt. Familien und Unternehmen (oder andere Organisationen) haben zwar Gemeinsamkeiten, sie unterscheiden sich aber auch gravierend. Es dürfte deswegen von Nutzen sein, beide ein wenig genauer und systematisiert unter die Lupe zu nehmen. Welche Unterschiede könnte das berühmte kleine grüne Männchen vom Mars feststellen, wenn es über längere Zeit, ohne alle Vorinformationen, den Alltag einer Familie und den eines Unternehmens beobachtet? Da es nicht in die Köpfe der Beteiligten hineinschauen kann, wäre es in etwa derselben Situation wie der deutsche Amerika-Besucher, der zum ersten Mal ein Baseball-Spiel sieht und mühsam zu verstehen versucht, warum die Anhänger welcher Mannschaft zu jubeln beginnen oder in tiefe Depression verfallen. Er muss, mit anderen Worten, versuchen, Spielregeln zu erkennen, ohne dass sie ihm von vornherein erklärt werden.

1 Vgl. Luhmann (1981), Baecker (1993)

Personenorientierung versus Funktionsorientierung der Kommunikation

Das Unternehmen

Unser grünes Männchen käme wahrscheinlich zu dem Schluss, dass die Spielregeln von Unternehmen, d. h. die Regeln der Interaktion und Kommunikation, zu einem weiten Teil dadurch bestimmt sind, dass Produkte entwickelt, hergestellt und vertrieben werden – und werden müssen. Unternehmen überleben nur, wenn sie etwas verkaufen können und Zahlungen geleistet werden[1].

Um dies zu gewährleisten, müssen bestimmte Funktionen erfüllt werden, d. h. bestimmte Abläufe und Prozesse müssen etabliert und abgesichert werden. Die Akteure sind dabei austauschbar. Ob ein Produkt von einer Maschine oder einem Menschen hergestellt wird oder von einem Menschen oder einem Automaten verkauft wird, ist im Prinzip egal, solange es überhaupt auf den Markt gebracht und gekauft wird. Die einzelnen Personen bzw. das, was sie tun, sind – nüchtern betrachtet – Mittel zum Zweck. Dasselbe kann für die Beziehungen der Beteiligten gesagt werden. Sie brauchen sich nicht zu lieben, es reicht, wenn sie zusammenarbeiten und ihren gemeinsamen Job erledigen.

Die Familie

Ganz anders stellt sich die Situation in der Familie dar. Hier gibt es keine zentrale sachliche Aufgabe, die der Herstellung und dem Vertrieb irgendwelcher Produkte vergleichbar wäre und für die Orientierung der Akteure sorgen könnte. Hier stehen die Personen im Mittelpunkt der Interaktion und Kommunikation und nicht ihre Funktionen[2].

Man pflegt die Beziehung zu seiner Mutter nicht, weil sie so gute Kartoffelpuffer macht – zumindest nicht nur. Und man bricht die Beziehungen zu seinen Familienmitgliedern nicht ab, nur weil sie nicht mehr in der Lage sind, bestimmte Funktionen zu erfüllen. Das heißt, man gibt seine Mutter meist nicht ins Heim, nur weil sie *nicht* mehr in der Lage ist, Kartoffelpuffer zuzubereiten.

2 Luhmann (1988)

Austauschbarkeit der Personen/Nicht-Kündbarkeit der Beziehungen

Das Unternehmen

Eng verbunden mit der Unterscheidung *Funktions-* versus *Personen*orientierung ist die unterschiedliche Austauschbarkeit der Personen und ihrer Funktionen in Unternehmen und Familie[3].

Ein Unternehmen, das von den Fähigkeiten oder Aktivitäten einer einzigen Person abhängig ist, stirbt mit dieser Person. Das längerfristige Überleben jedes Unternehmens ist daran gebunden, dass jeder einzelne Mitarbeiter ersetzbar ist – auch der Chef. Es braucht Zugang zu einem größeren Reservoir potentieller Arbeitskräfte, welche die Erledigung der überlebensnotwendigen Aufgaben gewährleisten können. Es muss daher seine Grenzen in beide Richtungen offen halten: Man muss sowohl rein als auch raus kommen können. Es darf weder exklusiv den Zugang verweigern noch darf es absoluten Kündigungsschutz gewähren. Anderenfalls könnte es nicht die zur Erfüllung der anfallenden Aufgaben geeigneten Mitarbeiter rekrutieren.

Um es auf eine Formel zu bringen: *Im Unternehmen bleiben die Spielregeln der Interaktion und Kommunikation relativ konstant, aber die Spieler (können) wechseln.*

Um es in eine sportliche Metapher zu kleiden: Es ist ein wenig so wie beim Eishockey, wo immer mehrere Sturmreihen zur Verfügung stehen, die regelmäßig gegeneinander ausgewechselt werden, weil eine allein das Tempo des Spiels nicht durchhalten könnte. Was konstant bleibt, ist die Funktion der Spieler. Diejenigen, die sie jeweils erbringen, können ausgewechselt werden. (Was natürlich nicht ausschließt, dass die einen besser, die anderen schlechter spielen – Schlittschuhlaufen müssen sie aber alle können).

Diese Austauschbarkeit von Arbeitskräften wird zu einem guten Teil dadurch gewährleistet, dass sie mit Geld honoriert werden. Geld ist ein Medium, das es ermöglicht, Beziehungen kurzfristig zu terminieren. Man braucht kein Gedächtnis für die guten Taten oder Leistungen, die man erbracht hat, wenn man Geld für sie bekommt. Man ist vor allen, und das ist weit wichtiger, nicht darauf angewiesen, dass sich derjenige, dem man irgendwelche Vorleistungen ge-

3 Simon (1999a)

genüber erbracht hat, sich erinnert. Mit der Zahlung ist die Transaktion abgeschlossen, es bedarf keiner Buchführung und keines Hortens von Schuldscheinen, die in der Zukunft eingelöst werden können. Beziehungen, die über Geld gesteuert werden, sind immer tendenziell geschichtslos, zumindest können sie es sein, und funktionieren nach dem Prinzip „Ein neues Spiel, ein neues Glück". Im Prinzip brauchen in einem geldgesteuerten System keine langfristigen Beziehungen gepflegt zu werden.

Die Familie

Für die Familie gilt die gegenteilige Formel: *Die Personen bleiben konstant (zumindest relativ), und die Funktionen werden ausgetauscht.*

Wenn ein Familienmitglied – aus welchen Gründen auch immer –, nicht in der Lage ist, eine bestimmte Aufgabe zu erfüllen, springt im Allgemeinen ein anderes ein. In kaum einem anderen sozialen System gibt eine so hohe Rollenflexibilität wie in der Familie. Ältere Schwestern übernehmen die Mutterrolle, Väter machen sich mit der Technologie von Waschmaschinen und Pampers vertraut (wenn es denn sein muss), und Mütter sind durchaus in der Lage, eine fehlende väterliche Autorität zu kompensieren.

Um auch für die Familie eine sportliche Metapher zu gebrauchen: Als Mannschaft gleicht sie eher der Besatzung eines Ruderbootes (heutzutage meist einem Vierer ohne Steuermann). Wenn man erst mal drin sitzt in solch einem Boot, dann kommt man nur noch schlecht raus. Und wenn man doch ausscheiden sollte, so ist man nur schwer – wenn überhaupt – ersetzbar. Davon, eigenständig das Boot zu verlassen, hält die Sorge ab, ins Schwimmen zu geraten. Man kann aber im Allgemeinen auch sicher sein, nicht aus dem Boot geworfen zu werden.

Eine der Konsequenzen dieses loyalen Beziehungsmusters ist, dass die Besatzung – hier findet unsere sportliche Metapher ihr verdientes Ende – meist nicht olympiareif ist. Es sitzen auch Leute drin, die nicht besonders gut rudern können. Ihre Auswahl ist nicht nach Leistungsgesichtspunkten erfolgt, sondern nach Sympathie oder aufgrund biologischer Zufälle und Erwägungen. Bei dieser Art von Ruderpartie handelt es sich dementsprechend nicht um Leistungssport. Man ist nicht zusammengekommen, um zu gewinnen, sondern weil man so gern zusammen rudert. Der Umgang unter- und miteinander wird nicht von Effizienzerwägungen, sondern von

Werten wie Gleichheit, Gerechtigkeit und Zuverlässigkeit bestimmt. Man hat kein Ziel, außer über Wasser zu bleiben – und das möglichst vollständig bei guter körperlicher und psychischer Verfassung. Deswegen kann man auch weitgehend auf die Bedürfnisse und Nöte des Einzelnen eingehen.

All dies lässt sich auf einen wesentlichen Unterschied zum Unternehmen zurückführen: *die Nicht-Kündbarkeit der Beziehungen.* Sie gilt in der Vertikalen, also zwischen Eltern und Kindern, nahezu vollständig. In der Horizontalen, das heißt vor allem zwischen den Ehepartnern, gilt sie nur noch begrenzt. Ganz generell aber kann wohl gesagt werden, dass die Grenzen der Familie in der einen Richtung durchlässiger sind als in der anderen: Man kommt nicht leicht hinein, aber wenn man erst einmal drin ist, kommt man schlecht wieder raus.

Affektive Wirkungen

Diese Nicht-Kündbarkeit der Beziehungen hat vor allem psychische Folgen: Beziehungen, denen man nicht entgehen kann, erzeugen immer tief gehende Gefühle. (In der DDR wurde deswegen auch gefragt, warum es „sozialistische Brüder und Schwestern" heißt. Antwort: Weil man sich die nicht aussuchen kann!) Aus der Perspektive des außen stehenden Beobachters lässt sich dabei nicht feststellen, ob Menschen über längere Zeit miteinander leben, weil sie so intensive Gefühle füreinander empfinden, oder ob sie so intensive Gefühle füreinander entwickeln, weil sie über längere Zeit zusammenleben. Es dürfte wohl beides stimmen. Wer in einer nichtkündbaren Beziehung lebt, wird zwangsläufig emotional involviert.

Hohes/niedriges Maß der investierten Gefühle

Insofern ist das Maß, in dem Gefühle die Interaktion und Kommunikation der Beteiligten bestimmen, in Unternehmen meist weit geringer als in Familien. Es ist leichter, entsprechend sachlicher Gründe Entscheidungen zu treffen.

In der Familie hingegen, das weiß jeder von zu Hause, geht es emotional hoch her. Deshalb kommt es auch zu Mord und Totschlag, Zärtlichkeit und Geborgenheit. Wo größere Zuverlässigkeit erwartet wird, kann es auch zu größeren Enttäuschungen kommen. Wenn

Sicherheit und Schutz der Person vorausgesetzt werden, steigen die Möglichkeiten der Verletzung ins Unermessliche.

Entfremdung/persönliche Identität

Es gibt aber noch einen zweiten psychologischen Faktor, der die Mitgliedschaft in einem Unternehmen und einer Familie unterscheidet. Die Orientierung der familiären Kommunikation an der Person führt dazu, dass sich das einzelne Familienmitglied in seiner Totalität, bestehend aus seiner Körperlichkeit, seinen psychischen Eigenarten und dem, was es tut, gesehen sieht[4]. Hier hat es die Chance, besser als irgendwo sonst in unserer arbeitsteiligen Gesellschaft, eine Identität als ganzheitliches Wesen zu entwickeln und zu erhalten. Überall anders ist jeder Einzelne – auch und gerade im Geschäftsleben – mehr oder weniger auf seine Funktion reduziert. Sein Wert hängt daran, wie gut er funktioniert.

In der Familie hingegen – vor allem in der Beziehung zu den eigenen Kindern (sie haben immer nur *eine* Mutter und *einen* Vater) – wird er als einzigartiges, unverwechselbares Individuum akzeptiert, ob er nun funktioniert oder nicht, ob er brillant und erfolgreich ist oder etwas beschränkt und ein chronischer-„Verlierer"[5].

Die Austauschbarkeit in den professionellen Beziehungen hat im Laufe der Geschichte dazu geführt, dass die Familie immer mehr psychologische Funktionen übernehmen musste. Sie ist zu so etwas wie einem emotionalen Fitnesszentrum geworden, in der die Wunden geheilt werden können, die in der kalten Welt des Geschäftslebens geschlagen werden. Oder, wie es einmal das Vorstandsmitglied eines großen Unternehmens formuliert hat: „Wenn solch ein Job – so gut er auch gemacht worden sei – erst einmal beendet ist und man in Pension geht, dann pinkelt einen kein Hund mehr an, und dann bleibt nur noch die Familie."

4 Luhmann (1991)
5 Simon (1984, S. 168 ff.)

Bilanzierung / Entlohnung

Ein weiterer wichtiger Unterschied zwischen Unternehmen und Familien besteht darin wie Geben und Nehmen, oder anders formuliert, Leistungen, bewertet, belohnt und bilanziert werden. Dadurch, dass die Interaktion in Familien nicht wie ein durch Geld gesteuerter Markt funktioniert, sondern eher nach dem Prinzip der Tauschgeschäfte („Ich merke mir, was du mir Gutes oder Böses angetan hast, und ich rechne damit, dass du das auch tust!"), entwickelt sich eine unterschiedliche Dynamik, ein unterschiedlicher Umgang mit Gegenwart und Zukunft.[6]

Die Familie

Die relative Zuverlässigkeit der Beziehungen in Familien sorgt dafür, dass – bildlich gesprochen – erheblich langfristigere Kreditlinien eingeräumt werden. Wer einem seiner Angehörigen etwas Gutes tut, erwartet keine unmittelbare Bezahlung. Mütter und Väter opfern ihren Schlaf für ihre schreienden Kinder, ohne am nächsten Morgen oder Monatsende eine Nachtschicht-Zulage zu fordern. Und wenn sie eine fordern würden, würde es ihnen auch nicht viel helfen, da sie direkt von ihrem Kind keine Entlohnung erhalten. Die Befriedigung oder das Gefühl, ein guter Vater oder eine gute Mutter zu sein, müssen sie sich schon selbst vermitteln.

Das heißt aber nicht, dass sie nicht in ihrer inneren Buchführung sehr genau bilanzieren, was sie für ihre Kinder oder andere Angehörige getan haben. Sie sammeln so etwas wie persönliche Schuldscheine und führen Verdienst- und Schuldkonten. Eingeklagt werden die im Allgemeinen erst nach Jahrzehnten, manchmal sogar erst von einer späteren Generation (wenn die Kinder an ihren Kindern gutmachen, was sie ihren Eltern zu schulden glauben).

Im Klartext heißt das: Es gibt kaum ein System, in dem einzelne Personen in gleicher Weise bereit sind, das Risiko einzugehen, dass ihre Opfer und Leistungen nicht entlohnt werden. In keinem anderen sozialen System gibt es vergleichbar viel Bereitschaft zur Selbstausbeutung (und damit auch Gefahr der Ausbeutung) der Beteiligten. Sie geht im Extrem bis zu Selbstaufgabe.

6 Vgl. Simon et al. (1992)

Das Unternehmen

Dass dies in Unternehmen anders ist, hat mit der bereits dargestellten größeren Kündbarkeit der Beziehungen zu tun. Die prinzipielle Austauschbarkeit der Personen in Unternehmen führt dazu, dass bei der Bilanzierung von Verdiensten und Ansprüchen ein anderer Zeithorizont zugrunde gelegt wird. Leistung und Entlohnung müssen (wie bei Haustürgeschäften) zeitlich eng miteinander verknüpft werden, da das Unternehmen über ein weit weniger zuverlässiges Gedächtnis als eine Familie verfügt. Wer nicht relativ schnell seine Ansprüche einklagt und eine Honorierung seiner Verdienste erhält, bekommt sie mit großer Wahrscheinlichkeit nie. Hier zeigt sich die erhöhte Flexibilität der Beziehungen und die Steigerung möglicher Kontakte, die durch eine Geldwirtschaft entsteht. Man lässt sich nur auf Zeit miteinander ein, und die Honorierung ist vertraglich festgelegt.

Das hat natürlich Auswirkungen in Krisenzeiten, in denen solch eine Honorierung nicht leistbar, die Leistung aber für das Unternehmen überlebensnotwendig ist. Hier sind Familien zu einer ungeheuren Flexibilität fähig, die von einem durchschnittlichen Unternehmen nie zu erreichen ist. Dies gilt umso mehr, als die Entlohnung in Unternehmen formal vertraglich geregelt ist, während sie in Familien stets informellen Regeln unterworfen bleibt. Sie können nicht nur leichter verändert werden, sondern verhindern auch, dass Dritte in Gestalt von Juristen in Konflikte über die Angemessenheit der Bilanzierung einbezogen werden[7].

Orale/schriftliche Kommunikationsmedien

Als letzter Punkt, der hier nur kurz erwähnt sein soll, sei auf die Unterschiedlichkeit der Kommunikationsmedien hingewiesen, die in Familien und Unternehmen genutzt werden können oder müssen.

In der Familie findet Kommunikation im Allgemeinen als Face-to-face-Kommunikation statt. Man spricht miteinander und sieht sich. Und man vergisst auch wieder, was gesagt worden ist. Was mündlich kommuniziert wird, ist nicht sehr haltbar. Südfrüchte sind

7 Simon et al. (1992)

dagegen langlebige Produkte. Alles, was nicht aktiv immer wieder erinnert wird, wird vergessen.

In Unternehmen hingegen ist der Rückgriff auf andere Kommunikationsmedien nötig, die ganz anderen Gesetzmäßigkeiten folgen als mündliche Kommunikationen. Es werden Akten, Dokumente, Abrechnungen, Bilanzen usw. produziert. Solch schriftliche Mitteilungen können nicht so leicht vergessen werden wie mündliche. Das mag ein Vorteil oder auch ein Nachteil sein. Sie können aber, und hier liegen Risiken, die nicht zu unterschätzen sind, aus ihrem originalen Kontext gerissen werden. Sie können von Leuten gelesen und interpretiert werden, an die sie nicht gerichtet waren und die ihre Vorgeschichte nicht kennen usw. Wer zum Beispiel seinem Ärger über einen Mitarbeiter schriftlich Ausdruck verleiht, vollzieht eine andere Art der Intervention, als wenn er das mündlich macht, egal wie viel Leute dabei sein mögen oder nicht[8].

Um es wiederum auf eine Formel zu bringen: *Durch die Unterschiedlichkeit der Kommunikationsmedien wird in Familien und Unternehmen prinzipiell unterschiedlich verbindlich kommuniziert*. Das heißt, man muss in beiden Spielfeldern unterschiedliche Kommunikationstechniken beherrschen.[9]

Überlebensbedingungen: Finanzielle oder emotionale Rentabilität

Die Familie

Familien gehen nicht Bankrott oder, wenn sie es doch tun, zerbrechen sie daran meist nicht, d. h. ihre Überlebensbedingung ist nicht ökonomisch definiert. Natürlich brauchen auch Familien Einnahmen, um ihren Lebensunterhalt zu bestreiten, aber sie müssen ihn nicht als Einheit erwirtschaften. Jedes einzelne Familienmitglied kann Erwerbsarbeit außerhalb der Familie leisten und die Einnahmen dann in den gemeinsamen Topf einspeisen, und selbst wenn es das nicht tut und langfristig mehr Geld ausgegeben als verdient wird, überlebt die Familie – sogar finanziell. Der Staat lässt, zumindest in unserer westlichen Kultur niemanden verhungern. Die Fa-

8 Goody (1986)
9 Siehe auch Simon (1999a)

milie aber überlebt auch unter schlechten ökonomischen Bedingungen, wenn die emotionalen Voraussetzungen gegeben sind. Überleben bedeutet nämlich für die Familie, dass sie als eine Einheit von Personen, die sich irgendwie als zusammengehörig erleben, erhalten bleibt. Es sind Gefühle, Liebe, Zuneigung, Verpflichtung, Dankbarkeit, Loyalität usw., die dafür sorgen, dass Familienmitglieder zueinander den Kontakt herstellen und erhalten. Und es sind Gefühle, die dafür sorgen, dass eine gemeinsame Interaktionsgeschichte durchlaufen wird. Menschen, die sich gegenseitig mögen oder brauchen, werden aller Wahrscheinlichkeit nach mehr Zeit miteinander verbringen, als Menschen, die materiell, physisch und psychisch voneinander unabhängig sind und sich auch so fühlen.

Das Unternehmen

Im Unternehmen ist Überleben rein ökonomisch definiert. Wenn langfristig nicht mehr Geld eingenommen als ausgegeben wird, so findet das Unternehmen sein verdientes Ende. Es ist nicht länger in der Lage, seine Mitarbeiter zu bezahlen, zu binden und damit die Prozesse zu gewährleisten, die es als soziales System erhalten. Wo niemand mehr produziert oder Dienste leistet, findet Unternehmen einfach nicht mehr statt. Alles, was im Rahmen des Unternehmens geschieht, muss also immer auch im Blick auf Gewinn und Verlust, auf Kostendeckung und Profitabilität beobachtet werden. Dies führt zu einer Form der Selbstbeschreibung, die sich radikal von der einer Familie unterscheidet. Es müssen stets Märkte als überlebenswichtige Umwelten des Unternehmens und die Beziehung des Unternehmens zu ihnen mitgedacht werden. Daher ändert sich auch die Bewertung der Verhaltensweisen der Mitarbeiter des Unternehmens. In Bezug auf ihre Zugehörigkeit stellt sich die Frage, ob sie sich „rechnet", eine Frage, die sich im Blick auf die Zugehörigkeit von Familienmitgliedern so gut wie nie stellt. Denn dort kommt es ja sogar vor, dass Familien sich finanziell ruinieren, wenn sie damit das Leben oder Glück eines Angehörigen zu retten glauben (wie beispielsweise dann, wenn unerwartete und nicht abgesicherte Arztkosten auf eine Familie zukommen).

Zwischenbemerkung

Die hier vorgenommene Gegenüberstellung ist natürlich ein wenig übertrieben, eine idealtypische Überspitzung. In realen Unternehmen und Familien sind die Verhältnisse meist nicht so klar. Es gibt Unternehmen, die sehr familienartig sind, und es gibt Familien, die unternehmensartig sind. Es handelt sich hier nicht um ein Entweder-oder, sondern eher um die Endpunkte eines Spektrums. Je familienartiger eine Firma ist und je unternehmensartiger eine Familie ist, umso mehr wird sie die Vorteile und Nachteile der jeweils anderen Organisationsform erfahren. Das gilt nicht nur für Familien mit Unternehmen und Familienunternehmen – aber für die natürlich ganz besonders, da beide sozialen System eng miteinander verknüpft sind.

Die Spielregeln von Familie und Unternehmen im Familienunternehmen

Die zeitliche Trennung von Familie und Unternehmen

Was bedeutet die hier skizzierte Unterschiedlichkeit der Spielregeln nun für Familienunternehmen bzw. die Mitglieder solcher Unternehmen und Familien? Auch hier mag uns wieder der Kontrast helfen, Wesentliches zu verdeutlichen. Wer in einer Familie lebt, die nicht vom Schicksal durch den Besitz eines Unternehmens geschlagen oder begünstigt ist, und in einem Unternehmen arbeitet, das nicht einer Familie gehört, steht vor der Aufgabe, während der Arbeit und in seinem Privatleben *unterschiedlichen Spielregeln* gerecht werden zu müssen. Was zu Hause geboten erscheint, ist in der Firma verboten. In der Familie nützliche und sinnvolle Verhaltensweisen sind bei der Arbeit möglicherweise kontraproduktiv usw. Dadurch, dass beide Spielfelder zeitlich getrennt sind, herrschen jeweils klare Verhältnisse. Für den Einzelnen gilt, dass er sich in unterschiedlichen Spielfeldern unterschiedlich zu verhalten hat. Es ist ein wenig so, als ob er zwei Sprachen beherrschen müsste, die in unterschiedlichen Territorien gesprochen werden. Wenn er in Deutschland ist, spricht er deutsch, wenn er in China ist, spricht er chinesisch. Auch wenn beide Sprachen einer unterschiedlichen Grammatik folgen, kann er beide perfekt beherrschen, ohne in Verwirrung oder Kommunikationsschwierigkeiten zu geraten. Er hat jeweils nur der einen oder der anderen Grammatik zu folgen.

Die Gleichzeitigkeit von Familie und Unternehmen

In Familienunternehmen hingegen lässt es sich kaum vermeiden, dass es durch die personelle Identität von Familienmitgliedern und Mitarbeitern der Firma zu einer Vermischung der beiden Spielfelder kommt (je kleiner die Firma, desto wahrscheinlicher). Wer den Firmenchef und Familienvater in der Firma trifft, sieht ihm nicht äußerlich an, ob er nun der liebende und fürsorgliche Vater oder der strenge und erfolgsorientierte Boss ist. Wenn er in der einen Rolle grüne Punkte im Gesicht hätte und in der anderen rote, wäre das alles viel einfacher. Das gilt natürlich auch für den Chef selbst: Auch er kann eigentlich nie sicher sein, als wer er wann gefragt ist. So kommt es unter dem Weihnachtsbaum zu Gesellschafterversammlungen und bei Gesellschafterversammlungen zu Familienfeiern.

Die psychische Anforderung an die Familienmitglieder ist daher unvergleichlich größer. Sie müssen – anders als der Durchschnittsbürger – gleichzeitig unterschiedlichen und manchmal sich ausschließenden Spielregeln gerecht werden (Einzelheiten dazu siehe im nächsten Kapitel „Die Familie des Familienunternehmens").

Dazu bedarf es einer Form der Metakommunikation, d. h. der Kommunikation über Kommunikation, durch die eine Einigung darüber, welche Spielregeln gerade angewandt werden müssen oder sollen, erzielt wird. Dass auch die familienfremden Mitarbeiter der Firma die Schwierigkeit haben herauszufinden, mit wem sie es gerade zu tun haben, braucht wohl nicht extra erwähnt zu werden. Und dass das Ganze zu Schwierigkeiten führen kann, dürfte auch klar sein. Aber – um das ganz deutlich zu sagen – es muss natürlich nicht zu Schwierigkeiten führen. Man kann sogar die Ansicht vertreten, dass in dieser Vermischung unterschiedlicher Spielregeln das Geheimnis des Erfolgs von Familienbetrieben liegt. Wenn es ihnen gelingt, das Beste aus beiden Welten, der Organisationsform von Familien und Unternehmen, miteinander zu kombinieren, dann sind sie unschlagbar.

Erfolgsfaktoren des Familienunternehmens

Personenorientierung

An dieser Stelle sollen nur einige dieser potentiellen Erfolgsfaktoren skizziert werden. In einer Zeit, wo die Wichtigkeit der Kundenorientierung immer mehr ins öffentliche Bewusstsein tritt, ist die Personenorientierung der familiären Kultur ein Wettbewerbsvorteil, der nicht hoch genug eingeschätzt werden kann. Wo andere Unternehmen ihre Mitarbeiter mühsam in Kundenorientierung trainieren lassen müssen (falls das überhaupt geht) und das Endergebnis doch meist nur aus der Anwendung höchst fragwürdiger und aufgesetzter Techniken besteht, ist hier die Wichtigkeit von Personen und die Loyalität innerhalb von Beziehungen jedermann evident. Im täglichen Geschäft hat man es immer mit Personen zu tun. Eine Bindung der Kunden an das Unternehmen herzustellen, braucht in familienartigen Unternehmen nicht erst mühsam gelernt zu werden, da es ein kulturell verankerter, „selbstverständlicher" Wert ist.

Nichtaustauschbarkeit/persönliche Bindung

Einer der Gründe, warum so viele Unternehmen als Familienunternehmen gegründet werden, dürfte in den dargestellten Bilanzierungsrichtlinien liegen. Wo gegenseitige Loyalität und Identifikation miteinander gegeben sind, lassen sich ökonomisch schwierige Zeiten immer besser überstehen. Das affektive Investment der Mitarbeiter kann dadurch, dass sie sich irgendwie zur Familie gehörig definieren, erheblich größer sein als in andern Firmenarten (es muss natürlich nicht).

Teamorganisation

Um einen weiteren Punkt herauszupicken, in dem sich familienartige Strukturen im Firmenumfeld bewähren, sei auf die weit verbreitete Einführung von Teamarbeit hingewiesen. Teams sind ja nichts anderes als familienartige Einheiten. In ihnen wird eine hohe Rollenflexibilität realisiert, die Beziehungen der beteiligten Personen sind relativ konstant und berechenbar, während die Funktionen wechseln können. Im Idealfall wird hier die familiäre Nichtaustauschbarkeit von Personen und die Flexibilität in der Übernahme von Rollen und Funktionen ins Unternehmen gebracht.

Was man also zur Zeit bei Großunternehmen mühsam einzuführen versucht, wird in Familienunternehmen häufig schon immer realisiert. Dasselbe gilt für die so populäre Verflachung von Hierarchien und viele andere der jeweils gerade aktuellen Managementmoden.

Um es wieder auf eine Formel zu bringen: *Auch in der Großindustrie und in multinationalen Konzernen versucht man inzwischen, die Erfolgsprinzipien von Familienunternehmen zu kopieren.*

Kapitalbindung

Ein ganz zentraler Unterschied zwischen von Eignern geführten Unternehmen und Kapitalgesellschaften ist die Bindung des Kapitals. Ob es eine Chance oder ein Risikofaktor ist, dass ein die Politik des Unternehmens bestimmender Teil des Kapitals in der Hand einer Familie ist, kann nur im Einzelfall entschieden werden. Zum einen braucht sich die Unternehmensleitung nicht in vierteljährlicher Berichtspflicht dem Kapitalmarkt zu offenbaren und die Anteilseigner sind in ihren Renditeerwartungen geduldiger, bescheidener usw.; das eröffnet alles in allem einen längeren Planungshorizont und die Chance zu Entscheidungen, die sich nicht allein an kurzfristigem Ertrag orientieren. Auf der Gegenseite steht aber als Risiko, dass die Kontrolle des Managements fehlt, die im Allgemeinen mit der Beobachtung durch den Kapitalmarkt verbunden ist; und zu guter Letzt, aber am wichtigsten: Die Firma kann im Extremfall im Rahmen innerfamiliärer Konflikte, die keinerlei öffentlichem Korrektiv unterworfen sind, zugrunde gehen.[10]

Nachbemerkung

Die Frage, ob das Familienunternehmen nun „Erfolgstyp oder Auslaufmodell" ist,[11] lässt sich nach den hier skizzierten Überlegungen nicht eindeutig beantworten. Die eingeschränkte Austauschbarkeit der Personen muss als ein Risikofaktor benannt werden, der nur zu oft verhindert, dass funktionelle Problemlösungen auf Unternehmensseite gefunden werden, weil sie dysfunktional aus einer familiären Perspektive wären. Aus der Kopplung von Familien und Unternehmen wie auch ihrer Entkopplung ergeben sich prinzipiell

10 Siehe dazu Simon (2002)
11 Vgl. ausführlich dazu Wimmer et al. (1996)

Risiken und Chancen. Ein besonderer Aspekt, der mit der unterschiedlichen Austauschbarkeit von Personen versus der Austauschbarkeit von Funktionen verbunden ist, sei aber an dieser Stelle noch einmal besonders diskutiert.

Geht man von der systemtheoretischen Vorannahme aus, dass die Elemente sozialer Systeme Kommunikationen sind,[12] so wird die heutzutage unvermeidlich konflikthafte Beziehung zwischen Unternehmen und ihren Mitarbeitern deutlich.

Um nicht abhängig von einzelnen Personen zu werden, muss jedes Unternehmen ein Interesse daran haben, dass jeder einzelne Mitarbeiter in seiner Funktion austauschbar bleibt. Es muss dafür sorgen, dass die Aufrechterhaltung aller überlebenswichtigen Prozesse gesichert ist, unabhängig davon, ob ein spezieller Mitarbeiter kündigt, vom Auto überfahren oder ins Gefängnis geworfen wird. Auf der anderen Seite muss es dafür sorgen, dass die Mitarbeiter möglichst fest an das Unternehmen gebunden sind. Nur so kann es sich ihrer Kompetenzen und Leistungen sicher sein und sie möglichst kostengünstig nutzen.

Das analoge Prinzip gilt für jeden einzelnen Mitarbeiter. Will er sein individuelles wirtschaftliches Überleben und seinen Marktwert absichern, so muss er verhindern, dass er selbst vom Unternehmen abhängig wird bzw. versuchen, das Unternehmen von sich abhängig zu machen. Dies gelingt ihm umso besser, je austauschbarer für ihn die Unternehmen sind, die an seiner Arbeit interessiert sind (er muss vielfältig beschäftigbar sein), und je weniger er selbst für sein Unternehmen austauschbar ist. Wenn er schlau ist, vermeidet er daher, sich zu sehr mit seinem Unternehmen zu identifizieren und dessen Ziele zu seinen eigenen, persönlichen Zielen zu machen. Will er sich sicher fühlen, so muss er dagegen dafür sorgen, dass er selbst möglichst unersetzbar und nicht-austauschbar für das Unternehmen wird und bleibt.

Familienunternehmen sind nun ein gutes Modell der Aufhebung dieses Konfliktes. Ihr Erfolgsgeheimnis ist, dass in ihnen der Konflikt zwischen den Absicherungsbedürfnissen des Unternehmens und des Einzelnen Mitarbeiters aufgehoben ist. Die große innerfamiliäre Rollenflexibilität sorgt für die Austauschbarkeit jedes einzelnen innerhalb der das Unternehmen formenden Prozes-

12 Luhmann (1984)

se. Und die Nichtaustauschbarkeit jedes Einzelnen in seiner Eigenschaft als Familienmitglied sorgt für die individuelle Sicherheit auf der Beziehungsebene. Hinzu kommt der genannte Unterschied bei den individuellen und kollektiven Leistungsbewertungs- und Bilanzierungssystemen. Das Eigentum an der Firma führt zur Auflösung der Unterscheidung zwischen Subjekt und Objekt der Ausbeutung: Ausbeutung wird zur Selbstausbeutung und die ist eben keine Ausbeutung mehr. Der Widerspruch wird „aufgehoben", aus dem Entweder-oder des Interessenkonflikts zwischen Mitarbeiter und Unternehmen ist ein Sowohl-als-auch geworden.

Dass solche Modelle auch in familienfremden Unternehmen, ja sogar und gerade in multinationalen Mammut-Konzernen, Nachahmung finden – zum Beispiel durch die Bildung kleiner, autonomer Einheiten, in Form von Teamarbeit, der Verflachung von Hierarchien, der Beteiligung der Mitarbeiter am Kapital – ist daher nicht verwunderlich.[13]

Die Gefahren, die entstehen, wenn in Familienunternehmen das Schlechteste aus beiden Welten, d. h. aus Unternehmen und Familie, kombiniert wird, können hier nicht im Einzelnen dargestellt werden. Mit einer Ausnahme vielleicht: dem Umgang mit Konflikten. Wenn das in Familien häufig zu findende Motto „Kinder, streitet euch nicht!" auf das Unternehmen übertragen wird, so gerät es wirklich in Gefahr. Das Unter-den-Teppich-Kehren von Sachkonflikten um des „lieben Friedens willen" mag in der Familie aufgrund ihrer Personenorientierung häufig funktionell sein (was natürlich auch in Zweifel gezogen werden kann) – im Unternehmen ist es häufig fatal. Konflikte sind eine potentielle Ressource, die es ermöglicht, in einer interpersonellen Auseinandersetzung zu gemeinsamen sachlichen Lösungen zu finden, die besser und funktioneller sind, als jeder Einzelne sie allein gefunden hätte. Wenn aus Gründen der persönlichen Beziehungen sachliche Diskussionen vermieden werden, lassen sich auf der Sachebene im Allgemeinen nur suboptimale Lösungen finden – eine Gefährdung, die es natürlich nicht nur in Familienunternehmen gibt, aber in ihnen bzw. in familienartigen Organisationen besonders … (siehe dazu ausführlich Kapitel 4, „Gerechtigkeit, Richtigkeit und Rechtmäßigkeit – Entscheidungsfindung in Familienunternehmen").

13 Vgl. Wimmer et al. (1996), Simon (1996)

3. Die Familie des Familienunternehmens

Besonderheiten der Familiendynamik

Familien, die einen maßgebenden Einfluss auf ein Unternehmen haben oder es gar ihr Eigen nennen können, unterscheiden sich von den anderen Familien. Eigentum schafft ebenso Bindungen wie „große Gefühle" und manchmal schafft es auch die großen Gefühle. Durch diese Bindung ergeben sich Besonderheiten der Familiendynamik, speziell der Beziehung zwischen den Generationen. Dadurch, dass sich Familienmitglieder im Unternehmen und in der Familie, d. h. auf Spielfeldern, in denen unterschiedliche Regeln gelten, begegnen, werden spezifische psychische Anforderungen an sie gestellt, die auch als Risikofaktor wirken können. In unterschiedlichen Phasen des Lebenszyklus des Unternehmens (von der Gründungsphase bis hin zum Mehr-Generationen-Groß-Familienunternehmen) ergeben sich unterschiedliche Rahmenbedingungen für die Familiendynamik. Im folgenden Kapitel wird versucht, charakteristische Muster der familiären Organisation der ersten, zweiten, dritten usw. Generation und die damit verbundenen Risiken (z. B. Symptombildung) bzw. Ansätze von Lösungsstrategien zu beschreiben.

FBS

Die Familie des Familienunternehmens

Besonderheiten der Familiendynamik

Fritz B. Simon

Im Familienunternehmen haben wir es mit der Kopplung und Ko-Evolution der beiden sozialen Systeme Familie und Unternehmen zu tun. Dies ist meist mit spezifischen Konsequenzen für die Familiendynamik verbunden. Es entwickeln sich mit einer gewissen Wahrscheinlichkeit typische Konstellationen der Familien- und Beziehungsdynamik, die für die einzelnen Familienmitglieder mit spezifischen sozialen und psychischen Anforderungen verbunden sind.

Auch wenn dazu bislang keine statistisch zuverlässigen empirischen Untersuchungen vorliegen, so scheint die klinische und beraterische Arbeit mit solchen Familien Hinweise darauf zu geben, dass diese Konstellation mit vielfältigen psychologischen Risiken verbunden ist. (Dass damit auch vielfältige Chancen verbunden sind, soll – um kein einseitiges Bild zu zeichnen – nicht verschwiegen werden. Die Chancen, die sich schon allein durch die materiellen Möglichkeiten einer wohlhabenden Familie eröffnen können, liegen auf der Hand, sodass sie hier nur am Rande erwähnt werden. Dasselbe gilt für die Erfahrungsmöglichkeiten, die für die Kinder durch die kaum vermeidbare Konfrontation mit Unternehmensproblemen in der Familie verbunden sind.)

Ziel der folgenden Skizze ist es, für die Besonderheiten der Familien von Familienunternehmen zu sensibilisieren. Dabei werden Erfahrungen aus der therapeutischen Arbeit mit solchen Familien wie auch der Organisationsberatung von Familienunternehmen bzw. der beratenden Begleitung beider Systeme herangezogen.

Der private und der öffentliche Raum: zwei Spielfelder und ihre unterschiedlichen Spielregeln

In Familien, die nicht mit einem Unternehmen gekoppelt sind, besteht im Allgemeinen eine Situation, dass die einzelnen Familienmitglieder in zwei unterschiedlichen Interaktions- und Kommunikationsräumen leben: dem privaten und dem öffentlichen Raum, d. h. der Familie einerseits, dem Berufsleben andererseits (bzw. Kindergarten, Schule etc.). In der Familie als sozialem System herrschen andere Kommunikationsregeln als im öffentlichen Leben, das sich meist in Organisationen der Erwerbsarbeit oder aber, bei den Kindern, der sekundären Sozialisation abspielt.

Wie bereits im vorigen Kapitel dargestellt, kann man sagen, dass in der Familie eine personenorientierte Kommunikation und Interaktion stattfindet, d. h., im Prinzip kann alles zum Gegenstand der Kommunikation werden, was das einzelne Familienmitglied betrifft. Das Spektrum der Inhalte erstreckt sich von der körperlichen Funktionsübernahme (von der Geburt über das Stillen, den Sexualverkehr bis zur Altenpflege usw.), über die psychische Befindlichkeit des Einzelnen (Liebe, Hass, Kränkungen, Tröstungen usw.) bis hin zur Thematisierung der Erlebnisse jedes Einzelnen außerhalb der Familie (Erfolge und Frustrationen am Arbeitsplatz etc.)[1].

Jedes einzelne Familienmitglied hat seine außerfamiliären, organisationellen Spielfelder, in denen es den dortigen Rollenanforderungen gerecht zu werden hat, und die Familie ist das Spielfeld, wo diese unterschiedlichen Felder ihre Integration finden können. So bestimmt die Kombination von gemeinsamen und getrennten Erfahrungsfeldern zu einem guten Teil die familiäre Kommunikation. Dabei sind die einzelnen Personen in ihrer Funktion für die Familie als Ganzes nicht austauschbar. Was sie verbindet, ist nicht in erster Linie die sachliche Funktion, die sie erfüllen, sondern ihre unverwechselbare Position innerhalb affektiver Beziehungen.

Das hat Folgen für die Spielregeln des Umgangs miteinander. Auch wenn die Personen über längere Zeit konstant bleiben, ändern sich im Laufe des familiären Lebenszyklus die Spielregeln der Interaktion und Kommunikation – schon wegen der individuellen

1 Vgl. Luhmann (1988) Simon (1999a, b, 2000)

körperlichen und psychischen Entwicklungen, den Wachstums-, Reifungs-, Alterungs-, Abbauprozessen usw.[2]

Im öffentlichen Bereich herrschen dagegen andere Spielregeln. Im Rahmen der funktionell differenzierten Gesellschaft haben sich Organisationen und Institutionen entwickelt, die dafür sorgen, dass charakteristische gesamtgesellschaftliche Funktionen sichergestellt werden. So gibt es Organisationen, die mit der Produktion und dem Vertrieb von Waren beschäftigt sind, andere produzieren und verbreiten Bildung und Wissen, wieder andere sorgen für die Rechtsprechung und damit die Durchsetzung bestimmter Regeln des Umgangs miteinander und der Konfliktlösung usw. Je nachdem, in was für einer Organisation ein Einzelner arbeitet und welche Rolle er dabei übernimmt, hat er bestimmte Verhaltenserwartungen zu erfüllen. Dazu bedarf es spezifischer Fähigkeiten, die im Rahmen der beruflichen Sozialisation, der Aus- und Weiterbildung erworben werden. Die Position und Stellung, der materielle Erfolg und die persönliche Anerkennung, die in diesem Bereich zu erringen sind, hängen von der Übernahme spezifischer Funktionen und Aufgaben bzw. ihrer erfolgreichen Erledigung ab. Und in dieser Funktion wird der Teilnehmer an solch einem System gesehen und wirksam. Er ist nicht als Gesamtperson oder -persönlichkeit gefragt (auch wenn die natürlich immer mit im Spiel ist), sondern in den Teilaspekten, die mit seiner institutionellen Aufgabe verbunden sind.

Diese Aufgaben können im Prinzip von unterschiedlichen Personen ausgeübt werden, da nur die prinzipielle Austauschbarkeit der Funktionsträger die Sicherstellung der Funktionen für die Organisation gewährleistet. Für den einzelnen Beschäftigten heißt dies, dass er sich in einem Kontext bewegt, in dem Konkurrenz besteht, da immer auch ein anderer seine Position übernehmen könnte. Daher muss er „gut" oder zumindest „gut genug" sein, um in der Organisation zu überleben.

Bezogen auf die Gesellschaft als übergeordnetes, Familien und Organisationen umfassendes System, zeigt sich eine Aufspaltung von Funktionen. Die beiden Seiten des Konfliktes zwischen Aufgabenorientierung einerseits und Personenorientierung andererseits, Austauschbarkeit und Unverwechselbarkeit des Individuums,

2 Simon (2000)

werden von unterschiedlichen gesellschaftlichen Subsystemen übernommen.

Wir haben es deswegen heutzutage (das war nicht immer so) mit einer Situation zu tun, in der Familien und die Organisationen des öffentlichen Lebens (z. B. Wirtschaft, Verwaltung usw.) nach unterschiedlichen, sich teilweise ausschließenden Prinzipien funktionieren.[3]

Wo immer es zu Konflikten zwischen zwei logisch kontradiktorischen Seiten von Unterscheidungen – wie beispielsweise zwischen den Spielregeln von Familie und Unternehmen – kommt, bieten sich zwei gegensätzliche Möglichkeiten der Konfliktlösung. Entweder es wird Zeit eingeführt, d. h. die beiden sich logisch ausschließenden Spielregeln werden *nacheinander* – d. h. zeitlich getrennt – konfliktfrei und logisch konsistent realisiert *(diachrone Dissoziation)*. Die zweite Möglichkeit, konsistentes und konfliktfreies Handeln zu ermöglichen, besteht in der Spaltung der Welt in unterschiedliche, *nebeneinander* existierende Kontexte – d. h. in Subsysteme oder Spielfelder –, in denen jeweils unterschiedliche Spielregeln gelten. In beiden Spielfeldern kann dann widerspruchs- und ambivalenzfrei gehandelt, gedacht und gefühlt werden *(synchrone Dissoziation)* – falls man nicht meint, man müsse 24 Stunden am Tag dieselbe unverwechselbare Identität realisieren.[4] Die subjektive Trennung dieser Kontexte wird im Allgemeinen dadurch erleichtert, dass man es in ihnen mit unterschiedlichen Personen zu tun hat.

Die Vermischung der Kontexte: Zwei Spielfelder und die damit verbundenen psychischen Anforderungen an die Familienmitglieder

In unserem westlichen Gesellschafts- und Wirtschaftssystem ist es im „Normalfall“ zu einer diachronen Dissoziation, d. h. zu einem zeitlichen Nacheinander zwischen Familie und Organisation, zwischen Privatleben und Arbeitsleben, gekommen. Das heißt, morgens verlässt man das Haus und geht zur Arbeit, übernimmt dort seine Rolle als profitorientierte Managerin, kundenorientierter Versiche-

3 Zu Einzelheiten der Unterschiede zwischen beiden Typen sozialer Systeme siehe Simon (1999a, b)
4 Vgl. Simon (1989), Simon et al. (1998)

rungsvertreter oder angepasster Schüler usw., und wenn man abends wieder nach Hause kommt, gibt man diese Rolle an der Garderobe ab und wird zur altruistischen Mutter, zum strengen Vater und zum trotzigen Kind. Die gegenwärtige Aufspaltung der alltäglichen Lebenswelt in unterschiedliche Spielfelder ist mit spezifischen psychischen Anforderungen an den Einzelnen verbunden und hat charakteristische Folgen für ihn.

Wer sowohl in Familien als auch in Organisationen erfolgreich interagieren und kommunizieren will, muss ebenfalls in der Lage sein, Spaltungen *(Dissoziationen)* zu vollziehen und so etwas wie eine „multiple Persönlichkeit" (Kontextpersönlichkeit) zu entwickeln. Er muss sich in unterschiedlichen sozialen Kontexten entsprechend unterschiedlicher Interaktions- und Kommunikationsregeln verhalten und die dazu erforderlichen psychischen Mechanismen entwickeln. Was im einen Kontext gut ist, wird im anderen als schlecht bewertet und umgekehrt.

Für den durchschnittlichen Bürger, der einerseits zu Hause eine Familie hat und dort „höchstpersönlich"[5] kommuniziert und andererseits in seinem beruflichen Umfeld, meist einer Organisation, in der Lage sein muss, die persönliche Ebene in den Hintergrund zu stellen, wird die Wahl seines Verhaltens dadurch erleichtert, dass die beiden Kontexte zeitlich nacheinander geordnet sind. Er befindet sich *entweder* in der Familie *oder* in der Organisation. Die Form der Spaltung, die von ihm gefordert wird, kann als diachrone Dissoziation bezeichnet werden. Wie beim Sprechen von Fremdsprachen kann er zwischen den beiden Kontexten im Sinne eines Alles-oder-nichts-Prinzips wechseln: Wenn er Russisch spricht, dann hat er sich an die Regeln der russischen Grammatik zu halten, wenn er Englisch spricht an die der englischen Grammatik (zumindest wenn er an der jeweiligen Kommunikation teilnehmen will). Und so, wie Kinder mit Eltern unterschiedlicher Muttersprache beide Sprachen leichter lernen, wenn beide Elternteile mit ihnen nur jeweils eine – und immer dieselbe – Sprache sprechen, so lernen die meisten Menschen ganz gut mit unterschiedlichen Spielregeln in Familie und Organisation umzugehen, da beide Kontexte meist klar (räumlich, zeitlich) getrennt und unterschieden sind. Eine der entscheidenden

5 Luhmann (1982, S. 49)

Voraussetzungen oder zumindest ein wichtiger, diese Form der „Zweisprachigkeit" erleichternder Faktor besteht darin, dass im Allgemeinen jeder in der familiären Kommunikation mit anderen Personen konfrontiert ist als in der Organisation. Er kann also Personen und Kontexte miteinander assoziieren, sodass nicht in der Interaktion mit denselben Menschen zwei unterschiedliche Spielregeln angewandt werden müssen. Dies ist der Grund, warum Chirurgen nur selten ihre Kinder operieren und Lehrer gelegentlich Schwierigkeiten haben, ihre eigenen Kinder angemessen zu benoten, warum Notare keine Urkunden für ihre Verwandten ausfertigen und Richter nicht ihre eigenen Scheidungsverhandlungen leiten dürfen usw.

Zusammenfassend kann man also feststellen, dass die *synchrone* Dissoziation, die auf der Ebene der gesellschaftlichen Entwicklung zur Trennung von Familie und Organisation und zur Differenzierung vielfältiger Subsysteme geführt hat, für den durchschnittlichen Einzelnen, der sozial in dieser Form von Gesellschaft überleben will, (zumindest) eine zentrale psychische Anforderung mit sich bringt: Er muss psychisch in der Lage sein, *diachron* zu dissoziieren, d. h. sich zu spalten und nacheinander und kontextabhängig unterschiedliche Verhaltensweisen (um nicht zu sagen: unterschiedliche Persönlichkeitsmerkmale) zu zeigen.

Im Falle der Unternehmerfamilie bzw. des Familienunternehmens ist die Situation anders. Zwei soziale Systeme, die einer unterschiedlichen Logik folgen, sind miteinander strukturell gekoppelt und durchlaufen eine Ko-Evolution miteinander. Beide „stören" sich gegenseitig und liefern sich gegenseitig „Anstöße" für die Entwicklung (*Perturbation, Irritation*). Die Akteure in beiden Bereichen sind teilweise identisch, obwohl sie in beiden Feldern unterschiedliche Rollen und Beziehungen haben. Man kann es den Betreffenden nicht äußerlich ansehen, ob sie gerade als Mitarbeiter des Unternehmens oder als Familienmitglied sprechen und handeln. Die Kontexte sind im Allgemeinen zeitlich, oft auch räumlich miteinander vermischt. Wenn Mitarbeiter des Unternehmens und Mitglieder der Familie miteinander identisch sind, so entsteht zwangsläufig in der alltäglichen Interaktion und Kommunikation die Schwierigkeit herauszufinden, wer denn wann in welcher Rolle agiert. Personenorientierte Kommunikationen der Familie finden in Geschäftsführungssitzungen statt, und aufgabenorientierte Kommunikationen des Unternehmens realisieren sich beim familiären Abendessen.

Für den Einzelnen, der in seiner Doppelidentität als Familienmitglied und Mitarbeiter gefordert ist, heißt dies, dass er psychisch zur synchronen Dissoziation fähig sein muss. Er muss sich gewissermaßen spalten und auf seine beiden Identitäten oder „Persönlichkeiten", die keinen festen zeitlichen Phasen oder räumlich getrennten Kontexten zugewiesen werden können, parallel Zugriff haben. Er muss ad hoc entscheiden, wer er gerade ist oder zu sein hat, und er muss eine große Toleranz gegenüber Ambivalenzen und Ambiguitäten haben.

Da es hierfür keine klaren gesellschaftlichen Vorgaben und kommunikativen Kontextmarkierungen gibt, ist die tatsächliche Kommunikation unter den Familienmitgliedern konflikt- und paradoxieanfälliger als in anderen Familien, da keine allgemein akzeptierten Zeichen, Schemata oder Prozeduren verfügbar sind, die zweifelsfrei festlegen, welcher Kontext wann als relevant zu erachten ist.

Familiärer Lebenszyklus und Lebenszyklus des Unternehmens

Wenn wir von der Familie des Familienunternehmens sprechen, so müssen wir uns klar machen, dass damit vollkommen unterschiedliche Familientypen bezeichnet sind, je nachdem, in welcher Phase der Entwicklung sich das Unternehmen befindet. Ist zum Beispiel ein Unternehmen schon seit mehreren Generationen im Familienbesitz, ja, seit Jahrhunderten, so finden sich Familienformen, die Hundert oder mehr Personen umfassen können. In Familien ohne Unternehmen kennt man im Allgemeinen niemanden mehr, mit dem man den Ururur-großvater teilt. Ist jedoch das Eigentum an einem Unternehmen im Laufe der Erbfolge auf unterschiedliche „Familienstämme" aufgesplittert, so werden auf einmal größere Verwandtschafts- und Verschwägerungsnetzwerke als Familien bezeichnet, die sich außerhalb dieser Konstellation entweder gar nicht mehr entwickeln und für die es heutzutage kaum mehr gebräuchliche Namen gibt. Sie Familie zu nennen heißt, einen archaischen oder zumindest antiquierten (Groß-)Familienbegriff zu verwenden, der eine von den Vorstellungen der gegenwärtigen Kleinfamilie vollkommen abweichende Bedeutung erhält. In vorindustriellen Gesellschaftsformen und im Erbadel hat es solche Sippen-, Dynastie- oder Geschlechtszusammenhänge regelmäßig gegeben, in der gegenwärtigen westlichen Gesellschaftsform schafft nahezu ausschließlich das gemeinsame Eigentum an einer Firma solch eine Form familiärer Bindung. Dass die Dynamik solch eines größeren sozialen Systems sich von der einer bürgerlichen Kleinfamilie unterscheidet, dürfte nicht verwundern. Wie sie sich unterscheidet, muss im Einzelnen beschrieben und analysiert werden. Doch beginnen wir am Anfang: mit der Gründergeneration.

(Dabei muss angemerkt werden, dass die folgenden Aussagen nicht im Sinne irgendeiner naturgesetzlichen Zwangsläufigkeit zu verstehen sind, sondern nur als skizzenhafte Beschreibung häufiger (wahrscheinlicher) Entwicklungen und Tendenzen, die sich in der klinischen und organisationsberaterischen Arbeit mit Familien und ihren Unternehmen zeigen).

Die Gründung von Familie und Unternehmen

Bei Unternehmen in der ersten Generation, haben wir es mit einer Familie zu tun, in der im Allgemeinen ein Elternteil, oft auch beide zusammen, ein Unternehmen gegründet haben und nun die Verantwortung für zwei konkurrierende Formen von „Babys" haben: Sie müssen ihrer Rolle als Eltern ihrer Kinder gerecht werden und sie versuchen gleichzeitig alles, um ihr Unternehmen zum Gedeihen zu bringen. In dieser Phase ist die Grenzziehung zwischen beiden Systemen im Allgemeinen sehr durchlässig. Im Erleben der Kinder ist meist sehr präsent, dass die Eltern ihre Aufmerksamkeit zwischen ihnen und der Firma teilen. Wenn beide Eltern im Unternehmen arbeiten – und das ist gerade in der Gründungsphase aus ökonomischen Gründen eher wahrscheinlich, da die Personalkosten eine noch nicht florierende Firma auffressen würden – ist das Unternehmen für die Eltern ein sie verbindendes oder für Konflikte sorgendes „Kind" wie die anderen Kinder auch. Mit den Worten eines Betroffenen: „Die Firma sitzt immer mit am Tisch." Das hat für die Kinder den positiven Effekt, dass sie schon früh mit „dem Ernst des Lebens" konfrontiert werden und Ideen bekommen, wie Wirtschaft funktioniert; es hat aber auch oft die Wirkung, dass sie die Firma als Konkurrent um das elterliche Interesse und ihre Liebe erleben. Ihre Beziehung dem Unternehmen gegenüber ist daher oft von Rivalitätsgefühlen geprägt und nur selten ambivalenzfrei.

Auf seiten der Eltern zeigt sich das dazu komplementäre Gegenbild. Da der Aufbau einer Firma mit einem erheblichen zeitlichen und emotionalen Aufwand verbunden ist, entwickeln die Eltern häufig ein Gefühl, ihren Kindern nicht gerecht zu werden. Sie reagieren mit offenen oder verdeckten Schuldgefühlen. Das macht sie emotional erpressbar. Oft versuchen sie, vor allem, wenn die Firma erfolgreich ist, die Kinder durch finanzielle Zuwendungen zu „entschädigen". Eine zweite Folge ist häufig, dass sie, um ihre Schuldgefühle zu bewältigen, ihr Engagement für die Firma als Zeichen des Familiensinns umdeuten: „Ich tue/wir tun das alles doch nur für die Kinder!" Das bringt die Kinder in eine Zwickmühle und lässt sie schwanken zwischen Dankbarkeit und Vorwurfshaltung.

Da es überwiegend die Väter sind, die den unternehmerischen Part in der Familie repräsentieren, kommt der Vater-Kind-Beziehung eine besondere Bedeutung zu. Die Verhaltensweisen und Persönlichkeitsmerkmale, die sie als Unternehmensgründer qualifizieren, realisieren sie im Allgemeinen auch in der Familie. Die Generation der Gründer, die nach dem Zweiten Weltkrieg im deutschsprachigen Raum erfolgreich war, zeichnete sich u. a. dadurch aus, dass ihnen ihre Unabhängigkeit und Autonomie ein hoher Wert war. Die eigenen Gestaltungsmöglichkeiten, die Übernahme von sozialer Verantwortung, niemanden fragen zu müssen und selbst „das Sagen" zu haben, waren und sind für sie wichtige Bestandteile ihrer Identität. Sie gehen Risiken ein, sind Kämpfer. Die Beziehungsangebote, die sie machen, sind überwiegend komplementärer, d. h. Unterschiede voraussetzender oder fordernder Natur. Es gibt nur Gewinner und Verlierer. Wenn sie erfolgreich sind, so sind sie loyal gegenüber denen, die sie unterstützt haben. In der Firma entwickelt sich so meist ein patriarchalischer, manchmal auch autokratischer Führungsstil[6].

Für die Kinder, vor allem die Söhne, ist die Auseinandersetzung mit diesem Typus Vater nicht unproblematisch. Zum einen bieten diese Väter eine komplementäre Beziehung an, fordern Gefolgschaft und – um es idealtypisch überspitzt zu formulieren – Unterwerfung. Auf der anderen Seite sehen sie sich als Erfolgsmodell und hoffen, dass ihr Nachfolger (Sohn) ihrem Vorbild folgen möge. Das kann

6 Vgl. Wimmer et al. (1996)

Söhne in eine Doppelbindungssituation bringen. Unterwerfen sie sich als „gehorsame Söhne", so übernehmen sie eher die schwache, inferiore Position einem starken, dominanten Vater gegenüber. Treten sie in die Fußstapfen des Vaters und folgen sie seinem Autonomieideal, so geraten sie zwangsläufig in einen Konflikt und Kampf mit ihm. Er kann manchmal kriegerische Ausmaße annehmen. Eigentlich sind beide Möglichkeiten, Gehorsam und Widerstand, nicht sonderlich konstruktiv – weder für die Familie, noch für das Unternehmen. Töchter können es in dieser Hinsicht einfacher haben (müssen es aber nicht), da sie die Chance haben, als Frauen an anderen Idealbildern gemessen zu werden und weniger leicht doppelbindenden Botschaften ausgesetzt sind.

Ein weiterer Faktor, der sich auf die Entwicklungsbedingungen der Kinder auswirken kann, kann wohl am besten als Delegation beschrieben werden. Ein Unternehmen zu gründen, ist weit mehr, als nur einen bestimmten Beruf zu wählen. Für den oder die Gründer ist dies ein kreativer Akt, der eine geradezu spirituelle Bedeutung annehmen kann. Es ist oft der Versuch, die eigene Sterblichkeit zu überwinden[7]. Das Unternehmen wird, so ist die Hoffnung, weiterleben, auch wenn sein Gründer schon längst unter der Erde liegt. Wenn solch eine Hoffnung mit dem Unternehmen verknüpft ist, hat dies Auswirkungen auf die Kinder und die Nachfolgefrage. Auch wenn von den Eltern immer wieder betont wird, sie wollten die beruflichen Lebensentscheidungen ihrer Kinder respektieren, teilt sich die sinnstiftende Funktion des Unternehmens für die Eltern/den Vater/die Mutter (je nachdem) im Laufe der gesamten kindlichen und jugendlichen Entwicklungsphase so deutlich mit, dass die Kinder in eine Rolle geraten, wo sie es in der Hand haben, über Sinn oder Sinnlosigkeit des Lebens der Eltern zu entscheiden. Das kann zu einer Parentifizierung der Kinder führen, die dann ihre eigenen Lebensentscheidungen aus Motiven der Eltern treffen (d. h. um deren Lebenswerk zu erhalten und als sinnvoll zu bestätigen).

All diese Konsequenzen und Muster sind natürlich nicht zwangsläufig, darauf sei hier ausdrücklich noch einmal hingewiesen. Sich gegen derartige Erwartungen und Hoffnungen abzugren-

7 Vgl. Kets de Vries (1996)

zen, ist möglich. Aber es bedarf eines besonderen psychischen Aufwands vonseiten der Kinder wie auch der Eltern.

Die Familie der zweiten Generation

Die Situation der Familie in der zweiten Generation unterscheidet sich vor allem dadurch, dass die Eltern bzw. mindestens einer von ihnen eigene Erfahrungen mit der Rolle des Nachfolgers hat machen können. Das Verständnis und die Empathie in die Konflikte und Dilemmata, die für die Kinder mit der Möglichkeit, ins Unternehmen einzusteigen, verbunden sind, sind erheblich größer. Das Überleben der Firma ist für die Eltern nicht in gleichem Maße mit persönlicher Identität und Lebenssinn gekoppelt wie bei der Gründergeneration. Die emotionale Distanz, die sich daraus ergibt, führt im Allgemeinen zu einem größeren Entscheidungsspielraum für die Kinder.

Auch zeigen die Unternehmereltern der zweiten Generation nicht mehr in gleichem Maße die Verhaltens- bzw. Persönlichkeitsmerkmale der Gründergeneration. Das Unternehmen ist nicht in gleichem Maße mit Aufgaben der persönlichen Identitäts- und Sinnstiftung belastet. Auch persönliche Autonomie und Unabhängigkeit sind nicht so zentral für diesen Unternehmertyp. Deswegen fällt es in der zweiten Generation auch leichter, die Firma in fremde Hände zu geben.

Die Kinder (dritte Generation) haben daher meist mehr Wahlmöglichkeiten als die Generation ihrer Eltern. Sie übernehmen nicht so leicht die Delegation der Verantwortung für das Lebenswerk der Eltern, da sie in eine nun schon länger etablierte, die Generation der Eltern überschreitende Tradition eintreten. Es geht nicht mehr um eine sehr persönliche, affektiv hoch aufgeladene Eltern-Kind-Beziehung, sondern um die Beziehung zur Familientradition. Es ist das Werk der Großeltern (meist des Großvaters), die nicht nur altersmäßig weit weg sind, sondern auch eine gefühlsmäßige Distanzierung erlauben. Welche Wirkung dies im Einzelfall hat, d. h. ob es die Übernahme der Verantwortung für die Fortführung der Tradition wahrscheinlicher oder unwahrscheinlicher macht, kann nicht allgemein beantwortet werden.

Immerhin sprechen die Zahlen, nach denen nur etwa 3–4 % der Familienunternehmen den Übergang von der zweiten zur dritten

Generation schaffen, dafür, dass die Entscheidung meist gegen ein Engagement in der Firma getroffen wird[8].

Die Familie der dritten, vierten, fünften usw. Generation

Je länger ein Unternehmen im Familienbesitz ist, umso größer wird potenziell die Zahl der Familienmitglieder. Während Kleinfamilien keiner formalisierten Regeln bedürfen, um miteinander kommunizieren zu können, wird dies mit wachsendem Umfang der Familie immer unwahrscheinlicher. Man trifft sich nicht mehr am Frühstückstisch, sondern möglicherweise nur noch bei Gesellschafterversammlungen. Um ein Gefühl der gemeinsamen Identität aufrechtzuerhalten, müssen Möglichkeiten der familiären Begegnung organisiert werden. So kommt es, dass derartige Großfamilien die Strukturen von Organisationen annehmen müssen, um als „Familien" ihre Einheit zu erhalten.

Wenn solch eine Organisationsform nicht bewusst und zielgerichtet (zum Beispiel im Blick auf die Bewältigung potentieller Konflikte) konstruiert wird, entwickelt sich meist selbst organisiert eine Großfamilienstruktur, die biologischen Suggestionen folgt: Es werden Stämme mit ihren jeweiligen Ur-Vätern oder -Müttern (meist den Kindern des Gründers) gebildet. Was die Mitglieder der Stämme verbindet, ist keine gemeinsame sachliche Orientierung, sondern ein biologischer Mythos, der nicht hinterfragt wird. Oft spiegelt sich in dieser Stammesorganisation eine Geschwisterrivalität der zweiten Generation, die so auf der Mehr-Generationsebene fortgesetzt wird, ohne dass irgendjemand noch weiß, wie sie ursprünglich entstanden ist.

Hier zeigt sich, dass Organisationsformen, die den Abstammungslinien zuwiderlaufen, für die Nutzung der familiären Ressourcen und die Vermeidung destruktiver Konflikte funktioneller ist. Will man die Wahrscheinlichkeit erhöhen, dass die (Groß-)Familie als Einheit erhalten bleibt und eventuelle Konflikte bewältigbar werden, so bedarf es einer sorgfältig und bewusst konstruierten „Verfassung", da sich per Selbstorganisation meist Subsysteme entlang der Stammeslinien entwickeln. Solch eine Satzung kann dann auch dafür sorgen, dass die Fähigkeiten und Kompetenzen

8 Zucker u. Borwick (1992, S. 215)

aller Familienmitglieder, d. h. auch der „nur" angeheirateten, für das Unternehmen nutzbar werden.[9]

Als paradox anmutende Folge des quantitativen Wachstums der Familiemuss sich die Großfamilie formalisierte Regeln geben, um informell kommunizieren zu können. Die personenzentrierte Kommunikation, die Herstellung von Vertrautheit und Vertrauen, bedarf einer sachgerechten Organisationsstruktur, die einen analogen Grad von Familiarität möglich macht, wie er in der Kleinfamilie aufgrund der Haus- und Lebensgemeinschaft spontan entsteht.

Eine Möglichkeit, alle diese mit dem Anwachsen der Familie verbundenen Schwierigkeiten zu umgehen, liegt in einer Erbregelung, wie sie analog in Fürstenhäusern und in manchen bäuerlichen Regionen üblich ist: Der Erstgeborene bzw. irgendeines der Kinder erbt die Firma (den Titel, den Hof) und übernimmt ihre Leitung, während die anderen finanziell abgefunden (ins Kloster gesteckt oder verheiratet) werden. Auf diese Weise bleibt in jeder Generation nur eine Kleinfamilie mit dem Unternehmen verbunden, was die Komplexität der familiären Situation reduziert, aber in der Übergabephase verstärkt zu Konflikten und Rivalitäten zwischen den Geschwistern führen kann.

Konfliktpotenzial

Durch die Kopplung von Unternehmen und Familie kann ein spezifisches Konfliktpotenzial aufgebaut werden, das in anderen Familien nicht auftritt. Es handelt sich dabei sowohl um interpersonelle als auch um intrapsychische Konflikte.

Die Gerechtigkeitsfrage

Eltern haben heute im Allgemeinen den Anspruch, ihre Kinder gerecht zu behandeln (siehe dazu ausführlich das Kapitel 4 „Gerechtigkeit, Richtigkeit und Rechtmäßigkeit – Entscheidungsfindung in Familienunternehmen"). Da die Kinder unterschiedlichen Alters sind,

9 Zumindest sind dies erste Ergebnisse eines im Moment an der Universität Witten/Herdecke laufenden Forschungsprojekt zur Organisation von Mehr-Generationen-Familienunternehmen.

verschiedene Talente und Defizite haben und daher unterschiedlicher Förderung und Unterstützung bedürfen, ist dies ein Anspruch, der nicht einfach zu erfüllen ist. Es gibt keine zwei Kinder, die in exakt die gleiche familiäre Situation hineingeboren werden, und es gibt keine zwei Kinder, die dieselben Bedürfnisse und Möglichkeiten haben. Den Kindern gerecht zu werden, heißt Gleiches gleich und Ungleiches ungleich zu behandeln, und für beides gibt es keine objektivierbaren Kriterien. So entwickeln sich in durchschnittlichen Familien höchst unterschiedliche Beziehungsmuster zwischen den einzelnen Kindern und Vater und Mutter.

Das führt in den meisten Familien dazu, dass sich Kinder hin und wieder ungerecht behandelt fühlen oder Eltern denken, dass sie ihre Kinder nicht gerecht behandelt haben. Meist gleicht sich das im Lauf der Familiengeschichte einigermaßen aus, oder aber die Frage, ob die Kinder gerecht behandelt worden sind, verliert mit der Zeit ihre Bedeutung. In der Regel ist das der Fall, wenn die Kinder selbstständiger und unabhängiger von den Eltern werden. Je weniger sie von den Eltern an finanzieller oder anderweitiger Unterstützung brauchen oder erwarten können, umso weniger stellt sich die Gerechtigkeitsfrage.

In Unternehmen herrscht ein von Familien abweichendes Gerechtigkeitskonzept. Es geht nicht in erster Linie darum, alle irgendwelchen absoluten Maßstäben entsprechend gleich zu behandeln, stattdessen werden aufgabenbezogene Leistungen honoriert. Die Entscheidungen darüber, welche Gratifikationen wer erhält, wer aufsteigt oder absteigt, sind – zumindest theoretisch – nicht von Gleichheitsidealen bestimmt, sondern von der Unterschiedlichkeit der Qualifikation oder Leistung. Gerecht wäre in diesem Kontext, wenn der oder die „Beste" die wichtigsten Funktionen übernimmt (wobei sich natürlich auch hier die Frage nach den Qualitätskriterien ergibt; in jedem Fall dürften sie aber mit der Erfüllung von Aufgaben innerhalb des Unternehmens zu tun haben).

Wenn nun familiäre Gleichheitsforderungen in den Kontext des Unternehmens übertragen werden oder die Bevorzugung von Geschwistern innerhalb der Firma (vielleicht weil sie eine besondere Kompetenz besitzen) nach familiären Maßstäben bewertet wird, sind Konflikte vorprogrammiert. Werden familiäre Entscheidungskriterien für die Personalpolitik innerhalb der Firma verwandt, so kann dies die ökonomische Existenz der Firma gefährden. Das ist der Fall, wenn etwa ein unfähiger Sohn ein Unternehmen oder eine Abteilung als „Spielzeug" erhält, nur weil der Bruder oder die Schwester in einer ähnlichen Funktion beschäftigt ist. Und umgekehrt wird der Familienfrieden gefährdet, wenn die Unterschiede des Engagements in der Firma dazu führen, dass auch in der Familie Unterschiede eingeklagt werden.

Hier einen Kontenausgleich zu finden, ist schwer. Manche Kinder übernehmen elterliche Delegationen und opfern sich und ihre eigene, unabhängige Entwicklung für die Firma. Sie ermöglichen es dadurch ihren Geschwistern nur zu oft, ihren eigenen Weg zu gehen und ihren persönlichen Interessen zu folgen. Wenn dann aber eine Honorierung für diese Leistung gefordert wird, etwa in Form vermehrter Firmenanteile, so erscheint dieses Sich-Opfern aus der Perspektive der anderen Geschwister manchmal als ein Sich-Vordrängen – ein Konflikt der Sichtweisen, der umso intensiver wird, je mehr auf dem Spiel (z. B. finanziell) zu stehen scheint.

Da es objektiv sehr schwierig ist, diesen unterschiedlichen Kontexten und Maßstäben gerecht zu werden, kommt es – der Weg des geringsten Widerstands – oft zur Konfliktvermeidung durch die Eltern. Entscheidungen, z. B. über die Nachfolgeregelung, werden so lange aufgeschoben, bis sie – pervertierter „Idealfall" – nichts zu entscheiden brauchen, weil sie ein plötzlicher Tod des Dilemmas, entweder ihrer familiären oder ihrer unternehmerischen Verantwortung nicht gerecht zu werden, enthebt.

Die Verrechtlichung familiärer Beziehungen

Es gibt zwar auch für die durchschnittliche Kleinfamilie rechtliche Regelungen, die den Freiheitsrahmen der Beteiligten bestimmen, doch sie beziehen sich meist auf die Außenbeziehung der Familienmitglieder Dritten gegenüber. Die innerfamiliären Beziehungen organisieren sich im Allgemeinen wie in einem rechtsfreien Raum. Weder klagen die Kinder ihr Taschengeld ein noch die Ehepartner die Erfüllung der ehelichen Pflichten. Wenn es so weit kommt, dass Juristen eingeschaltet werden, so ist dies meist ein Zeichen für das Ende der (privaten) Beziehung.

In Familien werden Beziehungen und Interaktionsregeln informell ausgehandelt und sie können sich relativ schnell verändern. Heute engagiert sich der Eine für das Wohl der Familie und wird dadurch wichtig und einflussreich, morgen ist es ein anderer. So können sich die Beziehungsstrukturen rasch und unkompliziert verändern.

Im Unternehmenskontext ist dies anders. Hier sind Rollen und Stellen, Eigentum, Wichtigkeit und Macht formal definiert und vertraglich festgelegt. Derartige Beziehungsdefinitionen überschreiten die Grenzen von privaten Zweierbeziehungen. Die Definition der Beziehung zwischen den Vertragsparteien ist öffentlich kodifiziert und einklagbar. Das Rechtssystem folgt dabei nicht der Logik familiärer Beziehungen, sondern seiner eigenen Logik. Dies hat für die beteiligten Familienmitglieder und die Familie weit reichende Folgen. Werden beispielsweise Anteile an der Firma unter den Kindern zu einem bestimmten Zeitpunkt der familiären Entwicklung „gerecht", d. h. gleich, verteilt, so bestimmt solch eine Regelung für die Zukunft die Beziehung der Beteiligten mit. Die einmal juristisch definierte Gleichheit der Beziehung entspricht nicht mehr den jeweils erbrachten Leistungen und subjektiven Bilanzierungen. Wird dies nicht thematisiert, so wird das Ungleichgewicht immer größer, bis es dann – scheinbar unmotiviert – zum Ausbruch massiver und teilweise sehr verbitterter Konflikte kommen kann.

Um dies zu verhindern, bedarf es einer kontinuierlichen Überprüfung, ob die rechtlichen Beziehungsdefinitionen den praktizierten entsprechen. Gegebenenfalls müssen sie immer wieder modifiziert werden. Das geschieht aber meist nicht, da dies mit finanziellem und emotionalem Aufwand verbunden ist. Aus solchen Gründen ist eher mit der kollektiven Verleugnung von Konflikten zu rechnen, bis dies nicht mehr geht, weil sie gerichtsnotorisch geworden sind.

Die Wichtigkeit juristischer Vorgaben für die Familiendynamik scheint ein Merkmal der Familie des Familienunternehmens zu sein, das bislang nur wenig reflektiert ist. Mit der Einbeziehung rechtlicher Normen wird ein nichtfamiliärer Konfliktlösungsmechanismus eingeführt, der für die Familie meist die paradoxe Wirkung hat, besonders verbissene Konflikte und Machtkämpfe auszulösen (siehe auch hierzu ausführlicher Kapitel 4 „Gerechtigkeit, Richtigkeit und Rechtmäßigkeit – Entscheidungsfindung in Familienunternehmen").

Symptome

Mit dieser Skizze der Besonderheiten der Familie des Familienunternehmens ist kein Anspruch auf Vollständigkeit verbunden. Dennoch dürfte deutlich geworden sein, dass die Komplexität, die derartige Familien und ihre Mitglieder zu bewältigen haben, erheblich ist. So kann es nicht verwundern, dass das Unternehmen auch zum Risikofaktor für die psychische Gesundheit der Familienmitglieder werden kann.

Exemplarisch kann hier die Situation des Juniors beschrieben werden, der im Konflikt darüber lebt, ob er bei der Berufswahl seinen Neigungen („Kunstgeschichte studieren") folgen soll oder die Chance wahren soll, sich ins „gemachte Firmenbett" zu legen. Die beiden Seiten des Konfliktes entstehen für ihn dadurch, dass es für ihn bzw. die anderen Jugendlichen seines Alters ein Ziel ist, seinen bzw. ihren eigenen Weg zu gehen und sich selbst, den eigenen Fähigkeiten und Neigungen entsprechend, zu „verwirklichen". Auf der anderen Seite ist wirtschaftlicher Erfolg mit all den Wohlstandsversprechen auch sehr attraktiv. Hier bietet sich die Chance, in jungen Jahren schon mehr zu erreichen als viele Altersgenossen sich je auch nur erträumen würden („Porsche fahren"). Allerdings wird dies mit dem Preis bezahlt, einen von den Eltern vorgezeichneten Weg zu beschreiten. In diesem Autonomie-Abhängigkeits-Konflikt wird durch die Entwicklung von Symptomen, seien sie nun körperlicher oder psychischer Art, erst einmal Zeit gewonnen, ohne dass die Entscheidungsfreiheit eingeschränkt würde oder die unterschiedlichen Optionen verloren gingen. So gewinnt die Krankenrolle eine Funktionalität, die noch betont wird, wenn Geschwister sich schon für den Weg in die Firma entschieden haben. Denn nun müssen sie die ganze Arbeit machen, während der Patient – ganz den familiären Gerechtigkeits- und Gleichheitsidealen entsprechend – seine Erbansprüche aufrechterhalten kann. Schließlich bringen es Eltern nicht übers Herz, eines ihrer Kinder dafür zu bestrafen, dass es krank geworden ist. In extremen Fällen kann solch eine Konstellation zur Chronifizierung und zu einer Patientenkarriere führen. Im besten Fall wird diese Phase als Bedenkzeit dazu führen, dass im Rahmen einer Therapie die eigenen Optionen abgewogen werden und Ambivalenzen entschieden werden.

Ausblick – Familiencoaching

Meist ist es erst die Symptombildung bei einem Familienmitglied, die die Familie dazu bringt, Rat und Unterstützung zu suchen. Wenn überhaupt, dann landet sie bei einem Familientherapeuten, der nichts von der Dynamik von Unternehmen versteht, geschweige denn die Beziehung von Familiendynamik und Unternehmensdynamik reflektiert.

Da Autonomie als hoher Wert erlebt wird, gibt es in der Familie des Familienunternehmens ein großes Misstrauen gegenüber Beratern. Man lässt Fremde sowieso nicht gerne Einblick nehmen, weder in Familien- noch in Unternehmensangelegenheiten.[10] Daher versucht man anstehende, Probleme mit den bewährten Hausmitteln, die schließlich auch das Unternehmen zum Erfolg geführt haben, zu bewältigen oder einfach nicht wahrzunehmen. Doch das führt entweder zu einer Verschärfung des Problems („Mehr-desselben") oder zu Stagnation und Blockierung der Familien- und/oder Unternehmensentwicklung durch Nicht-Entscheidung. Wenn das Bewusstsein größer wäre, dass die Familie des Unternehmens in einer von der durchschnittlichen Familie besonderen Situation ist, dann würde es vielleicht leichter fallen, Rat außerhalb der Familie zu suchen und anzunehmen.

Geschieht dies – selten genug (meist im Zusammenhang mit der Nachfolgefrage) – doch, so bewährt sich angesichts der Verquickung von familiären und unternehmerischen Fragen ein Verfahren, das sich wohl am besten als *Familiencoaching* bezeichnen lässt.

Der Begriff Coaching soll darauf verweisen, dass es sich dabei nicht um eine Form der Therapie handelt. Wie eine Fußballmannschaft ihren Coach hat, der dafür sorgt, dass die Mannschaft gut eingestellt ist, taktische Schachzüge mit ihr bespricht und Strafstoßvarianten einübt, so beschäftigt sich auch der Familiencoach nicht in erster Linie mit Pathologie, vielmehr richtet er – wohl wissend, wo und wie Probleme entstehen können – seine Aufmerksamkeit auf die Lösungsmöglichkeiten. Bewährt hat sich dabei die Arbeit im Tandem: ein Berater/eine Beraterin mit einer familientherapeutischen Kompetenz begleitet die Familie und ein Berater/eine Bera-

10 Siehe dazu ausführlich Simon (2002)

terin mit einer Organisationsberatungskompetenz begleitet das Unternehmen. Beide arbeiten zusammen, d. h. sie informieren sich gegenseitig über die ablaufenden Prozesse und stimmen ihre Aktionen aufeinander ab. Durch die Zuweisung der Verantwortung für die Arbeit mit der Familie bzw. mit dem Unternehmen wird die getrennte Betrachtung der Kontexte leichter, ohne dass ihre Wechselbeziehungen aus dem Blickfeld geraten. Auf diese Weise lassen sich Übergangs-, Krisen- und Konfliktphasen in Familien und Familienunternehmen effektiv und ökonomisch lösen.

Man braucht dafür vielleicht nicht immer die Unterstützung durch Berater, aber niemand sollte denken, dass die hier skizzierten Probleme vermeidbar wären. Sie ergeben sich mit großer Wahrscheinlichkeit aus der Kopplung von Unternehmen und Familie, zwei Systeme, deren Lebenszyklus nicht zeitlich synchronisiert und deren Funktionslogik gegensätzlich ist. Dies zu koordinieren, ist in jedem Fall eine bemerkenswerte Leistung, ob Familie und Unternehmen dies nun mit oder ohne fremde Unterstützung bewältigen.

4. Gerechtigkeit, Richtigkeit und Rechtmäßigkeit

Entscheidungsfindung in Familienunternehmen

In Familien und in Unternehmen werden Entscheidungen nach verschiedenen, manchmal gegensätzlichen, teilweise sich logisch ausschließenden Kriterien getroffen. Dadurch geraten Entscheidende oft in Dilemmata, da ihnen nicht klar ist, welche Kriterien anzuwenden sind. Dies zeigt sich vor allem in der Nachfolgefrage, wenn Eltern versuchen, sowohl ihre Kinder gerecht zu behandeln (was in der Familie meist heißt: gleich), als auch unternehmerisch richtig zu entscheiden (was meist bedeutet, sie ungleich entsprechend individueller Fähigkeiten und Leistungen zu behandeln). Sobald sich dann noch Eigentums-, Gesellschaftervertrags- und Erbschaftsfragen stellen, kommt noch ein drittes Normen- und Regelsystem ins Spiel: die vertragliche Ebene. Sie folgt ihrer eigenen Logik und kann schließlich die beiden anderen dominieren, da durch die Einbeziehung von Juristen familien- und unternehmensfremde Personen und Kriterien die Rolle einer höheren Macht erlangen.

FBS

Gerechtigkeit, Richtigkeit und Rechtmäßigkeit

Entscheidungsfindung in Familienunternehmen

Fritz B. Simon

1. Einleitung: Drei Regel- und Normsysteme: Familie, Unternehmen, Recht

In Familien werden jeden Tag Entscheidungen getroffen und in Unternehmen werden jeden Tag Entscheidungen getroffen. Aber die Entscheidungsfindung in Familien folgt einer anderen Logik als in Unternehmen. Die Kriterien, nach denen die Mitglieder einer Familie und die Mitarbeiter eines Unternehmens ihre Entscheidungen – individuell wie kollektiv – treffen, unterscheiden sich nicht nur, sie sind teilweise kontradiktorisch und schließen sich logisch gegenseitig aus. Solange Unternehmen und Familien als klar gegeneinander abgegrenzte soziale Systeme funktionieren, gelten für die betroffenen Individuen in beiden Kontexten unterschiedliche Spielregeln und Prinzipien der Entscheidungsfindung. Was in der Familie erlaubt oder vorgeschrieben ist, kann im Unternehmen verboten sein (und umgekehrt), was im Unternehmen als sinnvoll gilt, kann in der Familie als Unsinn, Schwachsinn oder Wahnsinn disqualifiziert werden (und umgekehrt).

Wie aber steht es mit den Entscheidungen in Familien und Unternehmen, wenn beide, wie beim Familienunternehmen, miteinander gekoppelt sind? Hier sind die Grenzen oft durchlässig und die Identität und Beziehung der Akteure als Familienmitglieder oder Mitarbeiter ist nicht immer klar zu unterscheiden. Handelt es sich in der Interaktion und Kommunikation um innerfamiliäre Geschehnisse oder sind sie Bestandteil des Unternehmensalltags? Hat man eine familiäre Beziehung zueinander oder eine professionelle? Gelten die Prinzipien familiärer oder unternehmerischer Entscheidungsfindung? Das sind Fragen, die sich nicht nur für die Familienmitglieder im engeren, biologischen oder juristischen Sinne stellen, sondern auch für Mitarbeiter, wenn sie zum Unternehmen und zur Unternehmerfamilie eine persönliche Beziehung entwickelt haben.

Am deutlichsten werden die Konflikte zwischen den widersprüchlichen Entscheidungskriterien bei der Frage der Unternehmensnachfolge. Sie ist zwar in der öffentlichen Wahrnehmung zentral mit dem Thema Familienunternehmen verbunden, aber prinzipiell nur ein Sonderfall des Problems, das durch die (potentielle) Mehrfachidentität einzelner Personen als Familienmitglied, Gesellschafter und Mitarbeiter oder Manager des Unternehmens entsteht. Dabei treffen dann nicht nur familiäre und unternehmerische Zielvorstellungen und Rollendefinitionen aufeinander, sondern sie werden darüber hinaus durch rechtlich bindende, vertragliche Regelungen kompliziert. Es treffen also drei Prinzipien der Entscheidungsfindung aufeinander: familiäre, unternehmerische und juristische. Die Herausforderung der Nachfolgefrage wie aller anderen Konflikte und Entscheidungssituationen in Familienunternehmen besteht darin, diesen drei Regel- und Normsystemen gerecht zu werden.

2. Die „Gerechtigkeit" familiärer Entscheidungen

Wenn der Begriff Familie im Zusammenhang von Familienunternehmen verwendet wird, so werden damit höchst unterschiedliche Vorstellungen verbunden. Sie reichen von der zeitgenössischen Kleinfamilie (Eltern und Kinder), die in erster bzw. zweiter Generation ihr Geschäft betreibt, bis hin zu komplexen sozialen Gebilden mit Hunderten von Mitgliedern, die sich in x-ter Generation nur des geteilten Eigentums an einem Unternehmen wegen auf einen gemeinsamen Stammvater berufen und daher als Familie betrachten. Was diese sehr unterschiedlichen Systeme miteinander verbindet, ist das Selbstverständnis, „Familie" zu sein.

Mit der Unterscheidung Familie/Nicht-Familie wird heute, zu Beginn des 21. Jahrhunderts, eine klare Innen-Außen-Unterscheidung vollzogen, bei der eine Grenze um einen Bereich exklusiver Zugehörigkeit gezogen wird: Man gehört zur Familie oder man gehört nicht zur Familie. Der Zugang erfolgt entweder durch Geburt oder durch Heirat. Im ersten Fall handelt es sich um einen biologischen Mechanismus, dem in Zeiten möglicher Geburtenkontrolle in der Regel nur die Entscheidung „Kind ja" versus „Kind nein" zugrunde liegt. Eine personenbezogene Bewertung der Qualitäten des zu erwartenden neuen Familienmitglieds erfolgt, mit Ausnahme pränatal zu diagnostizierender schwerster Behinderungen in der Regel nicht.[1] Ungeachtet aller Erwartungen und Projektionen der Eltern ist die Aufnahme in die Familie nicht an irgendwelche persönlichen Qualitäten des Kindes gebunden. Mit der Tatsache der Geburt werden die Rechte und Pflichten als Familienmitglied erworben. Analoges kann über die Adoption gesagt werden, wo im Allgemeinen auch nur in sehr begrenztem Maße eine Auswahl nach persönlichen Kriterien des Kindes möglich ist und eine Alles-oder-Nichts-Entscheidung über die Zugehörigkeit des Kindes zur Familie erfolgt.

Der zweite Zugangsweg, die Eheschließung, oder, wenn man den Familienbegriff nicht im juristisch engen Sinne versteht und alternative Formen der Partnerschaft mit einbezieht, die Paarbildung, erfolgt heute in den überwiegenden Fällen infolge emotionaler Gründe. Ob man dies nun „Liebe", die „Unfähigkeit, allein zu sein" oder „Verzweiflung" nennen mag, all diesen Gemütszuständen, Motiven oder Triebkräften ist gemeinsam, dass sie im Idealfall als Entscheidungsgrundlage *nicht* ökonomischen, an Geld orientierten, Kriterien entsprechen. Das war in früheren Zeiten anders, und es mag immer noch im Adel („tu felix austria nube") und auch gelegentlich in industriellen Dynastien anders sein, aber die stillschweigende Norm und Erwartung ist, dass Partnerschaften aus persönlich emotionalen Gründen und nicht aus rational kalkulierenden, sachlichen oder gar ökonomischen Nützlichkeitserwägungen erfolgen. Ziel der Bildung einer Familie ist das individuelle Lebensglück, das gemeinsame Überleben und manchmal die Sinnfindung durch Ziele, die über die Begrenztheit der eigenen Existenz hinausgehen – beispielhaft personifiziert durch Kinder. Emotionen füreinander, seien sie nun positiv oder negativ, sind dabei immer Maßstab der gegenseitigen Wichtigkeit der Beteiligten füreinander als *Personen*.

1 Im Gegensatz zu Ländern wie Indien und China, wo die pränatale Diagnostik des Geschlechts beispielsweise zu einer bevorzugten Wahl männlicher Nachkommen geführt hat.

So bildet die Familie eine Art Gegenwelt zur Welt der Ökonomie mit ihren Austausch- und Konkurrenzverhältnissen. Sie ist ein soziales System, das dadurch charakterisiert ist, dass eine personenorientierte Kommunikation die Spielregeln der Interaktion und ihre Entwicklung steuert.[2] Was immer das einzelne, in seiner Individualität nicht austauschbare Familienmitglied betreffen mag, es ist immer auch für die ganze Familie wichtig. Man ist durch Sorgerechte und -pflichten aneinander gebunden.

Im Innenverhältnis der Familienmitglieder herrschen andere Verhaltenserwartungen als Fremden gegenüber. Man kommuniziert mit Familienmitgliedern nicht nur anders („persönlicher") als mit Fremden, sondern auch über andere Inhalte („Persönliches"). Verbunden damit ist eine Definition und ein Erleben der Beziehungen, die von den zwischen fremden, „geschäftsfähigen" und „mündigen" Individuen abweichen. So werden beispielsweise Kinder – altersabhängig und ihrer physischen wie psychischen Entwicklung gemäß – als nur begrenzt eigenverantwortlich und selbständig (über-) lebensfähig betrachtet. Daher werden in innerfamiliären Beziehungen die Grenzen der Verantwortung der Familienmitglieder im Selbstverständnis der Beteiligten nicht mit den Grenzen des Individuums identifiziert.[3] „Eltern haften für ihre Kinder" und definieren sich daher im Allgemeinen – wiederum vom Entwicklungsstand der Kinder abhängig – nicht als gegen ihre Kinder abgegrenzte Überlebenseinheiten, sondern sie definieren die Eltern- (Mutter-/ Vater-)Kind-Einheit oder auch die Familie als Ganzes als Überlebenseinheit. Dadurch kommt es in der Entscheidungsfindung zu Grenzüberschreitungen oder -verwischungen, d. h. Eltern „sprechen" für ihre „unmündigen" Kinder, und von ihnen wird erwartet, dass sie im Interesse ihrer Kinder handeln. In der Interaktion zwischen Eltern und Kindern besteht zunächst"keine Beziehung zwischen autonomen, eigenverantwortlichen Individuen, sondern, rein biologisch bedingt, eine Machtbeziehung. Ein Großteil innerfamiliärer Probleme resultiert aus der Veränderung dieser asymmetrischen Beziehung hin zu einer Beziehung zwischen gleichberechtigten, handlungsfähigen und mündigen Interaktionspartnern.[4]

2 Vgl. Luhmann (1988) Simon (1999a, 2000, 2001)

3 Simon (1984, S. 164 ff.)

4 Simon (1990, S. 190 ff.)

Die im Laufe einer gemeinsamen geschichtlichen Entwicklung durchlaufenden Veränderungen machen es schwer, das gegenseitige Geben und Nehmen zu bilanzieren. Was schulden Kinder ihren Eltern, was die Eltern den Kindern? Die Währung, in der Geben und Nehmen in innerfamiliären Beziehungen bewertet wird, lässt sich – wenn man so will – als „Liebeswährung"[5] bezeichnen (womit auf elegante Weise gesagt sein soll, dass es eben nicht primär um Geld geht). Was den Status, die Rechte und Pflichten als Familienmitglied betrifft, so gibt es zwar zwischen Eltern und Kindern bzw. ihren Rollen gravierende (hierarchische) Unterschiede, aber sowohl auf der Ebene der Kinder als auch auf der Ebene der Eltern wird heutzutage meist Gleichheit unterstellt und/oder gefordert. Die stillschweigende, normativ wirkende Erwartung an Eltern ist, ihre Kinder „gleich" zu lieben, und ähnlich ist auch die Erwartung an die Kinder, was die Liebe zu beiden Eltern betrifft.

Ob dieses Gleichheitsideal tatsächlich realisiert wird, sei dahingestellt, ja, aus der Perspektive des außen stehenden Beobachters kann sogar gesagt werden, dass es nahezu unmöglich ist. Kinder sind unterschiedlich alt, entwickeln sich nicht gleichförmig und sie haben verschiedene Talente. Außerdem werden sie zu unterschiedlichen historischen Zeitpunkten geboren, in denen die Eltern sich privat wie professionell in vollkommen unterschiedlichen Lebenssituationen befinden können, sodass schon im Blick auf die harten Fakten des Familienlebens die Wahrscheinlichkeit ungleicher Lebensbedingungen der Kinder besteht.

All diesen Einwendungen zum Trotz findet man selten Eltern, die frank und frei zugeben würden, dass sie ihre Kinder ungleich behandeln oder gar Kind X dem Kind Y vorziehen. Wenn sie es tun, so reagieren sie im Allgemeinen mit Schuldgefühlen darauf. All dies hält die Kinder nicht nur nicht davon ab, um die Aufmerksamkeit, Gunst und Zuneigung der Eltern zu rivalisieren, sondern ermuntert sie, in der innerfamiliären Kommunikation die „Gerechtigkeitskarte" zu spielen und den Eltern vorzuwerfen, sie hätten – je nachdem, wer gerade am Zug ist – den einen oder die andere bevorzugt oder benachteiligt. Ungleichheit in der Geschwisterbeziehung wird in der Familie meist tabuisiert, d. h. sie wird praktiziert, findet aber keine Thematisierung in der (Meta-)Kommunikation.

5 Vgl. Stierlin (1997)

Der implizit kommunizierten Gleichheitsnorm entsprechend, entwickeln die Kinder den Anspruch auf Gleichbehandlung, was dazu führt, dass Gleichheit von den Kindern eingeklagt wird. Sie wird zum Maßstab der Gerechtigkeit elterlicher Entscheidungen. Wenn Eltern sich „als Eltern" an dem Ideal, ihren Kindern gegenüber „gerecht" zu sein, messen, kommt es de facto zu einer Hierarchieumkehr. Die Kinder gewinnen unter Berufung auf das Prinzip der Gerechtigkeit (= Gleichheit) die Macht, die Entscheidungen und Verhaltensweise ihrer Eltern zu beurteilen und damit zu beeinflussen.

Jenseits aller philosophischen Erwägungen, was Gerechtigkeit in der Eltern-Kind-Beziehung bedeuten könnte (beispielsweise Gleiches gleich und Ungleiches ungleich zu behandeln), tritt die Gerechtigkeitsforderung dort am ehesten in den Fokus der Aufmerksamkeit, wo sie am leichtesten beobachtbar und überprüfbar ist: überall dort, wo es um objektivierbare und quantifizierbare Größen geht. Da die „Liebeswährung" nicht in abzählbare Einheiten gestückelt werden kann, geraten Eigentumsfragen mehr oder weniger zwangsläufig in den Mittelpunkt des Interesses. Sie gewinnen über ihren materiellen Wert hinaus eine symbolische Bedeutung auf der Beziehungsebene. Diese familiäre Praktik wird durch juristische Regelungen wie beispielsweise das Erbrecht gedeckt.

Zusammenfassend lässt sich formulieren, dass sich in Familien die Entscheidungsfindung – ungeachtet aller pragmatischen Alltagsnotwendigkeiten – langfristig an einem abstrakten Gerechtigkeitsprinzip orientiert, das auf die Familienmitglieder als *Personen* bezogen ist. Die „Gleichheit vor dem familiären Gesetz" bezieht sich auf den Status als Mitglied der Familie. Wer diesen Status hat, hat ihn ungeachtet seiner konkreten Leistungen für die Familie, und er ist mit Gleichheitsansprüchen verbunden, die einen zentralen Einfluss auf die familiäre Entscheidungsfindung haben.

3. Die „Richtigkeit" unternehmerischer Entscheidungen

Unternehmen sind aufgabenorientierte Systeme. Sie überleben auf einem Markt nur dann, wenn es ihnen gelingt, ihre Produkte oder Dienstleistungen zu verkaufen und dabei langfristig mehr Einnahmen zu erzielen als sie Zahlungen zu leisten haben. An diesem Ziel kann die Funktionalität von Entscheidungen in Unternehmen gemessen werden. Wie diese Entscheidungen zustande kommen, ob sie also von einem Einzelnen in totalitärer Machtfülle, einem Team, einer Familie oder welcher Gruppe auch immer getroffen werden, ist im Prinzip ohne Bedeutung. Relevant ist, ob sie unter einem *ökonomischen* Blickwinkel „richtig" sind. Da die Zukunft nicht vorhersehbar und nicht berechenbar ist und nie vollständige Informationen über die relevanten Umwelten die Grundlage unternehmerischer Entscheidungsfindung bilden, lässt sich zum Zeitpunkt der Entscheidung nicht feststellen, ob sie in diesem Sinne (was die kurz- und langfristigen ökonomischen Haupt- und Nebenwirkungen betrifft) „richtig" ist. Solch eine Bewertung ist in der Regel erst im Rückblick möglich. Daher ist die Entscheidungsfindung in Unternehmen immer hoch riskant. „Falsche" Entscheidungen, d. h. „Fehlentscheidungen", können im schlechtesten Fall das Überleben des Unternehmens gefährden und beenden, im besten Fall den Ertrag reduzieren.

Erschwert wird die Entscheidungsfindung in Unternehmen noch dadurch, dass es nicht einen einzigen, objektiv „richtigen" Weg gibt, sondern der Möglichkeitsraum groß ist, sodass es unterschiedliche Formen erfolgreicher Überlebens- und Erfolgsstrategien geben kann, in deren Rahmen unterschiedliche Entscheidungen sich als richtig oder falsch erweisen können. Insgesamt ist die Situation des Unternehmens von hoher Unsicherheit bestimmt, und es muss Prozeduren finden, diese Unsicherheit zu bewältigen.

Die Methode, derer sich Unternehmen bedienen, um diese Unsicherheit zu bewältigen, ist die Beobachtung und Herstellung von *Ungleichheit*. Die Alternativen, zwischen denen entschieden werden muss, werden als „richtig" oder „falsch" bzw., da dies meist nicht so eindeutig zu sagen ist, als „besser" oder „schlechter", „nützlich" oder „schädlich", „profitabel" oder „Verlust bringend", „kostengünstig oder kostspielig" usw. unterschieden und bewertet. Schließlich wird eine Entscheidung getroffen, d. h. es wird die eine Seite der Unterscheidung (Alternative) realisiert, die andere nicht. Dadurch wird die Unsicherheit innerhalb des Unternehmens vorübergehend beseitigt, die Koordination der Handlungen unterschiedlicher Akteure kann funktionieren, jeder weiß, was er zu tun hat – bis die nächste Entscheidung gefällt werden muss.

Ein zentraler Bereich, auf den sich derartige Entscheidungen beziehen, ist die Arbeitsteilung und die Koordination unterschiedlicher Akteure bzw. ihrer Operationsbereiche. Es kommt zu einer funktionellen Differenzierung der individuellen Aufgaben. Unternehmen gewinnen erst durch die Organisation einer Vielzahl unterschiedlicher und teilweise widersprüchlicher Prozesse die Fähigkeit, Leistungen zu erbringen (z. B. Produkte zu entwickeln, zu produzieren und zu vermarkten), die über die Kapazität von Einzelpersonen oder Subsystemen hinausgeht. Auch hier beruht der Erfolg oder Misserfolg eines Unternehmens in der zielgerichteten Nutzung von Ungleichheit.

Da es um sachliche Fragestellungen geht, werden unterschiedliche Personen, ihrer (tatsächlichen oder vermuteten) Kompetenz und ihrer Rolle entsprechend unterschiedlich in den Prozess der Entscheidungsfindung einbezogen. Und ihr jeweiliger Beitrag zur Gesamtleistung, zum Erfolg oder Misserfolg des Unternehmens, wird dementsprechend unterschiedlich bewertet und honoriert. Das führt nicht nur zur Differenzierung innerhalb der Entlohnungssysteme, sondern auch zur Entwicklung von Hierarchien, innerhalb derer unterschiedlichen Rollen eine unterschiedliche Entscheidungskompetenz zugeordnet wird. Der einzelne Mitarbeiter ist Teilnehmer an einem sozialen System, in dem es Karrieremöglichkeiten gibt, die teilweise zu extremer Ungleichheit in Status und Honorierung führen.

Im Gegensatz zur Familie als sozialem System ist – zumindest im idealtypischen Fall – im Unternehmen die Kommunikation überwiegend sachorientiert. Es gibt zwar in der Regel auch eine mehr oder weniger intime, personenorientierte (familiäre) Kommunikation zwischen den Mitarbeitern, aber sie ist es nicht, was das Unternehmen als soziales System charakterisiert. Man wird zum Mitglied eines Unternehmens aufgrund seiner fachlichen Qualifikation, nicht aufgrund verwandtschaftlicher Verhältnisse, und man kann diese Mitgliedschaft auch wieder verlieren/aufgeben, falls sie sich als nicht mehr nützlich (funktionell, „richtig“) für die Firma (oder den Mitarbeiter) erweist.

Zusammenfassend kann man wohl feststellen, dass die Prinzipien der Entscheidungsfindung in Familien und Unternehmen sich durch die gegensätzliche Prioritätensetzung von Inhalts- und Beziehungsaspekt der Kommunikation unterscheiden.

In Familien stehen nicht so sehr sachliche Ziele und Zwecke im Vordergrund der Kommunikation, sondern die Personen und ihre Beziehung zueinander. Inhaltliche Entscheidungen werden daher meist daraufhin beobachtet, welche Auswirkungen sie auf die Beziehungen der Beteiligten haben könnten. Ungleichheit (zum Beispiel zwischen Geschwistern) wird dabei einem weit verbreiteten familiären „Gerechtigkeits"-Ideal entsprechend eher vermieden.

In Unternehmen werden Entscheidungen dagegen eher auf ihre sachliche (d. h. ökonomische) „Richtigkeit" (d. h. Funktionalität) hin beobachtet. Dass sie Folgen auf der Beziehungsebene haben oder haben können (dass z. B. ein Mitarbeiter befördert wird, der andere nicht ...), ist zwar im Allgemeinen bewusst, doch dies steht bei den Entscheidungskriterien – zumindest offiziell – nicht an erster Stelle der Prioritätenliste.

Die Nachfolgefrage in Familienunternehmen wird dadurch so problembeladen, dass bei ihrer Entscheidung immer der Kontext Unternehmen und der Kontext Familie miteinander verknüpft sind. Auch wenn die Entscheidung für einen Nachfolger aufgrund sachlicher, unternehmerischer Erwägungen getroffen wird, hat dies Konsequenzen für die Frage familiärer Gerechtigkeit, so wie die Entscheidung aufgrund familiärer Erwägungen Konsequenzen für das Unternehmen hat. Wird beispielsweise eines von mehreren Kindern aufgrund seiner persönlichen Kompetenz dazu ausersehen, die Nachfolge in der Unternehmensleitung zu übernehmen, so stellt sich für den oder die Übergeber als Vater und Mutter, d. h. als Eltern, fast zwangsläufig die Frage nach der Gerechtigkeit den anderen Kindern gegenüber. Auf Unternehmensebene ist – im Idealfall ökonomischen Prinzipien entsprechend – eine Entscheidung gefallen, die zur Ungleichheit in der Behandlung der Kinder geführt hat, was in der Familie den familiären Entscheidungsprinzipien gemäß die Notwendigkeit des Ausgleichs für die anderen Kinder nach sich zieht. Die Wahrscheinlichkeit, Lösungen zu finden, die gleichzeitig den Kriterien der „Richtigkeit" unternehmerischer Entscheidungen und der familiären „Gerechtigkeit" entsprechen, ist sehr gering. Soweit die Vermögenslage der Familie und/oder die Kapitalisierung des Unternehmens es erlauben, wird dieser Gerechtigkeitsausgleich in der Regel auf einer formalen, quantitativen Ebene – durch finanzielle Kompensation – gesucht.

4. Die „Rechtmässigkeit" juristischer Entscheidungen

Betrachtet man die Frage des Eigentums, so eröffnet sich der Blick auf eine weitere Dimension der Entscheidungsfindung, die in Familienunternehmen, speziell in der Nachfolgeproblematik, eine zentrale Rolle spielt: die juristische Ebene.

In Familienunternehmen bestimmen damit nicht allein familiäre und unternehmerische Prinzipien die Entscheidungsfindung, sondern auch juristische. Was die beiden ersten von letzterem unterscheidet, ist, dass durch sie familien- wie unternehmensfremde Akteure das Spielfeld betreten: Rechtsanwälte und Richter. Ihre Entscheidungskriterien und Entscheidungsprozeduren haben nichts mehr mit der spezifischen Geschichte einer Familie oder eines Unternehmens zu tun, vielmehr sind sie durch einen übergreifenden Rahmen, das Rechtssystem, definiert. Sie bilden eine höhere Macht, die jenseits der spezifischen Werte und Regeln der Familie und des Unternehmens Gültigkeit beanspruchen können. Werden Juristen einbezogen und wird juristisch argumentiert, so werden die beiden spezifischen „Währungen" von Familie und Unternehmen („Liebe" bzw. „ökonomische Zweckmäßigkeit") entwertet. Es geht nicht mehr um die familiäre Gerechtigkeit oder die ökonomische Funktionalität von Entscheidungen, sondern um ihre formale Rechtmäßigkeit.

Der Rückgriff auf das Rechtssystem wird vor allem im Konfliktfall bedeutungsvoll. Es bietet Prozeduren der Konfliktlösung, die deswegen so effektiv sind, weil sie, durch die neutrale Macht des Staates gestützt, durchsetzbar sind. Auf diese Weise können Entscheidungen herbeigeführt werden, zu denen das Unternehmen oder die Familie systemintern nicht in der Lage wären. Es ist ein Verlassen des Systems bzw. eine Grenzverletzung oder Grenzüberschreitung, die stets mit der Infragestellung der systeminternen (familiären, unternehmerischen) Entscheidungskriterien und damit der gegebenen Machtverhältnisse verbunden ist.

Die Einbeziehung von Anwälten und Gerichten kann daher immer als Ende des Konsenses über die Grundlagen des gemeinsamen Handelns betrachtet werden. Wer einen Familienangehörigen vor Gericht zieht, hat damit die Familie als Raum der privaten Kommunikation für beendet erklärt und die Definition der Beziehung als „familiär" aufgekündigt. Es gilt im Umgang miteinander nicht mehr die stillschweigende Innen-Außen-Unterscheidung zwischen „wir" (d. h. die Familie) und „die anderen" (d. h. alle, die nicht „zur Familie gehören"), sondern die Beziehung wird wie die zwischen Fremden behandelt.

Da durch die Inanspruchnahme des Rechtssystems eine höhere, die Machtverhältnisse innerhalb der Familie übersteigende Macht einbezogen wird, kann als Faustregel formuliert werden, dass im Konfliktfall immer der vor Gericht geht, der sich innerfamiliär in der schwächeren Position wähnt.

Ähnliches kann auch für die Anrufung des Rechtssystems in Unternehmensfragen gesagt werden: die Grundlage der Einigung über die Beziehung und die Bedingungen der Kooperation werden aufgekündigt. Da aber im Allgemeinen die Interaktion und Kommunikation im Unternehmen weit weniger intim ist als in der Familie, ist der Bruch nicht annähernd so groß wie bei der Juridifizierung familiärer Beziehungen.

Die Einbeziehung des Rechtssystems hat aber nicht nur eine Bedeutung bei der Entscheidung von Konflikten, sondern auch bei ihrer Herstellung. Der Grund dafür liegt in der größeren Dauerhaftigkeit juristischer Regelungen und Entscheidungen. Sie ändern sich nicht spontan, sondern bedürfen spezifischer formaler Prozeduren, um ihre Gültigkeit zu verändern. Wird zum Beispiel ein Vertrag darüber geschlossen, dass die Mehrheit der Anteile des Eigentums an der Firma X von A auf B übergeht, so bleiben im Anschluss daran diese Besitzverhältnisse und die damit verbundenen größeren oder kleineren Entscheidungskompetenzen unverändert. Die Beziehung der Anteilseigner ist, unabhängig von ihren fachlichen Kompetenzen und Leistungen innerhalb des Unternehmens und ungeachtet aller Verdienste, die sie sich innerhalb der Familie erworben oder nicht erworben haben, festgeschrieben. Sollen sie geändert werden, so kann dies nicht durch einen schleichenden Prozess geschehen, sondern sie bedürfen eines erneuten juristischen Aktes, eines neuen Vertrages.

Wenn Menschen eine gemeinsame Interaktionsgeschichte durchlaufen, sei es in der Familie, sei es im Unternehmen, können sich Beziehungen verändern, der Einfluss des einen kann sich vergrößern, der des anderen verringern. Ob jemand die Autorität seinen Kindern gegenüber hat, muss sich jeden Tag erneut erweisen, und auch im Unternehmen können sich Machtpositionen schnell ändern – und das auch ohne die formale und offizielle Beförderung, Degradierung oder Einigung der Beteiligten.

Kommt es in Familien zu Konflikten, so werden die in der Regel informell gelöst. Familienmitglieder streiten miteinander, ein Wort gibt das andere, Tränen fließen, man kränkt sich und verwünscht sich gegenseitig; aber man versöhnt sich auch wieder oder vergisst in heimlichem Einverständnis den Streit, die bösen Worte.

Konflikte finden innerhalb der Familie in der Face-to-face-Kommunikation statt, und deren Merkmal ist, ein kurzes Gedächtnis zu haben. Streit ist ein Ereignis, das vergeht, und, wenn nicht gerade jemand überdurchschnittlich nachtragend ist, so wird nicht Buch darüber geführt. Vor allem wird in der Regel nicht versucht zu objektivieren, wer denn nun Recht hatte.

Die innerfamiliäre Interaktion findet zwar in keinem rechtsfreien Raum statt (man kann mit seinen Kindern oder seinem Partner nicht machen, was man will), aber faktisch ist der Bereich des privaten Lebens nur wenig von formaljuristischen Regularien bestimmt. Das hat zur Folge, dass sich die Spielregeln des Familienlebens sehr schnell ändern können. Was heute noch Tabu ist, ist morgen erlaubt, was heute erlaubt ist, kann morgen verboten sein. Das zeigt sich beispielhaft in der kontinuierlichen Veränderung der Eltern-Kind-Beziehung: Aus einer asymmetrischen Beziehung, in der die Kinder nahezu vollständig von der elterlichen Fürsorge abhängig sind, kann eine egalitäre Beziehung zwischen Erwachsenen werden, und schließlich kann sich die Hierarchie umkehren, wenn Eltern von ihren Kindern abhängig werden. Welche Regeln der Interaktion und welche Beziehungsdefinitionen gelten, wird jeweils aktuell in der Interaktion ausgehandelt. Es wird in der Regel nicht formalisiert, meist nicht einmal zum Thema der offenen Kommunikation, d. h. es bleibt vieldeutig und unentscheidbar.

Die Kommunikation im Unternehmen ist erheblich formalisierter, es gibt Berichtswege, es werden Akten geführt, Diskussionen protokolliert und Entscheidungen dokumentiert usw. Daher ist das Gedächtnis des Unternehmens erheblich nachhaltiger als das der Familie. Es kann nicht so leicht vergessen werden, wie entschieden worden ist. Dennoch spielt die informelle Kommunikation, die Face-to-face-Kommunikation immer noch eine große Rolle bei der Bewältigung des Alltags.

Ganz anders das Rechtssystem: Hier zählen nur die formalisierten Entscheidungen, sie werden protokolliert und können daher erinnert und reproduziert werden. Wenn sie erst einmal verkündet und rechtskräftig geworden sind, gewinnen sie eine Art Ewigkeitswert.

Wenn man eine Skala der Halbwertzeit von Entscheidungen bzw. ihrer Dauerhaftigkeit erstellen wollte, so würden familiäre Entscheidungen den kurzlebigen Pol des schnellen Vergessens bilden und rechtskräftige Entscheidungen den langlebigen Gegenpol des Nicht-Vergessenkönnens.

Aus diesem Widerspruch ergeben sich vielfältige Konflikte für das Familienunternehmen. Wenn Kinder und Eltern, Geschwister und Neffen, Tanten, Onkel und Enkel nicht nur durch ihre Verwandtschaft, sondern durch Gesellschafterverträge miteinander verbunden sind, ergibt sich schon allein aus der Unterschiedlichkeit der Veränderungsmöglichkeit und -geschwindigkeit der familiären und der juristischen Beziehungsdefinition ein ungeheures Konfliktpotential.

Zur Illustration ein Fallbeispiel: Die Firma Muellermax[6] ist ein produzierender Betrieb, der in zweiter Generation im Familienbesitz ist. Formal betrachtet handelt es sich um zwei Betriebe: der eine produziert, dem anderen gehören die Immobilien. Mutter Muellermax, 62 Jahre alt, ist Geschäftsführerin der Immobiliengesellschaft, Vater Muellermax, 65 Jahre, leitet den Produktionsbetrieb. Beide haben zusammen drei Söhne. Aus steuerlichen Gründen haben sie (offenbar sehr schlecht beraten!) beide Firmen bereits vor zehn Jahren auf die Söhne überschrieben. Jeder hält nun ein Drittel der Anteile beider Firmen.

Der Älteste, Max Muellermax, 41 Jahre alt, hat über Jahre kein großes Interesse an der Firma gezeigt. Er hat sehr erfolgreich studiert und stand bislang auf eigenen Beinen. Er lebte lange im Ausland, ist jetzt aus gesundheitlichen Gründen nach Deutschland zurückgekommen und hat geheiratet. Nun spielt er, da sich sowieso schon so vieles in seinem Leben geändert hat, mit dem Gedanken, in die elterliche Firma einzusteigen. Der Zweitgeborene, Paul Muellermax, 39 Jahre alt, wollte immer in der Firma arbeiten. Er hat nach

6 Alle Namen sind zur Wahrung der Anonymität verändert.

seiner eher praktisch orientierten Berufsausbildung in einem befreundeten Betrieb immer in der elterlichen Firma gearbeitet. Jetzt teilt er sich seit zwei Jahren die Geschäftsleitung mit dem Vater. Karl, der Nachkömmling, 31 Jahre alt, hat sein Studium abgebrochen, mal dies und mal jenes gemacht. Auch als Unternehmer hat er sich schon versucht, musste allerdings nach zwei Jahren Insolvenz anmelden. Im Moment hat er eine Stelle in der PR-Abteilung des elterlichen Betriebs, zeichnet sich dort aber nicht durch besonderen Arbeitseifer aus.

Eigentlich würde sich der Vater jetzt mit 65 Jahren gern aus der Geschäftsleitung zurückziehen. Die Nachfolge schien geregelt, in Paul ein geeigneter und gewillter Nachfolger gefunden. Jetzt aber, da Max aus dem Ausland zurückgekehrt ist und seine Ansprüche auf Beteiligung an der Firmenleitung signalisiert, ändert sich die Situation. Der Konflikt ist vorprogrammiert.

Ist Max, der studiert hat und weltläufig ist, nicht der bessere Nachfolger? Und muss nicht auch Karl, der in seiner Kindheit und Jugend wegen der beruflichen Anspannung der Eltern immer ein wenig „zu kurz gekommen" ist, eine Chance gegeben werden, seine sicher irgendwo vorhandenen – wenn auch dem Außenstehenden eher verborgenen – Talente zu zeigen? Doch hat nicht Paul, der sein ganzes Arbeitsleben in der Firma verbracht hat, Rechte erworben, die über die seiner Brüder hinausgehen?

Die vermeintliche „Gleichheit" unter den Brüdern, die vor zehn Jahren Leitlinie der Erbregelung war, hat sich in der Zwischenzeit verändert. Doch die Eigentumsverhältnisse konservieren die Beziehungsdefinition wie sie vor zehn Jahren angemessen erschien.

Im Konfliktfall wird es diese Ebene sein, auf der eine Entscheidung gesucht wird. Im Zweifel wird derjenige, der mit familiären und/oder unternehmerischen Argumenten keine Chance sieht, seine Wünsche und Ansprüche durchzusetzen, juristisch argumentieren und diese höhere Macht anrufen und „sein Recht" suchen.

Der Ausweg, der Kompromiss, der keinen zum offensichtlichen Verlierer werden lässt, ist in diesem wie vielen ähnlichen Fällen der Verkauf des Unternehmens. Auf einer danach rein quantitativen Ebene der Verteilung des Verkaufspreises wird es dann möglich, der familiären Gleichheitsforderung wie den vertraglichen Bedingungen gerecht zu werden. Ob dies dann eine Entscheidung ist, die aus der Perspektive des Unternehmens „richtig" ist, ist eine andere Frage.

5. Der Mehrgenerationenaspekt von Familienunternehmen

Die Merkmale der familiären, personenbezogenen Kommunikation, wie sie hier skizziert und der funktionsorientierten Kommunikation im Unternehmen gegenübergestellt wurden, können in Familien, wie sie heute überwiegend zu finden sind, beobachtet werden: in Kleinfamilien, die aus Eltern und Kindern, gegebenenfalls noch Großeltern, bestehen. Hier handelt es sich um eine Gruppe von Menschen, die eine gemeinsame Interaktionsgeschichte durchlaufen, den Alltag miteinander verbringen und ihre Verhaltens- und Entscheidungsprinzipien der Entwicklung der Beteiligten und ihrer Beziehung zueinander entsprechend spontan und informell ändern. Solch ein Organisationsprinzip des Zusammenlebens funktioniert aber nur bei einer begrenzten Zahl von Akteuren. Mit der Zunahme der beteiligten Personen wird die Wahrscheinlichkeit der alltäglichen Face-to-face-Kommunikation geringer, die Anzahl der möglichen interpersonellen Beziehungen potenziert sich, die Komplexität steigt ins Unüberschaubare. Das gilt nicht nur für Organisationen, sondern auch für Großfamilien.

Wenn ein Unternehmen über mehr als drei Generationen im Familienbesitz bleibt, so kann sich die Zahl der Gesellschafter so weit erhöhen, dass die Regulationsmechanismen der Kleinfamilie, die auf emotionaler Bindung beruhen, nicht mehr funktionieren. Aber gemeinsames Eigentum kann eine mindestens so starke bindende Wirkung haben wie „Liebe" (was immer darunter im Einzelfall verstanden werden mag). Doch wenn der Wunsch nach gegenseitigem Kontakt nicht als stillschweigende Voraussetzung gegeben ist, muss Ersatz geschaffen werden, um die notwendige Kommunikation unter den Familienmitgliedern sicherzustellen. Ab einer gewissen Mitgliederzahl muss schon das Aufeinandertreffen der „Familienmitglieder" organisiert werden. Wenn beispielsweise eine Familie aus Hunderten von Mitgliedern (die nicht immer Gesellschafter sein müssen) besteht, so kann die Familie als soziales System nur dann ihre Einheit bewahren, wenn sie zur Organisation wird. Sie muss sich dann „Gesetze", Satzungen, Organe, Rituale, formale Entscheidungsregeln usw. geben, um sich einerseits im Bewusstsein der Beteiligten als Familie zu konstituieren und zu erhalten und um andererseits einen gezielten Einfluss auf die Unternehmenspolitik nehmen zu können, der sich vom Einfluss einer aus „Fremden" bestehenden Gesellschafterversammlung unterscheidet.

Nur so wird es gelingen, das Kapital in der Hand der Familie – die keine Familie im zeitgenössischen, umgangssprachlichen Sinne mehr ist – zu halten. Deshalb erscheint es angebracht, Mehrgenerationenfamilienunternehmen eher unter dem Aspekt der Ko-Evolution zweier formaler Organisationen, der so genannten „Familie" und des Unternehmens, zu betrachten. Die Vermischung beider Kontexte, des personenbezogenen, familiären und des funktionsbezogenen, unternehmerischen wird unwahrscheinlicher, und die Unternehmen werden „normalen" Kapitalgesellschaften ähnlicher. Die Familien aber unterscheiden sich gravierend von den „normalen" Familien in ihrer Umgebung, denn dort kennen sich die Leute, die vor vier oder mehr Generationen einmal dieselben Vorfahren teilten, meist nicht einmal – ganz davon zu schweigen, dass sie sich als zur selben Familie gehörig definieren würden.

5. Der Patriarch, die Familie, die Firma und der Konflikt

Eine Falldarstellung

In der folgenden Falldarstellung wird die Geschichte eines Unternehmers und eines Unternehmens über mehr als 100 Jahre nachgezeichnet. Die Autorin ist Gesellschafterin des von ihrem Vater gegründeten Unternehmens und ihre Kinder sind jetzt als Gesellschafter mit dem Unternehmen verbunden. Aus der Perspektive des Familienmitglieds wie der professionellen Familienforscherin und -therapeutin versucht sie die Entwicklung des Gründers in seiner Herkunftsfamilie, wie die der Firma und seiner eigenen Familie nachzuzeichnen. Dabei wird deutlich, dass in der Firma vielerlei familiäre Strukturen wirksam wurden, die schließlich zum Erfolg des Unternehmens führten. Aber es wird auch deutlich, dass diese familiären Muster auch in eine Krise und einen Konflikt geführt haben, der fast zum Scheitern des Unternehmens und zum Bruch in der Familie geführt hätte. Die Schilderung der historischen Ereignisse wird stets von einer sorgfältigen Analyse der individuellen und interpersonellen Dynamik begleitet. So wird dieses Kapitel zur Illustration der in den ersten Kapiteln entwickelten theoretischen Konzepte.

FBS

Der Patriarch, die Familie, die Firma und der Konflikt

Eine Falldarstellung

Bettina Haas

Zur Entstehungsgeschichte dieses Kapitels

Als Gesellschafterin unseres Familienunternehmens trage ich seit dem Tod meiner Eltern zur Beschlussfassung und Entscheidungsfindung in den Gesellschafterversammlungen unserer Firma bei. Vor einiger Zeit bat mein jüngster Sohn mich, das Leben seines Großvaters, des Firmengründers, für die Enkelgeneration nachzuzeichnen, jetzt, wo er nicht mehr lebt. Zudem begann ich mit Männern und Frauen, die wie ich aus Familienunternehmen kommen, über unsere Erfahrungen in den Familienunternehmen zu sprechen. Bei der Ausarbeitung der vorliegenden Einzelfallstudie dachte ich an beide Adressatenkreise, die Enkel und die anderen Leser, die selbst mit Familienunternehmen zu tun haben. Dabei ist meine Perspektive zum einen von meiner Rolle als jüngste Tochter des Firmengründers, zum anderen von meiner professionellen Rolle als Psychotherapeutin und Familientherapeutin bestimmt.

Den Ausführungen voran ging ein Konflikt, der die Existenz der Firma über Monate bedrohte. Zugrunde lag diesem Konflikt die Veränderung der Leitungsstruktur, die notwendig wurde, als der Gründer die Firma verließ. Ich versuchte, der anscheinend nicht ersetzbaren Autorität und Macht des Gründers biographisch auf die Spur zu kommen: Wie wurde aus diesem Menschen eine so starke Persönlichkeit?

Die konflikthaften Veränderungen in der Firma beim Übergang vom Gründer zum Nachfolger bedrohten wie in jedem Familienunternehmen die Firma und die Familie. Fünf Jahre nach dem Tod des Gründers besteht jetzt eine neue Ordnung. Wir haben den Konflikt um die Veränderung der Leitungsstruktur gelöst. Grund genug, eine Antwort auf die wichtige Frage zu suchen: Wie fanden wir die Lösung? In diesem Zusammenhang gehe ich auf die Beteiligung der dritten Generation ein und auf die historischen und familiären Unterschiede zwischen zweiter und dritter Generation. Ich möchte auch die These vorstellen, dass dem System FirmenteilhaberInnen strukturelle Schwächen innewohnen, die mitverantwortlich sind für die bekannten Übergangsschwierigkeiten.

Der Zwischenteil (Teil II), „Die Firma als patriarchale Familie", entstand aus Gesprächen, in denen sich Mitarbeiter an die ersten Jahrzehnte zurückerinnerten.

Um dem Datenschutz zu genügen, wurden Namen und Sachhinweise geändert.

I. Der Firmengründer

Im Gegensatz zu meinen Geschwistern, die in der Firma arbeiteten, ihn täglich sahen und gemeinsam mit ihm Entscheidungen treffen mussten, habe ich meinen Vater nicht im Alltag in der Firma erlebt. Als jüngste Tochter hatte ich eine größere Freiheit in der Studien- und Berufswahl als sie. So ist meine Sicht dadurch geprägt, dass jedes Zusammentreffen mit meinem Vater etwas Besonderes war, etwa die gemeinsamen Ferien und die Besuche an Festtagen. Dabei verbreitete er Behaglichkeit und eine tiefe Sicherheit. War er da, brauchte man sich keine Sorgen zu machen, und wenn man doch Sorgen hatte, wusste er eine Lösung. Er beeindruckte viele Menschen durch seine Vertrauenswürdigkeit und Bescheidenheit und dadurch, dass er sein Gegenüber wichtig nahm und die Sache, nicht sich selbst. Ich hatte immer Hochachtung vor ihm.

Das Material und die Herangehensweise

Die Erfahrungen in seinem langen Leben, seine Familie und sein persönlicher Werdegang haben mich schon früh interessiert. Er war ja 1906 noch im Kaiserreich geboren. Wenn er uns später besuchte, gab etwa die Einschulung unserer Kinder Anlass zu fragen: Wie war es, als du eingeschult wurdest? Erinnerst du dich noch an deine Lehrer, deine Mitschüler? Ich gewöhnte mir schon früh an, diese Gespräche anschließend zu protokollieren.

Hinzu kam, dass ich mich im Rahmen meiner Familientherapieausbildung mit meiner Herkunftsfamilie beschäftigen musste. Ich musste Fragen beantworten wie: „Was haben dein Vater/deine Mutter getan, als sie so alt waren wie du jetzt? Was für Einschnitte und schwere Lebensschicksale gab es für deine Geschwister, Onkel und Tanten oder in der Generation deiner Großeltern?"

Auch ein Stammbaum wurde verlangt. Da meine Mutter nicht mehr lebte, fragte ich meinen Vater. Spontan erinnerte ihn dies Verlangen an die Zeit, in der man Ariernachweise erstellen musste. Er brachte mir trotzdem am nächsten Morgen einen Zettel mit den Geburts- und Sterbedaten über vier Generationen, die wie alle Zahlen zuverlässig in seinem Gedächtnis aufbewahrt waren.

Mein Vater – ich nenne ihn hier Daniel – war ein wortkarger Erzähler. Nur in seinen frühesten Kindheitserinnerungen spiegelten sich lebendig Gefühle. Sonst fehlten sie. Seine Rekonstruktion der Wirklichkeit orientierte sich an Zahlen und Fakten. Die Bodenpreise vor und nach dem Krieg hatte er im Kopf und konnte kenntnisreich über ihre Entwicklung sprechen, zu den komplexen Beziehungen der Menschen in seiner Umgebung fiel ihm weniger ein. Älter werdend und durch seine Enkel an seine Kindheit erinnert, kamen ihm, als die Firma seine Aufmerksamkeit nicht mehr pausenlos beanspruchte doch Erinnerungen. Er schenkte mir die Briefe, die seine Frau ihm in den langen Monaten ihrer Trennung voneinander geschrieben hatte, und seine Briefe an sie, sowie die Erinnerungen seines Dienststellenleiters Herbert Wichmann über die Arbeit der Spionageabwehrstelle Hamburg. Ich las Biografien aus der Zeit. Auch mit seinen zwei Schwestern, mit dem Bruder meiner Mutter und ihrer Zwillingsschwester und unserer Haushälterin, die fünfzig Jahre lang für die Familie sorgte, habe ich Gespräche geführt. Nach meines Vaters Tod und besonders im Zusammenhang unserer neuen Verantwortung für die Firma bekam das Thema eine neue Qualität. Hängen die Schwierigkeiten, die wir Geschwister in der Firma austragen, auf verborgene Weise mit seinen Aufträgen zusammen oder mit seinem Vorbild, dem wir nacheifern oder dem wir entgehen wollen? Was ist von ihm geblieben? fragte ich mich nun. Werde ich die Bescheidenheit, das Verschlossene und manchmal Furcht Erregende meines Vaters, das er neben seiner liebevollen, enorm beständigen und zuverlässigen Zuwendung hatte, aus seiner Biographie besser verstehen lernen?

Der schwierigste Teil der Arbeit war, meine eigenen Erinnerungen an ihn und das, was ich von ihm und den anderen gehört hatte, zu einem Ganzen zusammenzufügen. Dies war ein langsamer Prozess. Im Zuge der gedanklichen Durchdringung des Materials taten sich Ungereimtheiten auf, die mir nicht auf den ersten Blick aufgefallen waren. Beim Nachdenken über diese Bruchstellen entdeckte ich allmählich einen Menschen, der selbst Sorgen, Not und Einsamkeit erlebt hatte und nicht immer so sicher und stark war, wie er nach außen wirkte. Um den Leser an diesem schrittweisen Annäherungsprozess teilhaben zu lassen, childere ich im Folgenden einige solcher Bruchstellen und die Fragen, die sie aufwarfen.

Bruchstellen

Ein markanter und doch rätselhaft leerer Satz Daniels lautete: „Mein Großvater Johan ist 1797 geboren, mein Vater Gustave 1856 und ich bin 1906 geboren. Das gibt es selten, dass drei Generationen sich über drei Jahrhunderte erstrecken."

Wegen seines Zahlenverständnisses mag die Beschreibung mithilfe von Jahrhundertfolgen Daniel besonders befriedigt haben. Es schien, als wolle er mit diesem beeindruckenden Bild auf die Vitalität und Langlebigkeit seiner Vorfahren hinweisen. Tatsache war jedoch auch, dass Johan und Gustave bei der Geburt ihrer jüngsten Söhne, nämlich Gustave und Daniel, schon relativ alt waren (59 respektive 50 Jahre) und nur noch begrenzte Zeit für sie sorgen konnten. Für Gustave endete die Kindheit mit sieben Jahren durch den Tod seines Vaters und den damit verbundenen Verlust des Geschäfts, der wirtschaftlichen Grundlage der Familie. Daniel selbst war zehn Jahre alt, als sein Vater während des Ersten Weltkriegs in eine Krise geriet, die die Familie über Jahre bedrohte. Daniel sprach zu uns nicht darüber. Unwillkürliche mimische Reaktionen verrieten manchmal etwas über diese Zeit. So schob er einmal ein Steckrübenmus heftig beiseite, und weil ich ihn verwundert und fragend anschaute, konnte er erklären, dass er in den berüchtigten „Steckrübenwintern" des Ersten Weltkrieges zu viel davon essen musste.

Die imposante Aussage über die drei Jahrhunderte umfassenden drei Generationen schien mir bei genauerem Hinsehen die Not besonders der jüngsten Söhne zu verdecken, denen in zwei aufeinander folgenden Generationen Sicherheit und Geborgenheit fehlte.

Nachdem ich nun einmal aufmerksam geworden war, fielen mir zunehmend Aussagen auf, die so nicht ganz stimmen konnten. Daniel hatte auf die Frage, was ihn zu einem so erfolgreichen Unternehmer habe werden lassen, geantwortet, er habe vor allem nicht mit seinem Vater zu konkurrieren brauchen. – Tatsache war andererseits, dass er in der Pubertät und Adoleszenz mit seinem Vater nicht altersgemäß „konkurrieren" konnte. Als Daniel neunzehn war, war sein Vater siebzig, war nach einer großen Operation seit fünf Jahren krank, verarmt, hoffnungslos. Wie in dem ersten Beispiel schien mir auch hier, dass durch die Formulierung ein Mangel verdeckt wurde.

Das nächste Beispiel für das Überspringen von Notzeiten konnte ich zunächst gar nicht glauben:

1916 wurde sein Vater Gustave operiert und im Anschluss pensioniert. Deshalb verließ Daniel die Schule nach zehn Schuljahren und begann eine kaufmännische Lehre, anstatt die Matura zu machen und dann Chemie zu studieren. Aber das eine Ereignis fand 1916 statt und das andere erst 1921. Daniel war zehn Jahre alt, als sein Vater operiert wurde. Und mit 15 begann er die kaufmännische Lehre. Der Vater erholte sich demnach fünf lange Jahre nicht. Nach dem erfolgreichen Berufseintritt seines jüngsten Sohnes und seiner Hilfe bei der Anlage des verbliebenen Restvermögens in Aktien statt Staatsanleihen kam er rasch zu Kräften, arbeitete wieder stundenweise, verreiste mit seiner Frau und genoss das Leben noch 24 Jahre lang. Für die schlimme Zeit von 1916 bis 1921 gab es keine Worte. Sie wurde ausgelassen.

Daniel hatte mir, dies ist das letzte Beispiel, das ich anführen will, mit einem gewissen Stolz erzählt, dass sein Vater Gustave 1913 hundertzwanzigtausend Goldmark besaß. – Ich war überrascht, als ich auf Nachfragen bei meiner Bank erfuhr, dass dies heute einer Million DM entspräche. Denn um als Bürovorsteher ohne Startkapital ein so großes Vermögen zu erwirtschaften, muss Gustave sehr viel gearbeitet und die große Familie sehr sparsam gelebt haben. Entsprechend groß wird die Enttäuschung darüber gewesen sein, dass sein in Staatsanleihen angelegtes Vermögen schon 1921 nahezu wertlos war. – Daniel übermittelte den Stolz auf den Reichtum seines Vaters und überging seinen Verlust mit all den Gefühlen, die ihn begleitet haben mögen.

Dies sind Beispiele für einen durchgängigen Stil. Der Leser wird im Text weitere Beispiele finden. Es ging mir hier darum, meine

Herangehensweise zu zeigen, eine introspektive hermeneutische Vorgehensweise, ähnlich der kritischen Analyse historischer oder literarischer Texte.

Nun zur Familie des Gründers.

Herman, der Urgroßvater des Gründers

Um 1790 entschloss sich der unternehmende junge Herman „wegen der Religion" aus dem katholischen Hildesheim in das protestantische Hamburg umzusiedeln.

Er kaufte in der Hansestadt die teure Mitgliedschaft in der Bürgerschaft, die verbunden war mit vollem Stimmrecht und die ihn dazu berechtigte, sein Gewerbe als Matratzenmacher selbständig zu führen. Er gelangte bald zu Wohlhabenheit, ließ seinen Sohn Johan in einer prächtigen Kirche taufen und schickte ihn später auf das humanistische Gymnasium, die „Lateinschule", ungewöhnlich für einen Matratzenmacher, wie ich meine. Die Zeugnisse dieses klugen Sohnes hob er ebenso auf wie die Zeichnungen, die ein Offizier der napoleonischen Besatzungsarmee ihm schenkte, der zur Einquartierung in seinem Haus lebte und sich damit wohl für die erwiesene gute Aufnahme bedankte. Politisch interessiert hob er für spätere Generationen auch die Zeitung auf (vor zweihundert Jahren), in der über die Befreiung der Stadt berichtet wurde.

Johan, der Großvater des Gründers

Sein Sohn Johan eröffnete später ein Butter- und Käsegeschäft in bester Lage der Hamburger Innenstadt. Seine Frau Annette tadelte ihn mit Humor und Witz: „Du isst ja den ganzen Profit auf!"

Das wurde zum geflügelten Wort. Als Johan 1863 starb, musste das Geschäft verkauft werden, denn allein konnte Annette es nicht weiterführen. Der ältere Sohn, Willem, begann als Werkstudent „ohne einen Pfennig von Zuhaus" an der Universität Göttingen Mathematik zu studieren und promovierte dort sieben Jahre später 1870 zum Dr. rer. nat. Er, der sein Fortkommen hart erkämpfen musste, dachte nicht daran, dem zwölf Jahre jüngeren Bruder zu helfen. Später lebten die Brüder zwar nah benachbart, aber einen herzlichen Kontakt gab es zwischen ihnen nicht.

Gustave, der Vater des Gründers

Über Gustaves Kindheit weiß ich wenig. Ich stelle mir vor, dass er den lebenslustigen Vater, der den Profit vernaschte, liebte, und dass dessen Tod und die nachfolgende Entwicklung einen traurigen Einschnitt im Leben des Siebenjährigen bedeuteten. Die tatkräftige Mutter, die bis dahin zusammen mit dem Vater im Geschäft die Kunden bedient, die Bücher geführt, für Sauberkeit und Ordnung gesorgt hatte, war nun unvermittelt Witwe. Allein konnte und durfte sie das Geschäft damals nicht weiterführen. Sicher wird der kleine Gustave den Verlust des Vaters und des Bruders ebenso gespürt haben wie die Veränderung der Mutter und die Veränderung seines Alltags. Er durchlief die Schule, trat früh in ein Büro ein und arbeitete sich allmählich zum Bürovorsteher empor. Mit Mitte zwanzig heiratete er. Seine junge Frau starb bei der Geburt des vierten Kindes. Ihre Familie schickte Gustave sofort eine Verwandte, damit sie die kleinen Kinder und den Haushalt betreue. Nach etwa zehn Jahren der Witwerschaft heiratete er diese Frau und die beiden bekamen miteinander noch drei Kinder. Der Jüngste aus dieser zweiten Ehe, Daniel, wurde später der Firmengründer.

Als ich viel später, als mein Vater mir beim Erstellen des Genogramms half, mein Mitgefühl mit Gustave bekundete, der so früh Vater, Bruder und Zuhause verlor, durch eine glückliche Heirat dann wieder ein neues Heim gewann, dies aber ein zweites Mal und wieder zu früh verlor, meinte er abweisend, das sei doch damals „normal" gewesen. Stolz war er darauf, dass sein Vater so mutig war, die Leichen der großen Choleraepidemie aus den Häusern zu tragen, wozu sonst niemand bereit war. Gustave hatte sich in englischen Medizinjournalen zuvor genau über die Ansteckungswege der Krankheit informiert und wusste sich vor Ansteckung durch Atemmaske, Handschuhe und andere hygienische Maßnahmen zu schützen. Neben dem Reiz, im Selbstexperiment die medizinische These zu prüfen, könnte eine erhöhte Risikobereitschaft Gustave dazu bewogen haben, da er seine junge Frau und zwei seiner Kinder nur zwei Jahre zuvor beerdigt hatte. Daniel hatte für solche Gedankengänge kein Verständnis. Damals war mir noch nicht klar, dass Gustave nach dem Tod seiner ersten Frau Marie zehn Jahre lang Witwer blieb, bis er Dorothea ehelichte; auch dies könnte ein Hinweis sein, dass ihm Marie sehr wichtig gewesen war. Gustave arbeitete in den folgenden Jahren sehr viel. Er verlängerte seine tägliche Arbeitszeit, indem er nach der Kanzleiarbeit bis abends zehn Uhr die Vermögen allein stehender Damen verwaltete. Er war nun tagsüber Angestellter und abends selbständig Praktizierender.

Die Erlösungserwartung richtete sich in dieser Familie auf den Fortschritt durch die Naturwissenschaften. In jeder Generation sollte dem Begabtesten ermöglicht werden zu studieren, „um das Wissen der Menschheit um einen kleinen Teil zu vermehren". Gustave ließ also seinen ältesten Sohn Rudolf Biologie studieren, die Wissenschaft, die infolge der Evolutionstheorie, die Lamarck schon um 1830 und Darwin 1859 („On the Origin of Species") formulierte, um die Jahrhundertwende das Denken und das Leben in Deutschland revolutionierte.

Die Kindheit Daniels

Daniel wurde zum Liebling der Mutter und wuchs bei ihr wie ein Einzelkind auf, denn seine Schwestern waren bereits in der Schule und der Bruder studierte in der Schweiz. Sie war es, die ihm Stabilität und Sicherheit vermittelte, die besten Grundlagen, glückliche Beziehungen mit anderen Menschen einzugehen. Er wurde von ihr nicht verwöhnt, sondern musste die Kohlen aus dem Keller holen, die Messingläufe putzen und während des Krieges morgens vor der Schule eine Stunde vor Geschäften „anstehen", bevor er von der Mutter abgelöst wurde.

1913, Daniel kam in die Schule, reiste der nun bereits promovierte 27-jährige Bruder Rudolf nach Konstantinopel, um dort an der deutschen Schule zu unterrichten. Den Kleinen faszinierte der Säbel, den der Bruder wegen der Gefahren der Reise über den Balkan mit sich nahm. Drei Jahre später erkrankte Rudolf in Konstantinopel und starb nach wenigen Monaten fern der Familie.

Die Krise Gustaves 1916–1921

Der einsame Tod Rudolfs in Konstantinopel war ein schwerer Schlag für den Vater. Er hatte sich diesem einzigen überlebenden Sohn aus seiner ersten Ehe besonders verbunden gefühlt, ihn delegiert, seine eigenen unerfüllten Studieninteressen zu erreichen, ihn finanziell unterstützt und mit Stolz und vitalem Interesse sein erfolgreiches Studium begleitet. Als er nun an einer Darmverschlingung erkrankte, konnte sein Leben zwar durch eine komplizierte Operation gerettet werden, aber ihm schien die Lust zum Leben in diesen schweren Jahren des Ersten Weltkriegs mit dem Hunger und der Kälte vergangen zu sein, und er blieb fast fünf Jahre lang ein kranker Mann. Vielleicht spielte es neben dem Tod des Sohnes und den deprimierenden Lebensumständen kaum noch eine Rolle, dass er durch den Krieg sein Vermögen verlor. Andererseits stelle ich mir vor, dass er die Verantwortung für die finanzielle Zukunft seiner Familie schwer auf seinen Schultern fühlte und ich weiß von Daniel, dass sich die Verfassung seines Vaters entscheidend verbesserte, als Daniel ihn bei der Vermögensanlage beriet und sie Aktien kauften, die ja im Gegensatz zu den Anleihen einen realen Gegenwert boten, der durch die Inflation nicht vernichtet wurde. Gustave konnte mit der Vermögensverwaltung für allein stehende Damen, seinem Spezialgebiet, kein Geld mehr verdienen, weil sie kein Vermögen mehr hatten, von seinem Arbeitgeber war er entlassen, und er war verarmt. Das Selbstbewusstsein, das aus körperlichem Wohlbefinden, Gesundheit und Belastungsfähigkeit kommt, war seit seiner Operation gefährdet. Noch dazu erkrankte seine Frau 1918 an Tuberkulose und musste mehrmals zur Kur reisen. Der Krieg mit seinen vielen Toten, die Niederlage Deutschlands, das Diktat der Siegermächte in Versailles werden ihn zusätzlich niedergedrückt haben. Es kam zu viel zusammen. Seine gewohnten Muster der Kompensation versagten. Hilflos und ohnmächtig blieb er fünf Jahre lang ein Invalide.

Das Tabu der Trauer

Der Jüngste hatte die Mutter für stark und den Vater, den einzigen Mann in seiner Umgebung (alle Männer waren an der Front), für unverletzbar gehalten. Als er ihn einmal als Fünfjähriger an der Hand der Mutter im Büro abholte und zu ihm aufschaute, erschien der Vater ihm auf dem hohen Büroschemel am Schreibpult in schwarzen Ärmelschonern riesengroß und mächtig. Sein Vater mag in seinen Augen als rechte Hand des Bürgermeisters dieser mächtigen Stadt dagestanden haben. Als Gustaves Dienstherr nach der Operation zu Besuch kam, um sich nach dem Befinden seines Büroleiters zu erkundigen, erwartete Daniel ihn in seiner großartigen Amtstracht mit dem riesigen weißen gefältelten Wagenradkragen, den er auf den Porträts der Bürgermeister der Hansestadt bewundert hatte, und der schweren goldenen Kette. Noch als alter Mann erinnerte er sich an die enorme Enttäuschung, die für ihn mit dem Besuch des Bürgermeisters verbunden war, der in Alltagskleidung kam und noch nicht einmal die lange goldene Amtskette umgehängt hatte. Sein Vater wird nicht weniger enttäuscht gewesen sein, als sein Chef entschied, dass mit ihm nicht mehr zu rechnen sei und er einen Jüngeren einstellen müsse. Vielleicht empfand Daniel des Vaters Krankheit als peinliches Versagen, das er taktvoll überging, so wie die ganze Familie den Tod Rudolfs nicht mehr erwähnte aus Angst, den Vater zu verstören und um das schmerzliche Ereignis durch Verschweigen ungeschehen zu machen. Dies wurde in den Gesprächen mit seinen Schwestern deutlich. Dass der Tod seines bewunderten großen Bruders den Vater so dauerhaft krank und depressiv machte, war jedoch andererseits eine Kränkung für den lebendigen jüngeren Sohn. „Ich bin auch noch da!" hätte er wohl sagen wollen. Er kämpfte darum, vom Vater mit solcher Freude und Anerkennung gesehen zu werden wie zuvor der Bruder. Als auch die geliebte Mutter krank wurde, versuchte er verstärkt, nun auch diesen Kummer über Leistung zu kompensieren. Dies wurde eine Überlebensstrategie, auf die er in späteren Lebenskrisen zurückgriff.

Lösung

Als sich die bedrohliche Situation vier Jahre lähmend hingezogen hatte, entschied sich Daniel, entgegen seinem ursprünglichen Wunsch, Chemie zu studieren, von der Schule abzugehen und eine kaufmännische Lehre in einer englischen Im- und Exportfirma zu beginnen. In Pfund bezahlt, wurde er 1921 mit nur 15 Jahren der Hauptverdiener seiner Familie. Diese neue existentielle Bedeutung seiner Person für seine Eltern und die Schwestern gefiel ihm außerordentlich. Er hat sich im Alter noch schmunzelnd verwundert, wie viel Spaß ihm das Geldverdienen damals machte! Anders als die wie gelähmte Familie wurde er aktiv, handelte und gewann darüber Selbstbewusstsein. Beides prägte in Zukunft sein Leben: Über schmerzliche Gefühle wurde nicht gesprochen; in der Not half er sich, indem er sich darauf konzentrierte, wirkungsvolle Veränderungspläne zu entwickeln. Mutter und Schwestern unterstützten den Jüngsten nun, indem sie ihn von der Hausarbeit freistellten, diese für ihn mit erledigten und seine Leistung anerkannten und hervorhoben. Die Familie erwachte aus der Lethargie der vergangenen vier Jahre. Der Vater kam wieder zu Kräften und konnte wieder stundenweise arbeiten.

Das klingt wie ein Märchen. Sieht man sich jedoch ein Foto des damals 15-jährigen Daniel an, so erschrickt man: mit allen Attributen der Männlichkeit angetan (Hut, Schlips, Vatermörder, Regenmantel), ernst, ohne Lächeln, mit verschlossener Miene schaut dieser vorzeitig Erwachsene mit kühlem Blick genau in die Linse der Kamera.

Selbstbehauptung gegenüber der Familie

Nach Abschluss seiner Lehre wechselte Daniel mit achtzehn Jahren zu einer Leipziger Firma, vereinbarte dort als so genannter „junger Mann" neben einem Grundgehalt eine Gewinnbeteiligung von zwei oder drei Prozent auf die von ihm abgeschlossenen Geschäfte und gründete einige Jahre später mit dem einen der beiden nun zerstrittenen Kompagnons eine neue Firma in Berlin. Wirtschaftlich gesehen hatte er mit dem Wechsel nach Leipzig sicher die richtige Entscheidung getroffen, denn seine Hamburger Lehrfirma ging bald bankrott. Privat hatte er sich aber mit der abrupten Trennung von seiner Familie, den Freunden und der Heimatstadt vielleicht überfordert. Dass er dort mit neunzehn Jahren eine Frau heiratete, die sehr viel älter war als er, erklärte er mir damit, dass er sich einsam gefühlt habe und eine Familie um sich haben wollte, wie er es gewohnt war. Sein Vater hatte damals zwölf Stunden lang – eine ganze Nacht – hinter verschlossenen Türen mit ihm gerungen, um ihn von dieser Heirat abzubringen, so erzählte seine Schwester, die vor diesen verschlossenen Türen stand und sich sorgte. Daniel setzte sich in diesem, wie ich vermute, ersten und einzigen Konflikt seinem Vater gegenüber durch und bestand altersgemäß kompromisslos auf seiner Entscheidung. Seine Eltern werden seine Frau wohl einige Male getroffen haben, die Beziehung wurde aber nie herzlich. Die längste Zeit seiner ersten Ehe blieb Daniel mit Luisa in Berlin. Nach etwa zehn Jahren endete diese Ehe, aus der ein Sohn hervorging, mit einer Scheidung.

Befreiung

Seine zweite Frau Miriam kam mütterlicherseits aus einer großbürgerlichen Familie, der Vater war Künstler. Während ihre Mutter als höhere Tochter in Französisch, Klavier, Malerei und Tanz unterrichtet worden war, sollten Miriam und ihre Zwillingsschwester eine berufliche Ausbildung genießen. Auch Miriam kam wie seine erste

Frau aus Leipzig. Aber nach der Hochzeit in der Leipziger Thomaskirche ließ sich das Paar in Hamburg nieder. Die folgenden Jahre waren sicher die frohesten im Leben von Daniel. Zwischen ihm und seinen Eltern stellte sich wieder ein harmonisches Verhältnis her. Sie nahmen seine Frau herzlich auf. Er selbst wurde von Gustave anerkannt und wertgeschätzt und in der Liebe zu seiner Frau Miriam konnte er seine eingeschlossenen Gefühle zeigen. Für beide war diese Ehe die Erfüllung aller Wünsche. Miriam besaß bereits zehn Jahre Berufserfahrung als Steuerberaterin in verantwortlicher Position. Sie konnte selbst für ihren Lebensunterhalt sorgen und war sich ihrer intellektuellen Fähigkeiten und ihrer beruflichen Kompetenz bewusst. Jetzt arbeitete sie mit ihrem Mann zusammen, entwickelte Strategien gegenüber den Behörden und dem Finanzamt und sie besprachen die Schritte der Geschäftsentwicklung. Schon vor der Eheschließung hatten sie die Verantwortung für den Haushalt an eine Hauswirtschafterin abgegeben. Sie genossen ihr gemeinsames Leben in einer schönen Wohnung in der Innenstadt und unternahmen abends und am Wochenende viel. Ins Handelsregister waren er als Kaufmann und sie als stille Gesellschafterin, beide mit je 50 % der Anteile eingetragen.

„Er ist die Sonn', sie ist der Mond"[1]

Zwei Schwangerschaften und Geburten in kurzem Abstand – gegen Ende des Krieges sollten noch drei weitere folgen – hinderten Miriam nicht, immer an die erste Stelle in ihrem Leben ihren Mann zu stellen, vor ihre Freundinnen, Geschwister und Verwandte und ihre Kinder. In den ersten Kriegsjahren trennte sie sich in den Sommermonaten von ihren erst ein- bis zweijährigen Kindern, um an der Seite ihres Mannes in der durch Bombenangriffe gefährdeten Stadt zu bleiben. Die ernste Mahnung „An erster Stelle steht euer Vater und nicht ihr Kinder!" erinnere ich noch aus meiner Kindheit. So wie der Mond sich um die Sonne dreht, drehte sich Miriams Leben um Daniel. Er konnte alles mit ihr besprechen und sicher sein: Sie würde immer seine Seite einnehmen und seine beste Anwältin sein. Es gab keinen Streit zwischen ihnen, weil sie billigte, was er tat. So ernst genommen zu werden und so vorbehaltlos geliebt zu

1 Titel eines Buches von Heide Wunder

werden, muss sehr gut tun und viel Kraft geben. Kein Wunder, dass Daniel später auf die Frage, was ihm zu seinem Erfolg verholfen habe, der Unterstützung durch seine Frau einen herausragenden Platz gab. „Ohne die richtige Frau kann ein Mann als Unternehmer nicht erfolgreich sein." Nebenbei nahm sie ihm sehr viel Arbeit in dem gemeinsamen Arbeitsfeld Familie – Haushalt – Firma ab. Sie sorgte dafür, dass jeden Tag ein frisch gebügeltes Hemd für ihn bereit lag, der Haushalt perfekt geordnet war, die Kinder gute Schulzeugnisse und Manieren hatten, ganz zu schweigen davon, dass sie für ihn gewissermaßen unsichtbar die Bilanz für die Firma erstellte. Wenn er kam, musste alle Arbeit beendet und sie bereit sein, ihn zu umsorgen.

Der zweite Weltkrieg

Nach vier glücklichen Ehe- und Arbeitsjahren wurde Daniel, der zu den „weißen Jahrgängen" der Ungedienten gehörte, 1939 als Bausoldat eingezogen. Um wieder in die Nähe seiner Familie zu gelangen, stellte er sich an einem dienstfreien Tag in Hamburg bei der Spionageabwehr vor. Weil er ganz und gar Zivilist war und aus einer Familie von Zivilisten kam und weil es leichter war, eingestellt zu werden, wenn man auf eine neu zu beantragende Planstelle verzichtete, stellte er die taktische Bedingung: „Bitte keine Planstelle!" Nach einem ausführlichen Gespräch, in dem außer seiner Auffassungsgabe, Kombinationsfähigkeit und seinen Fremdsprachenkenntnissen seine Gesinnung in geheimdienstlicher Manier überprüft wurde, forderte man ihn von der Baukompanie an und er blieb bis zum Ende des Krieges als Gefreiter im Generalkommando, wo er gleichberechtigt mit den Generälen und Admirälen zusammenarbeitete; wie sie hatte er eine eigene Sekretärin, die er übrigens später für die Firma gewann. Manchmal machte er eine seiner kurzen prägnanten Bemerkungen über diese Zeit, etwa, dass damals, 1941, das Generalkommando der Spionageabwehr noch keinen Luftschutzbunker hatte, und dass man noch den freien Mittwoch pflegte, obwohl Deutschland doch mitten im Krieg war. Ein anderes Mal erwähnte er, dass es für sie Ehrensache war, die Frau eines Kollegen, die „Vierteljüdin" war, zu schützen. Und auf dieselbe knappe, aber nachdrückliche und unvergessliche Art drückte er mir sein Missfallen darüber aus, dass ich damals nicht damit vertraut war, dass der Chef der Abwehr, Admiral Wilhelm Canaris, die Diktatur hasste und im Juli 1944 von der Gestapo abgeholt und barbarisch erhenkt wurde. In anderem Zusammenhang erwähnte er, dass sie schon Mitte Februar 1945 das Ergebnis der Konferenz von Jalta mit der endgültigen Demarkationslinie durch Deutschland wussten. Er habe seine Geschäftspartner und Freunde in Leipzig vergeblich gewarnt. Auch die Landung der Alliierten in Nordafrika hätten sie im Oktober 1942 vorhergesagt, ohne dass dies in seiner Bedeutung gewürdigt wurde. Er fühlte sich den Spionen, die für sie arbeiteten, und den Kapitänen, die die Abwehrstelle See verantwortungsbewusst leiteten, lebenslang dankbar verbunden. Mein Eindruck war, dass er dort ebenso viel lernte wie in seiner Lehrzeit.

Er lebte nun vier Jahre lang (1941 bis Mai 1945) in seiner Familie, leitete seine (Ein-Mann-und-eine-Frau-)Firma und arbeitete im Generalkommando als Jüngster gleichberechtigt mit Offizieren und Generälen zusammen.

Getrennt

Im Mai 1945 wurde er wie alle Mitarbeiter der Abwehr von den Alliierten interniert, ohne Verbindung mit seiner Familie aufnehmen zu können und ohne seiner Frau in den nächsten sieben Monaten irgendein Lebenszeichen geben zu können. Erst Ende Dezember 1945 sah sie ihn kurz und unvermutet unter soldatischer Bewachung aus Anlass der Beerdigung seines Vaters. Ohne Arbeit und ohne Privatsphäre lebte er mit fast tausend Männern im Jugendgefängnis Neumünster zusammen; in Abständen wurden sie einzeln verhört. Auf diese schwierige Zeit reagierte er mit dem bewährten frühen Muster: Er setzte seinen Mut, seine Kreativität und Leistungsfähigkeit im Sinne einer aktiven, handlungsorientierten Überlebensstrategie ein und verschloss seine weicheren Gefühle. Als er 1947 fast verhungert zu seiner Familie zurückkam, war für Gefühle bei ihm kein Platz mehr. Er war voll konzentriert auf den Aufbau einer neuen wirtschaftlichen Existenz. Besonders sichtbar wird dies in den wenigen Fotos aus dieser Zeit.

Der Beginn der Fabrikation in der Zeit des Wiederaufbaus

Von seinen Lieferanten in Leipzig durch den Eisernen Vorhang abgeschnitten, gründete Daniel zusammen mit einem Chemiker, den er im Internierungslager kennen gelernt hatte, entschlossen selbst eine Fabrikation. Vielleicht kam er dabei seinem alten Wunsch, Chemie zu studieren, nahe. Da er selbst keine Ausbildung geschweige denn Erfahrung in der Produktion hatte und ihm der Chemiker nur für wenige Monate zur Seite stehen konnte, war dies ein unternehmerisches Wagnis und verlangte den Einsatz aller Reserven. Seine Frau übernahm wieder die Buchhaltung, kam in den ersten Jahren oft in die nahe gelegene Firma, kannte alle Mitarbeiter und war weiter mit 50% beteiligt. Womit sollte er beginnen? Was wurde gebraucht? Ein großes Problem bei Babys, Kindern, Frauen, Spätheimkehrern waren die Hungerödeme mit ihren schwer wiegenden Langzeitfolgen. Ein anderes Alltagsproblem in den kriegszerstörten Städten ohne hygienische Bäder waren Pilz- und Wurmerkrankungen. Dagegen musste man etwas unternehmen. Da gab es Bedarf und einen Absatzmarkt trotz der geringen Konsumkraft der Bevölkerung. Produziert wurde in Nissenhütten mit acht bis zehn Mann, darunter drei Laboranten und drei Handwerker. Für das Mittel gegen Hungerödeme holte man Kasein aus der Molkerei, Haarschnipsel vom Friseur und extrahierte eine stark eiweißhaltige Paste, die von den Apotheken als Nahrungszusatz verkauft wurde.

Schon ein Jahr später hatten sich nach der Währungsreform und mithilfe der amerikanischen Wirtschaftshilfe die Verhältnisse grundlegend verändert, Notnahrung und Entwurmungsmittel waren nicht mehr gefragt. Die Suche nach einem anderen Produkt begann. Er entschied sich für einen Stoff, der Bestandteil der Dauerwelle ist, und nahm einen Kredit auf, um die Produktion zu beginnen. Rückblickend kann man sagen, dass diese unternehmerische Entscheidung auf einer korrekten Einschätzung der zu erwartenden politischen, gesellschaftlichen und wirtschaftlichen Nachkriegsentwicklung beruhte. Im Sommer 1948, als das vom Krieg gezeichnete Deutschland noch in Trümmern lag, war das noch nicht so klar sichtbar. Es habe ihn befriedigt, die Frauen in ihrem Bestreben nach Schönheit zu unterstützen, bemerkte er bescheiden viele Jahre später.

Es vergingen Monate angestrengter Arbeit, bis der erste Auftrag in mühsamer Handarbeit erfüllt werden konnte. Nach drei harten Jahren wurden 1951 schwarze Zahlen geschrieben wurden. Schon in diesem Jahr begann er mit den Gewinnausschüttungen an seine Mitarbeiter, die später hohe Summen erreichten. Die „Wirtschaftswunderjahre“ und die kontinuierliche Zunahme der Kaufkraft und des Lebensstandards halfen ihm. Fast vierzig Jahre lang liebten die Frauen die Dauerwelle. Es konnte kaum genug produziert werden. Dann kam sie aus der Mode, und zwar gleichzeitig in Deutschland, Frankreich, Italien, Amerika. Ein neuer Markt musste gefunden werden. Daniel fand ihn in der technischen Anwendung bei der Verfestigung von Plastik; nicht mehr ein organisches Material, das Haar, sondern ein anorganisches Material, Plastik, wurde weich gemacht, in eine neue Form gebracht und in dieser verfestigt. Die Firma wuchs, wechselte den Standort, lag nun weiter außerhalb und weiter von der Wohnung entfernt.

„Die Frau entscheidet, ob die Ehe harmoniert"

Daniel hatte sich eine Frau gewählt, die ihn durch Sensibilität, Einfühlungsfähigkeit und Gefühlsstärke ergänzte. Seine besonnene warmherzige Art passte im Grunde recht glücklich dazu. Je angespannter er aber war, desto verschlossener wurde er. Angesichts seiner kategorischen Weigerung, sich seinerseits Gefühle zu erlauben und sich mit ihnen und mit Miriam auseinander zu setzen, blieb seiner Frau nur die Wahl zwischen Unterwerfung, heimlichem Widerstand und Trennung. So sehr er das Vertrauen seiner Frau in ihn und ihre unbedingte Unterstützung zu schätzen wusste, bedeutete doch für sie Daniels übertriebene, einseitige Sicht eine Bürde: Von ihr hing „die Harmonie" ab, vor allem sollte sie keinen „Streit" anfangen.

Getrennte Leben

Daniels Frau geriet allmählich ins Hintertreffen. Aus der ursprünglichen Partnerschaft im gemeinsamen Arbeitsfeld war eine Trennung der Arbeitsbereiche von Mann und Frau geworden. Fleißig und geschickt, dabei aber isoliert und unsichtbar, arbeitete sie zu Hause für die Firma. Die Befriedigung aus der erfolgreichen Arbeit mit anderen zusammen im Team und das Selbstbewusstsein aus der Anerkennung und Bewunderung der Mitarbeiter wurden ihr nicht so zuteil wie ihm. Sie hätte morgens mit ihrem Mann in die Firma fahren können, denn für den Haushalt und die Kinder sorgte die Hauswirtschafterin. Es entsprach wohl aber nicht dem Verständnis Daniels von der Rolle seiner Frau, einer Frau an der Seite eines Unternehmers. Die Leitungsverantwortung trug er zunehmend allein. Er richtete sein Leben immer mehr auf die Firma aus, für Paddeln auf der Elbe, Ferien, Theater oder Opernbesuche mit ihr zusammen gab es keine Zeit mehr. Ihre Lebenskreise entwickelten sich auseinander. Auch für die Pflege von Freundschaften unabhängig von Geschäftsbeziehungen war kein Raum. Sie konnte ihre Begabungen nicht mehr entfalten und fühlte sich beruflich unter-, mit der Erziehung der fünf Kinder überfordert. Eine untergründige nervöse Anspannung war ihr anzumerken. Als sie 1962 ohne vorherige Bettlägrigkeit oder Krankenhausaufenthalt an einer Embolie starb, war sie erst 56 Jahre alt.

Erst nach ihrem Tod wurde sichtbar, wie sehr Daniel seine Frau geliebt hatte. Er trauerte, hörte ernste Musik und trug während des nächsten Jahrzehnts nur schwarze Krawatten. Als dann auch seine jüngeren Kinder nach dem Abitur das Elternhaus verließen, war er allein. In den folgenden Jahren konzentrierte er sich mit ungeheurer Energie auf die Zukunft des gemeinsamen „liebsten Kindes“, kaufte nach schwierigen Verhandlungen ein fast zwanzigmal größeres Firmengelände und baute dort trotz Umsatzrückgangs von 20 % moderne großzügige Produktionsanlagen.

Heute vermute ich, dass die Erweiterung der Firma nicht nur ökonomische Gründe hatte, sondern ihm auch half, sein privates Leid zu ertragen und den klaren Kopf zu behalten. Die Firma war von Anfang an auch ein Stück Familie bzw. gab ihm nun ein Stück Familienrückhalt. Richtig fröhlich wurde er erst wieder, als er mit über siebzig Jahren ein drittes Mal heiratete.

Die Bedeutung der Frauen

Obwohl in der Familie des Gründers wenig über die Frauen überliefert ist, hätte Johan das Käsegeschäft nicht ohne seine tüchtige Frau führen können und für Gustaves inneres Gleichgewicht wie für sein praktisches Überleben waren zuerst Marie, dann Dorothea unerlässlich. Auch Daniel wusste um die Kraft unterstützender Frauen, wie sein Ausspruch bezeugt, dass Miriam großen Anteil an seinem Erfolg als Unternehmer habe. Er hatte sie ja auch von Anfang an mit 50 % beteiligt und hat später zu ihrem Gedächtnis eine Stiftung für Frauen gegründet. Zunächst waren sie eine Arbeitseinheit als Paar gewesen, dann hatte sie zeitweise sogar die Verantwortung für Familie, Haushalt und Firma allein getragen, nämlich das ganze Jahr 1940 und von Mai 1945 bis Februar 1947, beide Male in äußerst schwierigen Zeiten und mit der zusätzlichen Bürde der Sorge um ihn und um die Zukunft. Er hat diese alleinige Sorge und

Verantwortung erst nach ihrem Tod erlebt, und da waren Firma und Familie schon aus dem Gröbsten heraus. Und trotzdem hat er, der so selbständig war, den überraschenden Schluss gezogen: Ich kann nicht allein leben. Ich brauche eine Frau. Er hat zunächst seine älteste Tochter erkoren. Um die Bilanz für die Firma zu erstellen, wie es früher ihre Mutter getan hatte, zog sie mit ihrer Familie zurück ins leere große Elternhaus, zum Vater. Das System „Familie" und das System „Firma" überschnitten sich wieder. Sie musste sich der Regel fügen: „Männer bestimmen das Leben. Frauen ordnen sich unter." Nun war sie es, die ihn mit ihrem absoluten Vertrauen stärkte und ihm spiegelte: Du kannst das. Du machst das richtig und gut. Es war ihre Aufgabe, den Firmenleiter emotional zu stützen und aufzubauen; für die Leitung der Firma war sie nicht vorgesehen. Sie hatte sich zuvor eine teure Ausbildung wählen dürfen, aber eine Ausbildung mit dem Ziel, die Firma zu leiten, war undenkbar gewesen. Sie war als Frau an der Seite eines Unternehmers erzogen, nicht als Unternehmerin aus eigenem Recht.

Erinnerungen an den Erziehungsstil meiner Eltern

Der Erziehungsstil meines Vaters war nicht autoritär, sondern deutlich permissiv. Im Gegensatz zu meiner Mutter war er vom Erziehungsalltag ja weit entfernt. Er wurde von allen Kindern und Hausgenossen geliebt, ja verehrt. Seine Wünsche wurden ihm möglichst von den Augen abgelesen. Da er es gewohnt war zu entscheiden, entschied er mit freundlicher Selbstverständlichkeit auch dort, wo er keinerlei Sachkenntnis hatte. Die monatelangen Trennungen der Kinder von der Familie etwa erklärte er mir überraschenderweise so: „Wenn die kleinen Kinder mit achtzehn Monaten beginnen, ‚nein' zu sagen, riskieren die Eltern, vom Kind abgelehnt zu werden, wenn sie es strafen. Deshalb gibt man das Kind dann am besten zu Verwandten. Wenn die Trotzphase ausgestanden ist, wird langfristig nichts die Eltern-Kind-Beziehung trüben."

Dass der Umgang mit kindlichem Eigenwillen für ihn schwierig war, wurde sehr deutlich, als wir in die Pubertät kamen. Das eigene Wollen des Jugendlichen hatte kaum Chancen auf Durchsetzung, wenn es nicht seinem Willen entsprach. Gegen ein Nein hätte man sich abgrenzen können, („Ich will nicht, dass du Zeitungen austrägst!" – „Ich mache es trotzdem!" / „Ich will nicht, dass du dich um ein Stipendium bewirbst." – „Ich werde es aber tun!"), ein

„Nein!" aber wurde nicht ausgesprochen. Es wurde verborgen hinter einer moralischen Argumentation, gegen die ein junger Mensch sich schwer wehren kann, etwa: „Du nimmst damit einem anderen den Platz/den Verdienst weg, der ihn nötiger braucht als du." Die Durchsetzung der eigenen Interessen konnte nicht geübt werden.

Meine Mutter ordnete sich ihm im Alltag zwar unter, die Ferien aber verbrachten wir mit ihr allein recht entspannt. Nur in den Ferien kochte sie selbst. Da es für sie und uns Kinder war, machte es ihr Spaß und sie stand nicht unter Zeit- und Leistungsdruck. Sie lud sich manchmal eine Freundin aus ihrer Leipziger Zeit ein, sang und lachte. Auch wir durften einen Freund oder eine Freundin in die Ferien einladen. Die Atmosphäre war locker und gesellig. Zuhause dagegen war sie etwas angespannt; wenn ihr Mann aus der Firma kam, war er müde und forderte mit Selbstverständlichkeit Rücksichtnahme und von seiner Frau, dass sie ihn umsorgte.

Disziplin und Contenance waren Schlüsselworte im Wortschatz meines Vaters. Psychogespräche waren in seiner Zeit unüblich. Mithilfe von Disziplin und Contenance galt es, miteinander auszukommen gemäß der Regel: Nicht streiten, um sich nicht zu verstricken. Noch als alter Mann warnte er vor Streit. Sein nüchtern pragmatischer Lebensstil ging einher mit der Überzeugung, dass alle wirklichen Probleme mit gutem Willen und gesundem Menschenverstand gelöst werden können. Gefühle aber waren nicht wirklich, waren „nur Fantasie".

Abschließende Bemerkung

Außerordentliche gesellschaftliche Herausforderungen bestimmten das Leben des Gründers: Der Erste Weltkrieg brachte in seiner Kindheit eine drastische Hinwendung zum real Lebensnotwendigen; er lernte, sein Denken und Handeln an der Realität auszurichten. Der vorübergehende wirtschaftliche Zusammenbruch der Familie aufgrund des Ersten Weltkriegs zeigt ihm, was es heißt, ganz unten zu sein und wieder neu anfangen zu müssen. Ohne Ersten Weltkrieg, Inflation und Wirtschaftskrise hätte er studiert, ohne den Zweiten Weltkrieg und die Teilung der Welt in Ost und West hätte er nicht den Schritt in die Produktion gewagt. Neben den gesellschaftlichen bestimmten die familiären Strukturen seine Entwicklung. Der Vater des späteren Gründers war ohne Promotion, ohne Studium und ohne Matura seinem Bruder deutlich unterlegen. Er delegierte seinen erstgeborenen Sohn zum Aufstieg durch Studium und Promotion. Nach dessen frühem Tod geriet er in eine lang andauernde Krise, die sich erst auflöste, als der jüngste Sohn Daniel an die Stelle des Hoffnungsträgers rückte. Die lebensgeschichtliche Prägung, Hilfe zu leisten, und der karitative Impuls waren in dieser Familie schon vorgebahnt. Die Erwartungen seiner Mutter und seines Vaters und später die volle Unterstützung durch seine zweite Frau spielten eine große Rolle für seinen Erfolg. Neben den gesellschaftlichen und den familiären Bedingungen waren seine Fähigkeiten und Begabungen entscheidend. Er war ein intelligenter Mann, er behielt immer einen kühlen Kopf. Er verfügte über große Energie und einen starken Überlebenswillen. Ich vermute, dass ein Geheimnis seines Erfolges die Konzentration auf die materielle Wirklichkeit war. Das Ausblenden und Übergehen eigener Bedürftigkeit war ein Kraftakt, den er selbst schon früh geleistet hatte. Das Absolutsetzen der Sachlichkeit und des materiell und faktisch Existierenden bedeutete zugleich eine starke Verknappung und Verarmung auf der Seite des sprachlichen Austausches über Konflikthaftes und Gefühle. Dasselbe Muster, das seinen Erfolg begründete, führte zu Schwierigkeiten der Nachfolgegeneration, in der nicht mehr einer so wie er allein bestimmen konnte, sondern mehrere sich auseinander setzen und einigen mussten. Er übernahm in so jungem Alter Verantwortung in seiner Ursprungsfamilie, dass es ihm zur Selbstverständlichkeit wurde, nicht nur beruflich, sondern auch privat alles Wichtige zu entscheiden. Diese Fähigkeit war seine große Stärke, führte aber zugleich zu einem Erfahrungsmangel bei der Nachfolgegeneration.

Wir, seine Kinder, wuchsen unter anderen gesellschaftlichen und familiären Bedingungen auf, jedoch wurden wir durch ihn hineingezogen in die vergangenen Beziehungsstrukturen. Unsere Lebensläufe entwickelten sich äußerlich unterschiedlich, innerlich jedoch musste jede und jeder von uns sich mit der Gestalt meines Vaters auseinander setzen, mit dem Mythos Firma und mit der Tatsache des unverdienten Reichtums.

II. Die Firma als patriarchale Familie[2]

Der Chef als „Vater"

Mehrfach hat der Gründer darauf hingewiesen, dass er ohne die Loyalität, den Einsatz und das Können seiner Mitarbeiter die Firma nicht hätte aufbauen können. Sie hatten am Gelingen des Projektes großen Anteil. Wie entstand diese leistungsstarke Mannschaft? In verschiedenen Gesprächen mit Mitarbeitern aus der Gründungszeit entstand folgendes Bild.

Als Erstes müsse festgehalten werden, so meinten sie: „Der Chef war unser Vater!" Prägnant werden hier Familie und Betrieb verknüpft, der *Chef* der Firma mit dem *Vater* der Familie. Tatsächlich waren die Mitarbeiter anfangs in der Mehrzahl so jung, dass sie einen Vater gut noch hätten brauchen können. Sie waren als Jugendliche Soldat geworden, hatten zum Teil ihre Heimat und ihre Eltern verloren und befanden sich nach dem Krieg weit entfernt von dem ihnen vertrauten Böhmen oder Schlesien ohne Familienangehörige in einer fremden Stadt. Der Gründer war zwanzig Jahre älter als seine Mitarbeiter, er lebte in seiner Heimatstadt und er war lebenserfahrener als sie. Hatte er doch den Ersten Weltkrieg, Räterepublik, Weimarer Republik, die Weltwirtschaftskrise und die faschistische Diktatur erlebt und dabei zu denen gehört, die wach die gesellschaftliche Entwicklung verfolgten. Nebenbei stand er schon 26 Jahre im Beruf und trug seit zwanzig Jahren erhebliche Verantwortung. Andererseits war er noch nicht alt (1948 war er 42 Jahre alt), war unternehmend, freute sich auf den Neuanfang nach Krieg und Gefangenschaft und darauf, nach zwei Jahren erzwungener Untätigkeit in der Gefangenschaft wieder zuzupacken. Mit der chemischen Produktion war für ihn neben dem Risiko auch der Reiz des Abenteuers verbunden, der Aufbruch zu etwas für ihn ganz Neuem. Er hatte ja noch nie in einer Fabrik gearbeitet. Umso mehr brauchte er die Unterstützung seiner Männer. Er war auf ihren Einfallsreichtum und ihre Hilfe angewiesen. Sie hatten ein Handwerk oder Labormethoden gelernt, hatten dies beim Militär angewandt und konnten unter schwierigen Umständen mit primitiver Ausrüstung wirkungsvoll arbeiten.

2 Gewidmet Herrn Neugebauer, Herrn David und Herrn Tietjens

Die Übertragung familiärer Muster auf den Betrieb

Der tägliche Kontakt zwischen Chef und Mitarbeitern war nah, Privates und Betriebliches wurden nicht streng getrennt. Verwandte oder Freunde von Mitarbeitern kamen als „Neue". Auf dem Firmengelände wurde Tabak angebaut und eine Ziege gehalten. Daniel war der Chef, aber er war ein Chef, mit dem man „privat" reden konnte, lachen (etwa, wenn er, den keine üppige Haarpracht mehr zierte, Lockenwickler aus der Tasche zog, um die Sprungkraft vorbehandelter Locken zu prüfen) und an Sommertagen in den angrenzenden Kanal springen. Sein „Büro" war ein Mehrzweckraum, in dessen einer Ecke das Labor, in einer anderen der Packtisch, dazwischen der Zugang zur Extraktion lag.

Eine besondere Verbundenheit scheint dadurch bestanden zu haben, dass der Chef so wie sie selbst nicht studiert hatte. Gegenüber „den Studierten", die „sich für was Besseres halten und nicht richtig zupacken", schimmerten in den Gesprächen an manchen Stellen Ressentiments durch. Die Männer waren stolz darauf, dass ihr Chef „zupacken konnte, wenn Not am Mann war", sich nicht zu fein war, Säcke vom LKW zu holen oder mit dem Spaten zuzulangen, und danach an heißen Sommertagen sich mit ihnen zusammen im Kanal erfrischte. Sie rechneten ihm hoch an, dass er sich nicht schonte. Kam die Belegschaft um sechs Uhr früh, ging er oft erst nach Hause, weil er die Nachtschicht übernommen hatte. Um zehn Uhr war er wieder da und erledigte ruhig die kaufmännischen Arbeiten.

Bezeichnend für die familiäre Art des Umgangs erscheint mir folgender Bericht von Tietjens: Als er den Chef um einen Vorschuss zur Anschaffung von Möbeln bat, gingen sie am nächsten Tag nach der Arbeit gemeinsam los, und der Chef beriet T. bei der Auswahl. Während mir das, als ich es hörte, wie ein Übergriff in das Privatleben seines Mitarbeiters vorkam, waren meine Bedenken für Tietjens unverständlich. „Wie denn, er musste doch mit, um zu bezahlen. Er ist immer ein paar Meter vorneweg gerannt, den Jungfernstieg und Neuen Wall entlang mit seinen Riesenschritten, ich hätte ihn fast verloren. Allein wär ich ins Kaufhaus gegangen, aber der Chef entschied: ,Zum guten Wohnen gehören ordentliche Möbel und Gardinen und Teppiche. Das kauft man im Fachgeschäft.'– Ich hab das heute noch, obwohl es 50 Jahre alt ist. Das war ja damals Luxus für mich."

Die „Frau vom Chef" und die „Angehörigen"

Die „Frau vom Chef" war in den Augen der Mitarbeiter „die Seele vom Betrieb". In den ersten Jahren kam sie oft vorbei. Sie kannte die Mitarbeiter und half aus, wo sie konnte; so erzählt David, wie sie ihm 1952 eine alte Hose ihres Mannes mitbrachte, die David dann noch lange Jahre als Arbeitshose auftrug. Mir erscheint das peinlich und unpassend. David verweist mir das. Die freundliche und halbfamiliäre Fürsorge wurde von den jungen Leute dankbar angenommen. Vielleicht trug sie dazu bei, dass sie sich neu verwurzeln und Zugehörigkeit als Angehörige des Gründerehepaares entwickeln konnten. Sie verehrten die „feine Frau". Nach der Geburt seines ersten Kindes sei sie gekommen, sagt David, habe das Babydeckbett von zu Hause gebracht und ihn ermahnt, dass er seine Frau unterstütze, wenn sie jetzt mit dem Neugeborenen aus der Klinik komme. Da seine Eltern das nicht mehr tun konnten, hatte sie wohl das Gefühl, dass es nun ihre Aufgabe sei. David hat es jedenfalls nicht vergessen und macht mich auf die Mühe aufmerksam, die sie auf sich nahm, da sie mit der Straßenbahn kam und drei Treppen zu seiner Wohnung hinaufsteigen musste.

Sie war es wohl, die im ersten Jahr, in dem die Firma Gewinn machte, vorschlug, einen Teil davon an die Mitarbeiter auszuschütten. Die jungen Leute sollten die Zukunft planen, ein Stück Land erwerben, dann das Fundament eines Hauses errichten. David, der 1951 eingestellt wurde, erlebte die Gewinnausschüttung so: Nach einem feierlichen Abendessen im Hause des Chefs und seiner Frau (d. h. an einem familiär-privaten, nicht an einem öffentlichen Ort) bekam jeder Mitarbeiter beim Dessert einen Briefumschlag mit 500,– DM (der Stundenlohn für einen Facharbeiter lag nach dem Krieg bei 50 Pf) – leuchtende Augen ringsum. Das Jahr über habe man sich nun auf diesen Augenblick gefreut und bei Gelegenheit besprochen, was man mit der nächsten Gewinnausschüttung machen könnte. Solche Gelegenheit gab es bei den Geburtstagsfeiern (es wurden neben den persönlichen vor allem die Produktionsgeburtstage gefeiert: die tausendste Destillation usw.). Man machte eine Stunde früher Schluss, saß gemeinsam bei Kaffee und Kuchen an dem großen Esstisch und beredete „nur Privates" mit dem Chef.

Nachdem sie einmal Geschmack gefunden hatten an der Zukunftsplanung, dem Vorwärtskommen und „Häusle bauen", haben die Mitarbeiter sich später auch gut überlegt, auf was für eine Schule sie ihre Kinder schicken. Mir fiel bei unseren Gesprächen auf, was für qualifizierte Berufsausbildungen die Söhne und Töchter dieser Männer bekommen haben, nicht wenige haben studiert, einige sind mit Unterstützung ihrer Väter selbstständige Unternehmer geworden.

1953 sei es wieder die Frau vom Chef gewesen, die den Vorschlag machte, ein Ferienhaus für die Angehörigen zu bauen. Dieser Begriff der Angehörigen bezeichnete gleichermaßen die Firmenangehörigen wie die Familienangehörigen des Gründers. Sowohl die einen wie die anderen fuhren bald regelmäßig in das Ferienhaus auf einer Nordseeinsel, ohne dass es zu Überschneidungen wegen der Terminplanung kam; zunächst nutzten wir es in den Schulferien, und als die Kinder der Mitarbeiter in die Schule kamen, verließen wir die Schule schon wieder. Als erster Feriengast verbrachte David dort seine Hochzeitsreise. Später wurde das Ferienhaus so sehr zu seinem Zuhause, dass es für ihn als „Eigenhilfe" galt, als er an einem Wochenende hinfuhr, um dort einen Rohrbruch zu beheben. Bezeichnend für die umfassende Fürsorge und das ganzheitliche Konzept war, dass großer Wert darauf gelegt wurde, dass eine Köchin gute Mahlzeiten frisch kochte. Von der Kriegsgeneration wurde dies besonders geschätzt, aber auch heute bildet die eigene gute Küche der Firma einen zusätzlichen Anreiz.

Nicht nur für die Lebensplanung der jungen Leute, für das „gute Wohnen" und die „gesunde Ernährung", für ihre Ferien in frischer Luft (autofrei und ohne Fernsehgerät), auch für ihre politische Diskussion wurden ab und an Anregungen laut. 1969, nach zwanzig Jahren CDU-Regierung fanden sie auf dem Frühstückstisch ein Schreiben des Chefs an seine Geschäftsfreunde und Mitarbeiter: „Wenn die parlamentarische Demokratie in Deutschland je funktionieren soll, gehört jetzt die SPD ans Ruder. Geben Sie Brandt und Schiller eine Chance!" Das Dokument ist in Tietjens Ordner „Firma" zu finden.

Alles, was ich bisher wiedergegeben habe, gehörte unter das Oberthema: „Der Chef war unser Vater."

Arbeitszeit und Arbeitsbedingungen

Bei dem Thema Arbeitszeit und Arbeitsbedingungen musste ich mehrmals nachfragen. Es stand in unserem Gespräch an zweiter Stelle. Tatsache war, dass sehr lange gearbeitet wurde und unter ungleich härteren Bedingungen als heute. Gibt es heute noch einen

Chef, der darauf besteht, dass die Arbeit beendet wird, auch wenn es darüber Nacht wird? Achteinhalb Stunden reichten oft nicht aus. „Das war damals normal", nehmen sie ihn in Schutz. Die Arbeitsbedingungen sind heute kaum noch vorstellbar. Lange Zeit gab es keine Pumpen. Laugen und Säuren wurden in Eimern und Korbflaschen getragen. Zum Transportieren fester Stoffe gab es lediglich eine Sackkarre. Man sparte selbst am Werkzeug. Einmal brach beim Destillieren mit der Glasbirne der Hahn ab. Um den Verlust der teuren Säure zu verhindern, fing der Destillateur sie mit den bloßen Händen auf, ungeachtet der Verätzungen, die sie an der Haut hervorruft. Umwelt- und Arbeitsschutz waren ganz unterentwickelt. Gab es ein Leck in der Anlage, so kratzte der entweichende Stoff auf den Augen wie Sand. Das Produkt hatte einen durchdringenden Geruch, der in der Kleidung hing, aber auch beim Sonnenbaden der Haut entströmte, und sogar der Zahnarzt roch es, wenn man den Mund aufmachte. Wenn man in die Bahn stieg, kam es vor, dass Leute die Nase rümpften und abrückten.

Parallel zum normalen Tagesbetrieb liefen nicht nur Reparaturen und partielle Neuentwicklungen durch die Werkstatt, sondern der Aufbau der Firma insgesamt. Die Chronik von Herrn Tietjens belegt, dass man 1950 aus den Nissenhütten in ein Backsteingebäude zog. 1951 wurde die zweite Hälfte des Hauptgebäudes, das Kesselhaus und das „Platzwart"-Haus, fertig. 1954 bis 1956 wurden ein Neubau für die Kondensation, die Extraktion, die Destillation und das Kontroll-Labor errichtet. 1959 wurde ein weiteres Labor im alten Hauptgebäude in Betrieb genommen. 1960 erfolgte die Umstellung von Koks auf Öl als Energieträger. 1967 begann der Neubau außerhalb der Stadt.

Diese ständigen Erweiterungen erforderten vorausschauende Planung. Daniel war auf die Hilfe seiner erfahrenen Mitarbeiter angewiesen. Sie wiesen ihn auf Probleme hin, besprachen Lösungsmöglichkeiten, probierten aus, beobachteten und verbesserten ständig die Anlagen für die Destillation und die Kondensation, die sie selbst in den Werkstätten fertigten. Sie haben allen Grund, stolz zu sein auf das, was sie beim Aufbau der Firma leisteten.

Der gelernte Metallflugzeugbauer und spätere Klempner David machte abends zu Hause auf dem Küchentisch die Zeichnungen der Betriebsanlagen und Neuentwicklungen an Apparaturen für die Betriebserlaubnis durch die Behörden. Was heute bei einem Ingenieurbüro in Auftrag gegeben wird, wurde damals von den Mitarbeitern selbst entwickelt, anfangs waren das ein Elektriker, mehrere Laboranten, ein Klempner und ein Kupferschmied.

Autoritätsstruktur

Was im Rückblick beinahe schwerer zu wiegen scheint als die lange Arbeitszeit und die Härte der Arbeit, sind Kränkungen durch den Chef, dass er etwa den (unrichtigen) Angaben des Ingenieurs glaubte statt denen des Laboranten, erscheint wie Verrat und Treubruch. Oder dass er nicht eingriff, als David die Schikanen seines älteren Kollegen nicht mehr aushielt, sondern ihm antwortete: „Sie müssen mit ihm auskommen. Er ist älter als Sie. Er könnte Ihr Vater sein." Sichtbar wird hier ein Gegensatz zwischen der Lockerheit im Alltag und der strengen Autoritätsstruktur, die ihr zugrunde lag. Bemerkenswerterweise beanspruchte der Gründer die Gültigkeit einer inzwischen selbst in der Familie untergegangenen Achtung vor dem Alter für den Betrieb. Obwohl sein Industriebetrieb in die Zukunft gerichtet war, behielt diese Norm für ihn Gültigkeit.

Wegen der Reibungen mit der Hierarchie zum Chef zu gehen, hatte keinen Sinn. Von Beziehungskonflikten und Streit wollte er nichts wissen; unterschwellig gab es sogar ein Verbot, über Beziehungskonflikte zu reden, das die Mitarbeiter respektieren mussten. Er selbst hielt sich konsequent daran. Mitarbeiter überlegten zu kündigen. Tietjens war dazu entschlossen, aber dann brannte es einige Grundstücke weiter, und er sah in der Abenddämmerung den Chef, klein von Statur, mit einem Schlauch in der Hand den Grenzstreifen wässern, um zu verhüten, dass der Brand übersprang. Alle andern waren schon gegangen. Da habe er „es dann doch nicht übers Herz gebracht, ihn allein zu lassen mit dieser Riesenaufgabe, die er angepackt hatte, die Firma aufzubauen." Was veranlasste ihn zu bleiben? War es so schwer, sich von dieser „Familie auf Zeit" zu trennen? Fühlte er sich verantwortlich für das gemeinsame Werk? Er scheint damals eine Art von gemeinschaftlichem Aufbruch und Pioniergeist gespürt zu haben, wie man ihn manchmal findet, wenn eine neue Idee erfolgreich verwirklicht wird.

Versuch einer Zusammenfassung: die Firmenfamilie

45 Jahre lang funktionierte die Firma unter der Leitung des Gründers personenbezogen und familiär. Die Vaterrolle in dieser patriar-

chalen Firmenfamilie hatte der Chef inne. Er war niemandem Rechenschaft schuldig. Für seine Mitarbeiter waren seine Entschlossenheit der Aufgabe gegenüber, sein unbedingter Einsatz und das Fehlen von Eitelkeit, persönlichem Profitstreben und Standesdünkel wichtig. Die „Seele des Betriebes" war im Hintergrund die Frau des Gründers. Die Mitarbeiter wurden nicht nur fachlich gebildet, sondern in ihrer Lebensplanung und ihren Anschauungen beeinflusst. Sie wurden als Menschen in ihrer Einmaligkeit mit ihren biografischen Details gesehen, auch ihre Ehepartner, ihre Kinder, ihre Krankheiten und ihr Alter wurden wichtig genommen. In all diesen Merkmalen entsprach der Betrieb den in der Familie üblichen Vorstellungen. Alles Wichtige wurde verbindlich mündlich abgemacht.

Schriftlichkeit der Vorgänge als Prinzip – im Großbetrieb von zentraler Bedeutung – gab es nicht. Die Zeithorizonte waren lang, oft arbeitslebenslang, die Freundschaften unter den Kollegen und die Verbundenheit mit der Firma oft lebenslang. Nach seiner Pensionierung kam wohl nicht nur Tietjens noch öfters in die Firma, um seine Freunde am Feierabend dort zu treffen und um die Firma als seinen Lebensort wiederzusehen.

Die Verbundenheit und der große persönliche Einsatz aller Beteiligten waren ursprünglich auf dem Hintergrund der Erfahrung von Krieg, Hunger und Not entstanden. Aber bald wurde diese Erinnerung durch Identifikation mit dem Unternehmen und dem Gründer, Stolz auf die geleistete Arbeit, Selbstvertrauen und Vertrauen in die Zukunft ersetzt. Diese wuchsen mit dem Erfolg der Firma.

III. Konflikt und Chance: Die Veränderung der Leitungsstruktur in einem Familienunternehmen[3]

Zum begrifflichen und soziologischen Fundament

Familie und Unternehmen folgen als Sozialsysteme unterschiedlicher Logik. Im Mittelpunkt der Familie steht die Person in ihrer Ein-

3 Wenn der Gründer sein Unternehmen verlässt, zerbricht jedes zweite Familienunternehmen. Die vorliegende Studie versucht eine differenzierte Beschreibung und Erklärung der verwickelten u nd spannungsreichen Vorgänge beim

maligkeit mit ihren biografischen Details. Im Unternehmen sind Handeln und Kommunikation rational bezogen auf Erzielung von Gewinn. Es gibt nicht nur innerhalb der Familie und innerhalb der Firma Konfliktpotential, sondern darüber hinaus kann es zu einer Behinderung des Betriebs durch die Familie kommen oder zu einem Auseinanderbrechen der Familie wegen der Belastung durch das Unternehmen.

Der Gründer bereitet den Übergang vor

Der Gründer führte die Firma etwa vierzig Jahre lang personenbezogen und familiär. Er war niemandem Rechenschaft schuldig und wurde von niemandem kontrolliert. Als er siebzig wurde, begann man sich zunächst leise, dann lauter die Frage zu stellen, wer in Zukunft einmal die Firma leiten solle. Zu dieser Zeit erstellte seine älteste Tochter, verheiratet und mit drei Kindern, die Bilanz zu Hause, so wie es früher ihre Mutter getan hatte. Ein Sohn hatte dem Wunsch des Vaters folgend Chemie studiert, aber er scheute davor zurück, in die Firma einzutreten, solange der Vater sie im patriarchalen Stil allein führte. Die jüngste Tochter war eigenen Studien- und Berufsinteressen gefolgt, lebte nicht in der Stadt, arbeitete nicht in der Firma, war aber wie ihre Geschwister an dem Unternehmen beteiligt und kam zu den Gesellschafterversammlungen.

Der Gründer verpflichtete nach jahrelanger vergeblicher Suche einen Geschäftsführer. Er beteiligte ihn mit der Hälfte seiner eigenen Anteile an der Betriebsgesellschaft, sodass beide mit Stimm- und Gewinnanteil und dem Status als persönlich Haftende gleichgestellt waren. In den folgenden Jahren übergab der Gründer immer größere Geschäftsbereiche an den Geschäftsführer; die wichtigen Entscheidungen lagen aber weiter bei ihm.

Die Gesellschafterversammlungen veränderten sich, seitdem der Geschäftsführer sie leitete. Er vermittelte die kaufmännischen Zusammenhänge interessant und lebendig. Der Gründer selbst war zu bescheiden und wortkarg gewesen, als dass er über die Schwierigkeiten, die er zu meistern hatte, und über seine Erfolge ein Wort

Übergang vom Gründer zum Nachfolger dem bis hierher schon geschilderten, konkreten Einzelfall. Die Sicht ist subjektiv und es ist fraglich, inwieweit sie verallgemeinert werden kann.

verloren hätte. Da er außerdem alles selbst bestimmte, hatte es bislang von ihm aus kaum etwas mitzuteilen gegeben. Alle drei Geschwister fanden den Geschäftsführer sympathisch.

Der Sohn des Gründers gab seine Beamtenlaufbahn auf, um nun doch in der Firma sein Interessengebiet zu bearbeiten: Verringerung der Emissionen und Rückstände, Reinheit von Wasser, Erde, Luft, Anlagen-Sicherheit und gesunde Arbeitsplätze. Er hatte sich mit diesen Themen schon lange befasst.

Die Zusammenarbeit zwischen dem Firmengründer, seinem Sohn und dem Geschäftsführer wurde nach anfänglichen Schwierigkeiten richtig gut. Der Sohn hatte bis dahin noch nicht in einem Wirtschaftsunternehmen gearbeitet und war wie viele „Ökos" etwas missionarisch; andererseits hatte auch der Geschäftsführer noch nicht in einer kleinen streng patriarchalisch geführten Firma gearbeitet, die nach dem Muster einer Familie sehr persönlich und direkt funktionierte; er hatte über 30 Jahre als einsatzfreudiger und verantwortungsbewusster Angestellter im oberen Management einer funktionenorientierten Großorganisation gearbeitet.

Die Autorität und Ruhe des Gründers strahlte auf die beiden andern aus. Er hatte gerade zum dritten Mal geheiratet und begann Interessen zu pflegen, für die er bis dahin keine Zeit gehabt hatte.

Die Veränderung der Geschäftsanteile und der Haftung

Nach sieben Jahren der Einarbeitung von Geschäftsführer und Sohn beschloss der Gründer, aus der Betriebsfirma auszuscheiden und seiner älteren Tochter und seinem Sohn, die ja beide für die Firma arbeiteten, zusätzlich zu ihren bestehenden Anteilen je 10 % seiner Anteile zu schenken mit der Auflage, dass sie die persönliche Haftung übernehmen.

Warum hat der Gründer seine Pläne geändert? Der Geschäftsführer hatte jetzt nur noch einen Anteils- und Stimmenvorsprung von wenigen Prozent vor den in der Firma arbeitenden Kindern des Gründers, war ihnen also praktisch gleichgestellt. In gewisser Weise schien der Geschäftsführer zuvor der Lieblingssohn des Gründers gewesen zu sein, bis er nun entthront und ihm seine Einzigartigkeit (manifestiert in der persönlichen Haftung, dem außerordentlich hohen Anteil und der ausdrücklichen Gleichstellung mit dem Gründer) genommen wurde. Hatte der Gründer Zweifel, ob der Geschäftsführer allein ihn ersetzen könne?

Die Geschwister hatten keine Erfahrung im Tragen von Leitungsverantwortung und sie hatten bisher nicht direkt zusammengearbeitet, zweifellos aber bedeutete die Veränderung seiner ursprünglichen Pläne eine Anerkennung und Würdigung ihrer Leistung. Tochter und Sohn hatten sich unter der patriarchalen Führung in ihren Arbeitsgebieten bewährt. Der Gründervater war mit ihrer Arbeit sehr zufrieden. Die Tochter erledigte die steuerlichen Dinge äußerst kompetent. Der Sohn war den behördlichen Anforderungen in den Bereichen Umweltschutz und Anlagensicherheit jeweils schon ein Stück voraus. Darüber hinaus hatte er die kritische Öffentlichkeit überzeugen können, dass die Firma hohe Umwelt- und Sicherheitsstandards einhielt.

Der Patriarch war alt. Die Zeit drängte. Er erwartete, dass Sohn und Tochter an der neuen Aufgabe wachsen und die Loyalität ihm und der Firma gegenüber sie vereinen würde. Wenn er ihnen nicht jetzt den Status als persönlich Haftende gab, dann würden sie ihn nie bekommen. Vielleicht blickte er auf sein Leben als Ganzes und wollte es „runden". Es mag ihm klar geworden sein, dass er sein Lebenswerk nicht an einen Fremden, sondern an seine Kinder übergeben müsse. Die Geschwister hatten bisher keine Chance gehabt zu beweisen, was in ihnen steckte, da der Vater stets selbst die Verantwortung trug. Der Geschäftsführer, von beiden geschätzt, würde sicher vermitteln und ausgleichen, falls es zu Spannungen käme.

Und doch bleibt zu fragen: Bedeutete die neue Verantwortung für sie nur Stolz und Freude oder auch Unsicherheit und Erwartungsdruck? Haben die Geschwister ihre Beziehung zueinander damals klären können? Hatte nicht die „große Schwester", die sich schon zwanzig Jahre lang für die Firma eingesetzt und den Vater/Gründer unterstützt hatte, einen stärkeren Anspruch als der „kleine Bruder", der sich so lange um nichts gekümmert und verweigert hatte und wie ein „verlorener Sohn" vom Vater besonders umworben worden war? War es vom Vater gerecht, beide gleich zu behandeln?

Und welchen Ärger verursachte die Zurücksetzung wohl dem Geschäftsführer? Gekommen war er als Nachfolger des Firmengründers. Jetzt wurde er gegen seinen Willen zurückgestuft und konnte sich nicht dagegen wehren. Andererseits brauchte er bei strittigen Fragen von nun ab nur noch die Zustimmung der Tochter oder des Sohnes.

Über diese Begleiterscheinungen und Konsequenzen konnte nicht gesprochen werden, sondern die vom Gründer im patriarchalen Stil allein gefällte Entscheidung wurde ohne Diskussion umgesetzt. Der Konflikt um die neue Leitungsstruktur entfaltete sich.

Der Konflikt

Von nun an verschlechterte sich das Klima im Leitungsteam zusehends, und nur zwei Jahre nach dem Ausscheiden des Gründers stand die Firma vor dem Ruin. Sie war in ihrer Existenz gefährdet durch die Kündigungsdrohung des Geschäftsführers und einen schier unlösbaren Konflikt zwischen den Gesellschaftern. An der Oberfläche schien es sich um einen Autoritätskonflikt zwischen Geschäftsführer und Sohn zu handeln. Der Sohn wollte informiert werden, fragte nach, war unbequem und fordernd. Unter der Oberfläche lagerten verschiedene andere Problemkreise.

Als der Gründer sich aus der Geschäftsleitung zurückzog, spürte der Geschäftsführer das Fehlen seines ruhigen und erfahrenen Gesprächs- und Geschäftspartners. Die Wirtschaftslage war schwierig: Die Energie- und Rohstoffpreise stiegen; der Dollarkurs schwankte stark und damit verbunden die Wettbewerbsfähigkeit auf dem amerikanischen Markt; neue Konkurrenten erschienen auf dem Markt und drückten den Preis, um Kunden abzuwerben; eine Reihe von Kunden ging dem Unternehmen verloren. Noch dazu kam es zu einer freiwilligen Selbstbeschränkung der europäischen Kosmetikindustrie bezüglich eines wichtigen Firmenproduktes. Der Umsatzrückgang in mehreren aufeinander folgenden Jahren war gravierend. Der diffuse Ärger auf Zulieferer, Konkurrenten und abtrünnige Kunden und sein Verantwortungsdruck mögen ein Ventil im offenen Ärger auf den antiautoritären Sohn gefunden haben.

Koalitionsbildung und Eskalation

Der Geschäftsführer suchte Verständnis und Anschluss bei der ältesten Tochter des Gründers. Sie stand ihm altersmäßig am nächsten, beide hatten fast erwachsene Kinder. Er erzählte ihr von seinem Ärger mit dem Sohn. Sie hörte ihm zu, fragte nach, nahm Anteil. Es folgten Besuche von Haus zu Haus. Sie gab nun ihm die emotionale Unterstützung und Kraft, die sie vorher zwanzig Jahre lang ihrem Vater gegeben hatte. Sie war wieder „die Frau an der Seite des Unternehmers", eine Rolle, zu der sie erzogen worden war und die sie wie zuvor ihre Mutter sehr gut ausfüllte. Sie war entschlossen, dem Geschäftsführer alle Hindernisse aus dem Weg zu räumen, und als Hindernis wurde von ihm ihr Bruder definiert.

Als ältere Schwester versuchte sie zunächst auf ihren „kleinen Bruder" erzieherisch einzuwirken. Hier ging es nun gar nicht mehr um Kooperation, sondern um Zurechtweisung. Das Klima zwischen den beiden Männern – schon vorher angespannt – wurde nun vollends vergiftet. Ein destruktiver Kreislauf gegenseitiger Entwertungen setzte ein. Und noch etwas kam hinzu: Es gab in jenen Jahren in der Chemieindustrie zwei Unfälle, die große Umweltschäden verursachten und in den Medien ausführlich kommentiert wurden. Der Geschäftsführer geriet in Panik bei dem Gedanken, dass das Gleiche in der Firma passieren könnte. Das war ein Bereich, den er nicht durchschaute. Der Gründer hatte die Sicherheit der Anlagen selbst beurteilen können. Der Geschäftsführer als kaufmännischer Leiter konnte dies nicht; und er misstraute dem Sohn, der auf ihn unordentlich und „unverantwortlich" wirkte.

Die ältere Tochter ließ sich durch die Bedenken des Geschäftsführers anstecken. Aus der losen Allianz wurde ein festes Bündnis gegen den Sohn. Der unterschätzte die Gefährlichkeit der Situation völlig. Er war sich sicher, dass die Anlagen völlig in Ordnung waren und ein Unfall unwahrscheinlich war. Er fuhr für sechs Wochen segeln. Als er zurückkam, hatte sich die Lage keineswegs beruhigt, wie er wohl gehofft hatte, sondern sie hatte sich weiter zugespitzt.

Ein Sohn der Tochter arbeitete als Praktikant in der Firma und berichtete über abfällige Bemerkungen von Mitarbeitern zum Arbeitsstil seines Onkels. Darüber hinaus begann der Produktionsleiter aus eigensüchtigen Motiven – weil er sich Aufstiegschancen erhoffte – die Leistungen des Sohnes zu entwerten und seine eigenen herauszustreichen: er bot sich an, dessen Aufgaben besser zu erfüllen.

Die Forderung von Geschäftsführer plus ältester Tochter wurde nun klar formuliert: „Der Sohn ist ein Sicherheitsrisiko. Er soll die Firma verlassen."

Der Sohn konnte gegen die Stimmen der jüngeren Tochter nicht ausgeschlossen werden. Sie war bisher gar nicht an dem Konflikt beteiligt und versuchte, als ihre Schwester sie aufsuchte, um ihre Zustimmung zum Ausschluss des Bruders zu erreichen, zu vermitteln. Dazu war es aber längst zu spät. Geschäftsführer und ältere Tochter hatten sich firmenöffentlich festgelegt und konnten nicht mehr einlenken. Den Ausschluss des engagiert für die Firma arbeitenden Bruders lehnte die jüngere Tochter ab. Geschäftsführer und ältere Tochter strebten nun die Umwandlung der Gesellschaftsform an, um aus der Haftung herauszukommen. Der Gedanke empörte sie, dass sie mit ihrem Vermögen hafteten für eventuelle Fehler des Sohnes. Sie bedachten nicht, dass auch der Sohn für ihre Fehler haftete. Es schien, als könnten sie keine Fehler machen, und alle Probleme wären gelöst, wenn nur der Sohn ginge. In dieser überhitzten hysterischen Atmosphäre hätte es des ruhigen und entschiedenen Eingreifens eines Chefs bedurft. Aber der alte Herr hatte sich zurückgezogen und der neue war überfordert. Er hatte einen Motorradunfall, später einen Autounfall, litt unter Schlafstörungen, später kamen Herzrhythmusstörungen und asthmatische Beschwerden hinzu. Jedoch fühlten sich die anderen Beteiligten auch nicht wohl, sondern litten auf ihre je spezifische Art unter der Situation.

Auch die Umwandlung der Gesellschaftsform scheiterte an der erforderlichen qualifizierten Mehrheit. Kränkung und Misstrauen verhinderten jedes konstruktive Gespräch. Die Aussichts- und Hoffnungslosigkeit der Lage führte dazu, dass jeder sich nach Befreiung sehnte. Der Verkauf von Anteilen in einem Familienunternehmen ist jedoch äußerst schwierig. Konkurrenzunternehmen würden einen guten Preis zahlen, aber es darf nur an einen Familienteilhaber verkauft werden. Dieser könnte ohne Mitbewerber den Preis allein bestimmen. Die Teilhaber konnten also nicht das Konfliktfeld verlassen und hatten das Gefühl, gefangen zu sein.

Einbeziehung des Gründers: die Verkaufsdrohung

Schließlich wandte sich der Geschäftsführer direkt an den mittlerweile 85-jährigen Gründer. Er erklärte, es sei ihm unmöglich, weiter die „Einmischung" des Sohnes zu ertragen und bat ihn, den Sohn zu entlassen: „Entweder der Sohn geht oder ich gehe!" Er verhielt sich gewissermaßen wie ein Sohn, der den Vater bittet: „Segne mich. Verstoße den anderen." Er vertraute darauf, dass er mit seinen Kenntnissen der Interna unersetzlich sei und der Gründer seiner Bitte nachkommen müsse, um die Firma zu erhalten.

Der Gründer sah sich gezwungen, noch einmal zu handeln. Er schwieg zunächst, intervenierte dann aber genauso entschieden wie früher. Er war gut zwei Jahre zuvor aus der Betriebsgesellschaft ausgeschieden, die das operative Geschäft betreibt, aber er gehörte noch der Besitzgesellschaft an, der das Gelände mit Gebäuden und Anlagen gehört, welches sie an die Betriebsgesellschaft verpachtet. Er beantragte eine außerordentliche Sitzung der Besitzgesellschaft und lud alle Beteiligten offiziell ein. Er stellte sich voll hinter seinen Sohn („Die Anlagen sind so sicher wie noch nie!"), drohte seiner Tochter wegen geschäftsschädigenden Verhaltens mit Ausschluss, machte aus der Drohung des Geschäftsführers („Entweder der Sohn geht oder ich gehe!") seinerseits eine Kündigung zum Jahresende („Ich nehme Ihre Kündigung an") und schlug den Verkauf der Firma vor.

Die Intervention des Gründers war in der für ihn charakteristischen Art knapp und sachlich. Sie brachte die Beteiligten in einem machtvollen Sprung direkt in die Realität. Ihre Verantwortung für die Existenz des Unternehmens wurde ihnen drastisch klar. Hatten zuvor Überforderung, Angst und Ärger Phantasien von einem „Super-Gau" beflügelt, war die mögliche Zerstörung der Firma als moralisierender Vorwurf und Waffe missbraucht worden, so bewirkte die konkrete Einleitung der Auflösung der Firma Ernüchterung und Einlenken von allen Beteiligten. Da die Kündigung des Pachtvertrags erst zum Jahresende wirksam wurde, bestand sieben Monate Bedenkzeit.

Die Intervention des Gründers entsprach nicht den Wünschen und Erwartungen des Geschäftsführers und der ihm verbundenen älteren Tochter und verärgerte beide. Als einige Tage später Bilanz und Investitionen verabschiedet werden sollten und die ältere Tochter die Versammlung verließ, wohl wissend, dass die Versammlung ohne sie nicht beschlussfähig war, zeigte der Geschäftsführer, der diese Beschlüsse brauchte, deutlich seinen Ärger auf sie. Sohn und jüngerer Tochter wurde überraschend klar, dass die Allianz zwischen Schwester und Geschäftsführer gar nicht so fest war, wie es bisher schien. In bestem Einverständnis konnten sie mit dem Geschäftsführer Lösungsmöglichkeiten besprechen, nämlich einen schon namentlich bestimmten Organisationsberater hinzuzuziehen.

Die Fronten standen beim nächsten Treffen wieder fest. Es war eine spontane Verärgerung seitens des Geschäftsführers gewesen, keine klar überlegte Strategie. Und doch war die Möglichkeit einer Zukunft jenseits verhärteter Koalitionen in den Blick gekommen. Statt gemeinsam einen Organisationsberater zu beauftragen, wozu die erforderliche Einstimmigkeit nicht mehr zu erzielen war, führte die jüngste Tochter ohne irgendjemanden zu fragen, ihren Rechtsanwalt bei den Gesellschafterversammlungen ein. Seine Anwesenheit bewirkte, dass der Ton ruhiger und sachlicher wurde und bald zwischen den nun hinzugezogenen Rechtsanwälten der Geschwister eine Lösung erarbeitet werden konnte. Als Voraussetzung für ein Überleben der Firma wurde angesehen, den Geschäftsführer zu halten. Um dies zu erreichen, willigten Sohn und Tochter ein, die Arbeit im Betrieb aufzugeben, die Gesellschaftsform wurde geändert und die persönliche Haftung des Geschäftsführers aufgehoben.

Anscheinend war dies ein klarer Sieg des Geschäftsführers: die Familie zog sich zurück und er wurde aus der persönlichen Haftung entlassen. Waren es demnach allein die Geschwister, die den zermürbenden Konflikt zu verantworten hatten? Der Leser und die Leserin möge das für sich beantworten.

Strukturlinien

Der Gründer versuchte sieben Jahre lang, den Wechsel in der Leitung vorzubereiten. Solange er aber anwesend war, war er der Chef. Erst als er gegangen war, konnte sich der notwendige Wandel der Leitungsstruktur entwickeln.

Der Geschäftsführer beanspruchte die Autoritätsstellung des Gründers; er konnte aber aus zahlreichen Gründen das Machtvakuum, das mit dessen Ausscheiden entstand, nicht ausfüllen. Es war nicht seine Firma und er war nicht der Eigentümer. Er brauchte die Zustimmung der Familiengesellschafter. Außerdem fehlte ihm die jahrzehntealte Vorliebe des Gründers für seine besonderen Anlagen und sein genaues Verständnis derselben. Schließlich hatte er nicht die eisernen Nerven und die jahrzehntelange Übung des Gründers im Tragen umfassender Alleinverantwortung. Er hatte als korrekter, verantwortungsbewusster und einsatzfreudiger Angestellter im obersten Management einer Großorganisation weit reichende Verantwortung getragen, war aber nicht ohne Grund zu keiner Zeit selbständiger Unternehmer gewesen. Die alleinige Verantwortung für die Firma und ihre Angestellten zu tragen, war auch für den Gründer schwer gewesen. Er hatte die Stärkung durch seine Frau und nach deren Tod durch seine älteste Tochter gebraucht, die ihn mit ihrem Vertrauen stärkten und ihm spiegelten: „Du machst das gut und richtig.“ Ihr Anteil war gewesen, den Leiter gefühlsmäßig zu stützen. Diese Kraft und Fähigkeit wollte die Tochter nach dem Ausscheiden des Gründers nicht ihrem sieben Jahre jüngeren Bruder zufließen lassen. Er war ja ihr Rivale um die Liebe und Anerkennung des Vaters bzw. um die heimliche Leitung der Firma. Sie entschied sich, mit aller Kraft den Geschäftsführer zu unterstützen.

Die Frauen in dieser Familie umgaben seit Generationen hilfreich und unterstützend ihre Väter, Brüder, Ehemänner. Sie konnten nicht für sich beanspruchen, was nur jenen zustand: im Scheinwerferlicht einer Karriere stehen. Wäre die älteste Tochter so wie ihr Bruder für die Karriere in der Firma und die Leitung der Firma vorgesehen und erzogen worden, dann hätte sie möglicherweise einen anderen Lebenszuschnitt erfahren.

Der Sohn hatte anfangs gar keine weibliche Unterstützung. Er konnte sich als Opfer der scharfen Kampagne, die ihn frontal angriff und ihm Schlampigkeit, Unordentlichkeit und Unzuverlässigkeit unterstellte, schwierig selbst verteidigen. In der Sache half es ihm wenig, dass alle Anlagen in gutem Zustand waren und dass kein Unfall passierte, da sich der Verdacht ja gerade darauf bezog, was passieren könnte.

Die Verklebtheit und lange Dauer des Konfliktes gründete in gegenseitiger Entwertung von Geschäftsführer und Sohn, Einfrieren der Kommunikation als Folge der festen Koalitionen und der Unmöglichkeit, das Konfliktfeld zu verlassen. Alle Teilhaber waren in der Situation gefangen. Sie konnten das Konfliktfeld nicht verlassen, da ein Verkauf der Anteile nicht möglich war. Mitarbeiter ahnten die Spannungen an der Schnittstelle von Firma und Familie und nahmen Partei, wenn sie sich einen Vorteil ausrechneten.

Die Lösung begann mit der Entscheidung des Gründers, die Kündigung des Geschäftsführers anzunehmen und die Firma zu verkaufen, mit dem deutlich sichtbaren Ärger des Geschäftsführers, der sich gegen die ihm verbundene Tochter wandte, mit der Öffnung für professionelle juristische Helfer und längerfristig mit der Aufnahme der Enkelgeneration.

Zur Dynamik von Übergangskrisen in Familienunternehmen

Durch die detaillierte Schilderung wurden verschiedene Zusammenhänge sichtbar. Einige gelten nicht allein für Familienunternehmen:

Persönliche Haftung oder andere Formen persönlicher Verantwortung können in allen Wirtschaftsunternehmen, die mit hohen Risiken arbeiten, erhebliche Spannungen und Ängste auslösen und in Aggression, Ausstoßung, Mobbing abreagiert werden. Ebenfalls nicht nur für Familienunternehmen, sondern allgemein gilt, dass Koalitionen das Einfrieren der Kommunikation bewirken und damit das kreative Potential erheblich einschränken. Selbst die Geschwisterbeziehung, die hier eine gewisse Rolle spielte, mag es in anderen Organisationen geben, wo es sich dann zwar nicht um leibliche Geschwister, aber um Rollenträger handelt, eine „typische ältere Schwester" trifft auf einen „typischen jüngeren Bruder" und eine „typische jüngere Schwester".

Etwas Familienunternehmensspezifisches scheinen das Gefangensein in der Situation zu sein und die Unmöglichkeit, das Konfliktfeld zu verlassen, ohne gleichzeitig die Familienbande aufzugeben. Auch die Rücksichtnahme auf (zerstörerische) familiäre Wirkung von Maßnahmen gibt es nur in Familienunternehmen.

Die zentrale Bedeutung kommt jedoch dem Wandel der Leitungsstruktur zu, der im Familienunternehmen ansteht, wenn der Gründer seine Firma verlässt. Eine Firma kann jahrzehntelang in einer festen hierarchischen Struktur mit dem Gründer an der Spitze funktionieren. Damit ist es zu Ende, wenn der Gründer geht. In unserem Beispiel scheinen der Gründer und der Geschäftsführer gedacht zu haben, dass es möglich sei, die Leitungsstruktur unverändert beizubehalten. Aber das war ein Irrtum. Der strukturelle Unterschied zwischen Eigentümer und Angestelltem wurde geleugnet. Es waren jetzt vier, die kooperieren und zu einem Konsens finden mussten. Wenn man zudem bedenkt, dass ein Gründer aufgrund seiner Gründungsleistung und der Identität zwischen ihm und seinem Unternehmen eine einzigartige Führungsposition und Autorität innehat, dann wird deutlich, dass ein tief greifender Wandel der Leitungsstruktur anstehen muss, wenn er seine Firma verlässt. Es gab für den Geschäftsführer kein Vorbild außer dem untauglichen, aber verführerischen des Gründers. Notwendig wäre es, die Rollendifferenz zwischen Gründer und Nachfolger strenger begrifflich zu fassen. In dem Ausdruck „Nachfolger" wird m. E. eine nicht vorhandene Identität postuliert. Im Kontrast zu der verbreiteten Ansicht, die Schwierigkeiten von Familienunternehmen im Übergang lägen am Unvermögen des Gründers, die Verantwortung abzugeben, waren es im geschilderten Fall das Festhalten an der patriarchalen Führungsstruktur nach dem Ausscheiden des Gründers und die Koalition zwischen Geschäftsführer und ältester Tochter im Versuch, ihre Macht gemeinsam zu festigen, die das Unternehmen in eine existenzbedrohende Krise brachte, und es war der Gründer, der schließlich eine Lösung herbeiführte.

Schließlich erschwerte noch die Wirkung eines Timelag, einer zeitlichen Verzögerung, die Übergabe des Unternehmens: die Teilhaber beherrschten ihre neue kooperative Rolle im Unternehmen noch nicht. Sie wuchsen später in diese Rolle im Familienunternehmen hinein und erlernten sie allmählich wie einen Beruf. Aber zu der Zeit, als sie sie im Interesse des Betriebes bereits voll hätten beherrschen sollen, nämlich, als der Gründer ging, waren sie noch unerfahren und inkompetent, da der Gründer ihnen, solange er in der Firma war, die Entscheidungsarbeit abgenommen hatte. Auch dieses Moment scheint spezifisch für die Übergangsschwierigkeiten von Familienunternehmen zu sein.

Ein wichtiger Teil der Lösung: die Beteiligung der Enkel

Seit langem ist nun der Geschäftsführer auf eigenen Wunsch entlassen und der Gründer ist gestorben. Seine Enkel wurden an der Firma beteiligt. Diese Öffnung und Erweiterung erwies sich als positiv. Mit ihrer Hilfe wurde ein Neuanfang möglich. Statt der alten müden Konfliktpartner und -partnerinnen saßen nun überwiegend „neue Gesichter" am Tisch und brachten frischen Wind von draußen mit sich. Bereits die Erweiterung der Zahl war gruppendynamisch wohltuend. Die alte Gruppe war mit nur drei Mitgliedern sehr klein gewesen. Mit acht aktiven Mitgliedern wurde in der Folgezeit eine ideale Gruppengröße erreicht.

Zu diesem quantitativen gesellte sich ein qualitatives Moment: die jungen Teilhaber schauten ihre Eltern und Verwandten liebevoll an und erwarteten von ihnen Fairness anstelle von Intrigen. Sie brachten ihrerseits einen Verhaltenskodex demokratischer Regeln mit. Da kein Elternteil die Achtung und Wertschätzung der eigenen Kinder verlieren wollte, wurde es für sie manches Mal nötig, über den eigenen Schatten zu springen.

Die jungen Teilhaber erwiesen sich als kompetente und konstruktive Gesprächspartner, die Erfahrung im Dialog und im Austragen von Konflikten aus der Universität und studentischen Vertretung mitbrachten. Als Einzelne hätten sie vielleicht resigniert, da jedoch gleichzeitig fünf aktiv wurden, konnten sie sich gegenseitig unterstützen. Sie bekamen Hilfe von ihren Eltern bei dem Versuch, Brücken zu bauen, sachliche Diskussionen zu führen und gemeinsame Lösungen zu finden.

Was unterschied diese neue Enkelgeneration von der ihrer Eltern? Sie befanden sich familiär und historisch in einer anderen Situation. Die Kinder des Gründers, also die zweite Generation, wuchs unmittelbar vor, während und nach dem Zweiten Weltkrieg auf. Ihre Kindheit war durch den Krieg, durch nächtliche Bombenalarme und monatelange „Verschickungen" zu Verwandten bestimmt, die in weniger gefährdeten Gebieten lebten. Kindergärten gab es lange Zeit nicht. Die Nachkriegsjahre waren von existentiellen Sorgen der Eltern bestimmt. Die familiäre Erziehung wurde durch die patriarchalen Strukturen einer autoritären Gesellschaft bestimmt. Frisur, Kleidung, Lektüre, Freizeitverhalten wurden überwiegend von den Eltern bestimmt. Der Umgang mit Geld wurde in der Erziehung nicht gelehrt bzw. beschränkte sich auf die Ermahnung zu Sparsamkeit. Größere persönliche Freiheit und die Einübung demokratischer Umgangsformen begannen erst mit der Ausbildung fern der Familie. Da wurde auch nachgeholt, was offenbar in vielen Familien dieser Generation an Fragen unbeantwortet war: Was habt ihr gesehen, geahnt, mitgemacht im Naziregime? Der Tatverdacht richtete sich gegen die Verantwortlichen in Politik, Wirtschaft und Wissenschaft, schließlich gegen das kapitalistische Gesellschaftssystem als Ganzes. Eine Welle von Streiks veränderte die Bundesrepublik Deutschland, 1970–74 in der Metall verarbeitenden Industrie und der Chemie, 1978/79 bei den Stahlarbeitern. In der Fortführung eskalierten die Aktionen der Rote-Armee-Fraktion; die Notstandsgesetze und die so genannten „Berufsverbote" für Kommunisten schufen ein bürgerkriegsähnliches Klima in der Studentenbewegung.

Selbst Kapitalist oder Kapitalistin zu sein war für die Angehörigen dieser kritischen Protestbewegung nicht einfach, sondern bedeutete Vereinsamung, Identifikationskonflikt und Rechtfertigungsdruck.

All dies ist heute für uns entfernt und fremd wie die damals selbstverständlich akzeptierte Teilung Deutschlands, Strafe der Weltgemeinschaft für den durch Deutschland begonnenen Zweiten Weltkrieg und die kollektive Scham der ersten Nachkriegsgeneration.

Die dritte Generation wuchs wesentlich ruhiger in gesellschaftlich, familiär und materiell gesicherten Verhältnissen auf. Die Erziehung in Familie, Kindergarten und Schule war demokratischer. Geldanlage war kein Tabu-Thema mehr, sondern im Fernsehen, in zahlreichen Zeitschriften, im Schulunterricht ein ernst genommenes Thema. Es gab jetzt Gruppen, die sich tatkräftig organisierten und den verantwortungsbewussten Umgang mit Geld thematisierten.

Nach dem Zusammenbruch des sozialistisch-kommunistischen Gesellschaftssystems gibt es keine Alternative zum bestehenden kapitalistischen Gesellschaftssystem. Während die erste Nachkriegsgeneration zu Recht ein gebrochenes Verhältnis zum ersten deutschen Nachfolgestaat hatte und dessen Legitimität hinterfragte, konnte die nächste Generation sich durch den Staat repräsentiert fühlen, der sich sowohl personell wie inhaltlich geändert hatte, demokratischer und sozialer geworden war.

Die Enkel können die Veränderung der Leitungsstruktur des Unternehmens von einer patriarchalen zu einer demokratischen Struktur auch deshalb mittragen, weil die Strukturen in der Firma sich geändert haben und der Umgangston nicht mehr patriarchalisch und einschüchternd ist. Sie lernen, in der Gesellschafterversammlung öffentlich zu sprechen, gemeinsam Anträge einzubringen, zu begründen und durchzusetzen. Es fällt ihnen recht leicht, sich mit ihrer Firma zu identifizieren. Auch die Bindung an den liebevollen und gütigen Großvater prägt die Einstellung der Enkel zur Firma.

Gründerväter werden in unserer Gesellschaft von ihren Kindern ambivalenter wahrgenommen als Gründergroßväter von ihren Enkeln. Konflikte und mühsame Auseinandersetzungen gibt es weiter, aber es geht jetzt um die weltanschauliche Prägung und die Firmenziele, nicht mehr um persönliche Diffamierung oder gar Mobbing. Die Auseinandersetzung ist offener und konstruktiver geworden. Die Veränderung der Leitungsstruktur von einer patriarchalen zu einer kooperativ-hierarchischen geht schrittweise voran. Ähnlich dem Wachstumszyklus des Individuums und der Familie scheint auch die Entwicklung eines Familienunternehmens Entwicklungsphasen aufzuweisen.

Zum Schluss: Familiensystem, TeilhaberInnen-System, Firma

Nur fünf der insgesamt 23 Familienangehörigen des Gründers gehörten während seiner Lebenszeit zur Firma. Seine Eltern, seine Geschwister, seine erste Ehefrau, sein Sohn, zwei Enkel und fünf Urenkel aus seiner ersten Ehe, ein früh verstorbener Sohn aus seiner zweiten Ehe und seine dritte Ehefrau waren nie Teilhaber.

Die Ehepartner der Teilhaber (Vater oder Mutter jener Enkel, die ihrerseits bereits Teilhaber geworden sind) können als angeheiratete Partner keine Beteiligung erwerben. Dies kann zu einer Belastung der Partnerbeziehung führen, da es die Macht-Dimension berührt.

Der Teilhaber ist in seine Position hineingeboren, wie dies in der Familie der Fall ist. Anders als in der Familie kann aber dem Teilhaber die Mitgliedschaft aufgekündigt werden z. B. wegen geschäftsschädigendem Verhalten oder „Unzurechnungsfähigkeit". Die Zugehörigkeit ist gefährdeter als in der Familie. Ausschluss geschieht äußerst selten, wirkt aber lange nach.

Aus eigenem Entschluss das System zu verlassen, ist dem Teilhaber fast unmöglich. Ausschluss wie Ausstieg bedeuten erfahrungsgemäß die Ausstoßung aus der Familie. Der Teilhaber eines Familienunternehmens ist also im Falle eines Konfliktes zwischen den Gesellschaftern Gefangener seines Anteils und seines Zugehörigkeitsgefühles zu seiner Familie. In der Firma kann der Angestellte im Konfliktfall kündigen und darüber hinaus hoffen, dass seine Familie ihn tröstet und unterstützt.

Ein letzter Blick auf die Kommunikationsstruktur zeigt, dass es im TeilhaberInnen-System leichter zu Missverständnissen kommen kann als einerseits in der Familie oder andererseits in der Firma, weil Teilhaber im selben Atemzug privat-familiär und mit Bezug auf den Betrieb sprechen. Der Teilhaber tut oft gut daran, klar zu sagen, ob er die Meinung des Bruders oder der Teilhabers hören möchte, sonst kann es zu Kränkung oder Verwirrung kommen.

Dem TeilhaberInnen-System gehört neben den Familienteilhabern der nicht zur Familie gehörende Geschäftsführer an. Dessen Rolle im Gesellschaftersystem ist hoch komplex.

Die TeilhaberInnen eines Familienunternehmens befinden sich in einem System sui generis, das sich von dem Familiensystem wie von dem des Unternehmens unterscheidet.

6. Familienbetriebe als „Familien eigener Art"

In Familienbetrieben – zumindest in denen, die nicht die Größe weltweit operierender Konzerne angenommen haben – wird auch heute noch eine Familienform praktiziert, die als „vormodern" betrachtet werden kann und der Logik des „ganzen Hauses" entspricht. Hier kann nicht klar zwischen Familie und Unternehmen, Familienmitgliedern und Mitarbeitern unterschieden werden. Privatheit und Öffentlichkeit sind in dieser Art von System nicht zu trennen. So scheint es sinnvoller, derartige Unternehmen als „Familien eigener Art" zu betrachten, statt von der Kopplung unterschiedlicher Systeme zu sprechen. Für die Familiendynamik ist dies mit der Notwendigkeit verbunden, in hohem Maße Widersprüche zuzulassen. Diese Toleranz gegenüber Widersprüchen ist eine der Ressourcen solcher Unternehmen, sie ist aber auch mit Risiken für die Familienmitglieder verbunden, wie sich immer dann zeigt, wenn es zur Symptomentwicklung kommt. Fallbeispiele aus der familientherapeutischen und beraterischen Praxis illustrieren diese Risiken.

FBS

Familienbetriebe als „Familien eigener Art“

Bruno Hildenbrand

Einleitung

Am 31. 5. 2001 titelte die Süddeutsche Zeitung: „Mit Stahlhelm in die Chefetage – Clemens Haindl scheitert am zerstrittenen Familienclan“. Es geht dabei um die Augsburger Papierfabrik Haindl, gegründet 1849, die 2001 infolge ungeklärter Nachfolge in der Unternehmensführung an den finnischen Papierhersteller UPM-Kymmene verkauft wurde.

Der hier verwendete Begriff „Clan“ ist signifikant und legt eine Spur für Überlegungen zur grundsätzlichen Bestimmung der Eigenheit von Familienunternehmen. Mit dem Begriff „Clan“, mitunter auch „Stamm“[1] wird auf Terminologien zurückgegriffen, die vormoderne Familienbeziehungen bezeichnen. Unter einem „Clan“ versteht man einen Sippen- oder Stammesverband, der sich auf einen (mythischen) Stammvater bezieht und bei dem die Partnerwahl nach festen Regeln (*matri-* oder *patrilineal*) erfolgt. Familienbeziehungen in modernen Gesellschaften sind demgegenüber dadurch charakterisiert, dass die Partnerwahl nicht durch Heiratsregeln – das Inzest-Tabu ausgenommen – eingeschränkt ist und dass sich die Zwei-Generationen-Familie einerseits strukturell vom Verwandtschaftssystem gelöst hat[2], um sich heute als „multi-lokale Mehrgenerationenfamilie“[3] zu konstituieren. Wenn also in Verbindung

1 Im Wirtschaftsteil der FAZ vom 7. 8. 2001 ist vom Porsche- und vom Piëch-Stamm die Rede. Vgl. auch die Übersicht über 33 Unternehmerfamilien in Dunsch (1996)

2 Tyrell (1976)

3 Bertram (2000)

mit Familienunternehmen selbst der High-Tech-Branche auf vormoderne Familienterminologien zurückgegriffen wird, dann zeigt das, mit welchen elementaren Mustern familialen Selbstverständnisses hier hantiert wird.

Meine These ist, dass die Logik des „ganzen Hauses“, einer vormodernen Familienform, nach wie vor in Familienformen ihre Rolle spielt, mit dem Unterschied jedoch, dass sie heute nicht mehr bruchlos ihre Wirkung entfalten kann, sondern konfrontiert ist mit den Ansprüchen an Affektivität, Intimität, Individualität, die die moderne Kernfamilie kennzeichnen. Im Unterschied zu verschiedenen Ansätzen einer begrifflichen Aufteilung von Familienbetrieben in Familie und Betrieb als jeweilige Umwelten füreinander[4] bin ich der Auffassung, dass die Strukturlogik der ausdifferenzierten Kernfamilie nicht eine Randbedingung für den Betrieb einer Fami-

4 Fritz B. Simon schlägt in systemtheoretischer Herangehensweise vor, den Familienbetrieb so zu konzeptualisieren, „dass Familie und Unternehmen als getrennte Systeme“ betrachtet werden, die „strukturell gekoppelt sind“ (Simon 1999a, S. 198). Demnach bilden Familie und Betrieb „füreinander Umwelten, die sich gegenseitig perturbieren (stören und/oder anregen) und eine ko-evolutive Einheit bilden“ (Simon 1999a, S. 198). Der Begriff der „strukturellen Koppelung“ stammt aus der biologischen Theorie von Humberto Maturana und zielt bewusst auf die Frage, wie autopoietische Systeme unbeschadet ihrer eigenen Autonomie und operativen Geschlossenheit dennoch als mit der Umwelt verbunden gedacht werden müssen (Luhmann 1992, S. 124). Autopoietische Systeme sind solche, die sich selbst produzieren und reproduzieren. Verwendet man also diese Begrifflichkeit, dann ist dies für das hier vorliegende Thema des Familienbetriebs entschieden folgenreich: Familie und Betrieb werden begrifflich getrennt, um sie dann wieder als „ko-evolutive Einheit“ zusammenzuführen. Eine systemtheoretische Betrachtungsweise kann hinsichtlich dieser Trennung sogar noch weitergehen. Fischer und Retzer beispielsweise schlagen vor, den Familienbetrieb defensiv gegenüber der Familie zu definieren und ihn so in seiner Spezifik aufzulösen. Sie beschreiben „entwickelte Familienunternehmen“ als solche, bei denen der „Einfluss von familiären Problemen auf das Unternehmen“ einer Begrenzung (Ausgrenzung) unterliegen soll, die Familie „keinen Einfluss auf existentielle Entscheidungen des Unternehmens haben oder bekommen sollte“, und schließlich „familienunabhängige Kriterien (...) immer mehr zu Entscheidungsprämissen werden“ (Fischer und Retzer 2001, S. 322) sollten. Wo diese Ratschläge umgesetzt werden, gibt es keinen Familienbetrieb im klassischen Sinne mehr, und die Logik der „société anonyme“ tritt an dessen Stelle.

lie darstellt, sondern dass der Familienbetrieb als eine Einheit zu betrachten ist, in der aus der Logik der Sache heraus Strukturmerkmale des „ganzen Hauses" notwendig konflikthaft gepaart sind mit solchen der ausdifferenzierten Kernfamilie, und dass diese Kombination die Eigenständigkeit des Familienbetriebs von der Dorfgaststätte bis zu Dornier ausmacht. Kurz: Familienbetriebe sind Familien eigener Art.[5]

Ein historischer Rückblick: die Strukturlogik des „ganzen Hauses"

Betrachten wir zunächst die Strukturmerkmale des „ganzen Hauses". Von Otto Brunner werden sie wie folgt bestimmt: „Die Ökonomik als Lehre vom Oikos umfasst eben die Gesamtheit der menschlichen Beziehungen und Tätigkeiten im Hause, das Verhältnis von Mann und Frau, Eltern und Kindern, Hausherrn und Gesinde (Sklaven) und die Erfüllung der in Haus- und Landwirtschaft gestellten Aufgaben"[6]. In ähnlicher Weise definiert Max Weber in seinem wirtschafts- und sozialgeschichtlichen Überblick die Familie: „Zu den ältesten Verhältnissen, welche zur Bildung gemeinschaftlicher Vermögen mit dem Zwecke gemeinschaftlicher Erwerbstätigkeit führen mussten und rechtlich geregelt erscheinen, gehört die gemeinsame Familienwirtschaft des Familienvaters mit Frau und Kindern, der Familiengenossen nach dem Tode des Familienvaters im gemeinsamen Hause"[7].

Wirtschaft und Recht sind für Max Weber die zentralen Aspekte von Familien. Bei Otto Brunner ist die Ausgangslage dieselbe, allerdings spricht er dann den sozialen Wandel in der Familie an, der im Wesentlichen dadurch gekennzeichnet ist, dass die innerfamilialen Beziehungen in Wirtschaft und Recht nicht mehr aufgehen, die Wirtschaftsbeziehungen schließlich ganz verschwinden.

5 Wimmer u. a. sprechen, wie Simon, von „Ko-Evolution", betonen aber, wie in diesem Beitrag, im Unterschied zu Simon die Eigenständigkeit des Typus des Familienunternehmens, d. h., sie kommen ohne den Begriff der „strukturellen Koppelung" aus. Vgl. Wimmer u. a. (1996, S. 19)
6 Brunner (1978, S. 83)
7 Weber (1988/1924, S. 344)

Ich werde in diesem Beitrag die Struktureigentümlichkeiten des Familienbetriebs von dieser historisch frühen und lange Zeiträume prägenden Betriebsform her entwickeln und an Fallbeispielen illustrieren.

Veränderungen des Familienbetriebes im Modernisierungsprozess

War im „ganzen Haus" die heute selbstverständliche Trennung von Öffentlichkeit und Privatheit in erheblichem Maße nicht vorhanden, so wird heute auf diese Trennung auch in einem Familienbetrieb nicht verzichtet. Sie geht aber nicht so weit, dass Familie und Betrieb zwei unabhängige Größen darstellen. Eine erste Gegenüberstellung von Familienbetrieb und Organisation macht dies deutlich:

- Während im Familienbetrieb ein jeweils spezifisches (partikulares) Wissen um Problemlösungen gefunden und weitergegeben wird, orientieren sich Betriebe, die eine solche (personengebundene) Geschichte nicht aufweisen, an universalistischen Wissensformen, deren ausgeprägteste das wissenschaftliche Wissen ist.
- Während im Familienbetrieb der Status qua Geburt in diese Familie zugeschrieben ist, muss sich in der Organisation der Einzelne seinen Status durch Leistung verdienen.
- Der diffusen Organisation von Rechten und Pflichten steht die Spezifizität der Rollenverpflichtungen in der Organisation gegenüber.
- Während im Familienbetrieb die Familienmitglieder nicht nur zusammen arbeiten, sondern auch in einer affektiven Beziehung zueinander stehen, gilt in der Organisation die Erwartung der affektiven Neutralität. Anders gesprochen: Während im Familienbetrieb affektive Distanz erklärungsbedürftig ist, gilt dies in der Organisation für affektive Nähe.
- Wo im Familienbetrieb die Orientierung auf den Bestand des Unternehmens gerichtet ist, steht in der Organisation die Orientierung an der eigenen Karriere im Vordergrund.

Am Beispiel des landwirtschaftlichen Familienbetriebes haben Davis-Brown und Salamon in der Logik dieser Gegenüberstellung eine Gegenüberstellung „traditionellen" und „modernen" familienbetrieblichen Wirtschaftens versucht. Der als Agrarunternehmen geführte Familienbetrieb geht dabei weitgehend in der Form einer Organisation auf[8].

In der Empirie findet diese Gegenüberstellung nicht nur keine Entsprechung, sie führt sogar in die Irre. Denn einerseits beobachten wir selbst bei Pächterfamilien, die per Definition nicht auf die Geschichte eines Betriebs verpflichtet sind, einen Habitus, *als ob* sie einen Familienbetrieb führten. Mindestens aber liefert er ihnen ein

BAUERNFAMILIEN	AGRARUNTERNEHMER
ZIELE FÜR DEN BETRIEB	
– Kontinuität eines lebensfähigen Betriebs – Sozialisation eines Hofnachfolgers	– Ein profitables und gut geführtes Geschäft leiten
BETRIEBSKONZEPT	
– Expansion begrenzt auf die Fähigkeiten der Familie	– Expansion begrenzt durch das verfügbare Kapital
FAMILIENCHARAKTERISTIKA	
– Kooperation zwischen den Generationen	– Wettbewerb zwischen den Generationen
– Eltern sorgen für die Sozialisation des Hofnachfolgers sowie für Transfers zwischen den Generationen	– Jede Generation muss für sich selbst sorgen, die Erben sind verantwortlich für den Transfer zwischen den Generationen
– Alle Familienmitglieder, auch die, die nicht im Betrieb beschäftigt sind, leben im Dorf	– Viele Familienmitglieder verlassen den Hof und das Dorf
IMPLIKATIONEN FÜR DIE BEZIEHUNGEN ZUM DORF	
– Dichte soziale Netzwerke	– Lose soziale Netzwerke
– Starke Orientierung auf Kirche und Dorf	– Schwache Orientierung auf Kirche und Dorf
– Starke Verpflichtung auf den Erhalt der Stabilität des Dorfes	– Keine Verpflichtung gegenüber dem Bestand des Dorfes

Tabelle 1

8 Davis-Brown und Salamon (1988), übers. von B. Hildenbrand

Modell ihres Handelns, von dem sie sich im Alltag immer wieder abgrenzen müssen[9]. Auch kapitalistische Farmbetriebe im US-amerikanischen Mittleren Westen weisen familientraditionelle Orientierungsmuster auf, die in der Farmkrise der 70er-Jahre, als gerade diese Muster besonders bedroht waren, sowohl im Film (z. B. *Country*, 1984, Regie R. Pearce) als auch in der Belletristik (vgl. den Bestseller von Jane Smiley, *A Thousand Acres*, New York 1991) ihren Ausdruck fanden. Und umgekehrt: Der rein an traditionellen Mustern orientierte Familienbetrieb ist heute wirtschaftlich nicht mehr überlebensfähig. Kein Familienbetrieb kann heute auf universalistisches Wissen verzichten, der Status der Geburt reicht kaum mehr aus, um auf Dauer mitgetragen zu werden, ein gewisses Maß an Arbeitsteilung und damit an Rollenförmigkeit der Beziehungen muss eingerichtet sein, und schließlich sticht die Verpflichtung auf die familienbetriebliche Tradition und deren Erhalt die Orientierung an individualbiografischen Interessen und Plänen nicht mehr fraglos aus. Betriebe, die dennoch an der Tradition kompromisslos festhalten, sind besonders von psychosozialen Krisen bedrohte Gebilde[10].

Am Extrembeispiel des landwirtschaftlichen Familienbetriebs kann gezeigt werden, dass es das Spannungsfeld traditionaler und moderner, rational geprägter und affektiv getragener Handlungsorientierungen ist, das den Alltag in Familienbetrieben als konfliktträchtigen und ressourcenstärkenden zugleich bestimmt und das die Eigenständigkeit dieser Wirtschaftsform ausmacht. Daher habe ich weiter oben vorgeschlagen, den Familienbetrieb als originäre soziale Einheit, als Familie eigener Art zu betrachten. Ich vermute, dass die Konfliktlagen zwischen Familienorientierung und Betriebsorientierung in der distanzierten Betrachtung des Forschers wie des Beraters um so prägnanter hervortreten, wenn sie nicht als Konflikte zwischen zwei getrennten Einheiten betrachtet werden, sondern als Konflikte innerhalb einer einzigen sozialen Einheit, genannt Familienbetrieb. Letztlich ist ohnehin nur vom Einzelfall her zu entscheiden, ob die Akteure ihre Wirklichkeit eher als Familie mit einem Betrieb, als Betrieb mit angeschlossener Familie oder als Familienbetrieb konstruieren, und jede scholastische Begriffshuberei verstellt den Blick auf die jeweilige Wirklichkeit.

9 Vgl. Hildenbrand et al. (1992, S. 90 ff.)

10 Bohler und Hildenbrand (1997)

Ich stütze mich bei den folgenden Ausführungen zunächst auf soziologische und ökonomische Ansätze[11] und werde danach diese Frage anhand von Fallbeispielen weiter verfolgen.

Ökonomische Spezifika des Familienbetriebs: Eine Gegenüberstellung von Vor- und Nachteilen

Wenn wir davon ausgehen, dass sich in Familienbetrieben traditionale und moderne Handlungsorientierungsmuster in spezifischer Weise mischen, dann sind zwei Fragen zu stellen: 1) Was mischt sich da? 2) Welche Vorteile, welche Nachteile ergeben sich daraus für den Familienbetrieb?

Zu 1): Ansätze der Moralökonomie nehmen an, dass im Familienbetrieb ein ökonomisches Handlungssystem durch moralische Forderungen und sittliche Regeln stabilisiert wird. Familienbetriebliches Wirtschaften geht nicht in ökonomischer Rationalität auf, sondern folgt verallgemeinerten Formen sozialer Reziprozität[12]. Wegen dieser moralischen Forderungen und sittlichen Regeln könne der Familienbetrieb nicht ausschließlich nach dem ökonomischen Nutzenprinzip arbeiten, sondern wertrationale oder affektive Motive spielen eine wesentliche Rolle. Andere Ansätze weisen auf die Sachdominanz des Erbes, auf die Verteilungsgerechtigkeit auch bei Leistungsdifferenzen sowie auf den Erhalt der im Begriff des Humanvermögens gebündelten menschlichen Fertigkeiten und Fähigkeiten im Familienbetrieb hin[13].

Zu 2): Ansätze, die sich mit den Transaktionskosten und der Ressourcenallokation befassen, diskutieren den Familienbetrieb als eine Institution, die Transaktionskosten minimiert. Daraus ergeben sich folgende Vorteile[14]:

- Familiale Ressourcen können effizient genutzt werden.
- Anreiz, Informationsaustausch, Kontrolle und Überwachung können koordiniert werden.

11 Vgl. dazu Bohler und Hildenbrand (1997, S. 19–32)

12 Elwert (1987)

13 Hagedorn (1992), Krüsselberg (1987)

14 Krüsselberg (1987, S. 184)

- Die affektiven Beziehungen stützen das System und schränken den Spielraum opportunistischen Verhaltens ein.

Dem stehen folgende Nachteile gegenüber[15]:

- Es besteht die Gefahr, dass sich wegen der Zentralisierung von Familie und Betrieb partielle zu umfassenden Konflikten auswachsen.
- Es besteht des Weiteren die Gefahr, dass ineffizientes und ökonomisch irrationales Verhalten toleriert wird, um familiäre Spannungen zu vermeiden.
- Drittens besteht die Gefahr einer Diskrepanz von vorhandenen und benötigten Fähigkeiten zur Bewältigung raschen ökonomisch-technischen Wandels.
- Schließlich verhindert die übliche familienbetriebliche Größenbeschränkung, dass alle einschlägigen Rationalisierungschancen genutzt werden können.

Die Gegenüberstellung von Vor- und Nachteilen des Familienunternehmens bei Manfred F. R. Kets de Vries kann als Integration dieser beiden Ansätze, des moralökonomischen und des Transaktionskostenansatzes, gelesen werden (vgl. Tab. 2).

Typische Konfliktlagen in Familienbetrieben

Bisher sind zentrale Strukturmerkmale von Familienbetrieben skizziert worden, die die These untermauern sollen, dass Familienbetriebe als Familien eigener Art zu betrachten sind. Diese sollen nun anhand von Fallbeispielen anschaulich gemacht werden. Dabei konzentriere ich mich auf drei typische Konfliktlagen:

a) Die Kollision familienbetrieblicher und rein ökonomischer Handlungsorientierungen bei unterschiedlichen Positionen in der Generationenfolge

b) Die Problematik der familienbetrieblichen Kontinuität

c) Der Konflikt von Öffentlichkeit und Privatheit im Familienbetrieb

15 Krüsselberg (1987, S. 185)

Vorteile	Nachteile
Langzeitorientierung	Begrenzter Zugang zum Kapitalmarkt
Handlungsfreiheit – wenig (oder kein) Druck durch den Kapitalmarkt – wenig (oder kein) Übernahmerisiko	Unübersichtliche Organisationsstruktur – unklare Strukturen – Fehlen einer klaren Aufgabenteilung
Familienkultur als Quelle von Stolz – Stabilität – Starke Identifikation/Verpflichtung/Motivation – Kontinuität der Leitung	Vetternwirtschaft – Dominanz der Familienlogik über die Geschäftslogik – Tolerieren unfähiger Familienmitglieder – ungerechte Belohnungssysteme – Schwierigkeiten, ein professionelles Management zu rekrutieren
Elastizität *(resilience)* in schwierigen Zeiten – Bereitschaft, den Gewinn zurückzufahren	Das Syndrom des verdorbenen Kindes[17]
Begrenzte Bürokratie; begrenzte Anonymität – Flexibilität	Mörderischer Streit – rasche Entscheidungen – Familienzwist, der in das Geschäft überschwappt
Finanzielle Vorteile – Möglichkeit großen Erfolges	Paternalistische/autokratische Herrschaft – Widerstand gegen Wandel – Geheimniskrämerei – Heranziehen abhängiger Persönlichkeiten
Kenntnis der Geschäfts – frühes Übungsfeld für Familienmitglieder	Finanzieller Druck – Familienmitglieder, die das Geschäft melken – Ungleichgewicht zwischen Leistung und Lohn
	Nachfolgedramen

Tabelle 2[16]

16 Kets de Vries (1996, S. 23.), übers. von B. Hildenbrand

17 Kets de Vries verbindet mit diesem Begriff die Beobachtung, dass die Kinder von Unternehmern der Aufbaugeneration mit Luxusgütern für die Entbehrungen entschädigt werden.

a) Die Kollision familienbetrieblicher und rein ökonomischer Handlungsorientierungen bei unterschiedlichen Positionen in der Generationenfolge

Zur Ausgangslage: Es handelt sich um eine Apotheke im besseren Viertel einer ansonsten sozial eher desintegrierten, nach dem Zweiten. Weltkrieg rasch expandierten Industriestadt im Südwesten. Diese Apotheke wird von zwei Inhabern geleitet, wovon der eine seinen Anteil von 50 % von seinem Vater übernommen hat, während der andere als Familienfremder in die Apotheke eingetreten ist. Interaktionsprobleme mit dem Personal veranlassen Letzteren, an eine Beratung im Zusammenhang mit seiner Scheidung eine Unternehmensberatung bei derselben Beraterin, die auch schon seine Scheidung begleitet hat, anzuschließen.

Zur Geschichte dieser Apotheke war zu erfahren, dass Friedrich sen. 1990 die Geschäftsführung seiner Apotheke an den 1958 geborenen Apotheker Maier übergab, der von da an einen Anteil von 50 % hielt. Es wurde vereinbart, dass Friedrich jun., geb. 1956, nach Abschluss seines Studiums in die Apotheke mit dem verbleibenden 50-%-Anteil eintreten würde. Die Situation entwickelt sich danach wie folgt: 1992 tritt Friedrich in die Apotheke ein. Maier spezialisiert sich auf die technisch und logistisch anspruchsvolle und sehr verantwortliche Aufgabe der Herstellung von Zytostatika. Friedrich jun. kümmert sich um Buchhaltung und Verkauf von Apothekenartikeln.

Maier präsentiert folgendes Problem: Er berichtet, er würde bei Störungen im betrieblichen Ablauf öfters „ausrasten", wodurch sich das früher sehr gute Betriebsklima verschlechtert habe. Zur aktuellen Personalsituation ist zu erfahren, dass neben Friedrich jun. und Maier eine weitere Apothekerin, vier pharmazeutisch-technische Assistentinnen (eine davon die ehemalige Ehefrau Maiers), zwei Apothekenhelferinnen sowie fünf Auszubildende sich die Arbeit in der Apotheke teilen. Diese hohe Zahl von Angestellten erklärt sich draus, dass die Apotheke eine Reihe von Teilzeitkräften beschäftigt.

Die Beraterin schlägt eine gemeinsame Sitzung mit dem Apothekenpersonal und den beiden Besitzern vor. Sie kommt rasch zustande, man trifft sich nach Geschäftsschluss in der Apotheke. Im Verlauf dieser Sitzung werden aus der Perspektive der Beteiligten folgende Problempunkte herausgearbeitet:

- In der Apotheke habe über lange Zeit ein quasi-familiäres Verhältnis geherrscht, das aus Sicht der Mitarbeiterinnen verloren gegangen sei.
- Eine schon lange problematische Auszubildende sei beim Klauen erwischt worden, aber niemand bringe es über das Herz, ihr klare Grenzen zu ziehen (vor allem nicht Friedrich jun.).
- Die Wahrnehmung von Pflichten (z. B. Anwesenheit) habe in der letzten Zeit zu wünschen übrig gelassen (lt. Problemschilderung Maier)

Ich komme nun zu einer Analyse dieser vorgetragenen Problematik[18]: Ausgangspunkt ist, dass die im Teamgespräch erarbeiteten Punkte die Oberfläche der Problematik in der Apotheke darstellen. Ihnen zugrunde liegt ein verborgener Text, der sich auf die Geschichte dieser Apotheke und dort vor allem auf die unterschiedlichen Perspektiven der beiden Führungspersonen bezieht. Insbesondere steht mir bei diesen Überlegungen der klassische Dreischritt in der Generationenfolge eines Familienbetriebs vor Augen: Aufbauen – Erhalten – Transformieren (Durchbringen). Hier nun die Überlegungen im Einzelnen:

- Die Stellung Maiers in der Generationenfolge ist eine andere als die von Friedrich jun.
- Friedrich jun. hat eine Apotheke übernommen und setzt nun sein Interesse daran, das Erworbene zu erhalten.
- Maier hingegen ist ein Aufsteiger (sein Vater war ein Angestellter auf unterer Hierarchieebene). In der Generationenfolge steht er auf der Position von Friedrich sen., der sein Geschäft in erster Generation aufgebaut hat.
- Diese Differenz in den Generationenperspektiven zwischen beiden wird dadurch verstärkt, dass Maier, obwohl zwei Jahre jünger als Friedrich jun., vor ihm die Apotheke übernommen und ihm den Platz warm gehalten hat.
- Als Vertreter der Aufbaugeneration geht es Maier darum, frischen Wind in die Apotheke zu bringen. Dies gelingt ihm durch

18 Grundlage ist eine von mir geleitete Supervisionssitzung im Rahmen einer systemischen Supervisionsausbildung am Ausbildungsinstitut für Systemische Therapie und Beratung in Meilen/ZH.

die Spezialisierung auf Zytostatika. Damit allerdings setzt er Friedrich jun., den Vertreter der Generation der Erhalter, unter Druck. Das Problem, das hier entsteht, ist eines auf der Führungsebene.

- Die von Maier betriebene Expansion stellt hohe Anforderungen an das Personal. Der bisher gepflegte quasi-familiäre Interaktionsstil in der Apotheke, der offenbar auch ein hohes Maß an Elastizität im Umgang mit Zuverlässigkeit aufwies, ist nun nicht mehr akzeptabel. Er soll aus der Sicht Maiers abgelöst durch ein neues Regime an Flexibilität und Zuverlässigkeit. Gelingt dies nicht, ist der Aufbau der Zytostatikaherstellung bedroht. In diesem Zusammenhang gerät Maier erheblich unter Druck, der sich in Ungerechtigkeiten gegenüber den Mitarbeiterinnen entlädt. Dies gibt Anlass dafür, die Konflikte, die auf der Ebene der Eigner angesiedelt sind, zu transformieren auf die Mitarbeiterebene.

Generationen bilden einen Raum signifikanter Anderer, in welchem die Personen lokalisiert sind, die in der jeweiligen Altersspanne für den jeweiligen Akteur gültig sind. Generationenbeziehungen können sowohl horizontal (innerhalb derselben Generation) als auch vertikal (zwischen den Generationen) betrachtet werden. Das von Maier präsentierte Problem kann nun graphisch wie folgt dargestellt werden:

Der Raum der Signifikanten Anderen

G_0 ———————————— Aufbau (Friedrich sen.)

G_1 ———————————— Erhalt (Friedrich jun.)

$G_{0/2}$ ———————————— Transformation (Maier)

Schaubild 1

Anhand dieser Skizze wird die Konfliktlage in dieser Apotheke vor dem Hintergrund der Betrachtung von Generationenbeziehungen im Lebenszyklus[19] deutlich: Friedrich sen. repräsentiert die

19 Strauss (1968, S. 146 ff.)

Aufbaugeneration. Friedrich jun. sieht seine Aufgabe im Erhalt des vom Vater aufgebauten Geschäfts. Maier als Vertreter der Transformationsgeneration ist einerseits dem Vertreter der Aufbaugeneration, Friedrich sen., nahe, denn es verbindet sie die Bereitschaft, Neues zu gestalten. Andererseits bedroht er genau darin Friedrich jun., der sich, dem klassischen Muster folgend, mit dem Erhalt des Übernommenen bescheidet. Jedoch zwingt die beschleunigte Dynamik des aktuellen Wirtschaftsgeschehens die Akteure dazu, beim Erhalt nicht stehen zu bleiben, sondern die Transformation immer auf der Rechnung zu haben. Auch dafür ist Maier der Garant.

Die Bedrohung, die durch diese Vorgaben von Maier ausgeht, wird dadurch besonders virulent, dass sie nicht im Zuge einer geregelten Generationenübergabe bewältigt werden kann. Denn hier liegt der Fall vor, dass in ein und derselben Generation zwei unterschiedliche generative Muster im Konflikt stehen.

Diese an sich schon problemträchtige Situation wird weiter dadurch kompliziert, dass zwischen Friedrich jun. und Maier eine voreingerichtete doppelte Asymmetrie besteht. Maier ist zwar einerseits der Aufsteiger, der dem Besitzer sowohl ökonomischen als auch sozialen, kulturellen und symbolischen Kapitals [20] der zweiten Generation vielfach unterlegen ist. Aber gerade deshalb ist er der Aktivere – obwohl zwei Jahre jünger als der Kollege, kann er die Apotheke bereits übernehmen, als dieser noch am Studieren ist. Im Konflikt von Beharrung (Erhalten) und Innovation (Transformieren) findet diese Vorgeschichte ihre Fortsetzung.[21]

20 Diese Unterscheidung verschiedener Kapitalsorten geht auf den Soziologen Pierre Bourdieu zurück. Zum ökonomischen Kapital (Geld und Besitz) treten soziales Kapital (soziale Netzwerke und Beziehungen), kulturelles Kapital (Bildung) und symbolisches Kapital (Prestige). Bezogen auf Besitz und Leitung einer Apotheke muss Maier sich Kapital in allen vier Bereichen erst erarbeiten, über das Friedrich jun. qua Familienzugehörigkeit bereits verfügt. Vgl. Bourdieu (1982)

21 Spezifika der Beratung von Familienbetrieben stehen nicht im Mittelpunkt dieses Beitrags. Darum folgende Anmerkungen am Rande: Der erste Schritt in der Beratung besteht darin, das Beratungssetting entsprechend der Hypothese über die Konfliktquelle zu verändern. Das Personal wird demzufolge nun herausgehalten, das Problem wird als Führungsproblem gerahmt, das auf der Führungsebene zu lösen ist. Der nächste Schritt besteht darin, zu prüfen, ob

b) Die Problematik der familienbetrieblichen Kontinuität

In keinem Bereich wird die Spezifik familienbetrieblichen Handelns mit ihrer eigenen Rationalität, für die die ökonomische Rationalität nur eine begrenzte Orientierungsgröße ist, so deutlich wie in der Regelung der Nachfolge. Ich werde hierzu zwei Fälle vorstellen, bei denen es sich jeweils um Hotelierfamilien handelt. Wie der landwirtschaftliche Familienbetrieb, so repräsentiert auch die Hotelierfamilie eine Familienform, die dem Konzept des alteuropäischen „ganzen Hauses" noch weitgehend entspricht: keine Trennung von Arbeiten und Wohnen, erweiterte Haushaltsfamilie, in die auch Personal einbezogen ist, Orientierung an der Familientradition. Wo diese Merkmale sukzessive aufgegeben werden, schwingen sie im Hintergrund als Orientierungsgrößen immer noch mit, und auch die Spezifik dieses Gewerbes legt es nahe, diese Konstruktion für eine der Sache angemessene rationale Konstruktion zu halten: Bis auf

die beiden Apotheker mit der Hypothese von der Genese ihrer Konfliktlage im Generationengefüge etwas anzufangen wissen. Folgen wir den eingangs zitierten Ratschlägen von Fischer und Retzer, die darauf hinauslaufen, den Einfluss alles Familiären aus dem Familienbetrieb herauszudrängen, dann bestünde eine zu erörternde Option darin, den innovativen Teil der Apotheke auszulagern, kurz: die Betriebsteile zu trennen. Über die Spezifika des Familienbetriebs bräuchten wir dann nicht mehr zu sprechen, der Gegenstand hätte sich aufgelöst, und Friedrich jun. kam bisher auch ohne Beratung zurecht. Die Auflösung des gemeinsamen Betriebs hätte den weiteren Vorteil, dass Maier auch im Bereich des Berufslebens Abstand zu seiner Frau gewinnen könnte. Was aber, wenn der Preis dieser Lösung für einen Beteiligten oder beide Beteiligte zu hoch wäre? Bekanntlich leben Apotheker auch im unter Kostendruck leidenden Gesundheitswesen nicht schlecht, jedoch ist der Konkurrenzdruck hoch. Innovationen sind die Garanten des Überlebens. Kurzum: Friedrich jun. wird Maier nicht verlieren wollen, denn auch er hat eine Aufgabe zu erfüllen: der Familienbetrieb muss weitergeführt werden. In diesem Fall besteht eine weitere Option in einer Binnendifferenzierung sowohl im Geschäfts- als auch im Personalbereich. Wie immer aber auch diese Geschichte ausgehen mag: Gemäß der Regeln der Mäeutik ist es nicht die Aufgabe des Beraters, Lösungen zu erfinden, sondern den Raum möglicher Lösungen zu öffnen. Eine Voraussetzung dafür ist, dass er bzw. sie den Konflikt dorthin bringt, wo er hingehört, nämlich auf die Leitungsebene. Eine weitere Voraussetzung besteht darin, die Wahrnehmung auf die sich im vorliegenden Fall überlagernden Rationalitäten des Familienbetriebs einerseits und des von Familientraditionen unabhängigen und zudem innovativen Unternehmers andererseits zu lenken.

Ruhetag und Betriebsferien arbeitet ein Hotel rund um die Uhr (Auflösung der Differenzierung von Arbeitszeit und Freizeit), die Dienstleistungen, die angeboten werden, sind weitgehend deckungsgleich mit jenen, die typisch für den Familienhaushalt sind (Auflösung der Privatsphäre), und angesichts des Lohnniveaus ist die Mithilfe nicht oder unzureichend bezahlter Familienangehöriger zwingend geboten (Verpflichtung auf den Erhalt der Familientradition versus Verfolgen eigener Interessen). Hotelierfamilien tendieren demzufolge zur Herausbildung „veröffentlicher Familienmilieus"[22]. Allerdings sind diese Strukturmerkmale der spezifischen Rationalität eines Hotelbetriebs den Akteuren in der entwickelten Moderne nicht mehr bruchlos zu vermitteln. Trennung von Privatheit und Öffentlichkeit, Differenzierung von Zeit in Arbeitszeit und Freizeit, freie Wahl des Berufes im Kontext individueller biografischer Entwürfe stehen in Widerspruch zum Hotel als Familienbetrieb. Weil aber dieses Modell nach wie vor wirkmächtig ist, gestaltet sich die Situation im Hotel als Familienbetrieb konflikthaft. Je nach Familie werden produktive oder maligne Lösungen für diese Konflikte gefunden. Davon handeln die nächsten Fallbeispiele.

Familie Frese[23]

Ich stelle diese Familie vor, um deutlich zu machen, wie die Orientierung an der Kontinuität das generative Verhalten einerseits und biografische Optionen andererseits bis heute bestimmt.

Die Familie Frese führt in einer ländlichen Kleinstadt im touristischen Einzugsgebiet des Ruhrgebiets seit Ende des 19. Jahrhunderts einen Betrieb, der sich von der Straußwirtschaft mit Landwirtschaft und Bäckerei zum ersten Haus am Platz entwickelte und heute als Tagungshotel firmiert. Dem nach der Wende zum 20. Jahrhundert wirtschaftenden Paar werden neun Kinder geboren: Einem Sohn (*1911) folgt eine Tochter, dieser wiederum ein Sohn (*1915),

22 Hildenbrand (1991)

23 Die Familie Frese wurde im Rahmen des DFG-Projekts „Familiensituation und alltagsweltliche Orientierung Schizophrener" (Leitung: Prof. Dr. W. Blankenburg und Prof. Dr. Bruno Hildenbrand) als „normale" Vergleichsfamilie für die „schizopräsente" Hotelierfamilie Hoffmann (vgl. Hildenbrand 1991) vom Verf. zusammen mit Dr. Hermann Müller untersucht. Zur Methode vgl. Hildenbrand (1999)

diesem fünf Töchter, schließlich, mit deutlichem Abstand zur Jüngsten, wiederum ein Sohn (*1929). Der Älteste lernt Bäcker, der Zweitälteste lernt Uhrmacher, der Jüngste darf (auf eigenen Wunsch) aufs Gymnasium. Die Töchter lernen allesamt – ungewöhnlich für die damalige Zeit und den ländlichen Ort – qualifizierte kaufmännische Berufe, in denen sie durchweg auch arbeiteten.

Die beiden ältesten Söhne werden im Zweiten Weltkrieg zum Militär eingezogen. 1943 muss der Jüngste das Gymnasium verlassen und Bäcker lernen, denn die Eltern möchten vorsorgen für den Fall, dass auch der Uhrmacher den Krieg nicht überlebt, nachdem der Älteste schon 1940 gefallen ist. Jedoch kommt der Uhrmacher unversehrt nach Hause, und nun wird ihm, obwohl sein Bruder in der Bäckerlehre schon weit fortgeschritten ist, „der Bäckerkittel angezogen" – in dieser Familie gilt strikt das Prinzip der Anciennität. Sechs Wochen lang spielt er das Spiel mit, dann kauft er eine Fahrkarte in die USA. Sein Bruder begleitet ihn nach Frankfurt, auf dem Wege nach Le Havre bleibt der Uhrmacher aber in Lothringen hängen und heiratet dort in ein einschlägiges Geschäft ein.

Der jüngste Frese hat nun freie Hand. Nachdem er seine eigenen Pläne dem Betrieb geopfert hat, legt er so richtig los. Mit Sondererlaubnis legt er die Meisterprüfung vorzeitig ab und beginnt, den Betrieb umzustrukturieren und effizienter zu machen, das heißt die Landwirtschaft abzustoßen und die Bäckerei zu verpachten. Er wird sich in der Folge auf die Gaststätte konzentrieren. Dazu gehört aber eine Frau, die er durch Vermittlung eines Berufskollegen auch findet, mit dem er auf der Kölner Fachmesse in der Mittagspause ins Gespräch kommt – es handelt sich um dessen Schwester. (Dies, nebenbei, zum Thema Spezifik der Partnerwahl im traditionalen Familienbetrieb anfangs der 50er Jahre). Sie ist Mittlere von vier Kindern eines alteingesessenen Münsterländer Gast- und Bauernhofes und hat auf diese Chance zur Einheirat schon eine Weile gewartet, denn sie ist zum Zeitpunkt des Kennenlernens schon 24 Jahre alt. Für die damaligen und örtlichen Verhältnisse ist es für die Heirat höchste Zeit. 1954 wird geheiratet.

Drei Töchter werden geboren: 1955, 1956, 1958. Während die Älteste im Heimatort in einen Handwerksbetrieb einheiratet – wo sie natürlich für die Buchhaltung verantwortlich zeichnet – machen die beiden anderen Abitur und studieren. Die Mittlere studiert Sprachen und wird Lehrerin, die Jüngste promoviert in einem naturwissenschaftlichen Fach und geht in die Industrie.

Was aber wird aus dem Betrieb? Hier wiederholt sich ein Muster, das wir aus der vorhergehenden Generation schon kennen. Nachdem mehrere Töchter geboren wurden, folgt – mit zeitlichem Abstand – ein Junge, der Karl genannt wird. Dies geschah im vorliegenden Fall 1963, also fünf Jahre nach Geburt der Jüngsten.

Und wie in der vorherigen Generation besucht der Jüngste das Gymnasium. Elektroniker will er werden. Nach der Mittleren Reife ist damit aber Schluss („Wenn du jetzt noch weiter auf die Schule gehst, wirst du nie den Betrieb übernehmen", sagte der Vater, der es wissen musste). Karl muss die Schule verlassen und Koch lernen. Nach abgeschlossener Lehre und einigen in diesem Beruf üblichen Wanderjahren wird nun erwartet, dass er in den elterlichen Betrieb eintritt. Jedoch schließt er nun, da es ernst wird, eine Hotelkaufmannlehre (mit den üblichen Wanderjahren) an. Die Eltern werden so weiter hingehalten, bis der Vater im Alter von 64 Jahren resigniert und den Betrieb verpachtet. Im folgenden Jahr (1993) stirbt er. Karl hat bis heute den Betrieb nicht übernommen.

Hier ist interessant, dass die Regelung der Nachfolgefrage über zwei Generationen hinweg eine Dynamik annimmt, die einem Automatismus gleicht. Alternativen werden zwar gesehen, aber nur in dem Maße zugelassen, wie sie die Betriebsnachfolge nicht stören. Dabei wird in der mittleren der hier überschauten drei Generationen so weit gegangen, dass Ersatzleute rekrutiert werden, auf die nach Bedarf zurückgegriffen werden kann. Hätte der Uhrmacher den Bäckerkittel anbehalten, hätte sein jüngerer Bruder, der Ersatzmann, mit leeren Händen dagestanden. Die Töchter ihrerseits kommen bei diesen traditionalen Familienbetrieben als Nachfolgerinnen durchweg nicht in Betracht. Dies schließt aber nicht aus, dass sie beruflich gefördert werden. Zumindest ist dies bei der Familie Frese der Fall. Wir kennen jedoch durchaus Familienbetriebe, in denen die Töchter schlicht vernachlässigt werden.

Die hier beobachteten Muster der Nachfolgeregelung können hinsichtlich des Geschlechts auch mit umgekehrten Vorzeichen beobachtet werden. Hierzu folgender Fall[24]:

24 Dieser Fall stammt aus einer Supervision.

Familie Urner

Es handelt sich um einen Gasthof in einem touristisch erschlossenen Schweizer Kanton. Er gerät in eine ökonomische Krise, die der einzige Sohn und Nachfolger (*1922) durch die Heirat einer Hoteliertochter aus wohlhabender Familie überwindet. Der Preis, den der Gastwirt dafür bezahlt, besteht darin, dass er die Macht im Betrieb an seine Frau abgibt.

1955 wird eine Tochter geboren. Sie bleibt das einzige leibliche Kind. Später wird eine Pflegetochter in die Familie aufgenommen. Die leibliche Tochter heiratet vergleichsweise spät einen Mann, der fachfremd ist und auch keinen familienbetrieblichen Hintergrund hat (um mit Bourdieu, vgl. Fußnote 23, zu sprechen: er ist in allen der vier relevanten Kapitalsorten schwach bestückt). Dieser Mann schult um zum Koch.

1983 wird ein Sohn geboren. Vor dem Hintergrund der bisherigen familienbetrieblichen Entwicklung ist die Situation, in die er hineingestellt ist, herausfordernd: Aus dem landesüblichen Patriarchat eines ländlichen Gasthofes (das ein heimliches Matriarchat nicht ausschließt, dieses gehört eher dazu) wird mit der Einheirat der reichen Hoteliertochter ein offenes Matriarchat. Folgerichtig wird, anders als bei Familie Frese, für weibliche Nachkommen gesorgt. Die Hereinnahme einer Pflegetochter verstärkt diese Deutung. Zur weiteren Stärkung des Matriarchats wird ein aus familienbetrieblicher Sicht schwacher Mann zum Partner ausgewählt. Aus einem der Liebe wegen umgeschulten Koch wird nur im Ausnahmefall ein passionierter Gastwirt werden. Dieser Fall liegt hier aber nicht vor. Das Problem ist nun, dass der 1983 geborene Sohn hinsichtlich der Generationenfolge in diesem speziellen Betrieb das falsche Geschlecht hat.

Entsprechend schwer fällt es ihm, sich in dieser Familie zu positionieren. Zwar zeigt er früh sein Talent als Kaufmann. Schon als 14-jähriger handelt er mit gebrauchten landwirtschaftlichen Geräten und Fahrzeugen, und sein inniger Berufswunsch ist es, Bauer zu werden. Er bleibt also im familienbetrieblichen Genre. Die Eltern (oder die Mutter?) drängen ihn jedoch in eine Kochlehre, und zu diesem Zeitpunkt beginnt er, ein Verhalten zu zeigen, das psychiatrisch als „manisch-depressiv“ klassifiziert wird.

Das Beispiel der Familie Frese steht für die Sicherung der Betriebskontinuität via Patriarchat bei gleichzeitiger Modernisierung (vom Mischbetrieb Gasthof, Bauernhof, Bäckerei zum ersten Haus am Platze) sowie für die Ersatzmannsozialisation. Demgegenüber habe ich die Familie Urner als Beispiel für die Tradierung spezifischer Interaktionskonstellationen (Matriarchat) und für das Auftreten von Katastrophen dann, wenn die Voraussetzungen für diese Konstellationen nicht mehr gegeben sind, vorgestellt. Gemeinsam ist beiden Familien, dass die Belange der familienbetrieblichen Kontinuität über die Belange der jeweiligen Akteure gestellt werden. Vor allem in Gesellschaften, in denen Individualisierung ein gängiges Thema ist, muss dies zu Konflikten führen. Folgerichtig werden traditionelle Gasthöfe sukzessive von Familienbetrieben übernommen, die aus Weltgegenden stammen, in denen die traditionale Familienorientierung bisher noch weitgehend ungebrochen ist. Aber auch hier zeigt die Modernisierung ihre Wirkung: Waren es früher die italienischen Familienbetriebe, so sind es heute die türkischen, und auch diese werden über kurz oder lang abgelöst werden. Ein interessanter Fall sind dabei die chinesischen Familienbetriebe, die offenbar die stärkste Resistenz gegenüber Modernisierungsprozessen aufweisen.

c) Der Konflikt von Öffentlichkeit und Privatheit im Familienbetrieb

Im traditionellen Gasthof spielt sich ein erheblicher Teil des Familienlebens im öffentlichen Raum ab: dort, wo in der Gaststube der Tisch nicht weiß, sondern bunt gedeckt ist. Die Kinder machen dort ihre Hausaufgaben, der Schriftverkehr wird erledigt, die Wochenplanung besprochen. Diese – aus Sicht der Logik der privatisierten Kernfamilie – Verwischung der Grenzen zwischen Öffentlichkeit hat Vor- und Nachteile. Einerseits gilt das Gasthaus als ein Ort, an dem der Gesichtskreis sich weitet und der beobachtende Blick sich schärft: „Dem, dessen Kinderstube eine Gaststube war, öffnete sich diese nämlich bald und rasch der größeren Welt, und zwar in lokaler und sozialer Hinsicht gleichermaßen"[25].

Ich selbst kann mich an eine Szene im Gasthof meines Onkels erinnern, der eines seiner Zimmer an einen Fernfahrer vermietet hatte. Auf der Route Nationale zwischen Paris und Straßburg hatte dieser Fernfahrer einen Defekt an der Motorbremse. Weil dies an

25 Werner (1987, S. 337)

einem Freitag, also kurz vor dem Wochenende, geschah, verzichtete er darauf, eine Werkstatt anzufahren, sondern mogelte sich durch. Am Col de Saverne hätte es ihn beinahe erwischt, und mit den Nerven völlig am Ende kam er schließlich bei seiner Firma im Badischen an. In der Gaststube wurde er seine Geschichte los, gebannt hörten wir alle zu, und am Ende konnte ihn mein Onkel nur mit Mühe davon abhalten, seinen Wochenlohn (die Geschichte spielt anfangs der 60er Jahre) in den Ofen zu stecken.

Aber diese Weltoffenheit, welche ihr Teil dazu beitrug, dass das Gasthaus namhafte Schriftsteller wie Sebastian Brant, Grimmelshausen, Gerhart Hauptmann und Martin Walser hervorgebracht hat, hat auch eine Kehrseite – die Unbehaustheit. Reinhold Schneider, Hoteliersohn aus Baden-Baden und vorwiegend als Reiseschriftsteller (!) bekannt geworden, schildert dies so:

„Mein Vaterhaus ist ein Gasthaus; obwohl mit mir schon die vierte Generation darin lebte, so war es mir doch immer fremd, als ob ich nicht mehr sei als einer von den ungezählten Gästen, die in fast einem Jahrhundert hindurchgegangen waren. Ich empfand es nie als Besitz, sondern als Gasthaus, als Ausgangspunkt und als Einkehr, niemals als das letzte Ziel. Die Wehmut des Verlassenmüssens lag mir im Blut, weil ich immer die Koffer rollen und die Wagen eilen sah; nichts war mir so gewiss als die Flüchtigkeit und die Spurlosigkeit unseres Wegs, auf dem immer die Zimmer und die Tische neu besetzt wurden, ohne dass jemand danach fragte, wer vorher darin schlief, wer vorher daran aß."[26]

Das Strukturmerkmal des zur Veröffentlichung neigenden Familienmilieus ist beim ländlichen Gasthof, in dem die erste Geschichte spielt, und Schneiders angesehenem Hotel in der Kurstadt, wie dieses Zitat zeigt, identisch.

Die Privatheit der Kernfamilie ist Strukturmerkmal auch einer Geschäftsfamilie, nur ist sie nicht einfach durch räumliche Vorkehrungen und durch die Trennung von Wohnen und Arbeiten gegeben, sondern muss immer wieder hervorgebracht werden. Die Dialektik von Öffentlichkeit (Adaptation) und Privatheit (Kohäsion) findet hier ihre Zuspitzung. Im Circumplex-Modell von Olsen et al.[27],

26 Zitiert nach Werner (1987, S. 343)
27 Olsen et al. (1983, S. 50)

das auf dieser Dialektik aufgebaut ist, finden wir gelungene Lösungen vor allem im Typus der „flexibel losgelösten" Familie vor: die Adaptation befindet sich in der Mittellage, die Kohäsion ist niedrig. Bei genauerem Hinsehen stellt sich aber heraus, dass Olsens Typologie für die Gastwirtsfamilie bzw. für eine Unternehmerfamilie wenig bringt. Denn von Losgelöstheit kann in der Gastwirtsfamilie nicht die Rede sein, man ist im Gegenteil sehr miteinander verbunden – in einer Berufsrolle und in der Verpflichtung auf den gemeinsamen, oft über mehrere Generationen in der Familie gehaltenen Betrieb. Und ist es nicht die Mehrgenerationengeschichte, dann ist es die Geschichte der Aufbaugeneration, die den Beginn einer Kontinuität stiftet.

Plastisch werden solche Typologien und ihre (begrenzte) Reichweite, die immer nur als Ideengeber, nie als Beschreibung von Wirklichkeit nützlich sind, wenn man sie mit dem konkreten Fall konfrontiert. Ich komme auf die Familie Frese zurück und konfrontiere sie mit der Gastwirtsfamilie Hoffmann, die sozialstrukturell direkt mit Freses vergleichbar ist.[28] Das Thema lautet: Wer soll bemerken, dass eines unserer Kinder krank wird?

Diese Frage betrifft unmittelbar zwei Strukturmerkmale der Kernfamilie: affektive Solidarität und unbedingte Solidarität. Ernsthaftes Krankwerden eines der Kinder lässt alles andere zurücktreten. Wo abhängig Beschäftigte Urlaub nehmen und sich vertreten lassen oder gegebenenfalls auf gesetzliche Regelungen für Sonderurlaub zurückgreifen können, stellt sich in der Geschäftsfamilie unmittelbar die Alternative: das Kind (die Familie) oder das Geschäft, vor allem dann, wenn auf ein Verwandtschaftsnetzwerk nicht regelmäßig zurückgegriffen werden kann.

Familie Hoffmann

Die Familie Hoffmann betrieb zunächst eine Metzgerei in einer Großstadt, dann verschiedene Gaststätten und Hotels in einer ländlich-industrialisierten Gegend. Schließlich brachte sie es zum Besitz des ersten Hauses in einer Kleinstadt und zur Pächterin der Kanti-

28 Die Familie Frese ist eine Familie, in der psychische Krankheit nicht bekannt ist; wir haben sie im Nachfolgeprojekt zu unserer Untersuchung „Familiensituation und alltagsweltliche Orientierung Schizophrener" als maximalen Kontrast zur Familie Hoffmann ausgewählt.

ne eines großen Feuerwehrausbildungszentrums. „Von nichts kommt nichts" und „Man sucht sich immer das Bessere" sind die Wahlsprüche von Herrn Hoffmann. Er stammt aus einer Eisenbahnarbeiterfamilie mit Nebenerwerbslandwirtschaft, also aus einem zur sozialen Umgebung offenen ländlichen Milieu, und hatte mehrere Geschwister. Ganz anders der Familienhintergrund von Frau Hoffmann. Sie stammt aus der Großstadt, ihr Vater war Werkmeister bei einem kommunalen Energieversorgungsbetrieb, ihre Mutter Hausfrau. Die Familie war von einem nach innen zentrierten und behütenden Klima getragen. Dieser erhebliche Unterschied der Erfahrungen in der jeweiligen Herkunftsfamilie zieht nach sich, dass die beiden Kreativität zeigen müssen, soll der Aufbau einer gemeinsamen Wirklichkeit[29] gelingen.

Die Dynamik der Entwicklung wird von Herrn Hoffmann bestimmt, wie an seinen Wahlsprüchen schon zu sehen war. Frau Hoffmann, die ursprünglich Kindergärtnerin werden wollte, ordnet sich dieser Dynamik unter: „Wenn man einmal in der Mühle drin ist, kommt man nicht mehr heraus." Die Verantwortung für die beiden Kinder – Ralf wird 1945, Bernhard 1947 geboren – wird auf die Eltern von Frau Hoffmann übertragen, die wegen großer räumlicher Distanz jedoch selten in der Familie Hoffmann anwesend sind. Es pendelt sich allmählich ein Muster ein, das dahin geht, dass die Eltern-Kind-Beziehungen auf Geschäftsbeziehungen reduziert werden. Für Ralf wird dies kaum zum Problem, da er als Geschäftsnachfolger ausersehen war. Bernhard jedoch verbrachte nicht nur seine Zeit bis zum dritten Lebensjahr bei den Großeltern, sondern wurde auch mit zehn Jahren in ein Internat geschickt. Er sollte einmal den harten Beruf des Gastwirts nicht ausüben müssen, sagen im Nachhinein die Eltern. Diese als Fürsorge gemeinte Entscheidung erlebt Bernhard als Ausgrenzung aus der Familie. In der Folge drängt er in die Familie immer wieder hinein. Er führt sich im Internat so auffällig auf, dass er nach Abschluss der achten Klasse der Schule verwiesen wird. Er kann daraufhin den Vater überreden, ihn als Kochlehrling anzunehmen. Als die Lehre zu Ende ist und erneut eine Ablösung von der Familie erwartet wird, kommt es zur Krise, während der niemand merkt, dass Bernhard krank wird.

29 Berger und Kellner (1965)

Die Geschichte, wie es dazu kam, dass keiner gemerkt hat, dass Bernhard krank wird, habe ich drei Mal gehört: 1984 im ersten Familiengespräch im Rahmen unserer Untersuchung, 1986 in einem therapeutischen Familiengespräch bei Kollegen, und schließlich 1999 während einer Nachuntersuchung der Familie[30]. Sie klang immer gleich: Es geht um Halluzinationen, die Bernhard zu jener Zeit hatte. Hauptsächlich aber geht es um einen Vorfall, der dazu führte, dass Bernhard mit Polizeigewalt in eine psychiatrische Klinik gebracht wurde, wo er für mehrere Monate bleiben musste. Die Geschichte mündet in eine zentrale Feststellung, die die Mutter trifft: Wenn sie damals rechtzeitig gemerkt hätte, dass Bernhard krank wird, dann wären die damaligen Ereignisse sicher weniger dramatisch abgelaufen.

Interessant für die hier vorliegenden Zwecke ist nun die Art und Weise, in der nichts von Bernhards Krankheit gemerkt wurde. Ich zitiere aus dem ersten Familiengespräch (die Wortwahl im zweiten therapeutischen Familiengespräch wie auch während der Nachuntersuchung war nahezu identisch)[31]:

Mutter:	*Der Zustand, in dem er war, der war uns gar nicht bewusst, weil, sonst …*
Bernhard:	*Sag mal, ich mein, wenn ein, wenn das eigene Kind zwölf Nächte nicht schläft, das muss man doch merken!*
Mutter:	*Ja, das muss man merken, Bernhard, aber wer denn?*
Vater:	*Du hast uns doch nichts gesagt davon.*
Mutter:	*Nee. Die haben eine Etage höher geschlafen, der Koch und sein Bruder und er. Ein großes Zimmer hatten die.*
Vater:	*Der Ralf hätte das höchstens melden müssen.*
Bernhard:	*Der Waldeck (der Koch – B. H.) wusste das doch auch.*
Vater:	*Der hat aber auch nichts gesagt.*

Dieses Zitat erhellt schlaglichtartig die Lebensverhältnisse der Familie Hoffmann zu der Zeit, an dem ein Lebensziel (des Vaters) erreicht worden war: Man besaß nun das erste Haus am Platz. In der Tradition des alteuropäischen „ganzen Hes" (Otto Brunner) bilden

30 Steffens (2001)

31 Ich zitiere in vereinfachter Schreibweise. Für das exakte Zitat sowie für eine detaillierte Analyse: Vgl. Hildenbrand (1987, S. 154)

Familienangehörige und Angestellte eine Arbeitsgemeinschaft, der angehört, wer eine Rolle im Betrieb hat. Affektive Krisen werden als Störungen im Betriebsablauf aufgefasst, die zu melden sind.

Gleichwohl war damals die sich anbahnende Krise bei Bernhard bereits zur Sprache gekommen. Bezeichnenderweise die Großmutter hatte bemerkt, dass „mit Bernhard etwas nicht stimmt“, hatte bei ihrer Tochter mit ihren Eindrücken aber kein Interesse wecken können – sie war „in der Mühle drin“. Als die Großmutter dann abgereist war, nahm das Verhängnis seinen Lauf.

In der Familie Frese gibt es eine vergleichbare Geschichte, jedoch mit anderem Verlauf. Hilde, die jüngste Tochter, muss wegen eines unklaren Augenleidens im Alter von zehn Jahren in eine Klinik. Es ist Winter, die Anfahrt zur Klinik ist weit, gebirgig und deshalb gefährlich, weshalb abzusehen ist, dass die Besuche der Eltern selten sein werden. Hilde wird mit der Trennung von der Familie nicht fertig, sodass die Mutter sie nach einigen Tagen – gegen ärztlichen Rat – nach Hause holt. Tagsüber wird sie mit verbundenen Augen in der Hotelküche auf einen Liegestuhl gebettet – so hat sie immer Ansprache. Es kommt Heiterkeit auf, als diese Geschichte erzählt wird, offenbar gehört sie zum eisernen Geschichten-Bestand dieser Familie.

Die Hoffmannsche „Wer soll bemerken, dass …“-Geschichte hat demgegenüber das bekannte, grausam zu nennende Schicksal: Sie hat im weiteren Verlauf dazu geführt, dass die Eltern von Bernhard Hoffmann ihr Leben dem seit dem damaligen Vorfall als psychisch krank deklarierten Sohn gewidmet haben. Es ist bis heute niemandem gelungen, die Eltern von der Schuld zu entlasten, von der sie meinen, dass sie sie auf sich geladen hätten.

Warum hat die Familie Frese ein offenes Familienmilieu herausgebildet, das in Krisenzeiten zu affektiven Sonderleistungen und zur Schließung zur Kernfamilie in der Lage ist, während die Hoffmanns sich während ihrer aktiven Zeit auf ein veröffentlichtes Familienmilieu reduziert haben, das mehr oder weniger eine Karikatur des „ganzen Hauses“ ist? Die entscheidende Erklärung für diesen Unterschied sehe ich in der unterschiedlichen Ausprägung von Handlungsroutinen in beiden Familien. Während die Familie Frese über eine in drei Generationen entwickelte Erfahrung mit dem Umgang veröffentlichungsbedrohter Konstellationen des Familienlebens verfügt, bringen weder der Vater noch die Mutter von

Bernhard Hoffmann derlei Erfahrungen mit: Sie sind die Generation 0, sie machen diese Erfahrungen jeweils zum ersten Mal.

Bewältigungsmuster traditioneller Familienbetriebe: Zulassen von Widersprüchen

Abschließend sollen typische Risikolagen und Bewältigungsmuster von Familienbetrieben im Überblick diskutiert werden. Ich orientiere mich, wie schon weiter vorne, an entsprechenden Vorschlägen von Davis-Brown und Salamon[32], jedoch mit zwei wesentlichen Modifikationen: Während erstens die beiden Autorinnen ihre Überlegungen auf landwirtschaftliche Familienbetriebe beschränken, erweitere ich sie auf Familienbetriebe überhaupt. Zweitens: Während Davis-Brown und Salamon ihre Übersicht als polare Gegenüberstellung organisieren, betrachte ich sie als einen Raum von Alternativen der Handlungsorientierung. Damit soll dem Sachverhalt Rechnung getragen werden, dass es bei aktuellen familienbetrieblichen Entscheidungen nicht um ein Entweder-oder geht, sondern alle Optionen – in einzelfallspezifisch unterschiedlicher Gewichtung – jeweils präsent sind. Davis-Brown und Salamon arbeiten mit dem Stress-Coping-Modell von Reuben Hill[33]. Demzufolge interagieren Stressoren bzw. kritische Lebenssituationen (aA) mit den individuellen Fähigkeiten einer Familie, Krisen zu vermeiden (bB) sowie den Definitionen der Familie von sich selbst sowie von ihren Erfahrungen. Auf dieser Grundlage entwickelt die Familie typische Reaktionen auf den Stressor, die das Krisenpotential der Familie erhöhen oder vermindern (xX) und die ich hier als Bewältigungsmuster bezeichne. Mit X im Unterschied zu dem erwarteten D wird bezeichnet, dass eine neue Dimension eingeführt wird[34]. Mit X sind demnach auch die Strategien von Familienbetrieben zur Strukturtransformation (z. B. beim Generationenwechsel) bezeichnet.

Abhängig davon, wo sich die Familie bzw. einzelne Familienmitglieder (ggf., je nach Generation, unterschiedlich) in diesem Raum von Alternativen der Handlungsorientierung verortet, werden die Bewältigungsmuster unterschiedlich sein. Unsere Untersu-

32 Davis-Brown und Salamon (1988)

33 Hill (1949), Vgl. auch McCubbin et al. (1983), Welter-Enderlin (1985)

34 Welter-Enderlin (1985, S. 51)

STRESSOREN (aA): Verlust des Betriebs (drohend oder aktuell)		
	TRAD. FAMILIENBETRIEBE	UNTERNEHMER
Wahrnehmung des Stressors	Bedrohung der Kontinuität von Familie und Betrieb	Individueller finanzieller Verlust, Scheitern

FÄHIGKEITEN DER FAMILIE (bB): Betriebliche Ressourcen		
	TRAD. FAMILIENBETRIEBE	UNTERNEHMER
Aktiva (Gebäude, Kunden, know how)	Verpflichtung der Familie, den Betrieb zu erhalten	Bereitschaft zu verkaufen, um zu überleben
Arbeitskraft	Möglichkeit, auf verwandtschaftliche Mithilfe zurückzugreifen	Unabhängigkeit vom Verwandtschaftssystem
Finanzkapital	Zugang zu Ressourcen des Verwandtschaftssystems	Aktuelle Managementverfahren, Bevorzugung familienunabhängiger Ressourcen

DEFINITIONEN DER FAMILIE (cC): Bewertung von familienbetrieblicher Tätigkeit und von Verpflichtungen gegenüber den Generationen		
	TRAD. FAMILIENBETRIEBE	UNTERNEHMER
Familienbetriebliche Tätigkeit	Lebensstil	Geschäft
Betriebskonzept	Vorrang des Betriebs vor persönlichen und Familienbedürfnissen	Vorrang der persönlichen und Familienbedürfnissen vor dem Betrieb
Besitz	Familienerbe	Einkommensquelle
Verpflichtungen zwischen den Generationen	Verantwortung gegenüber vergangenen Generationen und künftigen Erben	Verantwortung beschränkt auf die Familie des Betriebsleiters

Tabelle 3[35]

35 Orientiert an Davis-Brown und Salamon (1988, S. 50) übers. von B. Hildenbrand

chungen im Bereich landwirtschaftlicher Familien[36] haben ergeben, dass insbesondere jene Familienbetriebe erfolgreich sind, die in der Lage sind, im Raum der Handlungsalternativen Widersprüche zuzulassen. Die zentrale Figur dabei lautet: *Traditionserhaltung durch Traditionsbruch*. Dazu ein letztes Beispiel, das diesen Überlegungen einen weiteren Aspekt hinzufügt: den der Rolle der Frauen.

Familie Berger

Familie Berger betreibt in der siebten Generation einen angesehenen, gleichwohl unter heutigen Bedingungen kaum konkurrenzfähigen Bergbauernhof. Als „Schulzenhof“ (d. h. als Hof, der im Ort traditionell den Bürgermeister stellte) war die Standesorientierung besonders ausgeprägt, die sich u. a. in der Partnerwahl ausdrückte – eine Frau aus einem Hof mit minimal geringerem Ansehen kam nicht in Frage. Dass dieser Hof heute noch – als im Selbstverständnis der Akteure lebensfähiger Vollerwerbsbetrieb, de facto aber als Nebenerwerbsbetrieb – besteht und nicht bereits in den 60er Jahren des 20. Jahrhunderts aufgegeben wurde, hängt ursächlich damit zusammen, dass der damalige Hoferbe nicht nach Stand, sondern nach Neigung heiratete. Aus traditional ständischer Sicht war seine Partnerin eine Fehlbesetzung. Sie ist zwar nur zwei Dörfer weiter aufgewachsen, jedoch ist dort Realteilungsgebiet, eine andere Welt also, in der es kaum Vollerwerbshöfe und kaum eine vollbäuerliche Tradition gibt. Für diese Heirat nahm Berger den (vorübergehenden) Ausschluss von der Hofübernahme in Kauf. Nach zwölf Jahren, als der Vater krankheitshalber ausscheiden musste und zwei der Brüder mit ihren aus der unternehmerisch orientierten Landwirtschaft übernommenen Konzepten gescheitert waren, brachte er gemeinsam mit seiner eigenständigen und selbstbewussten, wenn auch nicht standesgemäßen Ehefrau den Hof aus der Krise. Dieses Muster der Partnerwahl setzte sich in der nächsten Generation fort.

36 Hildenbrand et al. (1992)

Traditionserhaltung durch Traditionsbruch

Die Denkfigur der *Traditionserhaltung durch Traditionsbruch* kann verallgemeinert werden: Familienunternehmen können die typische Variante dieser Unternehmensform vor allem dann nutzen, wenn sie dazu in der Lage sind, das Familienunternehmen als *widersprüchliche Einheit* zu organisieren. Für die Landwirtschaft zumindest können wir darüber hinaus nachweisen, dass es im Wesentlichen die eingeheirateten Ehefrauen sind, die mit ihrer von den Traditionen der Betriebe, in die sie hineinheiraten, unbelasteten Perspektive die erforderlichen Strukturtransformationen anstoßen und familienverträglich gestalten können – so man sie lässt[37].

Dass das Konzept von der widersprüchlichen Einheit plausibel ist, zeigt die Analyse sowohl des Gelingens als auch des Scheiterns der Familien in den Fallbeispielen:

- Die beiden Apotheker geraten mit ihrem Unternehmen in eine Krise, weil beide auf je eigene Art die jeweilige Seite der Dialektik nicht wahrzunehmen imstande sind. Maier sieht den Partikularismus eines *Familien*unternehmens nicht, Friedrich jun. übersieht den Universalismus eines Familien*unternehmens*. Des Weiteren ist für beide der Raum signifikanter Anderer jeweils von anderen Personen besetzt, die in der Geschichte dieses Unternehmens eine je eigene Bedeutung haben.
- Die Familie Frese hat ein Handlungs- und Orientierungsmuster ausgebildet, dem zufolge die Nachfolger nicht nur ihre Biografie auf den Betrieb auszurichten haben, was einen Verzicht auf Individualität zur Folge hat. Sie sollen gleichzeitig durch individuelle Kreativität den Betrieb kontinuierlich transformieren. In der Generation des Sohnes Karl sind die Transformationsspielräume und damit der Raum für Individualität im Rahmen des Gewohnten ausgereizt: Am ersten Haus am Platze gibt es nichts mehr auszubauen. Neue Optionen außerhalb des Gewohnten wären nun zu realisieren. Doch dafür fehlt Karl am Ort der Spielraum. Das wird aber von keinem der Beteiligten offen angesprochen. Stattdessen wählt Karl seinen eigenen Weg,

37 Hildenbrand et al. (1992)

während er mit der Familie hinsichtlich ihrer Zukunftspläne – Erhalt des Bestehenden – auf der Oberfläche kooperiert.

– Noch enger sind die Spielräume für den Sohn der Familie Urner. Bei ihm bestünde das Neue darin, wieder in die Bahnen des Traditionalen einzumünden. Mit seinem Plan, Bauer zu werden, kündigt er immerhin an, dass er die Richtung erkannt hat. Von dort aus wäre für ihn ein innovativer, das gescheiterte Patriarchat und das in eine Sackgasse geratene Matriarchat überwindender Neustart möglich. Seine Krise ist das Signal für diesen Neubeginn.
– Im Bereich der widersprüchlichen Einheit von Öffentlichkeit und Privatheit hat die Familie Frese auf der Grundlage einer mehrere Generationen währenden familienbetrieblichen Traditionsbildung flexible Lösungen gefunden. Der Familie Hoffmann war dies aufgrund fehlender Verankerung im Traditionalen verwehrt. Das Muster, das ihr Leben seit der schwierigen biografischen Entwicklung von Bernhard bestimmt, ist ähnlich problematisch, nur mit umgekehrten Vorzeichen: Bildeten die Hoffmanns zunächst, als Hotelierfamilie, ein radikal veröffentlichtes Familienmilieu, so sind sie heute eine auf eine Triade reduzierte radikal innenzentrierte Familie, die um das Ziel herum organisiert ist, die vermeintliche Schuld, die die Eltern als Verantwortliche für die veröffentlichte Familie auf sich geladen haben, abzutragen.

Der Familienbetrieb – damit will ich schließen – stellt eine widersprüchliche Einheit dar, in der die Strukturmerkmale von Familie wie auch die von Unternehmen untrennbar miteinander verknüpft sind, obwohl sie sich wechselseitig ausschließen. Es ist diese widersprüchliche Einheit, die den Familienbetrieb als *Familie eigener Art* konstituiert. Die hunderttausende familiengeführte Klein- und Mittelbetriebe in Deutschland, die den Kernbestand der Marktwirtschaft bilden, verfügen zweifellos über effiziente Wege, hier Lösungen zu finden, die diese Lebensform nicht nur erträglich, sondern sogar attraktiv machen.

7. Was steht auf Ihrer Bürotür, Frau Faust?

Frauen in Geschäftsfamilien

Ausgehend von ihrer eigenen Erfahrung als Tochter in einem Familienbetrieb richtet die Autorin ihre Aufmerksamkeit auf die Rolle der Frauen in Unternehmerfamilien. Dabei erweist sich, dass die traditionelle Frauenrolle der emotionalen Versorgung und der Übernahme der Verantwortung für die Bindung der Beteiligten auch im Unternehmen übernommen wird („Sicherheitsdecke“, „warmes Tuch“). Gerade in kritischen Zeiten wie etwa der Zeit der Unternehmensnachfolge schafft das zwar ein vorübergehendes Gleichgewicht zwischen Innen- und Außenorientierung der Familie und des Unternehmens, verhindert aber notwendige Auseinandersetzungen über die unterschiedlichen Logiken von Familie und Unternehmen. Frauen opfern dabei ihre eigenen Entwicklungsmöglichkeiten, die erst aus der Balancierung zwischen „wir“ und „ich“ entstehen können. Ihre Stärke als Führungskräfte gewinnen sie, wenn es ihnen gelingt, die Verantwortlichkeit für das „Wir“ durch einen Individualisierungsprozess zu ergänzen, der nicht nur ihnen selber, sondern auch den Mitarbeitern ein selbstsicheres „Ich“ ermöglicht.

FBS

Was steht auf Ihrer Bürotür, Frau Faust?

Frauen in Geschäftsfamilien

Rosmarie Welter-Enderlin

Persönlicher Hintergrund

Ich bin in einer ländlichen Geschäftsfamilie aufgewachsen, habe ein Wirtschaftsgymnasium abgeschlossen, Sozialarbeit und Sozialwissenschaften studiert und berate seit 20 Jahren Geschäftsfamilien. Sie kommen in unterschiedlichen Lebens- und Familienphasen zu mir, häufig bei kritischen Übergängen wie Erweiterung, Schrumpfung oder Geschäftsnachfolge. Kürzlich habe ich beim Aufräumen wieder einmal im „Tagebuch" meiner Mutter gelesen, das sie auf den leeren Seiten unserer abgelegten Schulhefte führte. Mutter war so alt wie ich jetzt, als sie uns in Amerika besuchte, wo mein Mann und ich studierten. Der rote Faden, der sich durch ihre Notizen zieht, ist „Dankbarkeit für ein gutes Leben", das sie als Verbindung von Liebe, Familie und Geschäft beschreibt. Das elterliche Gartenbau- und Blumengeschäft existiert heute nicht mehr. Es war veraltet und zu klein für notwendige Entwicklungen und hätte keinem von uns eine Existenzgrundlage ermöglicht. Über die Verwendung des Landes diskutieren wir drei Schwestern und zwei Brüder noch heute. Irgendwann werden wir eine Lösung finden, und dazwischen erzählen wir uns die Familiensaga in fünf verschiedenen Versionen und streiten über ihren Wahrheitsgehalt.

Was auf mich und meine Schwestern horizonterweiternd und stimulierend wirkte, die Vielfalt an Rollen und die Bedeutung, die wir dadurch schon als Kinder in Familie, Schule, Geschäft und Dorf hatten, war für die zwei Brüder eine Last. Sie wussten, als sie heranwuchsen, dass einer von ihnen in dritter Generation das Geschäft übernehmen sollte. Hinweise kamen indirekt, oft von außen. Beide dokumentierten Widerstand, indem sie sich dumm stellten, keine botanischen Namen im Kopf behielten und taten, als ob sie eine Rose nicht von einer Nelke unterscheiden könnten. Es galt die Regel, die ich von vielen anderen Familien mit kleinen und mittelgroßen Geschäften kenne, dass wir Kinder auf der Straße jeden Erwachsenen grüßen mussten. Er könnte ja ein Kunde sein, hieß es. Wir Mädchen taten es mit dem Stolz, zu einem Familienbetrieb zu gehören; die Brüder schauten wenn immer möglich auf die andere Seite. Heute sagen sie, es sei ihnen schon als Kinder schwer gefallen, sich mit dem Geschäft und besonders mit unserem gescheiten, geschäftlich aber wenig erfolgreichen Vater zu identifizieren. Er hatte als Ältester nach dem frühen Tod seines Vaters das Familiengeschäft unfreiwillig übernehmen müssen, um Mutter und Geschwistern die Existenz zu sichern, obwohl er lieber studiert hätte.

Zwei widersprüchliche Botschaften an die Kinder waren in unsere Familienbiographie eingebaut, und es sind allgemeine Phänomene in Familienunternehmen: Erwirb Bildung, wachse über deine Eltern hinaus und erweitere deine Berufserfahrung – am besten in der Fremde – aber bleibe gleichzeitig dem Geschäft und der Familie treu. In unserer Situation spielte Mutter, die ebenfalls aus einem Handwerkerbetrieb kam und dort als junge Frau ohne große Ausbildung das Büro geführt hatte, eine Partisanenrolle. Da sie selber an Mangel von Bildung litt, motivierte sie uns zum Besuch des Gymnasiums und beruhigte Vater mit der Aussicht, dass eines von uns ja nach der Matura vielleicht seine Nachfolge antreten würde. Eigentlich war ihm das heimlich recht, merkten wir. Er wusste, was er selber in seinem Leben vermisst hatte, und hoffte wohl, eines seiner Kinder würde die Pole Bildung und Geschäft miteinander verbinden. Dass das dann nicht geschah, war schwierig für ihn und auch für uns. Denn die Loyalität zur Familie war uns Kindern wichtig und ist es bis zum heutigen Tag. Eine Zeit lang blieb unsere jüngste und loyalste Schwester zu Hause „hängen", lernte gegen ihre Neigung Floristin und führte das Geschäft mit den Eltern zusammen, bis sie schließlich mit ihrem Mann nach Neuseeland auswanderte.

Dass wir uns schließlich alle fünf vom Auftrag der Geschäftsübernahme trennen konnten, hat mit der erworbenen Bildung und den geringen Möglichkeiten des Betriebes zu tun, nicht mit einer grundsätzlichen Ablehnung des Familienbetriebes. Vier von uns arbeiten heute in eigenen, familienähnlichen Unternehmen, in denen wir das, was wir gelernt haben, besser brauchen können als in anonymen Organisationen. Unsere „Mehrsprachigkeit", im konkreten wie im übertragenen Sinn, sowie das Grenzgängertum zwischen unterschiedlichen Welten ist eine gute Möglichkeit geworden, uns in Bezug auf das Geschäft über Bildung, Partnerschaft und viele Jahre im Ausland „strukturell zu entkoppeln"[1], und dennoch die emotionale Verbindung zur Familie zu bewahren. Wir haben schon als Kinder den Umgang mit Verantwortung, Risiko und Uneindeutigkeit gelernt in den einerseits dicht verbundenen, andererseits getrennten Sphären Familie, Geschäft und Dorf. Am Werktag saßen meist zwölf Personen bei uns am Esstisch: Eltern, Kinder, eine Hausangestellte, zwei Lehrlinge und zwei Arbeiter. Samstagabend und Sonntag war unsere private Zeit in einer der Familie vorbehaltenen Stube, mit „gutem" Geschirr, Spielen und Büchern, die nur uns gehörten. Jedes von uns war einmalig und unverwechselbar in der Familie, aber als Teil des Geschäftes hatten wir je nach Alter und Geschlecht unsere Aufgaben, die dem Ganzen unterstellt waren. Auch die Rollen der Eltern waren klar definiert, keiner brauchte eine spezielle Funktionsbezeichnung, weil jeder diese kannte. Mutter hatte vor der Heirat noch eine Anlehre als Floristin gemacht und hielt im Blumengeschäft den Kontakt mit der Kundschaft. Sie war eine tüchtige Hausfrau und fähig, jungen Haushaltshilfen und Lehrlingen Halt zu geben, wenn das Chaos in Haus und Geschäft ihnen zu viel wurde – was fast täglich der Fall war. Vaters Domäne war hinter den Kulissen: in den Kundengärten und den Gewächshäusern. Aber eigentlich war er mehr interessiert an Fachgesellschaften, wo er sich mit Zoologen, Biologen und Dendrologen (Baumkundigen) traf. Brotlose Kunst, nannte das Mutters Familie, aber „zum Glück hat er eine tüchtige Frau". Und dieser Frau schien die umgekehrte Rollenverteilung sogar zuzusagen, wie ihr Tagebucheintrag zeigt. Der Begriff der partnerschaftlichen *Symmetrie* als Beziehungsthema greift übrigens bei meinen Eltern wie auch bei anderen „Paaren im Geschäft" zu kurz. In den meisten Fällen, wo Paare im Dreieck Familie, Geschäft und Liebe zusammen leben und arbeiten, gibt es im Alltag Komplementaritäten, die sich in ihrer Intimität und in gegenseitiger Fürsorge manifestieren. Aus der Nähe betrachtet, aus

1 Luhmann, zitiert in Simon (1999a)

der Perspektive des Kindes zum Beispiel, ist das der wichtigere Teil als die Geschäftspartnerschaft des Paares – übrigens auch für die Entwicklung bzw. die Auflösung des Unternehmens, meine ich.

Hätten wir damals als Geschäftsfamilie eine Beratung beansprucht, wir hätten sicher niemanden gebraucht, der die „Ausgrenzung von familiären Problemen im Unternehmen" oder die „Vermeidung des Familieneinflusses auf existenzielle Entscheidungen" gefordert hätte[2]. Das mag Sinn machen für Familienunternehmungen mit mehreren Tausend Angestellten, nicht für mittelgroße Familienbetriebe wie dem unseren. Ganz im Gegenteil: Wir hätten jemanden gebraucht, der den Betrieb und die Familie „von innen her" verstanden hätte, sowohl betriebswirtschaftlich als auch familiendynamisch, mit Sympathie für die *Verbindung von Liebe und Arbeit.* Wir hätten jemanden gebraucht, der respektvoll die Differenzierungskonflikte zwischen den Generationen und unter uns Geschwistern mit uns angepackt hätte. Einen Berater oder eine Beraterin auch mit Sympathie für starke Frauen, die ihren Männern den Rücken frei halten, ohne sich als Opfer darzustellen. Der Begriff der *strukturellen Koppelung bzw. Entkoppelung* unterschiedlicher Systeme, wie er von Luhmann entwickelt und von Simon[3] aufgenommen worden ist, taugt meines Erachtens gut, wenn er spezifisch auf den Einzelfall bezogen wird, zum Beispiel auf die Größe und Struktur eines Familienbetriebes.

Wie Familienloyalität, Verantwortung für das Geschäft und individuelle Entwicklung voneinander abgegrenzt werden und dennoch verbunden bleiben können, ist Inhalt dieses Kapitels, das sich auf Material aus meiner heutigen Praxis als Beraterin bezieht. Meine besondere Aufmerksamkeit gilt der Situation von *Frauen in Familienbetrieben mittlerer Größe* – zum Beispiel der Frage, wie sie als Tochter, Partnerin oder durch Heirat einen sicheren Platz im Geschäft und in der Familie etablieren und eine klare Rollendefinition erreichen können. Oder auch, wie einige von ihnen durch persönliche Bindung hineinrutschen in Aufgaben, die sie nicht gelernt haben, diese mit großem Engagement ausfüllen, sich selber aber kaum weiterbilden, „weil dafür die Zeit fehlt".

2 Fischer und Retzer (2001, S. 322)
3 Simon (1999)

Eine andere Beratungserfahrung mit Geschäftsfrauen ist, wie oft sie von hinter den Kulissen ihren Männern den Rücken frei halten und den Sohn oder die Tochter zur Nachfolge erziehen, selber aber kaum auf der Bühne erscheinen und höchstens als *große Frau hinter dem großen Mann* privaten Einfluss auf Familie und Geschäft nehmen. Das wird ihnen in kritischen Familien- und Geschäftsphasen schnell zum Verhängnis, weil sie ihre informellen Einflussmöglichkeiten überschätzt haben. Immer wieder erlebe ich auch Frauen, die als Partnerin voll im Geschäft mitarbeiten, aber ohne klare Rollendefinition und ohne adäquaten Lohn. Meine Frage „Was steht auf Ihrer Bürotür?" wird von ihnen meist mit „nichts" oder „Frau Faust" (dem Namen des Ehepartners oder Vaters) beantwortet.

Frauen in Familienunternehmen, scheint mir, sind wie viele andere Berufsfrauen daran, sich kraftvoller zu emanzipieren als ihre Männer, vor allem, was die Entkoppelung einerseits und die Verbindung von Liebe und Arbeit andererseits betrifft. Aber sie zahlen nicht selten einen beträchtlichen Preis für ihre Autonomie, wenn sie aufhören, ihre Partner, die erwachsenen Kinder und Angestellten mit „Gratisnestwärme" zu versorgen. Auch davon wird in meinen Fallstudien die Rede sein. Sie beziehen sich auf anonymisierte Beispiele aus meiner Praxis, wo es um Geschäftsübergaben oder um Phasenübergänge in Familienunternehmen geht. Zum Schluss will ich anhand eines Beispiels die gelungene Geschäftsübergabe eines traditionell *männer*dominierten Familienbetriebes aus der Baubranche an zwei *Frauen* der fünften. Generation darstellen.

Generationenwechsel: Mutter als Sicherheitsdecke schützt vor Wandel

Anna begegnete mir, als ich in Deutschland einen öffentlichen Vortrag zum Thema Paare im Modernisierungsprozess hielt. Jahre später rief sie an und bat um einen persönlichen Termin im Zusammenhang mit dem Generationenwechsel eines erfolgreichen Familienunternehmens, bei dessen Aufbau sie ihren Mann kräftig unterstützt hat. Heute ist Anna aktiv in der kirchlichen Gemeindearbeit, hilft aber täglich im Geschäft aus, indem sie informell das Sekretariat leitet, wo eine altgediente Sekretärin zuständig ist für Personal und Administration. Annas große Sorge ist ihr Mann, Helmut, der an Herzrhythmusstörungen leidet und sagt, dass er „lie-

Norddeutschland
Familienbetrieb, Wirkstoffe für Lebensmittelproduktion

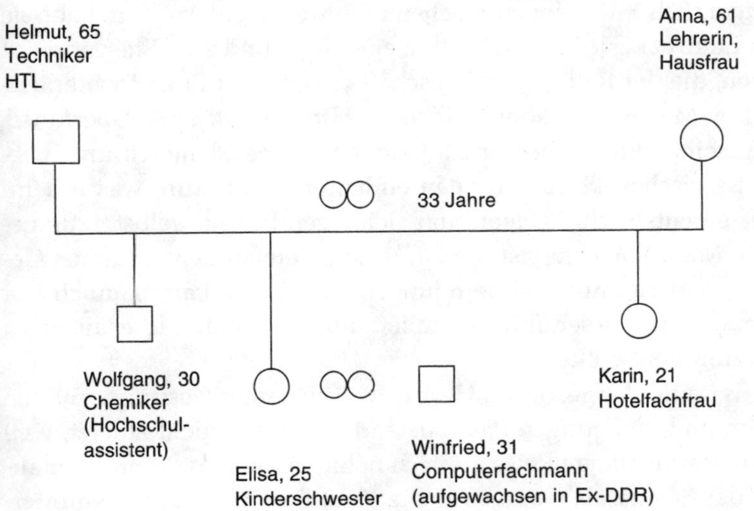

Firmenchef:	Helmut (Gründer des Familienbetriebs vor 30 Jahren)
Betriebsleiter:	Klaus, 45, „zu hoch eingestuft vom Chef" (sagt Winfried)
Technische Leitung:	Winfried, zuständig für Qualitätssicherung und Entwicklung
Produktion:	18 Facharbeiter, 3 Hilfsarbeiter
Personal/Administration:	Helga, 48 (seit 7 Jahren) unterstützt bzw. „geleitet" von Anna

ber heute schon als erst morgen als Chef zurücktreten möchte". Der älteste Sohn, Wolfgang, sei ursprünglich als Nachfolger vorgesehen gewesen und habe Chemie studiert, berichtet Anna. Jetzt aber sei er mit Begeisterung in der Forschung tätig und plane eine Hochschullaufbahn.

Elisa, seine jüngere Schwester, sei aus Loyalität zur Familie in die Fußstapfen des Bruders getreten. Sie hat ursprünglich Kinderkrankenschwester gelernt, inzwischen aber ein Studium der Betriebswirtschaft aufgenommen, wo sie Winfried, Elektriker und in der ehemaligen DDR aufgewachsen, kennen gelernt und vor kurzem geheiratet hat. Er arbeitet bereits im Familienbetrieb mit, um diesen nach Abschluss von Elisas Studium mit ihr gemeinsam zu übernehmen. Zur Zeit ist Elisa halbtags im Betrieb tätig. Sie habe Essprobleme und neige zu Magersucht, erzählt Anna. Sie wendet sich mit der Vermutung an mich, dass sie vermutlich ihre Tochter in die Rolle des „besseren Sohns" gedrängt hat, weil sie so sehr in Sorge sei um ihren Mann. Anna selber sei als Kind von ihrer Mutter nicht gefördert worden, nachdem ihr Vater früh verstarb. Anna hoffte eigentlich, es besser zu machen mit ihren Töchtern. Nun habe sie den Eindruck, sie könnte Elisa in eine Rolle und eine Ehe gedrängt haben, die der Rettung des Geschäfts, aber nicht ihrer Tochter diene. Ihre Magersucht könnte doch ein Hinweis auf diese Überforderung sein. Anna selber, erzählt sie, habe lebenslänglich im Zwiespalt zwischen „Konventionen einhalten" und „tun, was mir im Tiefsten entspricht" gelebt, und sich eigentlich nie selbständig gefühlt. Mein Vorschlag ist die Öffnung zu einem gemeinsamen Gespräch mit Helmut und dem jungen Paar. Anna kam nämlich erst einmal ohne Wissen ihrer Familie zu mir, weil sie dieser nicht zu viel zumuten wollte.

Es dauert lange, bis im Herbst 2000 ein erstes Gespräch mit den Eltern und dem jungen Paar zustande kommt – nicht zuletzt, weil sie dafür eine lange Reise auf sich nehmen müssen. Meine Annahme, dass Anna als Garant für die Kontinuität des Familienunternehmens in Form eines Sicherheit spendenden „warmen Tuches" dient – eine Funktion, die ihre Tochter bereits auch übernommen hat – bestätigt sich. Während die beiden Frauen sich mit großer emotionaler Energie und vielen praktischen Ideen um das Thema der Geschäftsnachfolge kümmern, lehnt Helmut entspannt zurück und meint, das junge Paar brauche nun erst mal Zeit für sich selber; der erfahrene Betriebsleiter Klaus und er könnten das Boot vorläufig gut auf Kurs halten, und gesundheitlich gehe es ihm gar nicht schlecht. Schwiegersohn Winfried, im Geschäft zuständig für Qualitätssicherung und Entwicklung, räkelt sich ebenfalls im Stuhl. Er findet zwar, sein Schwiegervater stufe den Betriebsleiter zu hoch ein, aber diese Treue zu Mitarbeitern sei wohl „alte Schule". Er selber habe Zeit, bis er mit Elisa zusammen das Geschäft übernehme, und fühle sich entspannt. Die Mitarbeit beider Frauen im Betrieb wird auf meine Frage von beiden Männern freundlich honoriert. Unser Gespräch geht mit der Vereinbarung zu Ende, dass vorläufig alles beim Alten bleibt. Ich unterstütze beide Frauen dabei, weniger für das Ganze und mehr für sich selber zu tun, da sie beide erschöpft wirken.

Zum nächsten Gespräch, sechs Monate später, kommt das ältere Paar allein. Es sei zum großen Eklat gekommen, erzählen sie, etwa vier Monate nach dem Gespräch bei mir. Elisa habe sich in einen

Studienkollegen verliebt und sei daran, sich von Winfried zu trennen und aus dem Familienbetrieb auszusteigen. Winfried sei „am Boden zerstört", weil sein Traum, selbständiger Unternehmer zu werden, zerschellt sei. Anna erzählt, dass sie ihre Rolle als „Sicherheitsdecke" inzwischen abgegeben habe, und dass dies wohl ein Grund für Elisas Emanzipation und ihre Lösung von den uneindeutigen Familienaufträgen sei. Mutters Rolle als traditioneller Garant für die Kontinuität des Familienunternehmens wird zum zentralen Thema des Gesprächs. Auch Vaters „Aufbau der Tochter als Sohnersatz" sowie seine Konfliktscheu gegenüber dem Mann, den diese als Nachfolger heimgebracht hat und den der Vater längst als ungeeignet eingestuft hat, kommt zur Sprache. In diesem Gespräch bekommen endlich auch der älteste Sohn und die jüngste Tochter der Familie stellvertretend eine Stimme. Auch sie hatten, so die Eltern, große Mühe mit Elisas Entscheidung, als *Vatertochter* ein persönliches Opfer für die Erhaltung des Familienunternehmens zu bringen.

Einen Monat später kommt Elisa allein zu einem Gespräch zu mir und bestätigt die Sichtweise ihrer Geschwister, wonach ihre Loyalität bzw. ihr persönliches Opfer den Ablöseprozess der Eltern vom Geschäft behindert habe. Elisa plant jetzt eine eigene Laufbahn und will vorerst ein Jahr in den USA studieren, um sich von den persönlichen und beruflichen Verstrickungen zu lösen.

Weitere Gespräche mit den Eltern haben den Verkauf des Geschäfts und die Planung ihrer nächsten Lebensphase zum Inhalt. Am meisten, scheint mir, verändert sich in diesem Prozess Anna, die Familienmutter. Seit sie keine Gratisnestwärme[4] mehr liefert und ihr Projekt *Übergabe der Familienunternehmung an die nächste Generation* losgelassen hat, sei sie wesentlich selbstbewusster und zufriedener, sagt ihr Mann anerkennend. Auch er sei nun – nach einer großen Krise – erleichtert über seinen Abschied vom Geschäft. Das Paar [5]vereinbart, dass ein Teil des Erlöses beim Geschäftsverkauf direkt auf Anna überschrieben wird, damit sie über eigenes Geld ihre späte Autonomie leben kann.

Reflexion: Wenn Frauen im Familienbetrieb einseitig die traditionelle Rolle von Bindung und emotionaler Versorgung zugescho-

4 Bäumlin (2001)
5 Ciompi (1997)

ben bekommen und fraglos übernehmen und dann erst recht daran festhalten, wenn die kritische Zeit der Unternehmensnachfolge ansteht, schafft das zwar ein vorübergehendes Gleichgewicht, verhindert aber notwendige Auseinandersetzungen zwischen Geschäfts- und Familienlogik. Für den Unternehmer ist diese Situation eine Zeit lang beruhigend, vor allem, wenn jemand aus der Familie – hier seine Lieblingstochter – sich für die Erhaltung des Geschäftes „opfert". Aber eine gute Lösung kommt so kaum zustande. Da die berufliche Situation des Mannes (Helmut) für ihn traditionell Vorrang hat, seiner Frau (Anna) also lediglich die Funktion der emotionalen Resonanz bleibt, gehört zu ihrer Rolle die Diffusität von Privatheit und Öffentlichkeit. Ihre Solidarität mit ihm und den übrigen Familienmitgliedern verhindert eine persönliche Auseinandersetzung mit den Widersprüchen von Privatheit und Geschäft. Annas verbindliche Mitgliedschaft in der Familie bezahlte sie seit langem mit mangelndem Status im Geschäft, obwohl sie sich dafür so sehr verantwortlich fühlte wie für die Harmonie in der Familie. Als ich von Anna zum Abschied und nach dem Geschäftsverkauf einen Brief erhalte, schreibt sie: *Während ich mir unsere Gespräche vergegenwärtige, weiß ich deutlich, dass ich meine Aufgabe am besten erfülle, wenn ich mich selber entwickle, statt für Familie und Geschäft aufzuopfern. Diese Erkenntnis hat meiner Tochter und meinem Mann mehr genützt als mein Angebot der „Sicherheitsdecke". Es war, wie wenn ich mich in dieser uneindeutigen Rolle durch einen dunkeln Wald voller Schlinggewächse gekämpft hätte und nun auf einer heiteren Lichtung angekommen bin. Die gewonnene Klarheit hat mich persönlich und uns als Paar und Familie weitergebracht, und auch dem Geschäft über den Verkauf zur Entwicklung verholfen.*

In der Ausbildung von systemischen Therapeut/innen erlebe ich übrigens häufig, dass Kursteilnehmerinnen als Töchter von Geschäftsfamilien in solchen Loyalitäten hängen geblieben sind, selbst wenn sie sich explizit gegen die Geschäftsübernahme entschieden haben. Sie werden mit ihrer Loyalität wie Anna unvermittelt zur Sicherheitsdecke für die Eltern oder den nachfolgenden Bruder. Und sie tun ihre informelle Arbeit um Gotteslohn und mit zwiespältigen Aufträgen von allen Seiten, die sie auf keinen Fall erfüllen können. Wenn sie schließlich mit dem Ideal der ewig loyalen Tochter/Schwester brechen und ein eigenes Leben in Beruf und privaten Beziehungen beanspruchen, entwickeln sie nicht selten eine kraftvolle Eigenständigkeit, die ihnen vorher fehlte. Ihre Angst, dass sie ihre Autonomie mit dem Verlust der Familienzugehörigkeit bezahlen müssen, erweist sich fast immer als unbegründet. Aber es ist möglich, dass die Fortsetzung des Familienunternehmens dadurch ins Wanken kommt. Ein Verkauf des Geschäfts und die Erhaltung der Familienloyalitäten mitsamt ihren natürlichen Konflikten kann dann die beste Lösung sein.

Geschäftsfrau als Innenministerin ohne Portefeuille

In diesem Fall meldet sich Anton zu einem „Coaching" an und sagt schon am Telefon, dass er dazu seine Geschäftspartnerin, die auch seine Ehefrau ist, mitbringen möchte. Das Paar erzählt, dass sie seit acht Jahren in der Region Stuttgart eine eigene Informatikfirma im Bereich Logistik führen. Ursprünglich kommen sie von Schleswig-Holstein. Sie haben sich beim Studium kennen gelernt. Anton hat als Mathematiker und Informatiker in internationalen Firmen im Logistikbereich großen Erfolg gehabt, aber immer mehr die Grenzen des Angestelltseins erlebt. Brita verließ ungern ihre Arbeit als Studienrätin, um mit Anton in den Süden zu ziehen und ihm beim Aufbau des Familiengeschäftes beizustehen. Die beiden erwachsenen Kinder studieren auswärts, und es ist nicht sicher, ob eines interessiert ist am Geschäft.

In der ersten gemeinsamen Stunde Mitte 1999 äußert sich Brita bitter über die unglaubliche „Kontaktfreudigkeit" von Anton, von der sie ausgeschlossen ist, „weil sie nicht ständig in derselben Suppe rühren dürfe wie er", was dieser bestätigt. Seit kurzem weiß Brita, dass Anton mit einer jüngeren Frau im Betrieb eine kurze Liebesbeziehung hatte, die inzwischen zu Ende sei. Brita ist wütend und hat das Gefühl, von ihm ausgenützt worden zu sein. Deshalb überlegt sie sich eine Trennung, um ihre alte Stelle im Norden wieder annehmen zu können. Je mehr Anton beschwichtigt, desto wütender wird Brita. Im ersten Teil der Therapie steht das Paar mit seiner privaten Beziehung im Zentrum. Ich will hier nur einen kurzen Teil davon schildern: das Erkennen und der neue Umgang mit ihren persönlichen Lebensthemen, die sich positiv in der Partnerwahl (Komplementarität) und negativ in der gegenwärtigen Krise (Konkurrenz) manifestieren.

Genogramm Brita und Anton

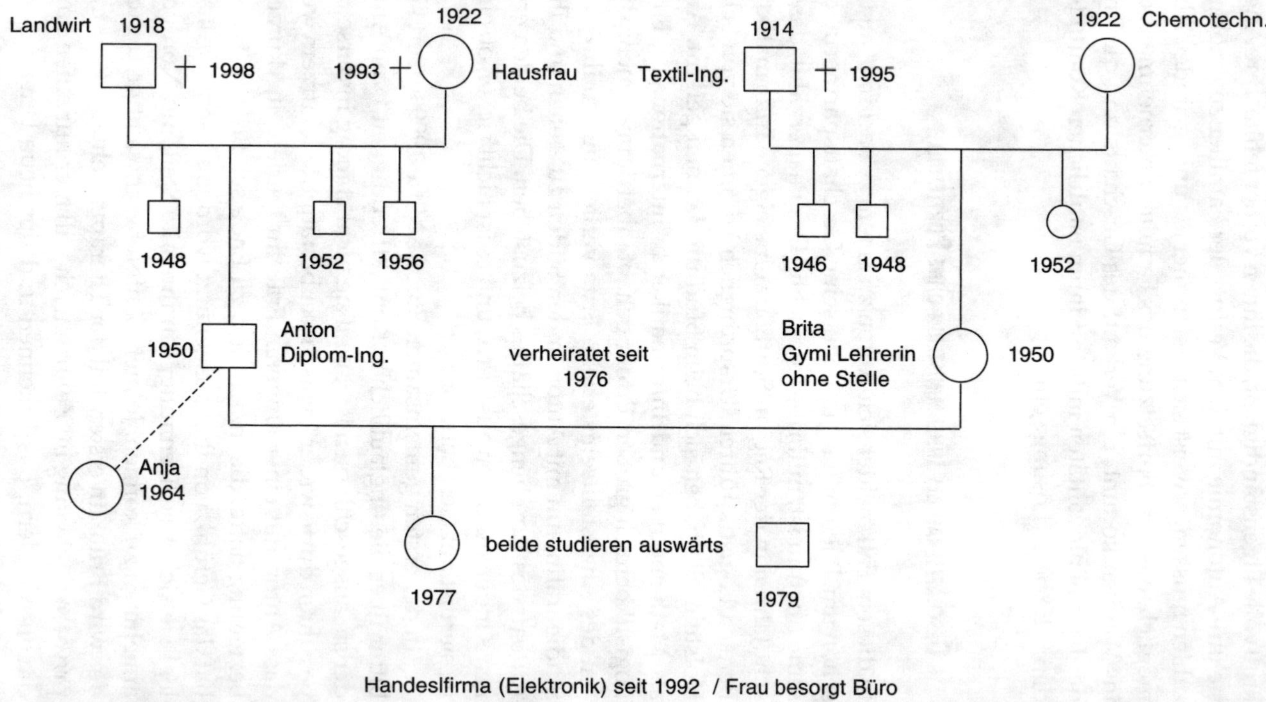

Brita hat, als ihre beiden Brüder schon aus dem Haus waren, erlebt, wie ihr Vater seine *Lebensstelle* verlor, als die Textilindustrie in der Region in die Krise geriet. Obwohl sie damals mitten im Abitur war, habe sie, zusammen mit ihrer jüngeren Schwester, den Eltern kräftig beigestanden, als diese einen Tuch- und Kleiderladen an ihrem Wohnort aufbauten. Der Anfang sei hart gewesen. Aber dank des Familienzusammenhalts und innovativer Ideen der Mutter (Schnittmusterverkauf und Nähanleitungen) sei das Geschäft in den 70er Jahren zum Blühen gekommen und konnte 20 Jahre später mit Gewinn verkauft werden. Allerdings hat ihr niemand dafür gedankt, sagt Brita, dass sie ihr Studium ein Jahr hinauszögerte, um das Familiengeschäft zu ihrer Sache zu machen. Ähnliches erlebt sie heute im gemeinsamen Unternehmen mit ihrem Mann. Ihre Bitterkeit geht über seine Affäre hinaus, das wird beiden bald klar.

Anton ist der Zweitälteste von vier Söhnen einer Bauernfamilie, der erste und einzige, der ein Hochschulstudium abgeschlossen hat. Sein ältester Bruder hat vor wenigen Jahren den Hof übernommen, tatkräftig unterstützt von Anton und dessen betriebswirtschaftlicher Erfahrung. Mit seiner Hilfe konnte er Land dazukaufen. Die jüngeren Brüder, Schreiner- und Maurermeister, wohnen mit ihren Familien auf dem Hof und arbeiten in einem eigenen handwerklichen Betrieb in der nahen Kleinstadt. Anton genießt einen hohen Status in seiner Herkunftsfamilie und fühlt sich dem Hof und seinen Leuten nach wie vor emotional verbunden.

Was das Paar zusammengeführt hat – ihre gemeinsame Lust, anzupacken und das Leben zu gestalten, kurzum, ihre Freude an Autonomie – führt sie nun in die Krise. Anton ist ein sehr erfolgreicher Unternehmer geworden, der von Kunden auch der *Logistik-Zauberer* genannt wird. Er steht vorne auf der Bühne, bringt Projekte herein und führt seine 15 jungen Mitarbeiter über Kollegialität und Vertrauen, während Brita das Unternehmen von hinter den Kulissen über klare Vereinbarungen leitet. Dass sie dafür ihre eigenständige Arbeit aufgegeben und kaum Anerkennung hat, quält sie. – Es gelang mir, die „Melodien" (Lebensthemen) zu verstehen, zu denen die beiden ihren Leid bringenden Tanz tanzten, und die Therapie affektiv gut zu rahmen. Auf diese Weise konnte ich das Paar zur Erweiterung ihrer Perspektiven ermutigen.

Nach Abschluss der Paartherapie beauftragen Brita und Anton mich mit der Beratung ihres geschäftlichen Entwicklungsprozesses.

Für die technischen Themen werde ich von einem erfahrenen Informatiker assistiert. Bei ganztägigen Seminaren mit dem Geschäftspaar, einem Mitglied des Verwaltungsrates und den jungen Informatikern fällt mir auf, dass diese die Frau des Chefs behandeln, als ob sie eine kontrollierende Mutter wäre, sie entweder kaum beachten oder herablassende Bemerkungen machen. Anton, der Chef, reagiert, wie Väter oft auf das ungezogene Verhalten von Halbwüchsigen der Mutter gegenüber reagieren: empört-amüsiert. Britas Aufgabe bezieht sich auf „Personal und Finanzen", und dazu gehören auch unangenehme Dinge wie Zeit- und Spesenkontrolle. Im Gegensatz zu Anna im ersten Beispiel weigert sich Brita, diese Situation als gegeben hinzunehmen. „Diese schlauen jungen Männer mit ihrer Kompetenz sind zwar heilig für unser Geschäft – aber auch Heilige haben Pflichten! Selbst wenn sie wissen, dass sie morgen schon eine andere Stelle finden und Anton sie deswegen schont, lasse ich mir das noch lange nicht bieten", sagt sie bei der Auswertung der beiden Tage.

Bei der Diskussion möglicher Lösungen mit dem Paar teile ich ihnen meine Beobachtung mit, dass Brita unter vielen anderen Beiträgen die neuen Räume des Unternehmens mit dem Angebot individueller Gestaltungsmöglichkeiten ästhetisch ansprechend eingerichtet hat, dass aber auf ihrer eigenen Bürotür – ihr Raum ist durch eine Glaswand vom Sekretariat getrennt – eine Namenstafel fehlt. Die Türe ihres Mannes ist mit *Dr. Anton X, Direktor und Vorsitzender des Verwaltungsrates* gut gekennzeichnet. Ich frage, warum Brita nicht Mitglied des Verwaltungsrates ist. Anton findet diese Themen wichtig, äußert aber, dass er vorläufig das Boot nicht rütteln möchte durch strukturelle Veränderungen, um keine Mitarbeiter zu brüskieren. Bei ständig wachsendem Auftragsvolumen wäre der Verlust eines verärgerten jungen Informatikers eine Katastrophe.

Bald darauf zeigt sich, dass zwei wichtige Mitarbeiter daran sind, sich unter den Geschäftskunden persönliche Aufträge zu sichern und dafür Produkte der Firma verwendet haben. Jetzt muss Anton eindeutig Stellung nehmen und kann sich nicht hinter der Personalverantwortlichen (seiner Frau), verstecken. Er nimmt Stellung, worauf die beiden Mitarbeiter ihre Kündigung einreichen. Nun, da sich Antons Horrorszenario erfüllt hat, die Firma aber dennoch weiter blüht, rückt die Frage nach Britas offizieller Position ins Zentrum. Mit Hilfe eines Wirtschaftsanwaltes wird die Rechtsform als Familienaktiengesellschaft differenziert. Britas Funktionen werden jetzt klar vereinbart, sie wird offiziell Mitglied des Verwaltungsrates und bekommt einen Aktienteil, der ihre Mitsprache sichert. Nicht nur die Mitarbeiter, auch die Kunden werden über die neuen Strukturen informiert. Brita wechselt in ein Büro ohne Glaswand. Auf ihrer Tür wie auf dem Firmenbriefkopf erscheint sie mit ihrem Familien- und Mädchennamen sowie mit ihrer Funktion *Personal und Finanzen*. In den folgenden Seminaren mit dem ganzen Team (und ab und zu ohne Anton, der bei Kunden ist) sowie dem beratenden Informatiker wird Brita viel deutlicher respektiert. Die Innenministerin hat ein eigenes Portefeuille verlangt und bekommen. Als Folge der Neuregelung übernimmt Brita fortan die Personalsuche. Innerhalb kurzer Zeit wächst das Unternehmen um neun weitere Mitarbeiter, darunter zwei junge Frauen.

Als die geschäftliche Entwicklung von der Pionier- in die Integrationsphase gut vollzogen ist und die Projekte sich mehren, taucht Anton – nicht zufällig – vorübergehend in eine persönliche Krise ab. Er kommt zweimal allein zu Coaching-Gesprächen zu mir, später einmal mit seiner Frau. Antons Thema ist sein plötzliches Erschrecken über das Wachstum und den Erfolg des Unternehmens. Etwas, was er immer gewollt und wofür er sich als Mitglied der Geschäftsleitung von einem Weltkonzern getrennt hat, wird plötzlich zur Beeinträchtigung für ihn. Ohne das Wissen um seine eigene Familiengeschichte und die darin enthaltenen *Lebensthemen* hätte ich ihm kaum so rasch und kompetent beistehen können. Mit dem Bild vom elterlichen Hof, der sich organisch entwickelt hat, weil jedes Familienmitglied mit hoher Flexibilität und persönlichem Einsatz auf alle Wechselfälle reagierte – etwa den Modernisierungsprozess der Landwirtschaft und Deutschlands Beitritt zur EU – verstehe ich, dass Anton befürchtet, zu abhängig von Mitarbeitern zu werden. Er muss Funktionen delegieren und Aufgaben kontrollieren lernen, er kann nicht mehr allein auf familiale Loyalität zählen. Das ist *das* Thema des Übergangs von der Pionier- zur Integrationsphase, übrigens auch in nicht familienorientierten Unternehmungen. Anton sagt: Meine Angst ist, dass eines Tages alle herausfinden, dass ich eigentlich immer noch ein Bauer bin und gar nicht so viel kann, wie sie meinen, und der Boden unter mir zusammenbricht.

Im Gegensatz zu in Familie und Geschäft tradierten, geschlechtsabhängigen Rollenteilungen – offizielles Patriarchat und heimliches Matriarchat – hat Anton viele persönliche Fähigkeiten, die ihn zum brillanten Logistiker, aber auch zum gemütvollen Familienmenschen machen. Familie und Hof waren ihm als Kind Heimat, und das möchte er in den veränderten Umständen bewahren. Brita hat einen anderen familienbetrieblichen Hintergrund als Anton. Ein Handelsbetrieb ist „moderner" als ein Bauernhof. Die zeitweilige Reduktion ihrer Herkunftsfamilie auf das Geschäft tat Brita nicht gut, und sie hat sich kräftig davon abgegrenzt. Emotional ist sie weniger diffus als Anton, setzt Mitarbeitern deutliche Grenzen und wacht über deren Einhaltung. Im Gespräch mit dem Paar wird die für das Geschäft nützliche Komplementarität der beiden Erfahrungshintergründe deutlich. Beide verfügen über hohe fachliche Kompetenzen und über ebenso hohe Kontextsensibilität. Aber sie handeln vielfach gegensätzlich. Da Brita jetzt eine offizielle, auch von Anton gewollte Position hat, können die beiden nach außen vereint auftreten, nach innen ihre privaten Rollen aber durchaus auch umkehren.

Reflexion: Weibliche Führungsprinzipien umfassen – besonders sichtbar in Familienbetrieben – sowohl Bindung als auch Autonomie und Differenzierung, wie das viele Pionierinnen, zum Beispiel die Gründerin der *Body Shop Kette* deutlich machen. Das Private sei das Politische, habe ich von der Frauenbewegung gelernt. Bezogen auf Geschäftspaare wie Brita und Anton ist jedoch das Geschäftliche auch das Private. Im besten Fall wird das so gehandhabt, dass einer langfristigen, innenzentrierten Bindung der Familie bzw. des Paares eine klar definierte Außenorientierung im Geschäft gegenübersteht. In der Situation von Brita und Anton ist diese Verbindung von innen und außen zur Zeit auf bestem Wege. Als Beraterin habe ich keinerlei Absicht, Geschäfts- und Paarentwicklung voneinander zu trennen, selbst wenn das der Idee einer strukturellen Entkoppelung von Liebe und Arbeit widersprechen sollte, wie sie zum Mythos der typischen kleinbürgerlichen Nachkriegsfamilie gehört, der z. B. von Talcott Parsons in den 50er Jahren vertreten wurde. Wachstum, Innovation und Entwicklung sind in einem Familienunternehmen am besten möglich, wenn alle führenden Mitglieder sich eigenständig entwickeln und dafür honoriert werden, aber gleichzeitig in kompensatorischen Milieus wie den privaten Beziehungen (Paar, Familie und Freundeskreis) Intimität und Geborgenheit finden.

Als Leiterin eines Ausbildungsinstituts, das sich inzwischen zu einem familienähnlichen Unternehmen entwickelt hat, weiß ich übrigens, wie wichtig diese kompensatorischen Milieus für mich persönlich sind – ohne dass meine Familie sich deswegen auf mein „Geschäft" reduziert. In diesem Sinne ist die Verbindung, aber nicht Vermischung einer Außen- mit einer Innenorientierung für beide sozialen Systeme von Vorteil. Außerdem entspricht sie in hohem Maß – ähnlich wie ich es von meiner Mutter gelernt habe – weiblichen Fähigkeiten und emotionaler Intelligenz.

„Hineinwachsen" versus formelle Geschäftsübergabe an Töchter

Frauen in Familienbetrieben gilt mein persönliches Interesse, und wenn es um sie als Nachfolgerinnen geht, freue ich mich besonders, den Generationenwechsel zu begleiten. Ein Thema, das mir dabei ins Auge sticht, ist die Frage der *Ausbildung* nachfolgender Töchter. Sie scheint ein wesentliches Element für Gelingen oder Nicht-Gelingen der Nachfolge zu sein. Während von Söhnen selbstverständlich erwartet wird, dass sie sich als künftige Firmeninhaber fachlich und betriebswirtschaftlich vorzüglich ausbilden, im Ausland Erfahrungen sammeln und wenn möglich ihren Vater damit „übertrumpfen", wird von Frauen nach wie vor erwartet, dass sie ohne besondere Bildung einfach *hineinwachsen* in das Familienvermächtnis, wie es dem romantischen Bild der großen Frau hinter dem großen Mann entspricht. Zwei Beispiele aus meiner Praxis zu diesem Thema will ich kurz skizzieren, bevor ich mich einer gelungenen Geschäftsübergabe an zwei Töchter der fünften Generation eines Familienunternehmens zuwende.

Da ist einmal die inzwischen *75-jährige Tochter eines bekannten Schriftstellers,* noch lebende Jüngste von drei Geschwistern, ich nenne sie hier Sofia, die mit ihren drei Söhnen (von 40 bis 50 Jahren) in Beratung kommt, weil durch den Fall der Mauer das Erbe ihres Vaters, von dem einiges in Manuskriptform auf dem Dachboden der Familienvilla lagert, begehrt und entsprechend einträglich geworden ist. Sofia wurde, so berichtet sie, als junger Frau vom Vater nahe gelegt, auf keinen Fall ein Studium zu machen, weil das für sie unnötig sei. Sie werde als Erbin ganz selbstverständlich hineinwachsen in das, was sie brauche, sagte er. Ihre Mutter nahm naturgemäß dazu keine Stellung. Sofia lernte Schneiderin, machte Flickarbeiten für ihre Eltern und Geschwister und besserte das Einkommen ihrer eigenen Familie damit auf. Erst als ihr Vater vor 15 Jahren starb, begann sie, damals 60, Vorlesungen in Germanistik und Philosophie zu belegen, und lernte den öffentlichen Blick auf ihres Vaters Vermächtnis kennen. Heute, wo es um das „Bewirtschaften" ihres Erbes geht, sucht sie Unterstützung bei ihren Söhnen und findet in der Folge der Beratungsgespräche – als eine unter möglichen Lösungen – die Assistenz eines familienfremden Kulturmanagers. Ihre Söhne mögen sich nämlich für das Erbe ihres Großvaters gar nicht engagieren, wie deutlich wird.

Eine ähnliche Erfahrung mache ich zur Zeit mit der Übergabe einer *Kunstgalerie*, die als Familienbesitz in dritter Generation von der Urenkelin des Gründers und deren Mann geführt wird. Ihre Töchter, beide um 40, haben soziale Berufe erlernt und sind auf bescheidenem finanziellen Niveau in Teilzeit angestellt. Sie sind verheiratet und haben je zwei kleine Kinder. Weil ihre Eltern über 70 sind und die Galerie ihren Töchtern übergeben möchten, veranlassen die Letzteren eine Beratung bei mir. Auf meine Frage nach ihrer Berufsausbildung – die weder mit Kunst noch mit Betriebswirtschaft etwas zu tun hat – antworten ihr Vater und ihre Mutter übereinstimmend, dass Frauen doch ganz selbstverständlich „in so etwas hineinwachsen". Einmal mehr scheint das Thema Familienvermächtnis und Firmenstolz eine adäquate Professionalisierung der Nachfolgegeneration verhindert zu haben. Meines Erachtens handelt es sich auch in diesem Fall nicht zufällig um Töchter.

Ganz anders das folgende Fallbeispiel, das ebenfalls von zwei Töchtern von 38 und 40 handelt, aber mit völlig anderer Ausgangslage. *„Begonnen hat alles mit einem kleinen Holzbaubetrieb vor 150 Jahren"*, heißt es in der Einladung zu einem Übergaberitual von der vierten an die fünfte Familiengeneration. Während vier Generationen führten Söhne, ab und zu als Brüder, das expandierende Geschäft, das heute „Bauhandwerkliche Betriebe" heißt, um die 300 Leute beschäftigt – in dieser Branche fast alles Männer – und vom bisherigen Inhaber während 40 Jahren Gewinn bringend diversifiziert wurde. Ich beschränke mich im Folgenden auf die besonderen Bedingungen der Geschäftsübergabe, die ich – zusammen mit einem Betriebswirt – begleitet habe.

Vater Ulrich war 69, Mutter Maria 67 Jahre alt, als der Familienbetrieb an Katharina, 39, und Renate, 37, übergeben wurde. Das jüngste der drei Kinder, Jan, 35, hat zwar eine Schreinerlehre gemacht, später aber klar signalisiert, dass er an der Übernahme des Familienunternehmens nicht interessiert sei. Er hat eine Kunstakademie abgeschlossen und ist seither als Bildhauer bekannt geworden. Katharina hat in Betriebswirtschaft, Renate in Jurisprudenz promoviert. Beide haben sich ursprünglich aus dem Geschäft gelöst und im Ausland Weiterbildungen gemacht, bis sie vor etwa zehn Jahren merkten, dass sie sich doch für die Nachfolge ihres Vaters interessierten. Die Übergabe des Betriebs an die Töchter war ein jahrelanger Prozess, an dem sich Vater und Töchter mit Hilfe des betriebswirtschaftlichen Coach beteiligten. Beide Töchter arbeiteten vorerst anderswo und stiegen erst probehalber und in Teilzeit in den Familienbetrieb ein. Später wurde Katharina Leiterin eines eigenen Geschäftsbereichs in der Firma und Renate juristische Beraterin für das ganze Unternehmen. Vor der Übergabe wurde eindeutig und zäh verhandelt. Seit dem Rücktritt des Vaters ist Katharina operative Leiterin des ganzen Betriebes und Renate arbeitet neben ihrer Anwaltspraxis als Chefin für Personalfragen und Vertragswesen mit. Für die je zwei Kinder haben sie gemeinsam eine Kinderfrau angestellt, da ihre beiden Partner in eigenen Firmen tätig sind. Die Mutter der beiden jungen Frauen, die als traditionelle Familienfrau ihre Töchter kräftig dazu angehalten hat, im Leben mitzureden und dafür eine gute Bildung zu erwerben, springt als Großmutter ein, wenn eine Lücke in der Kinderbetreuung entsteht. Der Vater hält sich aus dem Alltagsgeschäft heraus, ist aber noch Präsident des Verwaltungsrates. Auch er ist engagiert bei der Betreuung der Enkel.

Katharina äußert in einem Zeitungsinterview über ihre Erfahrung mit der Geschäftsübergabe: „Weil ich als Tochter in einem Familienunternehmen und als Frau in einer Männerdomäne arbeite, bin ich mir gegenüber sehr kritisch (kritischer als ein Fremder das wäre?) und frage mich immer wieder, ob ich für diese Aufgabe geeignet bin. Meinen Bereichsleitern sage ich oft, dass sie das technische und ich das betriebswirtschaftliche Know-how bringen und wir aufeinander angewiesen sind. Ich suche bewusst den Kontakt zur Basis, besuche Baustellen und nehme selber an Produkteschulungen teil. Meine Schwester und ich konnten uns aus freien Stücken für diesen Schritt entscheiden – wir hätten beide auch andere gute Möglichkeiten gehabt. Das nehmen die Mitarbeiter zur Kenntnis. Sie schätzen es, dass ich ihre Eigenverantwortung stärke und die Kommunikationswege modernisiert habe. Mir persönlich ist die Mischung von Eigenständigkeit im Geschäft und familiärer Bindung wichtig: etwas Besseres könnte ich mir gar nicht vorstellen." Emotionale Intelligenz also auch hier: Die Geschäftsphilosophie der beiden Frauen geht weit über ökonomische Austauschanliegen hinaus und passt vorzüglich zur Verbindung von Sach- und Gefühlslogik[6]. Ergänzung von ökonomischer Rationalität und menschlicher Bezogenheit, nicht Abgrenzung ist hier das Thema.

Folgerungen

Frauen führen anders, heißt die Devise der aufsteigenden Generation. Nicht a priori, möchte ich behaupten, aber zunehmend eigenständiger nehmen sie ihre Chancen, „anders zu führen" wahr. Ihre Stärke ist, dass sie die traditionell als weiblich bezeichnete Bindungskultur, also die Verantwortlichkeit für das „Wir", ergänzen durch einen kräftigen Individualisierungsprozess, der nicht nur ihnen selber, sondern auch den Mitarbeitern ein selbstsicheres „Ich" ermöglicht. Wenn sie nicht mehr einfach hineinrutschen in irgendeine Rolle im Familienunternehmen, sondern sich über Bildung *und* Differenzierung von der Familie – ganz besonders vom Vater – eigenständiges professionelles Know-how erwerben, sind sie als Nachfolgerinnen das Beste, was einem Familienbetrieb geschehen kann. Das setzt jedoch voraus, dass sie aus den Kulissen heraus auf die Bühne treten, ihre Verdienste und Leistungen bilanzieren und Respekt und Geld dafür erwarten, statt zu sagen, „ich bin da einfach hineingerutscht". Die folgende Aussage soll dies illustrieren: „Die Kunst des systemischen Managements besteht darin, den scheinbar unüberwindlichen Konflikt zwischen Sicherheit und Unabhängigkeit in einer Weise zu lösen, dass aus dem Entweder-oder ein Sowohl-als-auch wird. Mir erscheint, die Familie bzw. der Familienbetrieb als ein gutes Modell der Aufhebung dieses Konfliktes."

6 Simon (1999)

Frauen in Familienunternehmen halten im besten Fall eine personenzentrierte Kommunikation aufrecht – also eine Kultur, von der Kunden und Mitarbeiter/innen und sie selber profitieren. Von besonderer Bedeutung ist diese Kultur in Betrieben, die direkt mit der Kundschaft in Kontakt stehen, z. B. Gastronomieunternehmen. Frauen reparieren in dieser Kultur unumgängliche Schäden kompetent und rasch und schaffen damit Zukunft für den Betrieb. Solange ihre „Reparaturarbeit" nicht einfach dem Schutz unfähiger Familienangehöriger bzw. Mitarbeiter dient oder Frauen selber daran hindert, eigenständig auf die Bühne des Geschehens zu treten, ermöglichen sie damit den Mitarbeitern teilautonome Entscheidungsfähigkeiten, welche in einer sich rasch wandelnden Welt unumgänglich sind.

Ich meine, dass Gender-Vorurteile, wie sie in der Arbeits- und der Familienwelt nach wie vor bestehen, bei Geschäftsfamilien mehr noch als bei „gewöhnlichen" Familien positive Entwicklungen beeinträchtigen können – aber nicht müssen. Darum finde ich es für Beraterinnen und Berater von Familienbetrieben wichtig, die Vielfalt weiblicher Ressourcen zu stärken, aber auch mögliche Asymmetrien wahrzunehmen, welche in der Verbindung von Liebe und Arbeit lauern. Meines Erachtens braucht es für die Beratung von Frauen und Männern in Familienunternehmen ein waches Bewusstsein dafür, dass sich hier verkalkte gesellschaftliche Verhältnisse abbilden können, die nicht mit systemischen Therapieprinzipien allein angepackt werden können, da sie fast immer in betriebswirtschaftlichen und rechtlichen Strukturen verankert sind. Multidisziplinarität in der Kooperation mit anderen Professionen, die den Blick auf strukturelle Aspekte öffnen, ist mir darum bei dieser Arbeit ein Hauptanliegen.

8. Die „Dritte im Bunde" des Unternehmerpaares: die Bank

Mit der Gründung eines Unternehmens durch einen Ehepartner wird aus einer Zweierbeziehung eine Dreiecksbeziehung. Die Bank als Kreditgeber fordert in der Regel vom Partner/der Partnerin des Unternehmers/der Unternehmerin mit dem privaten, d. h. dem familiären Vermögen für die Kredite des Unternehmens zu haften. Hier wird auf einer juristischen Ebene die Grenze zwischen Privat- und Geschäftsbeziehung aufgehoben. Das erfordert vom einen Partner jeweils, sich mit seinem privaten Vermögen „in die Hand" des unternehmerisch tätigen anderen Partners zu begeben. Aus der Frage nach dem gegenseitigen persönlichen Vertrauen wird eine, die sich auch auf die geschäftlichen Kompetenzen des Partners erstreckt. Am brisantesten wird die Situation des Paares, wenn das Unternehmen in eine Liquiditätskrise gerät. Dann wird die Bank zum Dritten, der stets bedrohlich in der familiären Kommunikation mitwirkt. Es kommt nur zu oft zu Koalitionsbildungen zwischen Bank und Unternehmer, die beide ein Interesse daran haben, dass der jeweilige Ehepartner die Haftungszumutung übernimmt, um das Geschäft „am Laufen" zu halten. Sie machen es dem Partner schwer, seine berechtigten Sorgen um die Absicherung der Familie zu artikulieren. Wenn es dem Paar gelingt, auch gegen die Bank eine gemeinsame Position zu finden und durchzuhalten, hat die Paarbeziehung die Chance, gestärkt aus einer Liquiditätskrise des Unternehmens hervorzugehen.

FBS

Die „Dritte im Bunde" des Unternehmerpaares: die Bank

Margarete Haaß-Wiesegart

Einleitung

Untersucht man die Beziehung von Familie und Unternehmen, so ergeben sich in unterschiedlichen Phasen des Lebenszyklus von Familie und Unternehmen verschiedene Konfliktfelder. Im Folgenden soll der Blick auf die Gründungsphase des Unternehmens gerichtet sein, in welcher der Kapitalbedarf und die Unsicherheit der Auftragslage zu spezifischen finanziellen Abhängigkeiten von Kreditgebern, in der Regel Banken, führt. Die Geschäftspraktiken von Banken und die Beziehungsangebote, die von ihnen dem künftigen Unternehmer gemacht werden, haben weit reichende Folgen für die Familiendynamik, speziell die Paardynamik. Es entsteht eine charakteristische Dreiecksbeziehung, bei der sich einige typische – wenn auch nicht zwangsläufige – Interaktions- und Beziehungsmuster beobachten lassen. Da auch heute noch die Mehrzahl der Firmengründungen durch den Mann erfolgen, wird diese Situation in den Mittelpunkt der Aufmerksamkeit gerückt.[1] Die Darstellung beruht auf Erfahrungen in der paartherapeutischen Arbeit mit Unternehmerpaaren.

1 Wenn Frauen die Gründerinnen sind, dürften sich andere Rollenverteilungen hinsichtlich der Übernahme des sicherheitsorientierten versus des risikofreudigen Partners ergeben. An der hier diskutierten Dreierbeziehung zwischen den beiden Partnern und der Bank dürfte sich prinzipiell nichts ändern.

Eine alltägliche Situation

Beginnen wir mit einer konkreten Situation aus dem familiären Alltag. Stellen Sie sich folgende Szene vor:

Der Mann, Geschäftsführer einer GmbH, von der er alle oder die meisten Anteile besitzt, isst mit seiner Frau und den Kindern zu Mittag. Das Handy klingelt. Die Frau hört, wie ihr Mann zunehmend seine Stimme verändert. Am anderen Ende der Leitung ist: „Die Dritte im Bunde" des Unternehmerpaares – die Bank.

Sonst unsichtbar spürbar, zeigt sie plötzlich Präsenz. Die Krisen beginnen.

Was ist passiert?

Die Firma ist kurzfristig in eine Liquiditätskrise gekommen. Der Kreditrahmen ist mal wieder überzogen, wie dies in den letzten Jahren manchmal der Fall war. Also kein Problem!? Der Zins für die Kontokorrentkredite, auch in Niedrigzinszeiten, ist hoch und wurde bisher immer bezahlt. Aufträge sind in Aussicht, Forderungen stehen noch aus. Die letzte Jahresbilanz war so gut wie nie.

Die Bank ist jedoch nervös. Sie hat fusioniert. Da es anderweitig Probleme gibt, wird die bisherige Kreditvergabe durchforstet. Hinzu kommt, dass auf Ebene der Bankenkontrolle eine Verschärfung der Kreditrichtlinien beschlossen wurde. Anlass dafür waren Finanzaffären in den letzten Jahren, in denen Banken in unverantwortlicher Weise Millionenkredite ohne genügende Absicherung gewährt hatten. Die Bank nutzt die Gunst der Stunde und bewertet die Situation neu. Sie fordert mehr Bürgschaften bzw. private Haftung.

Wir sind an einem Grundproblem von kleinen und mittleren Familienunternehmen. Das Unternehmerpaar ist nicht alleine, es gibt eine Dritte im Bunde. Ihr Dasein ist spürbar, auch in guten Zeiten. In schlechten geht ohne sie nichts mehr. Wenn sich die Dritte im Bunde mit Macht zeigt, führt dies in der Regel zu einer Krise des Unternehmerpaares. Ob Unternehmer oder Unternehmerin, die Paardynamik wird immer durch Unternehmensfragen mitbestimmt, und hier spielt die Bank eine besondere Rolle.

Das Alles-oder-nichts-Prinzip – Die ständige Aktualität der Existenzfrage

1997 lag die Eigenkapitalquote von fast zwei Drittel der deutschen Mittelständischen Unternehmen unter 10 Prozent[2]. Dies bedeutet, ohne Bank geht nichts, mit ihr oft nicht viel. Kleinere wie auch größere mittelständische Unternehmen bzw. ihre Inhaber werden dadurch stets direkt mit der ökonomischen Existenzfrage konfrontiert.

Es ist eine Situation, die sich von den Existenzfragen eines Angestellten radikal unterscheidet. Der Wechsel zwischen „keine Aufträge" oder „Aussicht auf Aufträge" und „zu viele Aufträge" ist extrem. Geht es der Firma gut und floriert das Geschäft, kann das Unternehmerpaar die Dritte im Bunde ignorieren. Kommt es zu einer Krise durch Liquiditätsprobleme, wird die Macht der Bank mit einem Schlag deutlich: Sie droht die Existenz des Unternehmens zu vernichten. Sie ist dann eine mächtige Dritte – auch in der Dynamik der Lösungsfindung des Paares.

Sicherheiten: Privat ist nicht privat

Mit der Festlegung des Kreditrahmens bestimmt die Bank unter Umständen über Existenz und Nichtexistenz des Familienunternehmens. Die Absicherung seines Kreditrahmens geschieht in der Regel über die persönliche Haftung des Unternehmers. Dies bedeutet, dass im Falle einer Liquiditätskrise oder Insolvenz das verpfändete Privatvermögen in Form von Haus, Lebensversicherung oder Sparkonto usw. an die Bank als Eigentum übergeht. Es ist durchaus üblich, dass der gesamte Kreditrahmen eines Unternehmens, z. B. einer GmbH, auf diese Weise abgesichert wird. Im Klartext bedeutet dies, dass ein Bafögstudent auf seinem Girokonto mehr Kredit erhält als ein kleines oder mittleres Familienunternehmen. Dies gilt im Prinzip für ältere Unternehmen ebenso wie für junge.

Hat sich z. B. ein Mann in Absprache mit seiner Frau entschlossen, ein Unternehmen zu gründen, so kann er durchaus günstige Kredite vom Staat bekommen. Die wohl gemeinten Hilfen der För-

2 Brost (2000)

dergelder bzw. die preiswerten Kredite von Bund oder Land werden aber über die jeweilige Hausbank abgewickelt. Obwohl es sich um öffentliche Gelder handelt, obliegt es der Hausbank des Antragstellers, die Bedingungen der Vergabe dafür festzulegen bzw. weit gehend mitzubestimmen. Kredite erhält aber nur, wer Sicherheiten bieten kann. In der Regel geschieht dies bei einer Unternehmensgründung durch die Verpfändung des vorhandenem Familienvermögens. Das bedeutet, dass der Vermögensanteil der Frau ebenfalls mit im Spiel ist. Mit der Verpfändung ist die freie Verfügbarkeit über das private familiäre Vermögen (oder einen ansehnlichen Teil davon) eingeschränkt. Entscheidungen und Veränderungen müssen mit der „Dritten im Bunde" abgesprochen werden. Privat ist daher nicht mehr privat, im Blick auf die Sicherheiten wird die Grenze zwischen Unternehmen und Familie aufgelöst oder missachtet.

Die Koalition des Ausblendens

Der Unternehmer hat in der Hoffnung, seinen Traum der Selbstgestaltung seines beruflichen Alltags verwirklichen zu können, wenig Interesse an Krisenszenarien. Seine Interessenlage als potentieller Unternehmensgründer und die der Bank sind gleich gerichtet. Die Bank sieht ihre Verdienstchance, ihr Risiko ist abgesichert. Sie hat zu diesem Zeitpunkt nur ein begrenztes Interesse daran, Krisenszenarien durchzuspielen. Störende Fragen der Ehefrau des Unternehmers und kritisches Überdenken der ökonomischen Grundlagen der Unternehmensgründung sind zu diesem Zeitpunkt weder von der Bank noch dem Unternehmermann gewollt.

Weigert sich die Frau, ihr Vermögen mit einzubringen, löst dies eine Vertrauenskrise zwischen den Ehepartnern aus. Die Verwirklichung seines Traumes, ein Unternehmen zu gründen und selbständig zu sein, scheitert möglicherweise. Nur bei einer Paarbeziehung mit offener Kommunikation und guter Konfliktfähigkeit besteht für die Frau eine Chance, sich in den folgenreichen Entscheidungen berücksichtigt zu finden.

Unterstützt die Bank die Existenzgründung durch die Kreditvergabe – bei privater Absicherung, versteht sich – wird ihr dies vom Unternehmerpaar häufig als wohlwollendes Entgegenkommen und als Zustimmung zu Geschäftsidee und Planungen ausgelegt.

Die Hoffnungen des Mannes bekommen durch die Unterstützung der Bank mehr Gewicht als die möglichen Einwände der Frau. Ihre Bedenken werden durch die Sachkompetenz der Bank – repräsentiert durch einen freundlichen Angestellten – zerstreut. Die weiteren Verhandlungen über Kreditrahmen und Absicherung führen der Unternehmermann und die Bank in der Regel dann allein.

Das Ausblenden der möglichen Krise und die scheinbare Absicherung durch die Verträge, lässt ein Klima des „Sich-aufeinander-verlassen-Könnens" entstehen. Diese Sicherheit, in der die Erwartungen und Pflichten klar scheinen, teilt nun auch die beruhigte Ehefrau.

Sie leistet die Unterschrift für die Haftung mit ihrem privaten Vermögen bei Liquiditätsproblemen. Die „Dritte im Bunde" ist von nun an stets präsent.

Das Dilemma des Unternehmers in der Krise

Die Beziehung zwischen Bank und Unternehmer ist komplementär. Die scheinbare freundliche Partnerschaft löst sich in der durch ein Liquiditätsproblem entstandenen Krise meist sofort in die vorhandenen Machtstrukturen auf. Es kommt zu einer Inkongruenz in der Kommunikation, die leicht auf Seiten des Unternehmers zu einem Unterlegenheitsgefühl, zu einer Selbstwertproblematik bis hin zum Gefühl des Hilflos-Ausgeliefertseins führen kann.

Der Unternehmer (Mann) unterliegt in einer Krise des Unternehmens einem doppelten Druck. Einerseits braucht er Geld von der Bank und ist deren Macht, deren Zustimmung oder Bedingungen ausgesetzt, andererseits braucht er das Vertrauen seiner Frau in seine berufliche Kompetenz. Durch die Vermischung von privatem und beruflichem Kontext ist der innere Druck in der Krise für den Unternehmermann enorm. Dieser erhöht sich um so mehr, je mehr Familienmitglieder in den Betrieb eingebunden sind. Das Wissen, für den Arbeitsplatz vieler Menschen verantwortlich zu sein, verstärkt die Angst vor Inkompetenz noch mehr.

Dieser innere Druck kann dazu führen, dass der Mann in seinem Insuffizienzgefühl die Situation nicht wahrhaben will, sie schönredet, Ängsten der Frau gegenüber eher abwiegelnd reagiert. Solch ein Verhalten wird dann enorm bestärkt, wenn die Frau, wie viele Fälle zeigen, alle Entscheidungen bezüglich der Firma dem Mann überlässt. Oft will sie auch keinen Einblick in die inneren Zusammenhänge haben, selbst wenn sie in der familieneigenen Firma arbeitet.

Die Erfahrung zeigt, dass der Unternehmermann, wenn er unter dem beschriebenen starken inneren Druck steht, dazu neigt, die Situation möglichst schnell lösen zu wollen. Die Frauen neigen eher zu einer konservativen Rolle, in der ihnen das Bewahren der Besitzstände das Anliegen ist. In dieser Situation koaliert die Bank im Allgemeinen erneut mit dem Mann.

Uninformiert, von Existenzängsten gebeutelt, sieht sich die Partnerin einer Übermacht gegenüber. Sie fühlt sich hilflos einer schweren Krise ausgeliefert und reagiert unter Umständen mit Depression, Angstzuständen oder auch psychosomatischen Symptomen.

Jede Krise wird zur Existenzkrise – im doppelten Sinn

Gibt es eine Krise durch Auftragsflaute, Rezession o. Ä., so sind mit dem Wegfall der Aufträge nicht nur die Firma und der Arbeitsplatz des Unternehmermannes gefährdet, sondern durch die persönliche Haftung steht das Vermögen des Paares auf dem Spiel. Ist die Frau Mitarbeiterin in dem Unternehmen, verschärft sich der Konflikt auf der privaten Ebene noch. Die Gefahr bei einem Insolvenzverfahren auch das gesamte verpfändete Familienvermögen zu verlieren, ist angesichts der noch immer hohen Insolvenzrate in Deutschland durchaus realistisch. Es liegt auf der Hand, dass der drohende Verlust des Arbeitsplatzes, des Hauses usw. sehr schnell auch zu einem Verlust der Partnerschaft führen kann.

Unternehmerpaare sind daher mehr als andere gefordert, Strategien zur Bewältigung existentieller Krisen zu entwickeln.

Natürlich gilt die Verknüpfung von privatem und beruflichem Kontext auch umgekehrt. Gibt es eine Paarkrise, die möglicherweise zur Scheidung führt, steht auch die Existenz des Unternehmens auf dem Spiel. Dies gilt dann, wenn der finanzielle Handlungsfreiraum des Unternehmermannes durch das gemeinsame Vermögen abgesichert wird.

Die ohnmächtige Macht der Ehefrau

Selbst in Fällen, in denen das Liquiditätsproblem offensichtlich nur zeitlich befristet ist – bei hohen Außenständen, guter Auftragslage, hohem Umsatz im letzten Jahr –, hat der Zugriff der Bank Auswirkungen auf die Dynamik des Unternehmerpaares.

Die Ehefrau ist mächtig, da sie ja mit ihrer Unterschrift unter die Bürgschaft über die Existenz oder Nichtexistenz der Firma entscheidet. Ihr Mann ist abhängig von ihr. Haftet sie nicht mit ihrem Vermögen, hat ihr Mann schlechte Karten bei der Bank. Andererseits ist sie ohnmächtig, da sie ja in der Regel will, dass die Firma weiterbesteht. Sie wird daher geneigt sein zu unterschreiben. Obwohl Frauen durchaus kritische Punkte in der Firmenentwicklung sehen, Bedenken gegenüber einem neuen Geschäftspartner haben usw., zeigen Gespräche mit Frauen von Familienunternehmern, dass es sehr häufig so ist, dass sie diese Bedenken übergehen und unterschreiben. Mit dieser Unterschrift setzen sie ihr Vermögen ihrem Mann zuliebe aufs Spiel. Oft besteht bei den Ehefrauen eine Ambivalenz zwischen der Zuneigung zum Ehemann einerseits und dem Misstrauen seinen Fähigkeiten gegenüber andererseits. Diese Ambivalenz spürt er. Das Paar steckt in einer tiefen Krise.

Kritikimmunisierung durch „rationale Objektivität"

Vor einer plötzlichen Neubewertung der Kreditwürdigkeit, die möglicherweise bankinterne Gründe hat (Fusion, Personalveränderungen, Verluste bei anderen Projekten – z. B. in den neuen Bundesländern –, Verschiebung von Geschäftsschwerpunkten), sind auch alte Unternehmen nicht gefeit.

Die Bank, als kompetent in Geldangelegenheiten betrachtet, bestimmt, wie schwer die Problemlage ist. Sie bedient sich scheinbar objektiver Kriterien. Das zunehmend vorgeschriebene Rating[3] zur Einschätzung der Kreditwürdigkeit eines Unternehmens dient der

3 Anm. d. Hrsg.: Nach dem so genannten „Basler Akkord II" hängt das Maß, mit dem Kredite, die eine Bank vergibt, mit deren Eigenkapital unterlegt sein müssen, von der Einschätzung der Kreditwürdigkeit des jeweiligen Unternehmens ab. Von der damit verbundenen Bewertung des Kreditrisikos wiederum

Unterstreichung dieser Objektivitätsidee. Es ist im Beziehungsgefüge Unternehmerpaar/Bank ein mächtiges Instrumentarium. Es ist für den Unternehmermann, ohnehin in einer schwierigen psychischen Verfassung in Zeiten der Liquiditätsprobleme, nahezu unmöglich, von der Bank rational angebotene Argumente zu widerlegen. Er ist in einem Problemzirkel gefangen, deren Definition und Problemlösung die Bank vorgibt. Dass oftmals die Beurteilung der Unternehmenslage keineswegs der tatsächlichen Situation entspricht, die vorgegebene Objektivität lediglich eine Sichtweise von vielen möglichen Sichtweisen darstellt, spielt dabei keine Rolle. Dies gilt besonders dann, wenn die Bank selbst solch ein Rating vornimmt, und nicht eine unabhängige Ratingagentur (wobei allerdings zweifelhaft ist, dass die eine bessere Intimkenntnis des Unternehmens erlangen würde). Die Bank stellt ihre einmal gemachte kritische Beurteilung des Unternehmens nicht mehr in Frage. Vorgelegte Fakten zum Unternehmen, die der Einschätzung der Bank widersprechen, werden ignoriert. Die Unkenntnis einer Branche führt auf Seiten der Bank oft erst recht zum Beharren auf der scheinbaren Objektivität des Urteils. Das vom Unternehmer beschworene, jahrelange Vertrauensverhältnis ist plötzlich nichts mehr wert.

Die scheinbare Objektivierung des Problems immunisiert nicht nur gegen jegliche Kritik, die in der Regel unter dem bestehenden Existenzdruck vom Unternehmer oder seiner Frau emotional vorgetragen wird, sondern macht auch die Bank bzw. ihren Vertreter bewegungsunfähig. Dies muss das Unternehmerpaar in seinen Ver-

hängt die Höhe des zu erhebenden Zinssatzes, d. h. des Preises des Kredits, ab. Deswegen werden sich in Zukunft alle Unternehmen, die einen Bankkredit haben wollen, solch einem Ratingwerfahren zu unterziehen haben. Dabei werden nicht nur "harte Daten" in die Analyse einbezogen, sondern auch so genannte "weiche Faktoren" wie die Qualität des Managements, die Vorsorge für die Unternehmensnachfolge etc. Der Zweck dieser Vorschrift ist, das Weltfinanzsystem vor Turbulenzen zu schützen, die dadurch entstehen könnten, dass Banken durch große Verluste Kettenreaktionen von Zahlungsunfähigkeiten auslösen. Die Einführung des Ratings mit all seinen Konsequenzen für die Beziehung Bank-Kreditnehmer geht also nicht auf die Initiative der Banken zurück. Es wird aber vor allem für Familienunternehmen und ihre Offenheit gegenüber außen stehenden Beobachtern weit reichende Folgen haben (vgl. dazu Simon 2002).

handlungen mit der Bank berücksichtigen. Die Liquiditätskrise wird nun oft zur Beziehungskrise der beteiligten Personen.

Lösungsfalle

Unter dem Druck der Vorgaben durch die Bank verhalten sich zunächst alle Beteiligten so, als ob nur die Bank die Lösung des aufgetretenen Kreditproblems kennen würde. Die Bank hat natürlich sehr viel Interesse daran, dass diese Sichtweise bestehen bleibt, da sie damit die Regeln des Verfahrens bestimmen kann. Legitimiert durch die „Objektivität“ der Tatsachen scheinen ihre Lösungsvorschläge rational und die einzig möglichen zu sein.

Die angesprochene Machtkonstellation legt die Annahme nahe, dass die Lösungsvorschläge dem Interesse der Bank mehr dienen als dem Unternehmerpaar. Diese Annahme wird in der Praxis leider nur zu häufig durch wenig kundenfreundliche Lösungsvorschläge bestätigt.

Der Unternehmermann neigt aufgrund seines Insuffizienzgefühls und wegen des beschriebenen inneren Drucks eher dazu, die Sichtweise der Bank zu übernehmen. Wehrt sich die Frau, besteht die Gefahr, dass ihr Zögern als das wahre Problem identifiziert wird. Übernimmt der Mann die Lösungsvorgabe der Bank als einzig vernünftige, bleibt im Allgemeinen nur noch die Unterwerfung der Frau oder ihre Weigerung. Die Finanzkrise wird zur existentiellen Krise des Paares. Die Akzeptanz der von der Bank vorgegebenen Lösungsidee auf der Sachebene wird zum „Beweis“ für die Tragfähigkeit der Beziehung, andernfalls wird sie in Frage gestellt.

Die Individualisierung des Finanzproblems

Das Problem der Verknüpfung der Kreditvergabe mit dem weiteren Zugriff auf das Familienvermögen wird an die Ehefrau abgegeben. Wenn sie nicht im Sinne der Bank ihre Zustimmung dazu gibt, ihr Vermögen einzusetzen, ist plötzlich sie (und nicht die Bank) schuld an dem Problem. Ihr Zögern ist jetzt das Problem. Die Situation wird emotional hoch aufgeladen.

Mit ihrem Bedenken steht die Ehefrau der Krisenbewältigung im Weg. Sie scheint sich in nahezu irrationaler Weise an das private Vermögen zu klammern. Wobei ihr Mann doch gerade mit der Zustimmung zur von der Bank vorgeschlagenen Lösung die Firma retten und damit Vermögen erhalten will. Er fühlt sich abgewertet in seiner Entscheidungskompetenz zum Wohle der Familie. Die Frau wird zu einer Art Feindin der schnellen Krisenbewältigung. Sie fühlt sich in ihrem Vertrauen auf die unabhängige Urteilsfähigkeit ihres Mannes getäuscht. Sie hat nicht das Gefühl, respektiert zu werden. Die Bank steht zwischen dem Paar. Der Mann scheint nun enger verbunden mit der Bank als mit seiner Partnerin. Wird die Lösung der Bank übernommen, ohne Klärung des Beziehungskonfliktes des Unternehmerpaares, hat diese Konfliktregelung – über die aktuelle, vorläufige Krisenbewältigung hinaus – enorme Sprengkraft für die Beziehung.

Lösung

Es liegt auf der Hand, dass die Krisenbewältigung eines Paares von der Gestaltung seiner Beziehungsstruktur abhängt. Gehen wir von der idealen Situation einer partnerschaftlichen Beziehung mit offener Kommunikation und Konfliktfähigkeit aus, so wird das Paar versuchen, die Krise gemeinsam zu meistern, d. h. der Unternehmermann wird seine Frau in das Krisenmanagement mit einbeziehen.

Der als ungerechtfertigt erlebte Druck durch die Bank und die Abwertung der Kompetenz des Ehemannes durch die Art des Eingreifens der Bank, kann dazu führen, dass die Bank in den Augen der Frau die Legitimation der Problemdefinition verliert. Die Bank wird dadurch in ihrer Macht entwertet. Es ist kein Zufall, dass es häufig die Frauen sind, die beginnen, aus dem Problemzirkel auszusteigen.

Die Ausschließlichkeit der Interaktion zwischen Unternehmerpaar und Bank wird jetzt unterbrochen. Die Einbeziehung neuer Personen, z. B. von Beratern usw., wird möglich und sie eröffnet neue Perspektiven. Dies ist in der Regel auch der Zeitpunkt, in dem ein Unternehmerpaar die Familie oder die Freunde über die Krise informiert. Mit der Einbeziehung neuer Informationen zeigen sich neue Lösungswege. Das Paar gewinnt seine Handlungskompetenz zurück. Der Mann wird durch die Unterstützung seiner Frau entlastet. Er fühlt sich geachtet und gewinnt wieder innere Sicherheit. Die Frau sieht sich in ihren Bedenken anerkannt. Die Lösung kann so gemeinsam gefunden und getragen werden.

Diese Koalition der Ehepartner liebt die Bezugspersonen in der Bank meist nicht. Viele Frauen berichten, dass ihre kompetente Einmischung in die Verhandlungen gerade bei Krisensitzungen von Bankern nicht gewollt war.

Bleibt das Paar, trotz der zunehmenden Machtdemonstration und Eskalation seitens der Bank, bei seiner gemeinsamen, aktiven Lösungssuche, erhöht sich die Wahrscheinlichkeit, die innere Sicherheit als Paar und die Handlungskompetenz zurückzugewinnen und eine neue Abstimmung ihrer Handlungsmöglichkeiten mit der Bank zu erreichen. Neue Lösungen werden gefunden.

Aufgrund der beschriebenen Beziehungskrise, in die auch der Vertreter der Bank als Person verwickelt ist, kann es oft notwendig werden, mit einem anderen Vertreter der Bank zu verhandeln und/oder einen Berater zu Verhandlungen mitzunehmen, um aus dem definierten Problemzirkel aussteigen zu können. Ein Austausch des Bankvertreters kann es der Bank ermöglichen, neue Sichtweisen zuzulassen, ohne die eigene Objektivität in Frage stellen zu müssen.

Kommt es jedoch zu einem Insolvenzverfahren, so gibt die beschriebene kompetente Einmischung der Frau in die Krisenbewältigung und die Akzeptanz dieser Einmischung durch den Unternehmermann beiden das Gefühl, alle Möglichkeiten gemeinsam ausgeschöpft zu haben. Es ist eine gute Grundlage, auch beim Verlust des Familienunternehmens als Paar miteinander weiterleben zu können.

9. Der Dritte in der Eltern-Kind-Beziehung

Familiäre Funktionen des Fremdmanagers

Wer als Fremdmanager in ein Familienunternehmen eintritt, sollte sich darüber klar sein, dass er nicht nur innerhalb des Unternehmens wichtige Funktionen übernimmt, sondern auch innerhalb der Familie. Wer denkt, er könne das Unternehmen gegen die Familie führen, hat in der Regel wenig Erfolgschancen. Seine Aufgabe besteht darin, immer die familiäre Dynamik mitzudenken bei seinen Entscheidungen. Oft genug wird er auch für innerfamiliäre Konflikte funktionalisiert; sich dieser doppelten Rolle – in Familie und Unternehmen – bewusst zu sein ist Voraussetzung für die erfolgreiche Arbeit als Fremdmanager. Im folgenden Kapitel wird an einem konkreten Beispiel dargestellt, wie Fremdmanager als Dritte in der Beziehung zwischen Vater und Sohn als Übergeber und Übernehmer eine Rolle spielen können.

FBS

Der Dritte in der Eltern-Kind-Beziehung

Familiäre Funktionen des Fremdmanagers

Fritz B. Simon

Eine der strukturellen Bedingungen, die immer wieder zu Nachfolgeproblemen führen, ist der unterschiedliche Rhythmus der Lebenszyklen von Familie und Unternehmen. In Unternehmen ergeben sich Veränderungsnotwendigkeiten aufgrund der Veränderung von Märkten, in Familien ergeben sich aufgrund der Wachstums- und Alterungsprozesse ihrer Mitglieder Veränderungsnotwendigkeiten. Solange der Unternehmer flexibel genug ist, kann er die Anforderungen der Unternehmensentwicklung beeinflussen und forcieren, mit zunehmendem Alter verliert er häufig (nicht immer) die Lust daran oder die Fähigkeit dazu. In einem nicht mit einer Familie verbundenen Unternehmen steht einer Führungskraft, die an die Pensionsgrenze stößt, nichts im Wege, um sich dem wohl verdienten Ruhestand zuzuwenden. Oder aber, wenn es Flexibilitätsprobleme gibt, so steht meist dem Austausch des Personals in derartigen Führungsfunktionen nichts entgegen. Wenn aber die Nachfolge innerhalb der Familie vollzogen werden soll, so entsteht – schon der Wahrscheinlichkeit nach – sehr häufig das Problem, dass die Entwicklungen in der Familie und im Unternehmen nicht synchron verlaufen. Selbst wenn die Kinder bereit sind, in die Fußstapfen der Eltern zu treten, so sind sie in ihrer persönlichen Entwicklung, ihrer Ausbildung, ihrer Entscheidungsfindung häufig noch nicht so weit, wenn eigentlich das Unternehmen neuer Impulse bedürfte und die Elterngeneration sich zu Ruhe setzen möchte. So kommt es nur zu oft zu einer für die Unternehmensentwicklung fatalen Stagnation, einer Bedenk- und Wartezeit, in der keine grundlegenden Entscheidungen mehr getroffen werden, von der Substanz gelebt wird und zukunftsweisende Entwicklungen „verschlafen" werden.

In solch unentschiedenen Situationen wird häufig ein Fremdmanager eingestellt. Er bietet die Möglichkeit, professionell die Übergangsphase zu überbrücken. Allerdings ist dies eine Aufgabe, die mehr als nur Managementfähigkeiten erfordert, da die Aufgabe solch eines Interimsmanagers nicht allein den Betrieb betrifft, sondern er auch immer die Familie mit im Blick behalten muss. Auch wenn nur die wenigsten Fremdmanager sich dessen bewusst sind, sie werden immer auch zur Erfüllung familiärer Funktionen eingestellt. Wer das nicht weiß und gar meint, es sei seine professionelle Aufgabe, auf eine klare Trennung zwischen Familie und Firma hinzuwirken, wird in der Regel scheitern. Welche Rolle familiäre und unternehmerische Gründe bei der Wahl des Fremdmanagers spielen können, soll an folgendem Fallbeispiel illustriert und analysiert werden.

Der Unternehmer und das Unternehmen

Herr Eckardt ist Unternehmer in der zweiten Generation. Eigentlich wollte er Philosophie studieren, doch als der Vater starb, entschloss er sich aus Loyalität der Familie gegenüber, Ingenieur zu werden, um die elterliche Firma (Technischer Service, hoch spezialisiert, 80 Mitarbeiter) übernehmen zu können. Seit etwa seinem 55. Lebensjahr bereitet er seinen „Ausstieg" aus der Verantwortung für das Unternehmen vor. Es scheint ihm an der Zeit, sich auf seine Liebe, die Philosophie, zu besinnen.

Damals ist sein Sohn 19 Jahre alt, viel zu jung, um schon als Nachfolger in Frage zu kommen. Die jüngere Tochter, deren Talente und Interessen in ganz andere Richtungen weisen, kommt schon damals nicht in Betracht, jemals im Betrieb zu arbeiten.

Was die Nachfolgefrage betrifft, fühlte sich Herr Eckardt immer sehr aufgeklärt und leidenschaftslos. Es war ihm klar, dass er nach Abgabe der Verantwortung eine anderweitige, befriedigende Beschäftigung brauchte, um sich „wirklich" zurückziehen zu können. Und er hatte auch schon konkrete Pläne dafür: Er wollte dann endlich Philosophie studieren. In der nahe gelegenen Universitätsstadt böte sich die Möglichkeit.

Seine Idee war es, einen „weichen" Ausstieg vorzunehmen, bei dem er nach und nach seine Energien in andere (z. B. philosophische) Richtungen leiten könnte. Wichtig war ihm bei allen Überlegungen zur Nachfolge, dass seinem Sohn die Option offen gehalten werden sollte, in die Firma „einzusteigen", ohne ihn aber dazu zu drängen. Es galt also, die Zeit zu überbrücken, bis der Sohn so weit wäre, sich für oder gegen die Übernahme zu entscheiden; dabei wollte Herr Eckardt sich schon vorher „zurücknehmen", um langsam den Weg für einen Nachfolger freizumachen.

Drei Versuche – Zeitgewinn

Der erste Versuch scheiterte kläglich. Herr Eckardt stellte als Mit-Geschäftsführer einen nahen Verwandten ein, um den er – einem Versprechen folgend, das er seiner Mutter auf dem Sterbebett gegeben hatte – sich „kümmern" wollte. Es dauerte nicht lange, bis sich herausstellte, dass der junge Mann nicht in der Lage war, die 80 Mitarbeiter zu führen. Er ließ sich von ihnen „auf den Kopf scheißen" (Zitat Eckardt), sodass die schließlich machten, was sie wollten. Das führte nicht zu einer Verbesserung der Arbeits- und Geschäftsergebnisse. Ganz im Gegenteil, an den Zahlen waren die Veränderungen der Arbeitsmoral relativ schnell abzulesen.

Es kam wie es kommen musste, an einer Trennung führte kein Weg vorbei. Dem Versprechen am Sterbebett und den familiären Loyalitäten entsprechend kam es zu einer „gütlichen" Einigung, d. h. zur Zahlung einer beträchtlichen Abfindung an den gescheiterten, „bekümmerten" ehemaligen Geschäftsführer.

Der zweite Versuch bestand darin, einen Manager einzustellen, der als das charakterliche Gegenstück zum ersten Kandidaten erschien. Er zeigte sich machtbewusst und hatte keine Schwierigkeiten, auch unpopuläre Maßnahmen durchzusetzen. In der damaligen Phase der Unternehmensentwicklung war er damit von großem Nutzen für Herrn Eckardt, da es ihm zuwider war, die Rolle des „Bösen" zu übernehmen, selbst wenn sie betriebswirtschaftlich geboten erschien.

Zum Konflikt zwischen beiden Geschäftsführern kam es, als sich die Machtstrategien des Fremdmanagers auch gegen den Sohn richteten und deutlich wurde, dass er ihm den Weg in eine verantwortliche Position innerhalb der Firma verbauen wollte. Es kam zum Bruch, wiederum unter Zahlung einer versöhnenden Abfindung.

Der dritte zum Scheitern verurteilte Versuch bestand darin, einen „mit allen Wassern gewaschenen" Konzernmanager einzustellen. Er hatte zwar viel internationale Erfahrung in und mit der Branche, aber „keine Ahnung, wie Mittelständler Geld verdienen". Er konnte sich nicht an die neuen Dimension anpassen und verfolgte Strategien, die nicht tragfähig waren. Entscheidend für das Scheitern war aber wohl, dass es immer wieder zu Konflikten mit dem Sohn kam, der inzwischen in der Firma zu arbeiten begonnen hatte. Der Sohn hatte die selbständige Leitung eines Filialbetriebs übernommen und setzte dort seine eigenen Ideen um. Es kam immer wieder zu Auseinandersetzungen über das Verhältnis Filiale/Zentrale, bei denen der Geschäftsführer die Autonomie des Sohnes beschneiden wollte. Die Kontroversen blieben nicht auf der sachlichen Ebene, sie wuchsen sich zur persönlichen Feindschaft aus. Es war ein bisschen wie im Krieg, und der Sohn blieb der Sieger. Herr Eckardt entschied sich für ihn und gegen den Fremdmanager. Wiederum kam es zur Trennung mit entsprechender Abfindung.

Alle drei Versuche machten Herrn Eckardt um einen siebenstelligen Betrag ärmer und um vielfältige Erfahrungen mit Fremdmanagern reicher, vor allem aber überbrückten sie eine Zeit von etwa 10 Jahren. Es ist die Zeit, die der Sohn und Wunschnachfolger von Herrn Eckardt brauchte, um 30 Jahre alt zu werden, eine zu den Aufgaben in der väterlichen Firma passende Ausbildung zu durchlaufen und sich zu entscheiden, ob er wirklich die Nachfolge beanspruchen will. Er ist jetzt Mit-Geschäftsführer und erweist sich als überaus kompetent, sodass sich der Vater nunmehr – seinen abgeklärten Beteuerungen zum Trotz – mit deutlicher Wehmut vor der „Chance" sieht, seinen Wunschtraum, Philosophie zu studieren, verwirklichen zu müssen.

Diese Geschichte, die das Leben schrieb (der Name der Hauptperson ist verändert), illustriert in mehrfacher Hinsicht die Chancen und Risiken des Interimsmanagements im Rahmen von Nachfolgeprozessen in Familienunternehmen. Ganz generell ist dabei zu berücksichtigen, dass es dabei immer um das Management zweier sozialer Systeme geht: des Unternehmens und der Familie. Wer meint, er sei engagiert worden, um allein innerhalb des Unternehmens Leitungsfunktionen zu übernehmen, macht sich nicht klar, dass er auch immer eine Funktion (wenn auch nur selten eine leitende) für die Familie übernimmt. Unternehmen und Familie sind zwei Spielfelder, auf denen zwar unterschiedliche Spiele gespielt werden, der Fremdmanager bewegt sich aber, ob er sich dessen bewusst ist oder nicht, auf beiden. Und manchmal meint er, einen Spielzug auf dem einen Feld zu tätigen, während er auf dem anderen wirksam wird. Er schießt ein Tor auf dem Unternehmensspielfeld und merkt gar nicht, dass es auf dem familiären ein Eigentor war. Entscheidungen, die für das Unternehmen funktional sind, sind nicht immer nützlich für die Familie – und umgekehrt.

Die Logik der Ereignisse

Bleiben wir bei der Firma Eckardt und analysieren wir, was passiert ist. Die Einsicht, etwa zehn Jahre vor dem in Aussicht genommenen Rückzug aus der Verantwortung mit der Vorbereitung der Nachfolge zu beginnen, ist zunächst erst einmal uneingeschränkt positiv zu bewerten. Hier zeigt sich ein Unternehmer des auf ihn bzw. die Firma zukommenden Problems bewusst. Er erlebt aber auch schon das Dilemma zwischen den zwei Seelen in seiner Brust: der des „guten Vaters" und der des „guten Unternehmers". Als Vater will er dem Sohn die Freiheit lassen, seine eigene berufliche Identität zu finden. Als Unternehmer will er einen fachlich kompetenten Nachfolger, der sein Lebenswerk verantwortlich weiter führen kann. Da die Familienplanung auch in diesem Fall nicht mit der geschäftlichen abgestimmt ist (sonst wäre der Sohn schon zehn Jahre eher gezeugt worden), muss eine Entscheidung getroffen werden, die eigentlich keine ist, d. h. alle Möglichkeiten offen lässt. Da bietet sich der Verwandte als Mitgeschäftsführer und Testfall an. Bei seiner Wahl haben die familiären Argumente die Oberhand gegenüber unternehmerischen Erwägungen gewonnen. Als sich dies als Irrtum herausstellt, entscheidet sich Herr Eckardt für den Gegenpol: einen Manager, der sich nicht von familiären Skrupeln den Herrn Eckardt emotional nahe stehenden Mitarbeitern irritieren lässt. Er entscheidet so, wie er es auch in einem Unternehmen ohne familiäre Anbindung getan hätte. Das tat dem Geschäftsergebnis zwar gut, stellte aber einen Kulturbruch dar, der nicht mehr tolerierbar war, als es die tatsächliche Familie von Herrn Eckardt, seinen Sohn, betraf. Hier war nun wieder der „gute Vater" gefragt, der seinem Sohn alle Möglichkeiten offen lassen wollte. Dies wurde ihm umso mehr ein Anliegen, als der Sohn eine Ausbildung gemacht hatte, die ihn in die Lage versetzte, in die väterliche Firma einzutreten.

Die Motive für die Auswahl der ersten beiden Fremdmanager können als ein Pendeln des Eigners zwischen dem rein familiären und dem rein unternehmerischen Pol verstanden werden. Im ersten Fall kam dabei das Unternehmenswohl zu kurz, im zweiten das der Familie. So kam es zu dem dritten Versuch, der aus anderen Gründen „scheiterte". Hier lag es nicht so sehr am Konflikt zwischen Familien- und Unternehmenswohl, sondern an der Diskrepanz der Managementstile und -methoden zwischen Weltkonzernen und mittelständischen Unternehmen. Dieser Konflikt wurde sichtbar gemacht und ausgetragen in immer wiederkehrenden Auseinandersetzungen zwischen dem Fremdmanager und dem Sohn des Unternehmers. Gewinner war schließlich der Sohn, der den Fremdmanager aus dem Unternehmen drängte und seine Position übernahm.

Konfliktumleitung

Betrachtet man die Dreierbeziehung Eigner – Fremdmanager – Sohn, so zeigt sich ein elegantes Arrangement, das gleichermaßen nützlich für Familie wie Unternehmen war. Der Fremdmanager war für den Sohn von Herrn Eckardt ein idealer Konfliktpartner, an dem er die Auseinandersetzung mit einer Vaterfigur vollziehen konnte, ohne dabei Rücksicht auf den realen Vater nehmen zu müssen. Man ist erst erwachsen, wenn man sich von seinem Vater emanzipiert hat, so lautet eine alte psychologische Binsenweisheit. Üblicherweise geschieht das dadurch, dass man ihn abwertet oder sich Werte und Betätigungsfelder sucht, die dem Vater unverständlich oder unzugänglich sind und in denen er sich nicht kompetent fühlen kann. In Familienunternehmen ist dieser Weg fast immer ausgeschlossen. Das stellt eine besondere Anforderung an die Entwicklung einer eigenen Identität des Nachfolgers. Er kann sie nicht oder nur schlecht durch Abgrenzung gegen den Vater oder die Familie finden. Im Falle der Familie Eckardt war dies auch nicht nötig, da der Sohn die Autoritätsfrage am Fremdmanager „abarbeiten" konnte und damit die Vater-Sohn-Beziehung geschützt wurde. So war es – von außen betrachtet – nicht nur Aufgabe des Fremdmanagers, unternehmerische Funktionen zu übernehmen, sondern vor allem lag seine Leistung darin, den Vater von familiärer, emotionaler „Arbeit“ zu entlasten. Dass die Auseinandersetzungen sich auch auf Fragen der Zukunftsplanung des Unternehmens bezogen, bei denen der Sohn die Position des Mittelständlers gegen einen abgehobenen Konzernstrategen vertreten konnte, kann als weiterer Glücksfall (oder Geniestreich des Vaters bei der Auswahl des Fremdmanagers) betrachtet werden.

Jetzt leiten Vater und Sohn den Betrieb gemeinsam, und ihre Beziehung ist nicht von den üblichen Vater-Sohn-Problemen getrübt, da der Sohn sich bereits beweisen konnte, dass er seinen Mann stehen und sich auch gegen Autoritäten durchsetzen kann.

Wie diese Geschichte zeigt, liegen die Aufgaben des Fremdmanagers in Familienunternehmen oft darin, potentiellen Nachfolgern eine Bedenk- und Entwicklungszeit zu eröffnen. Wenn er klug ist, stimmt er seine eigene Zukunftsperspektive dabei mit der Entwicklungsperspektive der Familie ab und vermeidet Konkurrenzkonstellationen (in Konflikten mit Familienmitgliedern verliert er in der Regel). Und er sollte sich dessen bewusst sein, dass die Erwartung an ihn immer auch Loyalität der Familie gegenüber und die Übernahme familiärer Funktionen ist. Im Extremfall wird er zum Mitglied der erweiterten Familie. Sein Vorteil ist allerdings, dass er auch wieder gehen und daher nüchternere Lösungen ermöglichen kann.

10. Das Dilemma des Nachfolgers

Konflikte zwischen traditionellen und modernen Familienformen

Wer durch seine Geburt dazu ausersehen ist, die Rolle des Nachfolgers in der Leitung eines Familienunternehmens zu übernehmen, ist einem besonderen Dilemma ausgesetzt. Wie in vormodernen Familien oder heute noch in Königshäusern werden seine soziale Identität und sein Status bereits bei der Geburt und durch die Geburt festgelegt. Dass er Erbe ist, ist nicht seiner persönlichen Leistung zuzurechnen. In einer Zeit, in der das individualistische Ideal persönlicher Selbstentfaltung den Lebensentwurf des durchschnittlichen jungen Menschen bestimmt, gerät der potentielle Nachfolger in den Konflikt zwischen den familiären Rollenerwartungen (und -chancen) einerseits und den von den Altersgenossen vorgelebten selbstbestimmten Berufs- und Lebensentscheidungen andererseits. Er ist mit einer paradoxen Handlungsaufforderung konfrontiert: Er soll autonom sein und selbst entscheiden und er soll sich gleichzeitig der Delegation der Elterngeneration unterwerfen und die familiäre Tradition fortführen – das Lebenswerk anderer. Es ist ein struktureller Konflikt, dem er nicht entgehen kann und der unabhängig von seinen persönlichen Sensibilitäten entsteht. Der Familie, den Eltern, die mit diesem Konflikt konfrontiert sind, bleibt nicht viel mehr als ihre Werte zu leben und darauf zu hoffen, dass sie für den Nachfolger so attraktiv sind, dass er die Paradoxie auflöst und freiwillig das tut, was er tun soll: die Nachfolge antreten.

FBS

Das Dilemma des Nachfolgers

Konflikte zwischen traditionellen und modernen Familienformen

Fritz B. Simon

Wenn man in der Tages- oder Wirtschaftspresse über die Situation von Familienunternehmen liest, so dreht es sich meist um die „Nachfolgefrage". Unternehmer erreichen die Altersgrenze, an der sie sich nach allgemeiner Einschätzung den Ruhestand verdient haben, aber sie können ihn sich nicht gönnen, weil sie keinen Nachfolger finden. Wenn sie sich als Familienunternehmer verstehen – was nicht bei allen Unternehmern vorausgesetzt werden kann –, so suchen sie diesen Nachfolger in der Familie. Mit der Erwartung der Nachfolge umzugehen, ist die besondere Herausforderung an Kinder in Unternehmerfamilien. Ihre Situation unterscheidet sich von der ihrer Altersgenossen und sie kann mit einer gewissen Wahrscheinlichkeit zu spezifischen Problemen und Dilemmata in ihrer Identitätsentwicklung führen. Einige der Bedingungen für die Entstehung dieser Schwierigkeiten sollen im Folgenden skizziert werden.

Was bedeutet Nachfolge?

Schon der Begriff der Nachfolge verweist darauf, dass es um die Handlungen von mehr als nur einem Akteur geht. Es gibt jemanden, der nachfolgt, was stillschweigend voraussetzt, dass jemand voran geht. Nachfolge ist also etwas, das mit der Beziehung mehrerer Protagonisten zu tun hat. Einer geht voran – der Vorgänger oder die Vorgängerin –, und einer folgt ihm oder ihr – der Nachfolger oder die Nachfolgerin. Ohne Nachfolger gibt es keinen Vorgänger und ohne Vorgänger gibt es keinen Nachfolger. Beide Rollen definieren sich gegenseitig.

Nachfolge ist alsoeine Form der Beziehung, und zwar eine Form der Beziehung, die auf sich gegenseitig ergänzenden Unterschieden beruht. Das wird deutlich, wenn wir uns bewusst machen, welche Bilder vor unser inneres Auge treten, wenn wir an Nachfolge denken. Da ist eine räumliche:

Eine Person schreitet durch irgendeine mehr oder weniger wilde Landschaft, eine oder mehrere andere Personen folgen ihr. In diesem Sinne handelt es sich bei der Nachfolge um die Beziehung zwischen einem Führer und dem oder den Geführten. Einer kennt den Weg, er weiß, wo es lang geht, und der andere eben nicht. Die Wort- und Sinnverwandtschaft von Nachfolge und Gefolgschaft wird in dieser Szene ziemlich deutlich und damit auch der möglicherweise hierarchische Aspekt, der in dieser Form der Beziehung liegt oder in ihr erlebt werden kann. Jemandem folgen, kann eben auch heißen, ihm zu gehorchen.

Das zweite Bild, das den meisten Leuten zur Nachfolge in den Sinn kommt, ist nicht die räumliche, sondern die zeitliche Nachfolge. Eine Person ist früher einmal einen bestimmten Weg gegangen, sie hat eine bestimmte Aufgabe oder Mission erfüllt, eine andere tritt – wie es so schön heißt – in ihre Fußstapfen, d. h. sie geht denselben Weg, auch wenn vom Vorgänger und seinen Aktionen nur noch die Spuren geblieben sind.

Beide Bilder verbindet miteinander, dass jeweils der Vorgänger eine Vorleistung erbringt, Standards setzt, Orientierungsarbeit leistet und einen Weg weist oder bahnt, während der Nachfolger ihm mehr oder weniger dicht auf den Fersen ist.

Diese schlichte Analyse der Begrifflichkeit zeigt vielleicht schon, dass Nachfolge eine Form der Beziehung ist, die einige heikle psychologische Implikationen hat – selbst, wenn man nur die Zweierbeziehung zwischen Vorgänger und Nachfolger betrachtet. Auf der einen Seite steht die begriffliche Nähe von Nachfolge und Gefolgschaft und auf der anderen Seite stellt sich die Frage, wie weit sich das Nachfolgen vom Verfolgen unterscheidet. Und in jedem Fall stellt sich die Frage nach Gemeinsamkeiten und Unterschieden zwischen dem, was Vorgänger und Nachfolger tun bzw. dem Wert ihrer ähnlichen oder unähnlichen Verhaltensstrategien.

Die Dreierbeziehung Vorgänger, Nachfolger und Aufgabe

Doch die Angelegenheit wird noch weit komplizierter, weil es sich bei der Nachfolge nämlich gar nicht um eine Zweierbeziehung handelt. In Wirklichkeit geht es um eine Dreiecksbeziehung. Und hier kommt nun die mögliche Last ins Spiel, als die eine Nachfolgezumutung erlebt werden kann. Es geht ja nicht darum, nur einfach jemandem auf einer ideellen Ebene zu folgen, sondern eine sachliche Aufgabe zu übernehmen: die Leitung eines Unternehmens. Man übernimmt von seinem Vorgänger die Verantwortung für die Leitung und das Management einer Firma und eines Vermögens, für den Wohlstand und das – zumindest finanzielle – Glück nicht nur der eigenen Familie, sondern auch der Mitarbeiter und ihrer Familien. Bei der Entscheidung, dies zu tun oder zu lassen, geht es also nicht allein um die Beziehung zwischen *Vorgänger* und *Nachfolger*, sondern auch um die Dreiecksbeziehung zwischen der *Aufgabe bzw. Verantwortung*, die übergeben oder übernommen werden soll, *und* dem Übergeber *und* dem Übernehmer.

Wie sonst im Leben auch, sind Dreiecksbeziehungen emotional erheblich komplizierter als Zweierbeziehungen. Was immer man mit dem einen anstellt, gewinnt eine Bedeutung für die Beziehung zum anderen. Der Dritte ist immer gedanklich und emotional dabei, auch wenn er nicht im Raum ist. Diese exponentiell steigende Kompliziertheit des Lebens dürfte, nebenbei bemerkt, einer der Gründe dafür sein, dass sich die Monogamie weitgehend durchgesetzt hat. Sie macht das Leben zwar möglicherweise langweiliger, aber sie macht es auch weniger anstrengend.

Dreiecksbeziehungen sind auf der Gegenseite weitaus spannender und aufregender, und das dürfte der Grund sein, warum der Monogamie von vielen Leuten immer mal wieder eine Auszeit gegeben wird. Aber Spannung und Aufregung sind eben auch nicht immer als positiv zu bewerten.

Aber zurück zur Dreiecksbeziehung bei der Nachfolge und ihren emotionalen Komplikationen.

Nehmen wir einen Unternehmer, sein Unternehmen und den potentiellen Nachfolger. Wer ein Unternehmen über lange Zeit führt, entwickelt eine persönliche Beziehung zu ihm. Es ist sein Baby, und er schläft nachts nicht aus Sorge um dessen Entwicklung. Und wenn er Kinder hat, so sind die auch seine Babys, und er schläft nachts nicht aus Sorge um ihre Entwicklung. Und fast zwangsläufig entsteht für ihn die Frage, wie er allen seinen Babys gerecht werden kann (eines der Probleme, die man nicht hat, wenn man nur ein „Kind" hat).

Ökonomisch erfolgreiche Menschen sind meist ja nicht deswegen erfolgreich, weil sie zu Hause sitzen und mit ihren Kindern im Sandkasten spielen oder deren Hausaufgaben betreuen. Ihre Energie geht zu einem guten Teil ins Geschäft. Kindern sind aber geschäftliche Notwendigkeiten wenig nachvollziehbar, je kleiner sie sind, umso weniger. Sie messen die eigene Wichtigkeit an der Aufmerksamkeit, die sie erhalten. Und wenn das Unternehmen mehr Aufmerksamkeit, mehr Zeit und Sorge erhält als sie, dann reagieren sie oft wie gegenüber Geschwistern mit Eifersucht. Wer ist eigentlich wichtiger: Ich oder das andere Baby, ich oder die Firma?

Um Missverständnissen vorzubeugen: Hier soll nicht suggeriert werden, dass man seinen Kindern mehr Aufmerksamkeit schenken sollte oder hätte schenken sollen. Es scheint keineswegs sicher, was in der Hinsicht das beste Maß ist. Festzustellen ist aber auf jeden Fall, dass man seinen Kindern nicht nur zu wenig, sondern auch zu viel Aufmerksamkeit geben kann. Es geht hier nur darum, deutlich zu machen, dass Kinder sehr oft eifersüchtig auf die professionellen elterlichen Beziehungen sind, und das gilt natürlich nicht nur, wenn die Eltern Unternehmer oder Unternehmerinnen sind, und es ist auch nicht von der Vermögenslage abhängig. Es ist eher so, wie ja auch ältere Geschwister oft sehr eifersüchtig auf die jüngeren Geschwister sind, weil die offensichtlich „zu viel" Zuwendung und Sorge erhalten. Oder wie es neulich ein zehnjähriger Junge über seine jetzt achtjährige Schwester sagte: „Sie hätte einfach nicht geboren werden sollen!" Wenn es nach ihm ginge, würde sie sofort in ein Heim gegeben oder in den Mutterleib zurückgeschoben.

Wer erbt wen?

Es ist ein psychischer Mechanismus, dem wir alle unterworfen sind, dass wir uns auch auf *Dinge* emotional so wie auf Personen beziehen. Wir können auch einer Firma gegenüber erotische Gefühle entwickeln, wovon die Werbung ja genug Gebrauch macht, uns mit ihr identifizieren oder eben auch eifersüchtig auf sie werden.

Das ist nichts Revolutionäres, sondern eher der Normalzustand und nicht irgendeine Form der Pathologie. Das heißt, wir sollten immer damit rechnen, dass auch hoch abstrakte Sachverhalte und Gegebenheiten personalisiert werden und man mit ihnen wie mit anderen Menschen umgeht.

Die für das Nachfolgeproblem wichtige Frage gilt in diesem Zusammenhang der Beziehung unter diesen verschiedenen Babys. Lieben sie sich oder hassen sie sich? Rivalisieren sie miteinander oder kooperieren sie miteinander? Sehen sie sich gegenseitig als Bereicherung, die ihnen Chancen eröffnen, oder als Bürde und Last, vor der sie möglichst schnell die Flucht ergreifen? Und welche Auswirkungen hat dies auf die Beziehung zur Generation der Übergeber?

Dies alles kulminiert in der entscheidenden Frage: *Wird das Unternehmen an den Nachfolger vererbt oder wird der Nachfolger an das Unternehmen vererbt?*

Wer und wessen Überleben und Glück ist im Zweifel wichtiger? Dient das Unternehmen oder das Vermögen der Familie oder dient die Familie dem Unternehmen oder dem Vermögen?

Persönliche Identität durch Geburt

Vor einigen Hundert Jahren wäre diese Frage einfach zu beantworten gewesen oder besser gesagt: sie hätte sich gar nicht gestellt. Der Einzelne, das einzelne Familienmitglied, war individuell gar nicht überlebensfähig. Jeder hatte nur als Mitglied eines größeren sozialen Systems eine Überlebenschance. Privatleben und Arbeit waren nicht zu unterscheiden, und unter Familie wurde eine ökonomische Überlebenseinheit verstanden. Familie war das so genannte „ganze Haus" und zu ihr gehörten alle, die miteinander wirtschafteten und lebten: vom Patriarchen bis zum Enkelkind, von der Magd bis zum Knecht, vom Ochsen im Stall bis zur Katze, die es sich am Ofen bequem machte. Biologisch Verwandte gab es unter all diesen Familienmitgliedern auch – das Kinderkriegen ließ sich ja gar nicht vermeiden, bei den engen Wohnverhältnissen und begrenzten Möglichkeiten der Verhütung – aber das Merkmal der Zugehörigkeit zum Hause und damit zur Familie war nicht allein die Verwandtschaft. Insofern konnte und musste auch noch nicht zwischen persönlichen und aufgabenorientierten Beziehungen unterschieden werden. Man gehörte dazu und hatte daher bestimmte Verpflichtungen zu übernehmen. Und weil man dazu gehörte, hatte man auch bestimmte Rechte auf Versorgung.

Der Entscheidungsspielraum des Individuums war sehr begrenzt. Seine persönliche Freiheit war gering und der soziale Anpassungsdruck war sehr groß. Die Karriere war bei der Geburt mehr oder weniger vorgezeichnet. Man lernte bei der Elterngeneration sein Handwerk oder sein Gewerbe; ihr Wissen und Können war das Kapital, das die gesamte Familie am Leben hielt, und es blieb auf diese Weise in der Familie. Wenn Sie wollen, so war dies eine vormoderne Form des Wissensmanagements. Das Verhalten des Einzelnen war außengesteuert: Es gab klare Gebote und Verbote, Rollenvorgaben und Spielregeln, an die sich jeder hielt. Und dadurch, dass sich jeder daran hielt, wurde eine familiäre Tradition etabliert, am Leben gehalten und weitergereicht – von Generation zu Generation. Doch diese Nachfolge wurde wahrscheinlich nicht als Bürde erlebt, denn es gab ja keine oder kaum Alternativen.

Wer sich nicht in derartige Traditionen einfügen mochte, hatte wenig Spielraum und Wahlmöglichkeiten. Sicher konnte man auch damals schon versuchen, „auf eigene Faust“ zu überleben, aber das ging – wie dieser Begriff ja zeigt – eigentlich nur gewalttätig, indem man Straßenräuber oder irgendetwas Ähnliches wurde. Nur ganz wenige Wege standen offen, einen von der Familie getrennten Weg zu beschreiten, der nicht mit Ausgrenzung aus der Gesellschaft verbunden war. Es gab randständige Existenzformen, man konnte Schauspieler oder Schausteller werden, von Ort zu Ort ziehen und so ein heimatloses Leben führen, das nicht auf soziale Integration an einem bestimmten Ort angewiesen war. Dann gab es da noch die Option ins Kloster zu gehen, was aber nur hieß, die eine Familie gegen die andere zu tauschen. Man war nun von Brüdern oder Schwestern umzingelt und hatte sich weiterhin mit Vätern oder Müttern, wenn auch nicht den biologischen, auseinander zu setzen.

Was unsere heutige von dieser traditionelleren Lebensform ganz gravierend unterscheidet, ist die Notwendigkeit der persönlichen Identitätsbildung[1]. Damals– in den wahrscheinlich gar nicht so guten alten Zeiten – wurde die Identität des Einzelnen mit seiner Ge-

1 Erikson (1946)

burt durch Zugehörigkeit zu einer bestimmten Familie oder einem sozialen Subsystem festgelegt und sie war dann nur noch sehr begrenzt zu ändern[2].

Dieses familiäre Muster findet sich heute noch beispielhaft beim Hochadel, etwa dem britischen Königshaus. Als Prinz Charles geboren wurde, waren die wesentlichen Entscheidungen über seinen Lebensweg, den man ja eigentlich nicht Berufsweg nennen kann, schon getroffen. Ja, er wurde wahrscheinlich nur gezeugt, um eine bestimmte Rolle zu übernehmen: die des Nachfolgers. Die Vermutung dürfte nicht ganz von der Hand zu weisen sein, dass ihm dies irgendwann klar geworden ist und er deswegen immer so ein wenig belämmert wirkt. Seine Rechte und Pflichten waren durch seine Geburt festgelegt und bestimmt. Die Identität als Nachfolger hat er, unabhängig von seinen persönlichen Eigenschaften, Fähigkeiten, Kompetenzen oder gar Wünschen.

Wenn König ein Beruf wäre, so hätte er die Qualifikation dazu in der Embryonalzeit erworben. Wäre seine Mutter bei seiner Geburt gestorben, so wäre er sofort König geworden[3] (auch wenn er natürlich noch nicht die Eröffnungsrede des Parlaments hätte halten dürfen, wie das seine Mutter Jahr für Jahr macht). Sein Status war auf jeden Fall, und darum geht es, durch seine Geburt und nicht durch seine persönliche Leistung bestimmt. Das musste und sollte ihn nicht davon abhalten, sich auch noch persönliche Kompetenzen anzueignen, aber sein Status war nicht daran gebunden. Und er konnte der mit diesem Status verbundenen Aufgabe kaum entkommen. Er wäre wahrscheinlich sofort in psychiatrische Behandlung gesteckt worden, wenn er ernsthaft versucht hätte, Steuerberater zu werden oder – noch schlimmer: Masseur, Bademeister oder Briefträger.

So wie im indischen Kastensystem die Geburt bestimmt, welcher Kaste man angehört, zeichnete auch in der vormodernen europäischen Familie die Geburt den Lebensweg vor. Es gab ein Standessystem mit relativ hermetisch geschlossenen Grenzen. Natürlich ist es auch heute noch ein Glücksspiel, in welch eine Familie man hineingeboren wird (und mancher muss feststellen, dass er sich die falschen Eltern ausgesucht hat), aber es ist nicht mehr im gleichen

2 Vgl. Devereux (1972, S. 160 ff.)

3 Wenn ich die Rechtslage richtig durchblicke.

Maße Schicksal wie früher. Denn nicht mehr die Geburt allein bestimmt, wer man ist, sondern man hat Wahlmöglichkeiten.

Die Qual der Wahl: Innen- statt Außensteuerung

Es ist wahrscheinlich der wichtigste Einfluss Amerikas auf die Entwicklung der westlichen Kultur, dass dort seit über 200 Jahren ein gesellschaftliches Modell gelebt wird, dass jedem Einzelnen die Möglichkeit eröffnet oder zumindest verspricht, nach seinen Fähigkeiten glücklich zu werden (oder es wenigstens zu versuchen). Theoretisch könnte er jede Position erreichen, und es gibt sie wirklich: die berühmten amerikanischen Karrieren „vom Tellerwäscher zum Millionär". Alles scheint möglich und nur der Himmel scheint die Grenze für den Aufstieg.

Doch für diese erweiterten Möglichkeiten muss auch ein Preis gezahlt werden: die Qual der Wahl, die Notwendigkeit, Verantwortung für die Gestaltung des eigenen Lebens zu übernehmen und herauszufinden, was man mit diesem Leben anfangen soll. Der Sinn des eigenen Lebens ist nicht mehr von Geburt an außendefiniert, sondern er muss selbst gesucht und definiert werden.

Es gibt eine Karikatur, die illustriert, welche individuellen Konsequenzen damit verbunden sind: Mehrere kleine Kinder sitzen im Sandkasten und fragen die Mutter nörgelnd: „Mama, müssen wir schon wieder machen, was wir wollen?"

Es ist viel leichter, sich in sein Schicksal zu fügen und das zu tun, was man muss, als das zu tun, was man will – einfach aus dem Grund, weil es so schwer ist herauszufinden, was man will. Die Frage „Wer bin ich und wer will ich sein?" wurde in den Zeiten der außenbestimmten Identität von anderen beantwortet, Konventionen legten fest, was erlaubt und verboten, vorgeschrieben und erwünscht war.

Heute ist die Bandbreite der individuellen Handlungsmöglichkeiten so weit geworden, dass die Grenzen kaum noch zu sehen sind. Die Wahlmöglichkeiten sind ins Unermessliche gestiegen.

Auf der individuellen Ebene heißt dies für den durchschnittlichen jungen Menschen, der in eine *moderne*, westliche Kleinfamilie hineingeboren wurde, dass er weitgehend entscheiden kann, wer er sein will. Auch wenn es selbstverständlich immer noch jede Menge von Zuschreibungen gibt wie: „Du hast zwei linke Hände wie Onkel Eduard" oder „Dein musikalisches Talent stammt von der Großmutter" ist damit nicht die Entscheidung über den weiteren Lebensweg von außen aufgeprägt. Hier wird heutzutage von der individuellen Wahlfreiheit ausgegangen, und eine der oft an kleine Kinder gerichteten Fragen lautet daher: „Was willst du denn einmal werden, wenn du groß bist?"

Prinz Charles hätte darauf wohl nur antworten können: „Mamas Sohn", d. h. ihr Nachfolger. Denn im Adel wie in anderen dynastischen Systemen haben wir es mit einer Form der Familie zu tun, in der die Identität eines jeden durch seine Stellung innerhalb der Verwandtschaftsbeziehungen festgelegt ist. Einmal der erstgeborene Sohn, immer der erstgeborene Sohn, einmal die nicht erbberechtigte Tochter, immer die nicht erbberechtigte Tochter.

Um es ganz klar und unmissverständlich zu betonen: Eine Familie, die ein größeres Unternehmen ihr Eigen nennt oder einen so beträchtlichen Anteil daran besitzt, dass es auf dessen Entscheidungen Einfluss nehmen kann oder muss, weist alle Merkmale solch vormoderner Familien auf. Das gilt vor allem dann, wenn es sich um eine zahlenmäßig kleine Familie handelt, in der sich die Familienmitglieder nicht aufgrund der Zersplitterung der Anteile nur als Investoren wie andere Aktionäre verstehen können. In solch einer Familie Kind und Erbe zu sein, ist immer ein wenig ähnlich zur Situation von Prinz Charles. Man ist schon wer, bevor man überhaupt Zeit hatte, herauszufinden, wer man sein will. Die eigene Identität wird dabei gar nicht mal so sehr von anderen Personen bestimmt, sondern von vorgegebenen familiären Beziehungsmustern.

So ist es für viele Sprösslinge aus solchen Familien eine erste Herausforderung, sich von dieser vorgegebenen Rolle zu befreien, bevor sie überhaupt darüber nachdenken können, sie bewusst anzunehmen. Ihr Problem – und das sollte psychologisch in seiner Tragweite nicht unterschätzt werden – ist, dass sie mit widersprüchlichen Erwartungen konfrontiert werden. Auf der einen Seite ist ihre Rolle und ihre Aufgabe wie in einer vormodernen, dynastisch organisierten Familie durch die Geburt vorgezeichnet, auf der anderen Seite werden sie gleichzeitig aber in unserer modernen Gesellschaft groß, in der von ihnen erwartet wird, ihren individualistischen Weg ohne Rücksicht auf solch traditionelle Pflichten und Loyalitäten selbst zu wählen. Es ist eine Doppelbindungssituation, das heißt eine

Situation, in der sie mit zwei sich widersprechenden Handlungsaufforderungen konfrontiert sind. Ein Konflikt, der – ganz unabhängig von persönlichen Sensibilitäten – schwer zu bewältigen ist.

Bei nicht in ein dynastisches System eingebundenen Menschen hängt die persönliche Identitätsbildung weitgehend von ihren eigenen Entscheidungen ab. Von ihnen wird erwartet, dass sie selbstverantwortlich und selbstbestimmt ihren eigenen Weg gehen.

Identitätsentwicklung heute zwischen Familie und Peers

Damit sind wir wieder bei der Metapher des Weges angelangt. Seinen eigenen Weg zu gehen, heißt heute im Allgemeinen Verständnis entweder niemandem nachzufolgen oder aber sich denjenigen, dem man folgen will, selbst auszusuchen. Und das sind dann eben meist nicht die Eltern oder andere nahe Verwandte.

Wenn man zu rekonstruieren versucht, wie sich heutzutage die persönliche Identität eines Menschen entwickelt, so zeigen sich zwei Orientierungslinien: eine vertikale und eine horizontale. Auf der einen Seite – der vertikalen Achse – gibt es wie eh und je die Familie und die Eltern, ihr nachahmenswertes oder abschreckendes Vorbild. Auf der anderen Seite – der horizontalen Achse – steht die Gruppe der Peers, d. h. die Gleichaltrigen und ihre Werte.

Die Beziehung zu den Eltern beruht zunächst auf Ungleichheit. Sie haben schon aufgrund ihres Alters und ihrer Erfahrung, vor allem aber wegen ihrer größeren Handlungsmöglichkeiten eine Führungs- und Machtposition inne. Man kann ihnen nicht entgehen und wegen der vielen Zeit, die man als Kind und Jugendlicher zwangsläufig mit ihnen verbringt, werden sie zu den großen Lehrmeistern im positiven wie negativen Sinn. Von ihnen lernt man nicht nur die Muttersprache, sondern auch die guten oder schlechten Tischmanieren.

Doch die Beziehung zu ihnen ist ambivalent, da Eltern nicht nur viel ermöglichen, sondern auch viel verhindern. Sie setzen zwangsläufig Grenzen und sie verfügen über die Ressourcen, Wünsche zu erfüllen. Sie sind daher im Erleben ihrer Kinder nie – d. h. was immer sie im Einzelnen auch tun mögen – *nur* gut und gewährend, sondern *immer* auch böse und versagend.

Im Idealfall wird diese Widersprüchlichkeit dadurch aufgehoben, dass beides – die Fürsorge und die Einschränkung – denselben übergeordneten Prinzipien und Spielregeln folgt. Mit dem Ende der Pubertät hat man das als Jugendlicher dann meist auch mitbekommen und kann beginnen, seinen Frieden mit den Eltern zu machen.

Ganz allgemein kann aber festgestellt werden, dass Eltern niemals über die Macht verfügen festzulegen, was Kinder tun. Ihre Einflussmöglichkeiten beschränken sich darauf, die Grenzen der Freiheit ihrer Kinder festzulegen. Es ist ein wenig so wie bei der Straßenverkehrsordnung. Sie schreibt vor, was auf jeden Fall getan werden muss (bei Rot an der Ampel halten), und sie sagt, was auf keinen Fall getan werden darf (Fußgänger auf dem Zebrastreifen überfahren). Was innerhalb dieser Grenzen dann vom einzelnen Verkehrsteilnehmer getan wird, ist seiner eigenen Entscheidung überlassen.

So ähnlich ist es auch in der Familie. Es entwickeln sich Spielregeln, welche die individuelle Handlungsfreiheit begrenzen. Und diese Spielregeln werden wie die Regeln der Sprache dadurch vermittelt, dass sie im Alltag befolgt werden. Man lernt als Kind seine Muttersprache, indem man sich an Gesprächen beteiligt, die in dieser Sprache geführt werden, und man lernt die Spielregeln der Familie, indem man sich am alltäglichen Familienleben beteiligt.

Und so wenig wie die Regeln der Grammatik vorschreiben, was man zu sagen hat, legen die Spielregeln des Familienlebens fest, was man zu tun hat. Sie definieren nur, was nicht mehr in ihrem Rahmen liegt. Die Orientierung, die von den Eltern geliefert wird, ist daher wenig konkret, sie lässt viel Spielraum.

Diese Achse der persönlichen Orientierung wird hier vertikal genannt, weil die Eltern-Kind-Beziehung hierarchischen Prinzipien folgt, d. h. sie ist eine Abhängigkeitsbeziehung. Das Kind ist allein nicht in der Lage zu überleben – und das weiß es und erlebt es auch. Folge davon ist das Bemühen um Unabhängigkeit, der Wunsch, auf eigenen Beinen zu stehen, sich abzugrenzen und zu emanzipieren. Das kann von der berühmten Trotzphase über die pubertäre Revolte bis hin zur Wahl einer Karriere oder eines Partners gehen, dessen einzige Attraktivität darin besteht, den Eltern nicht zu gefallen.

Ambivalenz in der Beziehung zu den Eltern heißt jedoch, dass die meisten Menschen zwei Seelen in ihrer Brust tragen. Dem Wunsch nach Autonomie steht der Wunsch nach Bindung und Geborgenheit entgegen, nach Versorgtwerden, nach möglichst müheloser Bedürfnisbefriedigung, nach emotionaler und materieller Sicherheit. Das sind Bedürfnisse, die man nicht nur als Kind hat, sondern auch noch als Erwachsener. Schließlich beruht darauf der ganze Erfolg aller serviceorientierten Geschäftsideen.

Salamitaktik: schleichender Übergang

In Lebenslauf der meisten Menschen werden diese beiden Seelen in der Brust wohl am meisten in der Jugend, d. h. der Übergangsphase zwischen Kind- und Erwachsenenstatus, erlebbar. Hin- und hergerissen zwischen Abhängigkeits- und Autonomiewünschen wird die Eltern-Kind-Beziehung zu einem komplizierten Spielfeld, in dem Konflikte unvermeidlich sind. Wenn es keine Konflikte in dieser Phase gibt, so sollte man sich nicht zu sehr darüber freuen. Denn das wäre wirklich kein gutes Zeichen – auch wenn es auf den ersten Blick sehr viel angenehmer scheinen mag. Autonomie, Erwachsensein, die Fähigkeit, eigenverantwortlich zu entscheiden und zu handeln, entstehen nämlich nicht von einem Moment zum anderen, sondern in einem Auseinandersetzungsprozess. Es ist nicht so, dass ein junger Mensch am Vorabend seines 18. Geburtstags noch nicht in der Lage ist, mündige Entscheidungen zu treffen; und es ist auch nicht so, dass er ab Mitternacht – mit einem Knall ist er ein anderer – nun die psychischen Fähigkeiten hat, für sich selbst zu sprechen. Das mag zwar juristisch formal so definiert sein, aber jeder Mensch, der bei Sinnen ist, weiß, dass juristische Definitionen mit dem, was Menschen tatsächlich ausmacht und bewegt, genauso viel oder wenig zu tun haben wie gerichtliche Entscheidungen mit gerechten Entscheidungen.

Der Prozess der Autonomie-Entwicklung ist nicht – wie von den gesetzlichen Bestimmungen über die Volljährigkeit und Mündigkeit suggeriert, diskontinuierlich, sondern er folgt eher dem Prinzip der Salamitaktik. Schritt für Schritt wird in einer langen Sequenz von Konflikten die Grenze der elterlichen Verantwortung und damit ihrer Einmischung zurückgedrängt und die der autonomen Entscheidungen des Kindes, das schon lange kein Kind mehr ist, erweitert.

Wenn wir noch einmal auf die Spielregeln der Familie schauen, so kann man feststellen, dass in der Eltern-Kind-Beziehung der

Umgang mit Abhängigkeit in hierarchischen Beziehungen erfahren und gelernt wird. Und dieser Lernprozess betrifft beide Rollen: die des Mächtigen und die des Ohnmächtigen.

Was die egalitäre Rolle angeht, so spielt im Prozess der persönlichen Identitätsfindung die zweite Orientierungsachse eine zentrale Rolle: die Generation der etwa Gleichaltrigen. Das mögen Geschwister sein, es sind aber in der Regel viel eher die Freunde und Kollegen außerhalb der Familie. Durch ihr Beispiel wird ein nicht von der Familie bestimmter Maßstab zur Verfügung gestellt, an dem jeder sich messen kann. Es ist eine Art Familien-Benchmarking, die hilft, die Angemessenheit von Ansichten, Werten und Verhaltensweisen zu überprüfen. Das gilt für die Elterngeneration wie für die Kindgeneration. Wenn alle eine Zahnspange tragen, so fühlt man sich eben als Underdog, wenn man keine trägt.

Als junger Erwachsener hat man, grob gesehen, zwei Wertsysteme, in denen man sich jeweils positionieren kann. Man kann den Eltern folgen oder sich von ihnen abgrenzen und man kann den Altersgenossen folgen oder sich von ihnen abgrenzen. Dies ist das Spannungsfeld, in dem man seinen individuellen Weg zu finden hat.

In dieser Hinsicht besteht kein Unterschied zwischen Familien, in denen sich die Nachfolgefrage stellt, und denen, ohne dieses Privileg oder diese Last. Ganz allgemein kann aber gesagt werden, dass die Beziehung zu den Altersgenossen weit weniger konfliktträchtig ist als die zu den Eltern. Das liegt schon allein daran, dass man seine Eltern nicht wählen kann, seine Freunde hingegen schon. Sie sind kein Schicksal, mit dem man hadern könnte. Außerdem gibt es weniger Abhängigkeiten und Kommunikationszwänge – zur Not kann man sich aus dem Wege gehen.

Das Paradox der Bindung

In der Auseinandersetzung zwischen den Generationen lässt sich hingegen ein merkwürdiges Paradoxon feststellen: Je größer die Bindung ist, desto stärker sind potentiell die Konflikte. Die Erklärung dafür ist einfach: Je größer die Attraktion einer Person oder einer Gruppe für einen Menschen ist, desto größer ist die Versuchung, ihr zu folgen, und desto schwerer ist es, sich abzugrenzen und das Gefühl der eigenen Autonomie zu bewahren. Daher werden die Auseinandersetzungen manchmal härter, bitterer und tiefer gehend, je enger die emotionale Bindung ist.

Paradox ist das natürlich nur auf den ersten Blick. Denn wo keine Bindung besteht, wo man sich gegenseitig egal ist, gibt es keinen Grund, sich miteinander in die Haare zu geraten, schon gar nicht hinsichtlich der individuellen Autonomie. Man wird sich nicht mit Passanten auf der Straße darüber streiten, wie sie zu leben haben. Das machen nur Menschen, die sich gegenseitig emotional oder aus anderen Gründen wichtig sind und sich miteinander identifizieren – dort, wo man denkt, man wüsste, was für den anderen gut ist.

Was heißt das nun alles für die Frage der Nachfolge? Die beiden Achsen der Orientierung beim Suchen des eigenen Weges, zwischen denen sich üblicherweise die individuelle Identitätsbildung abspielt, haben hier ein anderes Gewicht. Die Familie wird zwangsläufig stärker, und die Bindung wird ein noch gewichtigerer Faktor als er es sowieso schon in jeder Familie ist. Denn nicht nur Gefühle sorgen für Bindung, sondern auch Eigentum – und Skeptiker behaupten, dass dies die tragfähigeren und länger wirksamen Bindungen sind. Folge ist, dass die Abgrenzung der Familie gegenüber, das Finden des eigenen Weges, die Entwicklung einer individuellen, unverwechselbaren persönlichen Identität erschwert werden.

Kampf, Unterordnung oder kreativer dritter Weg

Am deutlichsten ist diese Schwierigkeit in Familienunternehmen am Übergang von der ersten zur zweiten Generation zu beobachten. Nehmen wir – etwas klischeehaft – einen tatkräftigen Unternehmer und seine Familie, der aus eigener Kraft und gegen alle Widerstände sein Unternehmen aufgebaut hat. Was ihn erfolgreich gemacht hat, ist seine Entscheidungsfreudigkeit, seine Durchsetzungsfähigkeit, seine Bereitschaft zu kämpfen, vor allem aber ein riesiges Unabhängigkeitsbedürfnis. All dies sind Charakterzüge, die er nicht an der Garderobe abgibt, wenn er abends nach Hause kommt. Auch dort zeigt er sich nicht unbedingt als Weichei. Seine Kinder stehen vor der Aufgabe, sich mit einem starken Vater auseinander zu setzen. Sie haben nicht nur die Möglichkeit, in seine Fußstapfen zu treten, sondern sie müssen häufig auch mit der Erwartung leben, in seine Fußstapfen zu treten. Wenn sie das aber tun, so sind sie nur zu oft im Ungewissen, ob sie damit wirklich ihren Weg gefunden haben oder sich nur seinen Wünschen unterworfen haben.

Wenn sie ihn und seine Lebensweise, sein fachliches Metier und seine Rolle, bewusst oder unbewusst als Vorbild wählen, so wird es auch ihnen wichtig sein, ihre Unabhängigkeit zu bewahren und ihre Kompetenz zu beweisen. Das führt dann zwangsläufig zu Konflikten mit dem Vater: Zwei Dickköpfe, die sich nichts sagen lassen wollen, kämpfen um die Macht. Treten die Jungen wirklich in das Unternehmen ein, so ist die Wahrscheinlichkeit groß, dass sie als Erstes ihrem Vater zu beweisen suchen, was er alles falsch macht oder gemacht hat. Das sind dann nicht immer die ökonomisch sinnvollsten Entscheidungen, die so zustande kommen. Sie dienen dann eher dem Beweis der eigenen Unabhängigkeit als dem Wohl des Unternehmens. Den Übergeber bringt dies dann zum Grübeln, ob er sein Lebenswerk wirklich seinem Sohn oder seiner Tochter anvertrauen sollte, und er mischt sich vermehrt in die Geschäfte ein. Auf diese Weise wird für seinen Nachfolger die Frage wieder aktualisiert, die ihn auch schon während der Kindheit beschäftigte: Welches der beiden Babys ist das wichtigere? (usw.)

Der alternative Weg, den die Kinder starker Eltern oft unbewusst wählen, ist die Unterordnung. Sie werden gehorsame, an den Eltern orientierte Persönlichkeiten, die ängstlich bemüht sind, nichts falsch zu machen. Ihre Tragik liegt darin, dass dies gerade das Falsche ist. Sie zeigen die gegenteiligen Charakterzüge der Elterngeneration: Sie kämpfen nicht, sondern präsentieren sich als schwache und hilfsbedürftige Warmduscher, und die hat der starke Vater ja schon immer verachtet. Diese Ablehnung merken dann natürlich auch die Kinder, was sie noch defensiver macht, was dann den Eltern wieder ein schlechtes Gewissen macht. Und das bringt sie dann möglicherweise dazu, den Sohn oder die Tochter doch noch zum Nachfolger zu machen, obwohl sie eigentlich genau wissen, dass er oder sie ungeeignet ist. Erreicht ist damit aber wenigstens ein deutliches Bekenntnis, dass das Unternehmen nicht so wichtig ist wie das eigene Kind – was aber meist nicht zum Vorteil der Firma gereicht.

Auf Seiten der Eltern ist die Schwierigkeit nicht geringer als auf Seiten der Kinder. Sie haben – ganz zeitgemäß – im allgemeinen den Anspruch, ihren Kindern alle Freiheit zu lassen, ihr Leben selbst zu gestalten. Aber irgendwie und irgendwo in ihrem tiefsten Inneren wünschen sie sich doch, dass ihr Lebenswerk oder die familiäre Tradition, der sie sich verpflichtet fühlen, fortgeführt wird. Schließlich leben sie in ihrem Werk weiter und es gibt ihnen einen Hauch von Unsterblichkeit. Ihr Dilemma ist, dass sie es gerne hätten, wenn die Kinder ihnen folgen, aber sie trauen sich meist nicht, es offen und deutlich zu sagen, weil sie keinen Druck ausüben wollen. Das führt dann aber oft zu einem vollkommenen Rumgeeiere. Die Eltern reichen diesen Auftrag unbewusst, indirekt und verschlüsselt an ihre Kinder weiter, sodass sie selbst nicht merken, dass sie ihn überhaupt vermitteln. Sie geben die paradoxe Botschaft: „du kannst dich auch gegen die Nachfolge entscheiden, solange du dich nur für die Nachfolge entscheidest. Das heißt, mir ist wichtig, dass Du dich ohne jeden Druck und ganz freiwillig dafür entscheidest, mich nicht zu Tode zu enttäuschen." Das ist – wie Sie merken – ein wenig widersprüchlich, und solche Widersprüchlichkeiten machen entweder verrückt oder sie führen zu kreativen Lösungen.

Eine davon ist ein dritter Weg, jenseits von Kampf und Unterordnung. Er besteht darin, sich ein Interesse zu suchen, von dem die Eltern nichts verstehen und in dem sie keinerlei Autorität beanspruchen können – wer kennt nicht den Spruch, dass die dritte Generation angeblich immer Kunstgeschichte studiert? In solch einem familienfernen Bereich kann die eigene Kompetenz bewiesen werden, und es ist dem Betreffenden selbst wie allen anderen klar, dass die Verdienste und Erfolge nur ihm selbst zuzurechnen sind, der die zugrunde liegenden Leistungen erbracht hat. So kann in Unternehmerfamilien oft beobachtet werden, dass es die Kinder ablehnen, in die elterliche Firma einzutreten, aber sie werden auch Unternehmer. Sie gründen ihr eigenes Unternehmen und werden so Nachfolger des Vaters oder der Mutter in deren Eigenschaft als Gründer, sie werden aber nicht Nachfolger in der Firma der Eltern.

Es ist also eine paradoxe Form der Nachfolge. Sie löst deren psychologisches Dilemma auf. Man grenzt sich von den Eltern ab, aber durch die Art, wie man das tut, folgt man ihnen. So kann dann im Extremfall auch derjenige, der wirklich Kunstgeschichte studiert, zum Nachfolger seiner Eltern werden, indem er deren Werte realisiert und unabhängig, eigensinnig, durchsetzungsfähig und erfolgreich wird.

Die dritte, vierte ... Generation

Der Übergang von der zweiten zur dritten oder allen weiteren Generationen ist psychologisch und familiendynamisch weit weniger brisant. Die Generation der Übergeber war selbst einmal Übernehmer, sodass sie weiß, wie schwierig die Entscheidungslage für den Übernehmer sein kann. Sie hat daher mehr Verständnis und ihre Bereitschaft, auch eine Entscheidung der Kinder gegen die Nachfolge zu akzeptieren, ist größer. Hinzu kommt, dass mit jeder weiteren Generation die Familie größer wird, sodass es nicht mehr so sehr um die Auseinandersetzung zwischen Eltern und Kindern geht, sondern um die Frage, wie man sich zur Familie stellt. Es geht nicht mehr um die Werte des Vaters oder der Mutter, sondern ganz offensichtlich um die der Familie und ihrer nun schon länger bestehenden Traditionen. Gefragt ist nicht mehr die Identifikation oder Abgrenzung gegenüber Personen, sondern die Identifikation mit einer größeren Einheit, der Mehr-Generationen-Familie und ihren Werten. Und wenn es als Sinn stiftend erlebt wird, dort dazuzugehören, dann spielt die Beziehung zu den Eltern nicht mehr die wichtigste Rolle. Sie sind dann auch nur noch Mitspieler in diesem größeren System. Sie übergeben ein Staffelholz, das sie nicht selbst geschnitzt haben, sondern das ihnen auch übergeben wurde. Die Frage ist dann, ob und wie man sich in eine als sinnvoll erachtete Tradition einfügt, die wichtiger und auf längere Zeit angelegt ist als das eigene, individuelle Leben.

Die Balance von Geben und Nehmen

Was die Beziehung zwischen den Generationen betrifft, spielt aber noch ein anderer Faktor eine Rolle: die Frage, wie das, was gegeben wurde, zurückgegeben werden kann.

Wo immer Menschen einander etwas schenken oder sich mit irgendwelchen Gaben bedenken, stellt sich die Frage nach der Balance von Geben und Nehmen.[4] Wer nur nimmt, ohne zu geben, bleibt dem Geber gegenüber verpflichtet. Daher ist jeder, der diese

4 Vgl. Mauss (1950), Godelier (1996)

Art der Ungleichheit in der Beziehung vermeiden will, verpflichtet, sich zu „revanchieren“, d. h. eine Gegenleistung zu erbringen. Falls er dazu nicht in der Lage ist und die Asymmetrie nicht akzeptieren will, muss er die Beziehung abbrechen. Wer also eine gute Freundschaft beenden will, sollte seinem Freund mehr geben, als der zurückgeben kann.

Die Reziprozitätserwartung zeigt sich beispielsweise in den stillschweigenden Konventionen des gutbürgerlichen Alltagslebens. Wer einen Bekannten zum Abendessen einlädt, kann erwarten, dass er in absehbarer Zeit auch eingeladen wird. Wer hätte sich nicht schon die Frage gestellt: „Sind wir dran oder die anderen?“ Es gibt eine Reziprozitätserwartung. Wer ihr nicht entspricht, muss damit rechnen, dass er aus dem Bekanntenkreis ausgeschlossen wird. Es sei denn, er ist in seinem Status so hoch gestellt, dass er seinem Gastgeber schon allein durch die Annahme der Einladung eine Ehre erweist. Wer die Gegenleistung nicht erbringt, bietet eine asymmetrische Beziehung an, in der Geben und Nehmen einen Status-Unterschied signalisieren oder auch schaffen.

In der Eltern-Kind-Beziehung wird dies, solange die Kinder noch nicht als erwachsen definiert sind, als selbstverständlich vorausgesetzt. Wenn die Kinder jedoch erwachsen sind und sie ein Erbe antreten, so stellt sich die Frage nach Geben und Nehmen auf einer neuen Ebene. Wer beispielsweise ein Unternehmen übernimmt, geht gewisse Verpflichtungen ein. In der Regel sind Gaben, die von der Elterngeneration an die Kindergeneration gegeben werden, nicht mehr rückzahlbar. Doch das heißt nicht, dass es keine Rückgabe-Erwartung gibt. Die stillschweigende Geschäftsgrundlage ist, dass das, was von den Eltern ererbt wurde, an die Kinder weitergereicht wird. Es sind die Enkel, die gewissermaßen die offenen Rechnungen ihrer Großeltern einklagen.

Es scheint eine archetypische Erwartung, die sich in vielen Kulturen findet, dass man an seinen Kindern gutmacht, was man seinen Eltern schuldet.

Wenn das aber so ist, dann ist mit der Übernahme der Rolle des Nachfolgers stillschweigend die Erwartung verbunden, dass man auch die Rolle des Vorgängers für die nächste Generation übernimmt. Die Dreiecksbeziehung zwischen Vorgänger, Nachfolger und Aufgabe wird so für den Nachfolger zur Dreiecksbeziehung zwischen den eigenen Eltern, seinen Kindern und ihm selbst. Man übernimmt – ohne sich dessen bewusst werden zu müssen – die Verpflichtung, sich in die Reihe der Generationen zu fügen.

All dies widerspricht den Versprechungen einer Welt, in der Individualismus und Selbstverwirklichung als hoher Wert propagiert und gelebt wird. Und all dies erhöht logischerweise die Ambivalenz gegenüber der Nachfolge und den mit ihr verbundenen Verpflichtungen.

Ein praktischer Tipp für Übergeber

Zu guter Letzt einige wenige Ratschläge, wie man aus der Elternrolle heraus am besten mit der Nachfolgefrage umgehen kann.

Dazu zunächst eine kleine Geschichte:

An der Grenze eines Landes – es muss die deutsch-schweizerische Grenze sein, da es ja nicht mehr so viele andere in Europa gibt – erscheint jeden Tag ein Mann mit einer Schubkarre voller Sand. Die Zollbeamten durchsuchen ihn und den Sand jeden Tag, weil sie davon überzeugt sind, dass er etwas schmuggelt – wahrscheinlich Schwarzgeld. Aber sie finden nichts. Sie fühlen sich gekränkt in ihrer beruflichen Ehre und verstärken die Suche. Sie durchwühlen nicht nur den Sand, sondern nehmen auch die Schubkarre auseinander, aber sie finden immer noch nichts. Schließlich sind sie so verzweifelt, dass sie beschließen, diesen Mann unter Zusicherung von Straffreiheit zu fragen, was er denn schmuggelt. Und richtig, auf die Frage: „Was schmuggeln Sie denn eigentlich?“, antwortet er: „Schubkarren!“

Diese Geschichte illustriert ein grundlegendes Prinzip von Familie und Erziehung. Was in der alltäglichen Kommunikation zwischen Eltern und Kindern transportiert wird, sind nicht die Botschaften, die offiziell am Frühstückstisch oder bei 75. Geburtstagen wortreich und blumig verkündet werden. Sie sind gewissermaßen der Sand, der hin- und hertransportiert wird, aber eigentlich keinen Wert hat. Was wirklich geschmuggelt wird, ist die Form des Zusammenlebens. Es sind die Spielregeln, die Tag für Tag im Umgang miteinander praktiziert werden. Dasselbe gilt auch für Unternehmen oder andere soziale Systeme. Den Werten, die in Sonntagsreden oder Leitbildern verkündet werden, glaubt keiner, wenn sie nicht durch die Spielregeln des Alltagslebens bestätigt werden.

Da die nächste Generation vor dem Konflikt steht, einerseits den eigenen Lebensweg selbständig und autonom wählen zu wollen, aber andererseits auch den familiären Chancen, Verpflichtungen und Erwartungen gerecht werden zu wollen, kann dieser Zwiespalt am ehesten aufgelöst werden, wenn die Nachfolge eine *solch* attraktive Option ist, dass sie freiwillig gewählt wird. Doch hier reicht es nicht, die Braut zu schmücken, da der potentielle Bräutigam sie sein Leben lang kennt und weiß, ob unter all diesem Schmuck sich ein hässliches oder ein schönes, ein abstoßendes oder liebenswertes Gesicht verbirgt.

Mit anderen Worten: Ob die Nachfolge attraktiv ist, erweist sich im Alltagsleben der Familie. Wenn die Kinder zu dem Schluss kommen, dass sie auf keinen Fall so leben wollen wie die Eltern, wird niemand sie dazu bekommen, so zu leben.

Für die Elterngeneration ergibt sich daraus die Konsequenz, dass sie sich schlauerweise mit ihrer nur begrenzten Macht über ihre Kinder abfinden und dies auch deutlich signalisieren muss. Wenn die Eltern sich wünschen, dass ihre Kinder in ihre Fußstapfen treten, so spricht nichts dagegen, das deutlich zu formulieren, aber ebenso deutlich sollte werden, dass sie es überleben werden, wenn die Kinder sich anders entscheiden.

Auch in der Eltern-Kind-Beziehung gilt die Weisheit, dass man nur die Verantwortung für das übernehmen sollten was man tatsächlich beeinflussen kann. Und die Verantwortung für den Lebensweg der Kinder sollte man immer den Kindern selbst überlassen, schon um Machtkämpfe zu vermeiden – selbst dann, wenn man denkt, man wüsste besser, was für die Kinder gut ist.

Und im Zweifel sollte man immer von deren Fähigkeit, ihr Leben allein zu gestalten, ausgehen. Das gilt für die Aufgabe, die vererbt werden soll, nicht unbedingt. Daher sollte man versuchen, beiden Bereichen unabhängig voneinander gerecht zu werden. Das heißt, es empfiehlt sich nicht, um der Kinder willen irgendwelche Maßnahmen zu ergreifen, die für das Unternehmen schädlich sind; und es zahlt sich auch nicht aus, um der Firma willen seinen Kindern etwas zuzumuten, was denen nicht bekommt. So bleibt dem Übergeber nichts anderes übrig, als sich auf alle Eventualitäten, sei es nun die Bereitschaft zur Nachfolge durch die Kinder oder ihre Verweigerung, einzustellen und dafür zu sorgen, dass damit nicht das Ende der Geschichte erreicht ist. Es muss dann eben eine familienfremde Nachfolgeregelung gefunden werden, die für ihn Sinn stiftend ist und seinem Lebenswerk gerecht wird. Und solch eine Lösung lässt sich meist auch außerhalb der Familie finden.

Um die Kinder braucht er sich dabei im Allgemeinen nicht zu sorgen, denn in der Geschichte der Menschheit hat sich erwiesen, dass es bislang jede Generation geschafft hat, aus eigener Kraft das Leben zu bewältigen. Es blieb ihr ja auch gar nichts anderes übrig.

11. „Eigentlich müsste man dich klonen ...“

Familiendynamische Aspekte einer Nachfolgeregelung

Familientherapeuten sind mit den Familien von Familienunternehmen in der Regel nur dann beschäftigt, wenn ein Familienmitglied Symptome entwickelt. Ihre Aufmerksamkeit richtet sich dabei meist nur auf die Familiendynamik. Das Unternehmen wird nicht berücksichtigt. In der folgenden Fallanalyse wird nun solch ein Fall, die psychotische Krise eines zum Nachfolger auserkorenen Sohnes, in einen Bedeutungszusammenhang mit dem familiären Unternehmen gestellt. Die Frage, die sich in diesem – wie in vielen anderen Fällen – stellt, wenn man die Symptomatik in einen Sinnzusammenhang mit der Nachfolgefrage bringt, lautet: Welche Auswirkungen hat die versprochene/drohende Rolle als Nachfolger auf Entstehung und Verlauf solch problematischer und krisenhafter psychischer Entwicklungen? Ist die „Krankheit“ eine „Lösung“, d. h. ein Weg, sich in der Konfliktsituation, die mit der Nachfolgefrage verbunden ist, nicht entscheiden zu müssen?

Die folgende Falldarstellung liefert eine eingehende Analyse von Sitzungsprotokollen einer Familientherapie. Sie zeigen eine Familie, in der nur ein Mann (d. h. der Sohn und nicht die Töchter) als Nachfolger in Frage kommt. Entscheidungen werden getroffen, aber nicht verhandelt; sie „geschehen“ einfach, ohne Diskussion und ohne Reflexion. So wird auch die Erkrankung des Sohnes zu einem dieser Geschehnisse, über dessen Bedeutung nicht kommuniziert wird. Es bleibt daher unentscheidbar und uneindeutig, ob er die Nachfolge nicht antreten kann oder will. Eine der Wirkungen einer psychotischen Symptomatik in der Kommunikation ist generell, Konflikte aufzulösen, sie unentscheidbar zu machen, und damit die Notwendigkeit zu beseitigen, entscheiden zu müssen.

FBS

„Eigentlich müsste man dich klonen ...“

Familiendynamische Aspekte einer Nachfolgeregelung

Tom Levold, Karin Martens-Schmid,
Christiane Schuchardt-Hain

1. Einleitung

Mitglieder von Familien mit Unternehmen sind in ihrem sozialen Miteinander – wie schon häufig beschrieben – immer zugleich Mitglieder eines familiären Beziehungssystems und eines Unternehmenssystems. Der gegenseitige Verweischarakter beider Bereiche erhöht die Komplexität und Bedeutungsvielfalt ihrer Interaktionen. Aus der Art und Weise, wie Familien mit dieser Verschränkung von Sinnzusammenhängen umgehen, ergeben sich Chancen oder Risiken für den Fortbestand beider Systeme.

Empirische Forschung, die die Multiperspektivität von familiendynamischen und unternehmensbezogenen Aspekten systematisch zugrunde legt, liegt bisher kaum vor. Mit einer Fallstudie möchten wir deshalb dazu beitragen, einige fallspezifische Facetten dieses Gegenstandsbereichs aufzuzeigen und Hypothesen für weiterführende Fragestellungen zu entwickeln.

Ausgangspunkt unseres Beitrags ist eine Familientherapie, die vor fast neun Jahren stattgefunden hat. Anlass der Therapie waren mehrere psychotische Episoden des Sohnes Klaus (siehe auch dazu die folgende Falldarstellung).

Dass es sich um eine Familie mit Unternehmen und bei Klaus, dem Bruder zweier älterer Schwestern, um den gewünschten Nachfolger handelte, wurde zwar im Rahmen der Gespräche wahrgenommen und thematisiert, stand aber weder auf Seiten der Familie noch auf Seiten der Therapeuten im Vordergrund des Interesses.

Im Zusammenhang mit unserer zunehmenden Beratungstätigkeit für Familienunternehmen erinnerten wir uns an die besondere Konstellation in dieser Therapie: die Krankheitsgeschichte des Sohnes und die unklare Nachfolgefrage. Würde die explizite Wahrnehmung und Verknüpfung beider Bereiche aus heutiger Sicht die Bedeutung der psychotischen Episoden des Sohnes verändern? Kann sie als ein Lösungsversuch im Spannungsfeld der für Familien mit Unternehmen typischen Durchdringung familiärer und unternehmerischer Sinnzusammenhänge gesehen werden? Welcher Nutzen und welche Preise wären damit für das familiäre Beziehungssystem und/oder das Unternehmenssystem verbunden?

Die Auseinandersetzung mit diesen Fragen kann – so hoffen wir – einen Beitrag leisten dazu, welche Rahmenbedingungen, Einstellungs- und Beziehungsmuster in Familien mit Unternehmen die Optionen für weniger einschränkende Lösungen vergrößern könnten.

Zur Vorgehensweise

Zwei Aspekte waren uns für unsere Vorgehensweise besonders wichtig: mögliche Zusammenhänge sollten aus dem Material, den Gesprächsprotokollen, heraus entwickelt werden und ein multiperspektivischer Zugang sollte gewährleistet sein.

Wir entschieden uns dafür, der Analyse drei unterschiedliche Gesprächskontexte zugrunde zu legen:

1. die vorhandenen Gesprächsprotokolle, insbesondere das Erstgespräch der Therapie vor sieben Jahren (Erstinterview, EI)
2. ein aktuelles evaluatives Interview der damaligen TherapeutInnen mit der Familie, das als Rückschau auf die Zeit der Therapie und die Entwicklung danach deklariert war (Auswertungsinterview, AI)
3. ein aktuelles Interview aus sozialwissenschaftlicher Perspektive, in dem die Familie zur Geschichte des Unternehmens befragt wurde (Unternehmensinterview, UI).

Die Gesprächsprotokolle[1] enthalten also zum einen eine unterschiedliche Zeitperspektive, zum anderen sind sie inhaltlich unterschiedlich gerahmt: Familie (ntherapie) versus Unternehmen (sgeschichte).

1 Es handelt sich um transkribierte Videoaufzeichnungen. Das therapeutische Erstgespräch wurde 1993 von Tom Levold und Karin Martens-Schmid durch-

Alle drei Gesprächskontexte stellten wir unter einen gemeinsamen inhaltlichen Bezugsrahmen, indem wir für unser Anliegen zentrale thematische Begriffe als Ausgangspunkte der Analyse wählten. Die Hauptachse wird durch die Konzeptualisierung von Krankheit (bzw. Psychose) einerseits und die Konzeptualisierung der Nachfolgefrage andererseits markiert. Ziel der Analyse war es herauszuarbeiten, wie die Mitglieder der Familie in den unterschiedlichen Gesprächskontexten diese Themen jeweils konstruierten, d. h., welche ähnlichen oder unterschiedlichen Sinnzuschreibungen zum Ausdruck gebracht wurden. Die Achse *Krankheit-Nachfolge* ergänzten wir um zwei weitere Themenkomplexe, die unseres Erachtens als Hintergrund für die Konzeptualisierung von Krankheit und Nachfolge von Bedeutung sind, nämlich wie einerseits *Gender* und damit zusammenhängende familiäre Rollenzuweisungen den Definitions- und Handlungsspielraum der Einzelnen bestimmen und wie andererseits in dieser Familie Entscheidungen getroffen und durchgesetzt werden. Die spezifische Konzeptualisierung dieser Themenbereiche charakterisiert den jeweiligen Gestaltungsspielraum sowohl im familiären wie im Unternehmensbereich.

Die vier Themenbereiche stellen damit Schlüsselbegriffe dar, die einen Zugang zu unterschiedlichen Problem- und Lösungskonstruktionen der Beteiligten erlauben. Die Fokussierung darauf kann deutlich machen,

1. welche Chancen und Risiken mit der Handhabung der Nachfolgefrage in unserem speziellen Fall für die Entwicklung einzelner Familienmitglieder einerseits die Entwicklung des Unternehmens andererseits verbunden werden konnten und
2. welche weiterführenden Fragestellungen im Schnittpunkt der Koevolution von Familie und Unternehmen sich daraus für die Arbeit mit und in Familienunternehmen ergeben.

Nachdem zunächst eine kurze Information über den Verlauf der Familientherapie gegeben sowie die Geschichte des Familienunter-

geführt, ebenso das Auswertungsinterview im Jahre 2001. Christiane Schuchardt-Hain führte das Unternehmensinterview kurze Zeit nach dem Auswertungsinterview durch.

nehmens vorgestellt wird, folgt dann die Auswertung der Interviews zu den oben genannten Themen. Dabei greifen wir in großem Umfang auf Zitate zurück. Mehrere Passagen der Interviews sind Schlüsselpassagen, die bezüglich verschiedener Themen von Bedeutung sind. Um Text nicht zu sehr zu verlängern und Wiederholungen zu vermeiden, haben wir alle Zitate für jedes Interview durchnummeriert und die Nummern in eckigen Klammern mit einem Kürzel für das zitierte Gespräch (EI, AI, UI) den Zitaten vorangestellt, wobei die Nummern keine chronologische Folge der Zitate im Gesprächsverlauf anzeigen. Im Folgetext kann dann auf die Nummern Bezug genommen und ein schnelles Auffinden der entsprechenden Passage möglich gemacht werden.

2. Die Familientherapie

1993 meldete Frau Meister (58) die Familie zu einem familientherapeutischen Erstgespräch an. Das Problem sei der 28 Jahre alte Sohn Klaus, der seit zehn Jahren an einer Psychose leide.[2] Vorausgegangen sei intensiver Drogenkonsum (Haschisch, Speed, LSD) seit seinem 13. Lebensjahr, seit zwei Jahren nehme er aber angeblich keine Drogen mehr zu sich. Seit Ausbruch der Psychose sei er mindestens einmal pro Jahr in einer psychiatrischen Klinik untergebracht worden, im Regelfall per Gerichtsbeschluss, da er in diesen Phasen äußerst aggressiv sei sowohl gegen die Mutter als auch gegen andere Bekannte, z. B. Frauen von Geschäftspartnern und Kunden des Vaters (63). Der Rat, eine Familientherapie aufzusuchen, stamme von einer Verwandten, die bei den Therapeuten eine Weiterbildung in systemischer Therapie absolviert habe. Die beiden älteren Töchter, 36 und 33 Jahre alt, verheiratet und selbst Mütter, seien bereit mitzukommen, es stehe aber in Frage, ob Klaus auch mitkomme.

Zum Erstinterview erschien die ganze Familie. Neben den Schilderungen der Belastungen durch die psychotischen Episoden wurde schnell deutlich, dass die häusliche Situation für alle Beteiligten angespannt war. Klaus lebte in einer Einliegerwohnung im Haus

2 Die Altersangaben des Genogramms beziehen sich auf das Jahr 2002 und weichen deshalb von den Angaben zum Zeitpunkt der Familientherapie ab.

Familie Meister
(Stand 2002)

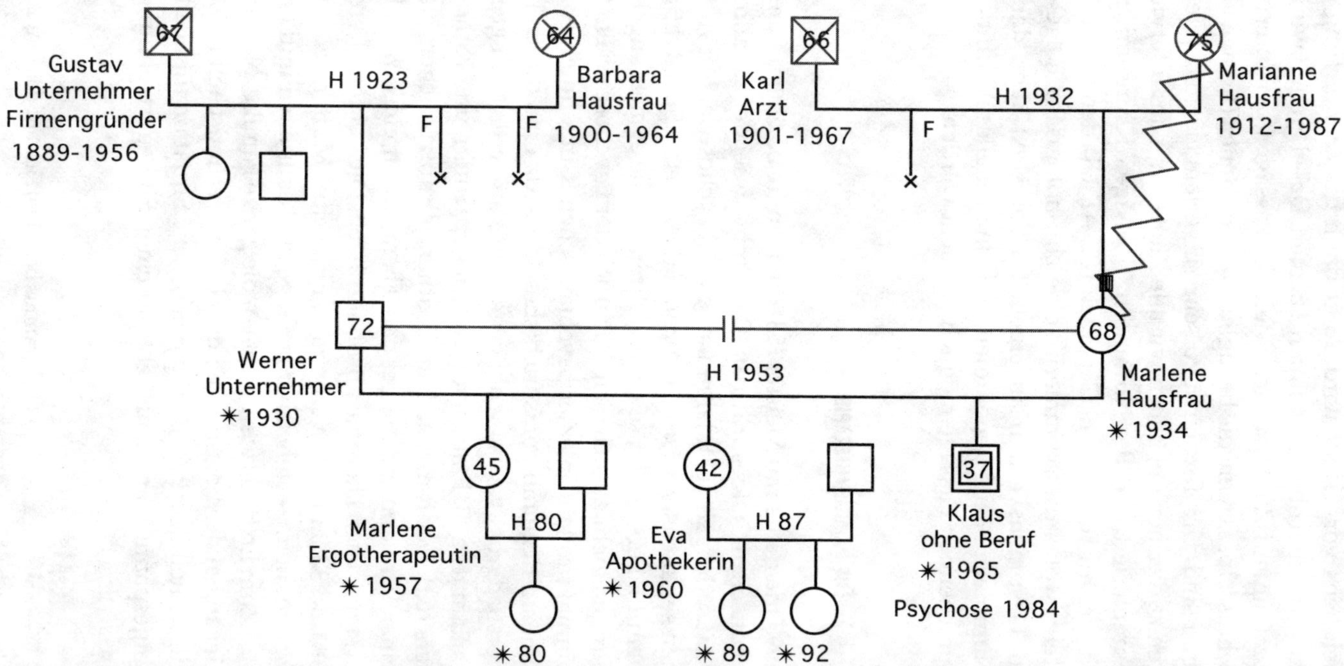

der Eltern, die jedoch in keiner Weise von der Wohnung der Eltern abgegrenzt war. So lief Klaus zu jeder Tages- und Nachtzeit durch die Räume der Eltern, wie auch diese jederzeit Klaus' Wohnung betraten und Zeuge seiner etwas verwahrlosten Lebensweise wurden. Frau Meister übernahm alle Dienstleistungen für ihren Sohn. Es gab einen gemeinsamen Telefonanschluss, der es Klaus ermöglichte, die Gespräche der Eltern abzuhören und zeitweise in die Gespräche hineinzureden usw.

Im Vordergrund des Erstgespräches standen neben den Problemschilderungen die Erklärungen der Familienmitglieder, die u. a. Gegenstand der nachfolgenden Auswertungen sind, sowie die Schwierigkeiten der Eltern, als Team eine gemeinsame Haltung Klaus gegenüber zu entwickeln. Als Auftrag wurde formuliert, Möglichkeiten der Verselbständigung von Klaus und der Verbesserung der elterlichen Kooperation zu entwickeln.

Insgesamt fanden 12 Familiensitzungen in 13 Monaten statt, zudem ein Einzelgespräch mit Klaus in der Zwischenzeit. Klaus fehlte nur in vier Sitzungen, zum Teil auf Wunsch der TherapeutInnen, die die Gelegenheit nutzen wollten, um mit den Eltern alleine zu sprechen.

Der Schwerpunkt der Therapie lag in der Unterstützung der Grenzziehung zwischen den Eltern und Klaus, um die alltäglichen Verstrickungen aufzulockern. So gelang es den Eltern, die Tür zwischen den Wohnbereichen abzuschließen und den Schlüssel zu entfernen, einen eigenen Telefonanschluss für den Sohn legen zu lassen und ihm monatlich eine feste Summe Unterhalt zu überweisen, über die er selbst verfügen konnte. Klaus willigte ein und sah dies als einen Schritt zur Selbständigkeit, obwohl damit auch verbunden war, seine Wäsche selbst zu waschen.

Das Interesse von Klaus galt der Idee, seine Psychose nur einmal richtig ausleben zu müssen, um Heilung zu finden. Diese Idee wurde von den TherapeutInnen unterstützt, allerdings wurde ein Rahmen vereinbart, den Klaus einhalten müsse (sich selbst einen Klinikplatz zu organisieren, dorthin zu fahren und einen stationären Aufenthalt zu planen etc.), um nicht immer per Zwangseinweisung in die Psychiatrie gebracht zu werden. Eine entsprechende Vereinbarung wurde mit Klaus im Einzelgespräch ausgehandelt. Seit dieser Zeit ist Klaus kein einziges Mal mehr in der Klinik gewesen.

Den größten Raum in der Therapie nahm zweifellos die Klärung der Beziehung der Eltern ein, die vor dem Hintergrund einer großen Distanz Mühe hatten, eine gemeinsame Perspektive einzunehmen und immer wieder mit alten Konflikten konfrontiert wurden. In diesem Kontext ging es auch verstärkt um Themen, die etwas mit dem Familienunternehmen zu tun hatten, etwa z. B. die Anerkennung der Leistungen von Frau Meister, ihr Wunsch, stärker an Unternehmensentscheidungen beteiligt zu sein oder die Regelung der finanziellen Verhältnisse (gemeinsame versus getrennte Konten, Altersvorsorge usw.).

Das Unternehmen selbst war aber nicht Gegenstand der Therapie, wenngleich die Thematik des Familienbetriebes im gesamten Therapieprozess gewissermaßen als Subtext mitlief. Als sich die familiäre Situation mit Klaus deutlich verbessert hatte und sich die Frage einer Beendigung der Therapie stellte, äußerte Frau Meister Interesse an einer Fortsetzung, um die schwierigen Interessenkonflikte bezüglich der materiellen Familienverhältnisse mit ihrem Mann in einem neutralen Kontext zu klären. Herr Meister zog sich an dieser Stelle jedoch zurück, da er über den aus seiner Sicht erfolgreich bewältigten Auftrag zur Familientherapie kein weiteres Anliegen hatte.

3. Beschreibung und Geschichte des Familienunternehmens

Die Firma Meister ist ein Familienbetrieb in der dritten Generation; das Unternehmen ist ein Produktionsbetrieb für Fenster mit der Rechtsform einer GmbH & Co. KG.

Der Firmengründer Gustav Meister, Vater von Werner Meister, stammte aus dem Sudetenland. Nachdem ein mit seinen Brüdern geführter Schreinereibetrieb dort nach einer Überschwemmung Konkurs gegangen war, siedelte er Anfang der 20er Jahre nach Deutschland über, um dort eine Stelle als Meister und Betriebsführer in einem Schreinereibetrieb für Holzfenster anzunehmen. An diesem Unternehmen konnte er später eine Viertelbeteiligung erwerben.

Im Krieg wurde die Schreinerei stillgelegt, da Gustav Meister sich weigerte, Zwangsarbeiter zu beschäftigen. Nach dem Krieg stagnierte der völlig veraltete Betrieb, bis 1953 sein Sohn Werner, noch während seines Ingenieurstudiums, im Alter von 21 Jahren in den

Familienbetrieb einstieg; er konnte die Firma gemeinsam mit seinem Bruder mit geringen Investitionen so beleben, dass gute Gewinne erwirtschaftet wurden.

Sein Vater, der Firmengründer, starb 1956, als Herr Meister gerade ein Jahr mit dem Studium fertig war.

Ende der 50er Jahre kamen Fenster mit Isolierverglasung auf den Markt, der Umsatz mit herkömmlichen Fenstern stagnierte und entwickelte sich dramatisch rückläufig. Obwohl für die Produktion dieser neuen Fenster eigentlich ein neuer Betrieb nötig gewesen wäre, konnten die Brüder durch Improvisation und viel Eigenleistung (*„wir haben Maschinchen gebastelt"*) den alten Betrieb so umstellen, dass die 60er Jahre zu einer sehr lukrativen Phase wurden.

Als eine erneute Umsatzstagnation drohte, übernahm die Familie mit dem Einsatz aller Ersparnisse und Rücklagen einen größeren Nachbarbetrieb und rüstete diesen mit geringsten Investitionen und hoher Eigenleistung zu einem modernen Fensterbetrieb um, sodass Produktion und Sortiment erweitert werden konnten. Der Betrieb hatte zu dieser Zeit ca. 100 Mitarbeiter.

Als einige Zeit später Kunststofffenster auf den Markt kamen, entwickelte Herr Meister ein kostengünstiges maschinelles Produktionsverfahren für ein spezielles Fensterprofil aus Kunststoff, das weltweit patentiert wurde und Umsatz und Profit für die nächsten 20 Jahre sicherte. Der Umsatz des Betriebs lag zu dieser Zeit bei ca. vier Millionen DM.

Nach Ablauf des Patentschutzes konnte Werner Meister für die Produktion ein noch kostengünstigeres Verfahren entwickeln, sodass es gelang, Lieferant für Baumärkte zu werden. Zur Zeit geht dieser Umsatz zurück, neue Produktideen wären gefragt.

Werner Meister ist nun 71 und will sich zurückziehen; an der Nachfolge sind die eigenen Kinder nicht beteiligt, der Sohn des Bruders führt das Unternehmen.

Die Phase der Geschäftsführung von Werner Meister war geprägt von seiner Persönlichkeit, seiner Fähigkeit, schnell und erfolgreich auf die wechselnden Bedürfnisse des Marktes und neue Trends zu reagieren und beschränkte Kapitalmittel und Investitionsmöglichkeiten mit hoher Eigenleistung und Kreativität in Bezug auf die Entwicklung neuer Technologien und Produkte zu kompensieren.

Er machte aus dem Nachteil einer „zu kleinen Firma mit wenig Kapital" den Nutzen eines flexiblen Produktionsbetriebes, ein Beispiel für die Fähigkeit eines Familienbetriebes, schnell auf Veränderung der Nachfrage zu reagieren – spezialisiert auf ein Kerngeschäft, dabei kundenorientiert und kostenbewusst.

Da das Unternehmen unter der Leitung der beiden Brüder in den letzten Jahrzehnten gute Gewinne gemacht hatte und die Familie dem Fortbestand der alten Firma skeptisch gegenüberstand, wurden regelmäßige großzügige Kapitalentnahmen in einer neuen Bau- und Immobilienfirma mit der Rechtsform einer GbR reinvestiert, als Zukunftsprojekt und Zukunftssicherung.

Die GbR entwickelte sich gut, Geschäftsführerin wurde die Tochter Eva mit Unterstützung der Schwester und des Vaters und *„der ganzen Familie, eben wieder ein Familienbetrieb"*.

Die Firma Meister zeigt viele Muster eines traditionellen Familienunternehmens: geringe Eigenkapitalmittel erfordern überdurchschnittlichen Einsatz, große Eigenleistungen und hohe Leistungsorientierung; eigene, persönliche Belange werden hinter die Anliegen der Firma gestellt, die Nachfolge soll innerfamiliär geregelt werden.

All dies war für die Familie des Unternehmers mit besonderen Belastungen und Druck verbunden.

4. Auswertung der Interviews

Zur Konzeptualisierung der Psychose des Sohnes als Krankheit

Zum Thema Krankheit hat uns vor allem die Frage beschäftigt, welche besondere Sinnzuschreibung die Tatsache der psychotischen Entwicklung des Sohnes auf der Folie einer Familie mit Unternehmen erhalten würde. Wie auch immer die Genese der Krankheit von Klaus zu verstehen sein mag – sie stellt ein Reservoir dar, spezifische Dynamiken in der Familie auszubalancieren. Entsprechend vielfältig und unscharf sind auch die Konzeptualisierungen der Familienmitglieder dazu. Die Krankheit bekommt vor dem Hintergrund familiärer Themen wie Geschwisterbeziehung oder Paarbindung der Eltern einen anderen Stellenwert als im Zusammenhang mit unternehmerischen Fragen der Eignung für den Betrieb und insbesondere der Nachfolge.

Als unscharf gehaltenes Schicksal mit ungewissem Ausgang kann die Krankheit vermeiden helfen, die Frage nach der Nachfolge als eine unternehmerische Frage wirklich zu klären, und darin könnte ein möglicher Sinn gelegen haben – allerdings um den Preis reduzierter Entwicklungschancen des Sohnes und unter Umständen auch um den Preis reduzierter Entwicklungschancen des Unternehmens.

Die in den drei Interviews im Folgenden deutlich werdenden unterschiedlichen Facetten der mit Klaus' Krankheit verbundenen Bedeutungszuschreibungen belegen unseres Erachtens diese These.

Das Erstinterview: Krankheit als Familienproblem – Krankheit als Schicksal?

Zur Zeit des Erstinterviews liegt eine akute psychotische Phase des Sohnes nur wenige Monate zurück und Beschreibungs- oder Erklärungsansätze dazu bewegen die Familie noch sehr viel unmittelbarer als in den späteren Interviews. Immer wieder wird Klaus' Krankheit mit problematischen Verhaltensweisen von Familienmitgliedern oder von Klaus selbst in Verbindung gebracht – immer wieder zirkulieren damit auch latente Schuldzuschreibungen. Gleich zu Beginn des Interviews setzt Klaus ein entsprechendes Leitmotiv in seiner Antwort auf die Frage, worin aus seiner Sicht das Problem bestehe:

> *[EI 1] Klaus: ... also ich denke, es ist ein Problem der Erziehung ...*

Er sei anders behandelt worden als die Schwestern, der besonderen Beobachtung durch die Eltern und dem Vergleich mit den älteren Schwestern ausgesetzt:

> *[EI 2] Klaus: also erst mal hieß es dann, wie war et in der Schule, da wusste ich schon mal nix drauf zu sagen, und dann immer Streit in der Bude, da war dann so 'n richtiges Wutgefühl, das kam aber nicht raus. Ich kam nicht gegen meine Eltern an und meine Schwestern und, das ist nie raus gekommen, das habe ich immer alles runterschlucken müssen, und ich denk, das ist auch die Sache, die mir jetzt Angst macht, dieses Wutgefühl, dass ich mich selbst zerstöre innerlich ... ich hab immer das Gefühl gehabt, dass die keine Rücksicht auf meine Gefühle genommen haben.*

Aus Angst vor Strafe nach einem Haschischkonsum sei er das erste Mal psychotisch geworden:

> *[EI 3] Klaus: … und dann bin ich am nächsten Tag mit 'nem schlechten Gewissen nach Hause und da hat sich irgendwie aus 'ner Angst heraus verdreht im Kopf … ich bin ins Zimmer gegangen und konnte es einfach nicht fassen und ich hab gedacht, o weia, das is 'ne Sache, die ich länger, die dich in den Abgrund stürzt jetzt …*

Klaus sieht sich hier ganz als Opfer elterlicher Verhaltensweisen, wobei er den Vater stets gegenüber der Mutter zu entlasten sucht (z. B. entkräftet er sofort Mutters Gedanken, dass Vaters schulischer Druck auf den Sohn mit dessen Nachfolgeerwartungen zusammenhängen könnte, indem er darauf verweist:

> *[EI 4] Klaus: das fing schon, im Kindergarten hatte ich Probleme schon, das fing nicht mit der Schule an.*

Im Mittelpunkt seiner Schuldzuweisungen steht eher die Mutter:

> *[EI 5] Klaus: … also, ich habe unheimlich darunter gelitten, wie du Vater auf deine Seite gezogen hast.*

Neben dieser deutlichen Konzeptualisierung seiner Psychose als einer Folge familiärer Verhaltensweisen, deren Opfer er wurde, gibt es auch die Sichtweise von Krankheit als Schicksal, das einen erwischt:

> *[EI 6] Klaus: … die hacken nur auf mir rum, also die verurteilen nur dat, was ich tu, obwohl ich da gar nix für kann … wenn's schon einen aus der Familie hat erwischen müssen mit dieser Krankheit, dann sollen sie doch wenigstens froh sein, dass sie es nicht sind …*

Krankheit als Schicksal ermöglicht es Klaus, Anforderungen als unangemessen zurückzuweisen, und verstärkt seine Selbstwahrnehmung als Opfer.
Frau Meister beschreibt die Psychose des Sohnes zunächst auf der Verhaltensebene:

> *[EI 7] Frau Meister: … dass er nicht in der Lage ist, etwas zu arbeiten, dass er sich nicht gut versorgen kann in dieser Wohnung, die er ziemlich runtergewirtschaftet hat, dass er toujour raucht und sich auch nicht ver-*

nünftig ernährt … er hat zum Beispiel heute noch nichts gegessen, nur geraucht und Kaffee getrunken.

Ihre Schilderung könnte einen aufsässigen 15- bis 16-Jährigen charakterisieren, aber Klaus ist zur Zeit des Erstinterviews 29 Jahre alt. Auch die Töchter erleben Klaus' Krankheit eher als ein Verhaltensproblem:

[EI 8] Eva: … dass der Klaus halt sehr schwierig ist, in einer sozialen Gemeinschaft mit ihm zusammenzuleben, … also, das soziale Verhalten, denk ich mir, da mangelt es an manchem.

Eva scheint auch damit beschäftigt, dass sie neben dem Bruder mit seinen „psychotischen Problemen“ nicht angemessen wahrgenommen wurde:

[EI 9] Eva: … also dass jeden Mittag, also beim Essen immer, Riesendiskussionen um Klaus gab, ne, also, dass ich schon nach Hause kam, jetzt hast du schon keinen Appetit mehr, das geht jetzt nur noch um den Klaus … ich glaub schon, dass von uns sehr viel mehr verlangt wurde als von meinem Bruder und dass wir auch sehr viel weniger Hilfestellung hatten als er …

Marlene sieht den Bruder in ständigem Kampf mit dem Rest der Familie, weil Klaus die Lebensweise der Familie nicht akzeptieren könne und umgekehrt:

[EI 10] Marlene: … also ich hab immer das Gefühl, dass er eigentlich unsere Lebensweise nicht so akzeptieren kann, wie wir leben, und wir können vielleicht nicht unbedingt seine Lebensweise akzeptieren und von daher denke ich schon, dass er ständig gegen uns vier kämpft auch, da ist er ständig im Konflikt mit uns …

Ohne direkt auf die Sichtweisen der Töchter einzugehen, stellt Herr Meister in den Vordergrund, dass Klaus es nicht leichter gehabt hätte:

[EI 11] Herr Meister: … natürlich war das, hat er's schwer gehabt, wir haben ihm auch, eigentlich hat er immer unter Druck gestanden. In der

Schule, äh, auch eigentlich hätte er gut sein können. Ich hatte so das Gefühl, dass er gut sein konnte, aber er war es nicht.

Er macht sich Vorwürfe, den Sohn unter Leistungsdruck gesetzt zu haben, bringt seine Erwartungen aber nicht in Verbindung damit, dass Klaus einmal den Betrieb übernehmen soll. Diesen Gedanken hebt dann vor allem seine Frau hervor, was von den übrigen Familienmitgliedern vehement zurückgewiesen wird (erst auf Nachfragen des Therapeuten stützt Marlene diesen Gedanken). Zur Krankheit des Sohnes äußert Herr Meister sich deutlich indirekter als die anderen Familienmitglieder:

[EI 12] Herr Meister: … er will gesund werden, er sagt, ich bin krank, fühl mich auch krank, nicht nur psychisch, auch körperlich fühlt er sich krank, er ist kaputt, sagt er …

Oder er nutzt den Verweis auf die Psychose als Entlastung, wenn von Klaus' störenden Verhaltensweisen die Rede ist:

[EI 13] Vater: … natürlich stört das auch, aber ich sehe das nicht als wichtigsten Punkt seines Zusammenlebens mit uns, natürlich, er könnte besser sein, aber ich kenne das auch von anderen Fällen, die eine ähnliche Krankheit haben, genauso.

Herr Meister ist auch derjenige, der den Sohn am besten beruhigen kann, ihm überhaupt am nächsten ist:

[EI 14] Eva: … was mit dem Klaus passiert und was nicht passiert, oder was er an Hilfen bekommt oder nicht bekommt, das entscheidet in großem Maße mein Vater, ne. Das ist also die Bezugsperson für meinen Bruder.

In der Einschätzung der Töchter entfernt Klaus' Krankheit und der Umgang damit die Eltern sehr voneinander:

[EI 15] Eva: … und da gehen die beiden halt dann meilenweit auseinander. Meine Mutter, die will dann gerade dann mal raus und mal Abstand und mal was andres um die Nase, und mein Vater, der hat dann das Gefühl, er kann nicht, versteh'n Sie, er muss jetzt da sitzen und er muss gucken, was mit dem Klaus ist …

Frau Meister sieht dies dagegen als eine mühevoll erlernte Umgangsweise mit der Krankheit des Sohnes vor dem Hintergrund einer Paarbeziehung, in der ihr Mann keinen Austausch mit ihr gesucht hat. Sie fühlt sich in der Familie, insbesondere von ihrem Mann, allein gelassen:

> *[EI 16] Frau Meister: … dass ich auch Phasen hatte, wo ich mich auch damit ein bisschen allein gelassen fühlte, und dass ich auch manchmal darüber nachgedacht hab, dass wir in der Kindererziehung kein Team waren … es war auch schwer, ein Gespräch mit meinem Mann darüber zu führen. Er hat nie meine Probleme verstanden oder er hat sie nicht verstehen wollen.*

Krankheit erscheint im Erstinterview als zentrale Metapher, die Klaus' Verhalten an einem bestimmten zugespitzten Punkt seiner Entwicklung bündelt und ihm Plausibilität verschafft: Der Sohn wird zu jemand, der – wie sein Vater es in Bezug auf die Schulsituation formuliert hat – *gut sein konnte, aber er war es nicht*. Die Vorstellung vorhandener, aber nicht genutzter Möglichkeiten erhält mit Hilfe der Krankheit eine entlastende Erklärung.

Besonders wirksam wird dies in der Beziehung Klaus' zum Vater. Er fühlt sich ihm nahe und hat die besondere Aufmerksamkeit des Vaters über Jahre hinweg. Dieser bestreitet allerdings, dass Nachfolgeerwartungen in der Beziehung zum Sohn eine Rolle spielen, wie Mutter es vermutet.

Für Frau Meister sind die Verhaltensweisen ihres Sohnes zwar einerseits die eines aufsässigen Jugendlichen, andererseits erlaubt ihr die Zuschreibung von Krankheit auch eine Distanzierung von den Problemen mit Klaus vermittels ihrer Einbettung in einen medizinisch definierten Kontext von Erklärungen und Entlastungsmöglichkeiten.

Die Krankheit, ihre Einordnung und die Umgangsweisen damit, ist auch ein zentrales Moment, über das sich der „meilenweite Abstand" – die Distanz des Elternpaares – zwar für kurze Augenblicke im familiären Ganzen aufheben lässt, sich aber immer wieder erneut herstellt. Austausch zwischen den Eltern wird nur im Streit oder über gegenseitige Vorwürfe sichtbar. In dem, was sie jeweils bewegt, und in ihren Schuldgefühlen bleiben beide mit sich allein. Konflikte und Unterschiede werden zwar – meist auf allgemeiner

Ebene – benannt, sie sind aber nicht verhandelbar oder werden in der gemeinsamen Kommunikation bestritten und nicht weiter thematisiert.

Während die Konzeptualisierung von Klaus' Verhalten als Krankheit für seine Mutter endgültigen, aber entlastenden Charakter haben könnte, zeigen sich in Herrn Meisters Äußerungen immer wieder Anteile, in denen er ungebrochen sein Bild von einem Sohn zum Ausdruck bringt, der „gut sein könnte" und der – für eine Weile durch Krankheit geschwächt – am Ende doch seinen Weg als den Weg seines Vaters gehen kann. So formuliert er zum Ende des Erstinterviews auch sein Anliegen an die Therapie:

> *[EI 17] Herr Meister: … dass er wirklich erst mal wieder alleine leben könnte, … auf die Beine käme, das würde uns allen Freude machen, wenn da was gefunden wird. Ja, das verfolgt mich Tag und Nacht, nicht, man sieht die anderen jungen Leute, man sieht den Sohn meines Bruders, wie er sich auch in den Betrieb einarbeitet und da denk ich, verdammt noch mal, das könnte der Klaus auch sein.*

Das Auswertungsgespräch: Leben mit der Krankheit als (Ab-)Lösung

In diesem Gespräch, über sieben Jahre später, benennt Frau Meister gleich zu Beginn als Anlass der damaligen Therapie die Krankheit von Klaus:

> *[AI 1] Frau Meister: … wir hatten ein Problem, wir hatten 'nen kranken Sohn.*

Auffällig im Vergleich zu den anderen Familienmitgliedern ist die Klarheit, mit der sie ihn durchgängig als psychisch krank beschreibt. Psychisch krank sein bedeutet für sie verrückt zu sein, sich in einem Zustand zu befinden, der fremdartiges, nicht einfühlbares Verhalten mit sich bringt, und den sie nicht beeinflussen kann. Dieser Zustand tritt für sie nicht kalkulierbar ein: sie hat ihn *wie eine Fessel* erlebt, der sie ausgesetzt war, weil sie im Gegensatz zu ihrem Mann die Situation zu Hause nicht verlassen konnte.

> *[AI 2] Frau Meister: … ich bin dann auch mal weggelaufen … ich war ja auch am meisten belastet. Mein Mann, der fuhr morgens zum Betrieb,*

> *kam abends zurück und ich war den ganzen Tag mit ihm zusammen. Ich hab, konnte auch nicht so gut damit umgehen, weil ich nie wusste, wie reagiert er und was macht er, also es war für mich fremd ... wie ne Fessel, wie ne Fessel.*

Entlastung war für Frau Meister nur durch Weglaufen, später als räumliche Entfernung durch Reisen denkbar und sie nimmt an, dass die Familie ihr dies übel genommen hat.

Auch im Auswertungsgespräch zeigt sich, dass das Konzept des Sohnes als eines psychisch Kranken eine deutlich entlastende Funktion für die Mutter hat: es macht – wie sich schon im Erstinterview abzeichnete – das Verhalten des Sohnes und die Beziehung zwischen ihm und ihr in ihrer gegenseitigen Fremdheit plausibel und es ermöglicht ihr, Abgrenzung zum Sohn „expertengestützt“ – d. h. mit weniger Schuldgefühlen – zu leben. Von daher ist plausibel, dass sie den Erfolg der Therapie im Auszug des Sohnes sieht. Diese u. a. durch die Therapie erreichte Ablösung wirkt als erlaubte Ausgrenzung des „Verrückten“, die ihr ein Stück Befreiung von der „Fessel“ ermöglicht hat. Dies wiederum hat ihr die Chance eröffnet, in der Beziehung zu ihrem Sohn das Fremde zugunsten einer ganz alltäglichen Mutter-Sohn-Besuchsbeziehung zu normalisieren:

> *[AI 3] Frau Meister: Möchst' dich hier nich' mehr melden? Ich freu mich aber, wenn de kommst und mer 'ne Tasse Kaffee trinken (Klaus: Ja, doch, schon).*

Erneut zeigt sich ein erheblicher Kontrast zur Konzeptualisierung von Klaus"Situation durch Herrn Meister. Wie schon im Erstinterview ist der Sohn für ihn ein ständiger Anlass zur Sorge. Er wird weniger als krank, sondern eher als jemand beschrieben, der besondere Fürsorge braucht. So war für Herrn Meister an der Therapie wichtig,

> *[AI 4] Herr Meister: ... dass er dabei gewesen ist, dass die ganze Familie, dass er das Gefühl hat, „du bist richtig verpackt in der Familie, äh, da kannste dich drin bewegen und drauf verlassen“.*

So fremd Klaus für Mutter ist, so nah bleibt er dem Vater *(ich fühlte, dass er Ängste hatte).*

In einigen Äußerungen sieht Vater den Sohn als durch Rauschgift oder genetische Voraussetzung geschwächt und krank, andererseits spricht er von dem Sohn als jemand, der finanziell versorgt werden müsse, weil er keine Lust habe, sich zu kümmern:

> *[AI 5] Herr Meister: Hauptthema heute is' natürlich … wie äh, die Versorgung für Klaus aussehen soll. Wie mer das bisschen, was wer da zusammengespart, eh, so angelegt wird und so verwaltet wird für Klaus. Er selbst hat wenig Lust dazu, aber dass er davon profitiert.*

Vater billigt ihm damit zu, sich entschieden zu haben: er könne, aber er wolle nicht, habe keine Lust. Er betont auch, dass Klaus mit seinem Auszug von Zuhause etwas geschafft habe. Damit bleibt für Vater auch sieben Jahre nach der Therapie die Perspektive offen, dass der Sohn sich eines Tages ebenso entscheiden könnte, doch noch dem Wunschbild des Vaters als Nachfolger zu entsprechen, und wie sehr der Vater in dieser Idee lebt, wird gegen Ende des Interviews noch einmal deutlich:

> *[AI 6] Herr Meister: … der wär' der Richtige gewesen … der hat [Präsens] alles, was wir da gebrauchen könnten in dem Betrieb … der hätte das wirklich weiterführen können.*

Auch bei Klaus findet sich in diesem Gespräch die Spaltung wieder: Wie im Erstinterview erlebt er sich durch die Eltern geschwächt und zum ohnmächtigen Opfer geworden zu sein:

> *[AI 7] Klaus: … ihr habt doch mit mir gemacht, was ihr wolltet … also in der Psychose kam das hoch, was ich immer sagen wollte und immer schlucken musste, weil ich die Kraft dafür nicht hatte … also ich hab mich die letzten 15 Jahre überhaupt und länger schon von der Familie vergewaltigt gefühlt … ich hab denen jahrelang erzählt früher, wenn ihr so weiter macht und immer hier so verfolgt mit eurem Scheiß, ich lande in der Psychiatrie!*

Andererseits formuliert er:

> *[AI 8] Klaus: … es war für mich auf jeden Fall gut, dass ich hier unten raus bin vom Einzugsbereich von meinen Eltern … ich muss mein Leben leben, die sollen ihr Leben leben … ich mach das für mich selber.*

Klaus' besondere Nähe zu seinem Vater lasse ihn jedoch spüren, wie dieser unter der räumlichen Ablösung des Sohnes leide, auch wenn er anderes sage.

> *[AI 9] Klaus: … ich spür dat, dass er darunter leidet, also das kann mer keiner erzählen hier, innerlich weint der …*

Beide, Vater und Klaus, halten an zwei unterschiedlichen, nebeneinander bestehenden Bildern fest: dass der Sohn psychisch krank sei, was heißt, geschwächt und versorgungsbedürftig zu sein, zugleich aber jemand sei, der nach wie vor „könne, wenn er wolle“. Auf diese Weise ermöglicht ihnen die Psychose, dass Klaus den Vater nicht durch eine eigenständige berufliche Entwicklung enttäuschen oder in Konkurrenz zu ihm treten muss, zugleich halten sie mit ihrer gleichzeitigen Verleugnung der Psychose die Idee am Leben, es könne doch noch einmal einen Nachfolger Klaus geben – ohne dies realisieren zu müssen.

Zudem ermöglicht die von Klaus gelebte Abstandsregulation von der Familie allen ein Stück Eigenständigkeit: Seine Selbstkonstruktion, zwar krank zu sein, aber damit selbst umgehen zu können, erlaubt ihm, dem väterlichen Auftrag treu zu bleiben und trotzdem Distanz zu gewinnen.

In dieser Dynamik versuchen die Schwestern – stärker als im Erstgespräch – heute für ihre eigene Position in der Familie zu kämpfen. Vor allem Eva formuliert heute, sie habe kapiert,

> *[AI 10] Eva: … dat man da schon Macht bekommt, ne … also in dieser manischen Phase, dass man da die Familie auch ganz schön im Griff hat.*

Sie betont, dass es auch um andere in der Familie gehe. Für ihre Schwester Marlene ist Klaus:

> *[AI 11] Marlene: So 'n Paradiesvogel, der aber so sein Leben jetzt leben kann, wie er möchte, das find ich eigentlich ganz schön, dass er das so für sich geregelt hat.*

Er muss nun nicht mehr gegen sie ankämpfen und darüber krank werden, wie sie es im Erstgespräch gesehen hat.

Die Schwestern scheinen sich damit am weitesten von der Wirkungsmacht von Klaus' Krankheit frei gemacht zu haben. Sie können im Gespräch heute auch Äußerungen ihrer Mutter mehr gelten lassen und setzen sich zugleich stärker gegenüber dem Vater durch. Damit befördern sie ein neues Gleichgewicht in der Familie. Sie haben dementsprechend am entschiedensten den Rückzug des Vaters aus dem Unternehmen und die anstehende Neuordnung der verbleibenden Unternehmensteile auf den Weg gebracht (siehe dazu den Abschnitt zum Thema Nachfolge).

Geblieben ist die große Distanz der Eheleute, auch wenn beide einen Weg für sich gefunden zu haben scheinen, ihre Spannungen zu reduzieren:

[AI 12] Interviewer: … sind Sie sich da näher gekommen oder … haben Sie sich noch eher voneinander entfernt?

Frau Meister: Wir beide? Tja, da hat sich nicht wesentlich was verändert.

Herr Meister: Ich mein schon, dass wir …

Frau Meister: … viel mehr gemeinsam unternehmen? Das stimmt.

Das Unternehmensinterview: Akzeptierte Krankheit als Chance zur Differenzierung

In diesem Interview, in dem der Fokus bewusst auf die Thematik „Familie mit Unternehmen" gerichtet war, wurde die Psychose des Sohnes insgesamt weniger thematisiert. Dennoch bleibt sie ein die Sinnzusammenhänge von Familie und Betrieb verknüpfendes Thema.

So formuliert Frau Meister in Bezug auf die Frage, was es für die Kinder bedeutet haben könnte, in einer Familie mit Unternehmen aufzuwachsen, wieder ganz dezidiert, dass ihr Sohn *psychisch krank geworden* sei. Vor diesem Hintergrund sieht sie das Unternehmen als Belastung für ihn:

[UI 1] Frau Meister: Für unseren Sohn ist es vielleicht – er ist psychisch krank geworden – großer Ballast gewesen, weil er spürte, dass der Vater auf ihn gesetzt hatte und ihn gerne in den Betrieb, und er hat sich natür-

> *lich vehement gewehrt, weil er merkte, das kann er nicht bringen und nicht leisten.*

Hier bringt Frau Meister die Krankheit sehr deutlich in Verbindung mit dem Nachfolgewunsch des Vaters, allerdings nicht im Sinn eines verursachenden Zusammenhangs, sondern als Belastung für den Sohn infolge seiner Krankheit. Den kranken Sohn und die Töchter nimmt sie als sehr unterschiedlich wahr:

> *[UI 2] Frau Meister: ... da ist jedes anders, große Unterschiede, als ob sie nicht miteinander verwandt wären.*

Anders als der Sohn sind die Töchter in den Augen der Mutter *ihren Weg gegangen, die haben gute Berufe*. Diesen Unterschied greift sie später wieder auf, als es um die Neuordnung des Vermögens der Familie geht. Ihr sei wichtig,

> *[UI 3] Frau Meister: ... dass alle Kinder gleich behandelt werden, in jeder Beziehung. Wir haben hier unsern kranken Sohn, der sein Leben nicht so hat gestalten können, wie er es vielleicht gerne gemacht hätte, und er muss mit eingebunden werden.*

Die Krankheit markiert für Klaus einen Unterschied und wird als Nachteil gegenüber den Töchtern angesehen. Sie hat zur Folge, dass der Sohn im Erbfall Schwierigkeiten haben wird. Vor dem Hintergrund von Ungleichheit wird Gleichheit eingefordert und zugleich wieder zurückgenommen:

> *[UI 4] Frau Meister: ... ja, aber unsere Situation ist insofern ein bisschen schwieriger, die meines Mannes und meine, wir haben zwei gesunde Kinder und ein krankes Kind und er wird Schwierigkeiten haben, wenn er seinen Teil bekommt und damit alleine fertig werden muss.*

Das kranke Kind erfordert also aus Mutters Sicht eine besondere Form der Gleichheit, eine Art ausgleichender Gerechtigkeit, über die eine ausreichende lebenslang fließende Versorgungsform für Klaus sichergestellt ist.

Interessant ist in diesem Zusammenhang, dass Frau Meister im Unterschied zu den vorigen Interviews hier von *unser Sohn* und *wir* (sie und ihr Mann) spricht. Sie formuliert für Vater mit, erlebt sich hier, wo es um die Gestaltung zukünftiger Lebensperspektiven ihres Sohnes geht, im erwünschten „Team" mit ihrem Mann. Die Sorge um Klaus' Zukunft und seine Versorgung können sie teilen. Herr Meister lässt dies auch so geschehen und beteiligt sich wenig, dann aber seine Frau bestätigend, an diesem Thema. Klaus erlebt die von seiner Mutter vertretene Sichtweise als Bestätigung seiner ohnmächtigen Position:

> *[UI 5] Klaus: … ich habe keine Ahnung, was die mit mir vorhaben, ich habe jetzt nur große Bedenken, was passiert und auch sehr große Angst. Meine Eltern, wenn die wollen, die können alles … davor habe ich Angst, diese Macht, die sie haben. Genauso mit dem Erbe jetzt … ich habe da Angst, dass über so eine Gesellschaft [GbR] versucht wird, über mich zu bestimmen – 40 Jahre, das passt mir gar nicht …*

Durch seine Krankheit sieht sich Klaus im persönlichen Leben und im Bereich des Familienunternehmens fremdbestimmt. Seine Eltern beschreibt er als allmächtig, sich selbst als ihren Entscheidungen ausgeliefert. Aber auch in diesem Interview zeigt er eine Gegenbewegung dazu. Auf die Äußerung seiner Mutter, dass er mit seinem Erbteil Schwierigkeiten haben werde, antwortet er:

> *[UI 6] Klaus: … das sehe ich nicht so, ich bin doch nicht doof, ich kann auf mich selbst aufpassen, was denken die eigentlich von mir!*

Er bleibt jedoch in dieser Spaltung gefangen, entwickelt keine eigenen Vorstellungen zu seiner eigenen Zukunftsplanung und zum Umgang mit dem Erbe und damit zusammenhängenden Verantwortlichkeiten. Nach wie vor nutzt er die Krankheit, um sich vor Überforderung zu schützen:

> *[UI 7] Klaus: … ich hatte von Anfang an nur das Gefühl, das schaffst du sowieso nicht … ich wäre wahrscheinlich besser dran gewesen, wenn ich keine Schwestern gehabt hätte, die so fleißig waren, meine beiden Schwestern und dann so 'n Vater, der so Meilen über mir stand.*

Seine Versuche, sich dem Vater auf dem Weg der Leistung und des *unheimlichen Selbstbewusstseins im Händlerischen* zu nähern, erlebt er als erfolglos. Über seine Psychose hat er die Chance, in der Familie eine wichtige Rolle zu spielen, ohne sich unmittelbar mit den Schwestern und dem Vater messen zu müssen. Sie wird zum beziehungsregulierenden Moment, mit dem er seinen Eltern signalisieren kann, „wenn ihr zu viel Druck macht, komme ich in die Krise“, und Anerkennung erhalten kann, wenn er seinen Alltag geregelt kriegt.

Neu ist in diesem dritten Gespräch, dass die Schwestern sich vor dem Hintergrund des Themas Familienunternehmen und seiner Transformation in neue unternehmerische Strukturen deutlich gegen die Eltern positionieren:

> *[UI 8] Eva: … also, das ist jetzt natürlich anders, mein Vater kann uns jetzt nicht mehr so prägen. Wir sind nicht mehr jung und gehen in den Betrieb rein und wachsen damit, sondern wir sind ja schon ein Stück gewachsen und auch festgelegt und damit ist es nicht mehr so einfach, jemand wie mich und meine Schwester auf dieses ES zu trimmen.*

(Das große ES ist familiäre Metapher für das betriebliche Ganze aus der Perspektive des Vaters). Die Schwestern wollen – auch im Interesse der Zukunft ihrer eigenen Kinder – klare Verantwortlichkeiten, transparente und verbindliche Regelungen für alle Beteiligten:

> *[UI 9] Eva: … geklärt werden muss, wer die Verantwortung übernimmt, wie die Aufgaben verteilt werden, auch ob eben schon Vermögen übertragen wird oder nicht, und wer beteiligt wird, und natürlich steht auch an, wie Klaus da integriert wird.*

Damit plädieren sie auch für eine stärkere Trennung familiärer und unternehmerischer Perspektiven:

> *[UI 10] Eva: … wir sind gerade in so einer Phase, unsere Familie, wo wir versuchen, das zu trennen, irgendwo die Eltern zu sehen und die Geschwister zu sehen und also ich kann mir da gut mit helfen, dass ich dann sage, da bin ich nicht mit d'accord, das sind Sachen, da kann ich so nicht mit leben, aber das ich das dann so trenne, also das Unternehmen und die Erbfolge im Prinzip so von den Eltern, von der menschlichen Beziehung …*

Durch diesen Vorstoß, den beide Schwestern vertreten, entsteht die Chance zur Differenzierung, zur Thematisierung und auch zum

Aushandeln von Unterschieden, ohne sie im Dienst unausgesprochener familiärer Schuld- und Verdienstkonten gleich wieder aufheben zu müssen.

Klaus' Krankheit wäre in diesem neuen Diskurs nicht mehr im Zentrum der familiären Beziehungsregulation, sondern wäre (nur) ein besonderes Element unter anderen in einem für die Familie neuen Prozess des sich Auseinandersetzens um Familienbeziehungen und Unternehmen:

> *[UI 11] Marlene: … da muss man sich einfach mal mit auseinander setzen …*
>
> *Eva: … was draus wird, wissen wir noch nicht, ich denk mal, also, das wird noch im Gespräch bleiben …*
>
> *Marlene: … dass man sich Hilfe holt, würde ich sagen, dass man einen dritten Außenstehenden dazu holt, um dann noch mal die Sichtweise jedes Einzelnen deutlich zu machen, weil das einfach durch Emotionen manchmal falsch rüberkommt … dass die Sichtweisen der Einzelnen noch mal dargestellt werden und dass deutlich wird, wie jeder Einzelne sein Leben gestalten will.*

Eine auf diese Weise auch relativierte Gewichtung von Klaus' Krankheit könnte neue Freiheitsgrade für alle Beteiligten entstehen lassen, könnte den Weg frei machen für selbstbestimmtere Zukunftsperspektiven, die offener verhandelbar wären und damit auf Not-Lösungen wie die Krankheit von Klaus nicht mehr angewiesen wären.

Familie mit Familienunternehmen – ein Unterschied, der einen Unterschied macht?!

Unternehmensnachfolge als Thema im therapeutischen Erstgespräch

Im Erstgespräch erweisen sich neben der Erkrankung geschlechtsspezifische Unterschiede bzw. Zuschreibungen als zentrale Themen für die Familie – eng verbunden mit der Konzeptualisierung des Nachfolgethemas.

Auf die einleitenden Fragen nach den Problemen nennt der Sohn die unterschiedliche Erziehung der Geschwister [EI 1]. Er habe es als Nachteil erlebt, als Junge auf die Welt gekommen zu sein.

Nachdem auch der Vater die Einschätzung des Sohnes, dass er immer unter Druck gestanden hätte [EI 11], bestätigt hat, bietet die Mutter als Erklärungsversuch für die vom Sohn empfundene unterschiedliche Behandlung und den erhöhten Druck das Thema Nachfolge an:

> *[EI 18]: Frau Meister: Vielleicht kann ich was dazu sagen, was ich mir eigentlich denken könnte, dass er sich vorgestellt hat, dass der Vater Erwartungen daran knüpft, dass er den Betrieb mal übernehmen sollte, und vielleicht war es in Wirklichkeit auch so, dass mein Mann sich vorgestellt hat, jetzt hast du den „Stammhalter“ und der wird Nachfolger. Er hatte den Betrieb des Vaters übernommen und ausgebaut und … ja, viel investiert …*

Mit der Begriffswahl „Stammhalter“ betont Frau Meister den mehrgenerationalen Traditionsbezug. Sie unterstützt und belegt ihre Vermutung durch den Hinweis auf die Familientradition, ihr Mann habe den Betrieb auch von seinem Vater übernommen.

> *[EI 19]: Frau Meister: … dass es für ihn überhaupt kein Überlegen gab, die Sache seines Vaters weiterzuführen.*

Während Eva der Vermutung der Mutter widerspricht, unterstützt die ältere Tochter Marlene deren Einschätzung:

> *[EI 20] Marlene: … ich denke schon, dass einfach immer der Gedanke da war, in dem Augenblick, wo ein Sohn da ist, das ist in erster Linie schon ein Beruf für'n Mann, für uns (Töchter) kam es einfach nie in Frage. Wir sind irgendwie nie in dieser Richtung …*

Während beide Töchter der Aussage des Vaters zustimmen, er habe doch seinem Sohn keine konkreten Berufswünsche ausgeredet, widerspricht Frau Meister und belegt durch Beispiele, dass die Vorstellungen ihres Mannes über vorsichtige Phantasien hinausgingen und dass er – nach ihrer Einschätzung – deutlich auf die berufliche Entwicklung des Sohnes Einfluss genommen habe, etwa bei der Schulauswahl usw. und auf diese Weise auch auf die Realisierung seiner Nachfolgeideen.

> *[EI 21] Frau Meister: Nein, das glaube ich nicht, denn ich weiß, dass unser Sohn nachher die mittlere Reife machte und dann sagte „ich möchte die Oberstufe machen" … und dass mein Mann dann zu ihm sagte, „weißte, dann mach doch lieber die höhere Handelsschule, dann hast du schon was Richtung Berufsausbildung und Geschäft" … und dann hat er ziemlich lieblos damit angefangen und auch nicht zu Ende gemacht …*

Mutter und Töchter teilen aber die Einschätzung, dass der Vater die Übernahme der Nachfolge durch den Sohn erwartet hat.

Die Konzeptualisierung der Nachfolge, die ja originär dem Bereich Unternehmen zuzuordnen ist, erweist sich als eine Frage von zentraler Bedeutung für die Familie Meister. Es zeigt sich, dass die sozialen Systeme Familie und Unternehmen in Familienunternehmen keine autonomen, sich selbst organisierenden Modelle darstellen, sondern sich überlappen und gegenseitig beeinflussen, was z. B. in Rollenüberschneidungen und deren Auswirkungen auf die innerfamiliäre Beziehungsdynamik seinen Ausdruck findet.

Das Verständnis einer geschlechtsspezifischen Arbeits- und Rollenaufteilung scheint zunächst im Erstgespräch von allen Familienmitgliedern geteilt zu werden, was einen Unterschied für die Nachfolgeeignung im Unternehmen (Männer vor Frauen bzw. Söhne vor Töchtern) impliziert. Demzufolge werden unterschiedliche Erziehungsschwerpunkte und unterschiedlich freie Wahlmöglichkeiten bei der Schul- und Berufsausbildung des Sohnes und der Töchter in Hinsicht auf die spätere Bedeutung für die Unternehmensnachfolge beschrieben. Gleichzeitig scheint der Sohn dieses Bild in Frage zu stellen, indem er den Eltern die Ungleichbehandlung von Töchtern und Söhnen vorwirft, was sich für ihn mit dem Erleben eines Nachteils als Junge verknüpft. Die Mutter konstruiert die Rolle des Sohnes als designierter Nachfolger als besonders belastend. Der Vater bestätigt die Erwartung der Nachfolge des Sohnes, weist aber daraus resultierende Einschränkungen für ihn zurück.

Die Konzeptualisierung zur Unternehmensnachfolge ist geprägt durch die persönlichen Erfahrungen von Herrn Meister und lautet: ‚Nachfolger sind Männer'. Da nachfolgende Männer im Familienunternehmen gleichermaßen Söhne sind, wird dieses Konzept auch innerfamiliär wirksam und damit ungeschriebenes, aber gültiges Familiengesetz. Die Erkrankung des Sohnes fordert zur Auseinandersetzung mit diesem Gesetz auf und stellt die Frage der Gleichwertigkeit von Söhnen und Töchtern bzw. Männern und Frauen in besonderer Weise.

Gleichermaßen entsteht damit für Herrn Meister als Unternehmer und Familienvater eine besondere Anforderung in Bezug auf die Balancierung unterschiedlicher Rollen im Unternehmen und der Familie.

Als traditionsbewusster Chef eines Familienunternehmens wünscht er sich einen männlichen, innerfamiliären Nachfolger, der sein Berufs- und Lebenswerk fortsetzt. Als Vater möchte er vor allem eine für seinen Sohn passende und nützliche (erfüllende?) Berufsausbildung gemäß dessen Möglichkeiten und Fähigkeiten unterstützen. Als Vater mit Unternehmen ist er interessiert, bei seinem Sohn Fähigkeiten und Kompetenzen zu erkennen und zu fördern, die er sich als Unternehmer für seinen Nachfolger wünschen würde.

Wenn die individuellen Fähigkeiten des Sohnes nicht dem Anforderungsprofil an einen Nachfolger entsprechen, liegt ein Konflikt zwischen der Rolle als Familienvater und Betriebsleiter nahe.

In der Familientherapie sitzt Herr Meister als Vater eines Sohnes mit einer psychotischen Entwicklung. Auf den ersten Blick erscheint es bemerkenswert, wie viel Raum das Thema Familienunternehmen und Nachfolge im Erstgespräch einnimmt, es zeigt sich aber auch, dass diese Perspektive nahe liegt, wenn man die Problematik der Psychose in einem erweiterten systemischen Kontext zu rekonstruieren versucht.

„… eigentlich müsste man dich klonen"
Die Bedeutung der Nachfolgeidee im Auswertungsgespräch

Als zu Beginn des Auswertungsgespräches die erlebten Veränderungen nach der Therapie hinterfragt werden, wird das Thema Familienunternehmen und/oder Nachfolge zunächst von keinem der Familienmitglieder explizit angesprochen.

Erst auf Nachfrage bestätigt Herr Meister, dass sein Sohn die Nachfolge nicht übernehmen konnte und die Töchter wegen mangelnden Interesses nicht in Frage kamen. Im Gegensatz zum Erstgespräch vor sieben Jahren widerspricht dem nun auch die mittlere Tochter Eva:

[AI 13] Eva: … ich hab das anders empfunden, also ich war jetzt nich so, dass ich mich da nicht für interessiert hätte, et hat also 'ne Zeit gegeben,

wo ich so die letzten Jahre – Abitur hatte oder zwischen Abitur und Studium hab ich sogar im Betrieb gearbeitet und eh ... dann hieß es, ja mach ma' erst was anderes, du kannst ja später immer noch ... und eh, ich hab das schon so empfunden [sie unterstützt ihre Aussage mit einer abwehrenden Handbewegung].

Interviewerin: Halt dich raus?

Eva: Weit weg, ja.

Im weiteren Verlauf des Interviews wird deutlich, dass das Nachfolgekonzept im Betrieb im Kontext betriebsinterner ungeschriebener Regeln und Leitsätze entstand und von dort in die familiäre Realität übernommen wurde.

In der betrieblichen Wirklichkeitskonstruktion von Herrn Meister waren Frauen nicht vorgesehen, im Betrieb mit Produktion, technischen Innovationen usw. mussten Frauen außen vorbleiben. Andere Variationen erscheinen ihm völlig abwegig und undenkbar.

[AI 14] Herr Meister: Bei uns, das war mehr 'n handwerklicher Betrieb, da kannte ich jede Schraube, jedes Maschinchen, und äh, und da musste man auch von der Materie viel verstehen, da hättest du wahrscheinlich 'ne ganz andere Ausbildung machen müssen!

Die Tochter greift das auf und erklärt, dass es für sie positiv war, frei wählen zu können:

[AI 15]: Eva: Da hast'e mir was Gutes mit getan, ich bin dir da sehr dankbar ... dass du nicht die Idee hattest ... dass ich davon profitiert habe ... dass ich frei war.

Durch Evas Hinweis eröffnet sich ein weiterer Aspekt dieser Nachfolgeregelung, nämlich dass sie zwar einerseits eine Aufwertung des designierten Nachfolgers, aber andererseits eine Einschränkung seiner Freiheiten und seiner (Aus-)Wahlmöglichkeiten bedeutet.

Herr Meister versteht die positive Reaktion als Bestätigung seiner Einschätzung, dass der Betrieb nichts für die Töchter war.

[AI 16]: Herr Meister: ... kein Mensch würde auf die Idee kommen, das kann die Tochter machen.

Der Einwand des Interviewers, dass aber die Tochter doch mal auf die Idee gekommen sei, hat für Herrn Meister keine Bedeutung, er ordnet seine Töchter dem Büro, nicht dem Betrieb zu (ebenda).

Diese Äußerungen zu den begrenzten Kompetenzen der Töchter beleben die innerfamiliäre Dynamik. Die Töchter stellen die Einschätzung des Vaters in Frage und betonen die Werte der den Frauen zugeschriebenen Fähigkeiten im kaufmännischen Bereich:

> *[AI 17] Marlene: … wenn das Zeug nicht verkauft wird, dann nützt dir die ganze Produktion auch nichts … von daher, ein Kaufmann wäre auch nicht verkehrt gewesen … oder, man scheitert letztlich auch jetzt, weil ein Kaufmann fehlt.*

Nachdem nun auch die älteste Tochter auf ihren Ausschluss aus den Belangen des Familienbetriebs hingewiesen hat, versucht Herr Meister seine Nachfolgeidee und -entscheidung in einen anderen Erklärungszusammenhang zu stellen. Nicht mehr die geschlechtsbezogene Differenzierung möglicher Nachfolgeoptionen ist maßgeblich für die Dynamik, sondern die wirtschaftliche Entwicklung der Branche der Fensterproduktionsbetriebe.

> *[AI 18] Herr Meister: Das Unternehmen ist auch nicht auf ewiges Bestehen gegründet. Das ist eigentlich zum Auslaufen verdammt.*

Die Frauen bezweifeln, dass Herr Meister diese Entwicklung so klar gesehen hat bzw. sieht. Sie vermuten, dass er sich immer noch verantwortlich fühlt und dass diese Entwicklung (den Betrieb auslaufen zu lassen) dem Vater weh tut.

Herr Meister steigt nicht auf dieses Angebot ein, über seine Gefühle zu sprechen, sondern antwortet mit einer kaufmännischen Analyse des Betriebs und dessen Zukunftsaussichten:

> *[AI 19] Herr Meister: Die Zukunft sieht nicht gut aus für uns, ich glaub, wir machen, wir verkaufen den Laden, machen Baustellen draus. Ich kann mich noch daran erinnern, da war die Oberfinanzdirektion da und machte eine Prüfung – da sprach uns der junge Mann an, wie wollen Sie das denn weiter betreiben … es kommen die großen Betriebe, die rechts und links gebaut werden, wo kein Mensch mehr im Betrieb zu sehen ist, alles läuft automatisch, man müsste 20, 25 Millionen investieren … das ma-*

chen wir in unserem Alter nicht mehr, wir lassen das Ding auslaufen ... Wir sind immer zweifüßig gegangen: Betrieb und andere Vermögensteile. Wir haben aus den partiell guten Gewinnen in etwas Beständigeres investiert, unabhängig von der Konjunktur – so haben wir das gemacht und so läuft das langsam aus.

Im Laufe der Jahre wurde für ihn deutlich, dass sein Sohn durch Erkrankung für die Nachfolge ausscheidet und er beschreibt nun auch immer negativere Zukunftsprognosen für seinen Betrieb. Erfolg und Gewinne verlagern sich offensichtlich auf die kaufmännische Firma unter der Leitung der Töchter, trotzdem scheint der Produktionsbetrieb immer noch von größter Bedeutung für Herrn Meister *zu* sein.

[AI 20] Herr Meister: Ich habe im vorigen Jahr im Januar die Geschäftsführung abgegeben an den Neffen (den Sohn des Bruders) und der versucht jetzt, noch ein bisschen weiterzukommen, denn der Betrieb ist gesund, eigentlich, von der Finanzseite sehr gut, sehr gesund, und mir wäre es lieber in diesem Zustand ein Ende zu machen als jetzt noch weiterzumurksen und vielleicht Verluste zu bauen.

„Der Betrieb ist gesund, eigentlich" erinnert an Äußerungen über die in seinen Gedanken immer noch bestehende Möglichkeit, dass sein Sohn auch gesund ist bzw. sein könnte und dann die Nachfolge antreten könnte und *„der wär' der Richtige gewesen"* [EI 17; AI 6].

Herr Meister erklärt, dass er jetzt auch mit seiner Familie Gespräche über den Betrieb führt und dass die Familie den Gedanken unterstützt, den Betrieb zu schließen. Als die Frauen betonen, dass es für den Vater ein Ausscheiden mit heftigen Wehen sei und dass die Familie ihn beim Ausstieg durch die Organisation seiner Freizeit und z. B. seines Einstiegs in den Golfsport unterstützt habe, reagiert Herr Meister mit einer sehr ausführlichen begeisterten Beschreibung der Überlebensstrategien des Betriebs und seiner Erfolgsstory:

[AI 21] Herr Meister: ... muss natürlich was passieren ... wir müssen 'ne Nische finden ... haben da phantastische Jahre gefahren, aber immer wieder was Neues gefunden.

Der Einwurf von Eva:

> *[AI 22] Eva: Eigentlich müsste man dich klonen jetzt noch mal …,*

kann seinen betriebsbezogenen Gedankenrausch nicht unterbrechen, er endet mit konkreten Vorschlägen für neue Produktideen und -entwicklungen:

> *[AI 23] Herr Meister: Jetzt wäre wieder was fällig … Zwei Dinge habe ich ihm (dem Neffen) gesagt, was er machen soll … Auch wieder was Besonderes, was nicht auf dem Markt ist …, ist nichts geworden. Jetzt auch nicht …*

In diesem Gespräch verstärkt sich der Eindruck aus dem Erstinterview, wie eindeutig die Erwartung an eine Nachfolge durch den Sohn war. Auch wenn diese Idee nie explizit formuliert wurde, wurde sie dennoch als Selbstverständlichkeit von allen Familienmitgliedern übernommen und nie offen in Frage gestellt oder diskutiert.

Bedeutsam erscheint uns hier die Konzeptualisierung zum Thema Nachfolge aus der Sicht der Töchter, die diese Nachfolgeregelung interpretieren als Entlastung von Einschränkung und Eröffnung von Freiheiten und Wahlmöglichkeiten. Interessant ist hier sicher die Wortwahl „frei sein“ im Vergleich zur Aussage des Sohnes, der sich als „vergewaltigt“ bezeichnet hat [EI 7]. Es ergibt sich für die Geschwister eine geschlechtsbezogene Polarisierung der Zuschreibungen „frei und selbstinitiativ“ für die Töchter gegenüber „vergewaltigt, fremdbestimmt“ für den Sohn.

Die Bereitschaft der Töchter, eine Auseinandersetzung zu vermeiden, indem sie die Entscheidungen des Vaters im Nachhinein positiv interpretieren, wird von diesem nicht angenommen bzw. geschätzt.

Er begrenzt ihre Fähigkeiten vielmehr auf den Bürobereich und es entsteht der Eindruck, dass er den Familienbetrieb angesichts der Tatsache, dass seine Nachfolgeidee nicht durchsetzbar ist, sogar abwertet.

Das „Herzblut“, mit dem er vorher über den Produktionsbetrieb mit *Schräubchen und Maschinchen* gesprochen hat, wird ersetzt durch eine eher nüchterne Zahlensprache und entsprechende rein rationale Zukunftsprognosen. Aus seinem Betrieb wird ein *Laden* bzw. *das Ding*. Diese Bilanz und Prognose erscheint wie eine Zusammenfassung der sich gegenseitig beeinflussenden Geschichten der Familie Meister und des Familienunternehmens.

Am Anfang hat sich Herr Meister als omnipotenter Familienunternehmer erlebt, der den vom Vater übernommenen Betrieb mit unglaublich viel Engagement zu großem Aufschwung verhilft, synchron dazu läuft die Vorstellung, dass sein Stammhalter alle notwendigen Fähigkeiten besitzt, um den Betrieb weiterzuführen.

Parallel dazu baute er – eher aus Vernunftgründen und im Vergleich zu seinem Betrieb mit wenig emotionaler Begeisterung – aus erwirtschafteten Überschüssen eine zweite rein kaufmännische GbR auf, für die eher das von ihm als Allerweltswissen abgewertete kaufmännische Können von Belang ist. Diese Firma kann er in die Verantwortung seiner Töchter geben.

Als Herr Meister sich gegen Ende des Gespräches aus der Familiendiskussion über die Gestaltung seines betrieblichen Ausstiegs zurückzieht und gedanklich und emotional mit aller Energie in eine Strategieplanung für den Produktionsbetrieb einsteigt, zeigt sich ein eingespieltes Muster der Familiendynamik – der Mann kümmert sich um den Betrieb, die Frauen um …

Es stellt sich hier die Frage, ob es für Herrn Meister wirklich jemals denkbar war und ist, dass jemand anders die Leitung des Betriebes erfolgreich übernehmen könnte, oder ob der Betrieb nicht mit seiner Person untergehen muss, so wie er mit seiner Person erfolgreich war.

Das Klonen des Vaters, das Eva scherzhaft anspricht, scheint so die einzig angemessene Lösung zu sein.

„Es' muss weitergehen" – Die Nachfolgeidee im Unternehmensinterview

Schon in den vorangegangenen Interviews wurde deutlich, dass sich die Anforderungen an Familien mit Familienunternehmen in besonderer Weise bei der Gestaltung und Bewältigung des Nachfolgeprozesses zeigen. Dabei scheinen familiäre, betriebliche und individuelle Interessen und Bedürfnisse so ineinander zu greifen, dass passende Lösungen nicht leicht zu finden sind und eine besondere Anstrengung erfordern.

Im Unternehmensinterview sollte der Schwerpunkt deshalb darauf liegen, die Familienmitglieder einzuladen, auf der Basis ihrer bisherigen Erfahrungen Empfehlungen für die Gestaltung von Nachfolgeprozessen zu geben. Diese Empfehlungen geben der Familie einerseits eine Chance, eigene Prozesse im Rückblick wertzuschätzen und zu akzeptieren, andererseits können sie hilfreiche Anregungen für andere Familien mit Familienunternehmen liefern.

Die Interviewerin bittet Herrn Meister um seinen Expertenrat an Familienunternehmer im Nachfolgeprozess.

> *[UI 12] Herr Meister: ... der normale Verlauf ist ja, dass wenn genug Kinder da sind, dass sich sicher einer findet, der das Unternehmen weiter betreiben möchte, dass Sie im Laufe der Jahrzehnte irgendwie rauskriegen, welches Kind Neigungen zeigt, und dann natürlich darauf setzen und im Übrigen jedem natürlich freie Wahl lassen, in seinen Beruf zu gehen, den er gern möchte.*

Überraschenderweise verwendet Herr Meister im Kontext einer Formulierung, die sich nicht auf sein eigenes Unternehmen bezieht, sondern auf den *„normalen Verlauf“* allgemein richtet, kein geschlechtsspezifisches Nachfolgekonzept: die Neigung eines der Kinder soll im Vordergrund stehen. Dies steht im Widerspruch zu seinem Standpunkt, nur ein männlicher Nachfolger könne für seine Firma in Frage kommen. Es stellt sich die Frage, ob diese Widersprüchlichkeit eine Doppelbotschaft für die Kinder darstellt, oder ob es sich nicht vielmehr um den Versuch handelt, sich selbst nicht als jemand zu präsentieren, der seine Kinder geschlechtsspezifisch bevorteilt oder benachteiligt. Für diese letztere Lesart spricht auch die Tatsache, dass Herr Meister sich mehrfach auf das angeblich fehlende Interesse (= *Neigung*) der Töchter bezieht. Offensichtlich erscheint, dass Herr Meister seine eigene betriebliche Konstellation nicht als verallgemeinerungsfähig bzw. nicht als Anwendungsfall einer allgemeinen Regel betrachtet.

Die Töchter sind sich einig, dass sie in ihrer Jugend erlebt und gelernt haben, dass eine Nachfolge im Betrieb durch Mädchen für den Vater nicht in Frage kam:

> *[UI 13] Marlene: ... also ich hab immer das Gefühl gehabt, der Betrieb ist mal für meinen Bruder. Das war für mich immer klar.*

Die älteste Tochter fühlte sich durch die Regelung, dass im Betrieb nur ein männlicher Nachfolger zählt, als Frau und Tochter diskriminiert und abgewertet (s. u.). Als Reaktion auf diese Abwertung hat sie den Ehrgeiz entwickelt, außerhalb des Familienunternehmens berufliche Leistung zu zeigen, um über diese Umleitung doch noch die Anerkennung des Vaters zu erhalten und in eine partnerschaftliche Beziehung zu ihm einzutreten.

[UI 14] Marlene: Heute bin ich froh, dass es so gelaufen ist, muss ich sagen. Ich glaub einfach nur so, dieses Bewusstsein als Frau, irgendwo nicht diese Anerkennung zu bekommen wie ein Sohn, das denke ich war für mich schwierig. Also, da habe ich irgendwo immer gedacht, meine Güte, irgendwo hast du das Zeug dazu, du kannst das auch. Da habe ich also einen unheimlichen Ehrgeiz entwickelt, ihm das auch zu zeigen.

Die Töchter haben heute eine Idee zur Nachfolge entwickelt, die branchenspezifische Variationen vorsieht und ihnen so eine nachträgliche Legitimierung der väterlichen Haltung ermöglicht.

[UI 15]: Marlene: Also ich glaube einfach, dass jeder Betrieb verschieden ist, dass man gar kein Rezept dafür abgeben kann. Ich denk mal, für unseren Betrieb war das die einzige Möglichkeit …

Trotzdem bleibt Marlene grundsätzlich skeptisch, was die Chancen von Töchtern und Frauen in Familienunternehmen betrifft:

[UI 16] Interviewerin: Angenommen, wir würden jetzt einen Leitfaden entwickeln wollen für Unternehmertöchter bzgl. Nachfolge, ihre Position, ihren Standort, hätten Sie irgendwas, was wir da reinschreiben sollen, so als Ratschlag?

Marlene: In meinem nächsten Leben werde ich Mann!

Rückblickend erkennen die Töchter für sich eher einen Nutzen im Ausschluss von der Nachfolge. Sie hatten die Möglichkeit, sich erst einmal – ohne Nachfolgedruck – eigene Existenzen aufzubauen und sich dann auf dieser sicheren Basis dem neu gegründeten Familienbetrieb, der Investorengesellschaft, zuzuwenden.

Sie verstehen – wie die Mutter – die Nachfolgeerwartung heute als Einschränkung und als Begrenzung notwendigen Freiraums.

[UI 17] Eva: Also ich – wie gesagt – ... eigentlich war mir das auch klar, dass mein Bruder das also machen sollte und dass mein Vater also auch, was meinen Bruder ..., also ziemlich wenig dem Zufall überlassen hat. Also, er hat da schon sehr viel mehr hingeguckt als bei uns; d. h. in Bezug auf die Ausbildung, also denk ich schon, also es hat ihn mehr interessiert, ... er konnte nicht da sitzen und sagen, wir gucken, was der Junge bringt ...

Also bei meinem Bruder, da war ..., also es war nicht egal.

Interviewerin: Hat Ihr Bruder das eher als Bereicherung oder als Einschränkung erlebt?

Frau Meister: Als Einschränkung!

Sohn Klaus widerspricht den Aussagen der Frauen, vom Vater beruflich in Richtung Nachfolge gedrängt worden zu sein, bringt aber umgehend viele Beispiele dafür, wie sein Vater seinen beruflichen Weg gegen seinen Willen beeinflusst hat.

[UI 18] Klaus: Ich hatte auch nicht das Gefühl, dass mein Vater mich so in eine Richtung gedrängt hat, ich hatte immer das Gefühl, ich kann machen, was ich will. ... Ich hatte mehr Interesse am künstlerischen und medizinischen Bereich, dann habe ich Musik gemacht. Mein Vater hat natürlich versucht, mir das mit der Musik auszureden, hat das nicht unterstützt. ... Da meinte mein Vater, mach doch erst mal Handelsschule und dann machst du 'ne Ausbildung ... und ich stand dann nachher mit der Schule und wusste dann gar nicht, was ich machen sollte. Dann habe ich Handelsschule gemacht, das hat mir überhaupt keinen Spaß gemacht, weil ich zum Handel nicht geboren bin. ... mich hätte Medizin interessiert oder halt Künstler.

Klaus formuliert seine Ideen zum Thema Nachfolge explizit nicht vom Unternehmensstandpunkt her, sondern vom Standpunkt des persönlichen Glücks und setzt sich damit deutlich von seinem Vater ab:

[UI 19]: Klaus: Ich würde dafür sorgen, dass mein Sohn in jedem Fall, egal was er macht, dass er glücklich ist in seinem Leben. Mir wäre es egal, ob der meine Firma übernimmt, ob der etwas darstellt. Wenn ... das

ist vielleicht nicht nur ein Thema für Unternehmerfamilien, ich denke, in jeder Familie ist es wichtig, dass man sich Rat holt. Wie kann man das Kind fördern, sich einfach mehr Gedanken darum macht.

Seine Empfehlung an alle Eltern, sich für die Begleitung ihrer Kinder mehr Rat zu holen, kann als Hinweis verstanden werden, dass er nicht angemessen in seiner möglichen Vielfalt an Fähigkeiten und Begabungen gefördert worden sei, sondern der selektive Nutzen für die mögliche spätere Verwendung im Betrieb im Vordergrund stand.

Der eigentliche Nachfolgeprozess des Familienunternehmens Meister erscheint zur Zeit des Interviews abgeschlossen: Herr Meister hat die Geschäftsführung an seinen Neffen abgegeben, Klaus als designierter Nachfolger entfällt wegen Krankheit, die Töchter sind in die aus den Erträgen des Produktionsbetriebes finanzierte Investorengesellschaft verantwortlich eingestiegen.

In unserem Fallbeispiel ergibt sich aus der Nachfolgeregelung als nächster Schritt die Regelung der Erbfolge. Die Töchter skizzieren mit dem Motto „*Es* muss weitergehen" das bisher bewältigte, aber unter nun veränderten Voraussetzungen weiter bestehende, bzw. sich neu eröffnende Spannungsfeld wie folgt:

[UI 20] Marlene: … man hat irgendwo das Gefühl, man muss die Sache aufrechterhalten …, das ist auch eine unheimliche Verantwortung …

[UI 21] Eva: Das Schlimme im Familienunternehmen war, dass wir immer das Gefühl hatten, es muss weitergehen, weitergehen. … Beziehungen trennen sich nicht so schnell, die halten mehr aus, die sind belastbarer und zum Teil geht das mit Sicherheit auch an die Existenz, da hängt Vermögen dran, der Betrieb, die halten einfach mehr aus, versuchen es länger.

Marlene: Was nicht immer von Vorteil sein muss, es kann ein Vorteil sein; aber ich kenn da auch Familien, die haben dann so einen Dauerstress, die haben dann nur diese materiellen Dinger da im Kopf und wissen nicht, wie sie es auseinander klamüsern sollen, das finde ich schon ziemlich grausam.

und später

[UI 22] Eva: … also meine Eltern möchten gerne, dass „ES" weitergeht. …Ja, also dieses große ES, also im Prinzip, das Vermögen muss vermehrt

> *werden … – zumindest erhalten, und Vermögen ist da und es muss verwaltet und vermehrt werden.*

Das große „ES" erlaubt mehrere Interpretationen: „ES" kann für den Zusammenhalt der Familie ebenso stehen wie für den Fortbestand des neuen Unternehmens und des erwirtschafteten und künftig zu mehrenden Vermögens, aber auch für die Gesamtheit dieser drei für die Familie bedeutsamen Bereiche. Der Wunsch, dieses allumfassende „ES" zu regeln, stellt sich als Fortsetzungsthema zur alten Nachfolgeregelung dar, wobei die Klärung jetzt unter dem Stichwort Erb- und Vermögensregelung zu leisten ist und sich einige der Rahmenbedingungen verändert haben.

Die Töchter sind der traditionellen Familienhierarchie entwachsen, haben eigene Erfahrungen gemacht und eigenständige Lebensmodelle entwickelt. Sie fordern jetzt eine klarere Trennung zwischen betrieblichem und familiärem Bereich, Transparenz der Verantwortlichkeiten, auch in Bezug auf den kranken Bruder, und bestehen auf klaren notariellen Regelungen [UI 9].

Dieses Verhalten der Töchter kollidiert mit der Patriarchenrolle des Vaters, der nach wie vor die richtige Position und Meinung beansprucht. Erst hier kommt für ihn Beratung ins Spiel, nämlich als Beratung für seine Töchter, von der er sich eine Unterstützung seiner Sichtweise erhofft:

> *[UI 23] Herr Meister: Was ich will, ist nicht viel, so sehe ich das und viele andere auch, Experten – vielleicht müssen die sich noch mehr Rat holen, dass das Risiko-Eingehen gar nicht so groß ist – das ist nur ein Gefallen, so sehe ich das: Wir haben schon lange gesucht und dann haben wir diesen Weg gefunden, den halten wir für richtig und viele andere auch …*

Im Konflikt mit den Töchtern argumentiert er erstmals gemeinsam mit seiner Frau, die er in sein „wir" einschließt. Er appelliert hier auch moralisch an die Töchter, indem er über die konkrete Interessenlage hinaus ganz allgemein postuliert, dass es ihm nicht nur um die betrieblichen Regelungen, sondern auch um so grundsätzliche Überlegungen wie die Übernahme von Verantwortung und gesellschaftlicher Rollenverteilung geht.

> *[UI 24] Herr Meister: … Es geht um die Rollenverteilung, es gibt Leute, die Funktionen übernehmen und die Verantwortung übernehmen für die*

> *Gesellschaft, mit 'nem bestimmten Aufkommen, und es gibt Leute ohne einen bestimmten Auftrag und ohne Funktion.*

Frau Meister überträgt diese allgemeine Aussage ihres Mannes dann konkret auf ihre Familie:

> *[UI 25] Frau Meister: ... Wir haben den Gedanken, wir wollen unsere drei Kinder gleich behandeln, jetzt haben wir so unterschiedliche Vermögenswerte, dass man das nicht so ganz korrekt und ehrlich auseinander dividieren kann und dann haben wir gesagt, dann machen wir das in Form einer Gesellschaft, wo alle drei zu gleichen Teilen drinnen sind. Das wäre für uns die ehrlichste und vom Gefühl her die beste Lösung, aber damit sind unsere beiden Töchter nicht einverstanden.*

Für die Eltern gilt die Priorität einer gerechten Behandlung der drei Kinder und die besondere Versorgung ihres kranken Sohnes; familiäre Werte und Leitsätze sollen nach ihrer Meinung bei der Regelung des „ES" vorrangig berücksichtigt werden.

Mit einer solchen erneuten Koppelung von Familie und Betrieb sind die heute im neuen Betrieb verantwortlichen Töchter nicht einverstanden.

Das Interview schließt mit dem gemeinsamen Wunsch nach externer Beratung, wenn auch aus unterschiedlichen Beweggründen: Herr Meister will seine Position stärken, die Töchter wünschen eine Versachlichung der Auseinandersetzung und deren Verlagerung in einen Bereich außerhalb der Familie.

Gender

Es wurde schon deutlich, dass bestimmte geschlechtsbezogene Konzepte, die sich in Bezug auf die Familie wie das Unternehmen mehr oder weniger stark ausgeprägt bei allen Familienmitgliedern finden lassen, von vorneherein die Zahl der möglichen Nachfolgeoptionen verringern. Die Konzeption, dass der Betrieb ein Männerbetrieb ist und auch nur sein kann, schließt die Frauen als potentielle Nachfolgerinnen aus. Der legitime männliche Stammhalter wiederum kommt aufgrund seiner Krankheit für die Nachfolge nicht in Frage.

Zahlreiche Konflikte innerhalb der Familie lassen sich vor dem Hintergrund dieser geschlechtsbezogenen Konstrukte verstehen und einordnen. Dies gilt nicht nur für die Nachfolgediskussion, sondern auch für die Konflikte im Bereich der Entscheidungsfindung, sowohl im Betrieb als auch in der Familie.

Methodisch lässt sich eine solche Gender-Perspektive auf jeden Fall immer dann anbringen, wenn in den Aussagen der Familienmitglieder von der Ebene individueller Zuschreibungen in den Modus allgemeiner geschlechtsbezogener Aussagen (Mädchen, Jungen, Männer, Frauen) gewechselt wird. Allerdings sind viele genderbezogene Handlungskonzepte weniger explizit. Sie lassen sich jedoch aus dem jeweiligen Kontext heraus als relevant für die hier vorliegende Fragestellung erschließen.

Da sich die Unterschiede in der Formulierung dieser geschlechtsbezogenen Konzepte nicht allzu sehr in den drei Gesprächen unterscheiden, verzichten wir auf eine chronologische Darstellung und stellen Aussagen aus den unterschiedlichen Gesprächen (EI, AI, UI) unter inhaltlichen Gesichtspunkten zusammen.

Der Familienbetrieb ist männlich

Die Schilderung der Unternehmensgeschichte durch Herrn Meister macht deutlich, dass der Fensterbetrieb seit Generationen eine Männerwelt ist. Das untersuchte Material macht aber auch klar, dass dies nicht nur eine empirische Tatsache ist, sondern auch damit zu tun hat, dass die Beteiligung von Frauen systematisch ausgeschlossen wurde. Dies gilt auch für die heutige Situation, in welcher der Neffe Herrn Meisters den Betrieb weiterführt, obwohl ihm nicht die dafür notwendige Befähigung zugetraut wird.

Dennoch erscheint nicht vorstellbar, dass eine Frau diesen Betrieb zu führen imstande wäre.

Dies liegt in erster Linie daran, dass Herr Meister den Betrieb als einen Produktionsapparat ansieht, der primär durch technische Phantasie und körperlichen Einsatz in Gang gehalten wird, Fähigkeiten, die er offenbar nur Männern zutraut. Anderes ist gar nicht denkbar, nicht nur für ihn, sondern für alle Menschen – und zwar mit Verweis auf die Betriebsstruktur *(Sie werden die Art des Betriebs kennen …)*, wie der folgende Dialog aus dem Auswertungsinterview zeigt (vgl. auch AI 16)

[AI 24] Herr Meister: … das stand überhaupt nich zur Debatte (zu Eva), Du weißt, dass das gar nich geht. (Zu den Interviewern) Sie werden die

Art des Betriebs kennen … also würd' kein Mensch auf die Idee komm', also, das kann die Tochter ma machen …

Die Aussage, es *würd' kein Mensch auf die Idee komm', also, das kann die Tochter ma machen*, rechtfertigt seine Position als selbstverständlich. Dass die Tochter es dennoch für möglich hält, realisiert er nicht als Gegenposition zu seiner eigenen; stattdessen findet er eine Erklärung für die Haltung der Tochter, die nichts mit dem Betrieb als Männersache zu tun hat. Im Grunde wird dadurch nicht nur ihre Befähigung geleugnet, im „Betrieb" zu arbeiten, sondern auch ihr Interesse am „Betrieb". Das Gegenbild zu diesem Betriebsverständnis ist nämlich das „Büro", eine geringer bewertete Betriebsebene, für deren Funktionsablauf auch Frauen durchaus in Betracht kommen.

[AI 25] Herr Meister: … aber die Tochter, die hat das vom Büro aus gesehen, aber nich vom Betrieb aus selbst …

Das Büro ist das Kaufmännische, Alltägliche, ohne besondere Qualifikationsanforderungen – nichts, was offenbar eine besondere Beachtung oder Anerkennung durch den Vater erlangen kann.

[AI 26] Herr Meister: (richtet sich leicht auf, Blick zu Eva) Glaubst du denn ernsthaft, dat du dat hättest, äh, übernehmen können? … Du meinst die Buchführung! und, und …, aber das war bei uns doch nicht, das ist doch keine Übernahme, das kann jeder Buchhalter im Betrieb, diese kaufmännische, äh, Alltäglichkeiten erledigen!

Auch die Aussage, dass die Tochter sich mit einer entsprechenden Ausbildung vielleicht doch die Männermaterie hätte aneignen können (AI 14), macht in diesem Zusammenhang eher den Eindruck einer rhetorisch-defensiven Wendung des Vaters, mit der er seine kategorische Haltung gegen die Skepsis der Kinder absichert.

Auch Frau Meister, die, wie noch zu zeigen sein wird, unter dem Ausschluss vom Betrieb und der fehlenden Anerkennung durch ihren Mann gelitten hat, äußert Bedenken, ob der Familienbetrieb für Frauen ein angemessenes Betätigungsfeld sein kann:

[UI 26] Marlene: Also, ich glaub, dass Töchter ihren Weg gehen sollen und …

> *Frau Meister: Kinder grundsätzlich. Aber ich denke auch, das liegt an der Struktur des Betriebes. Es gibt bestimmt interessante Betriebe für Frauen. Aber so 'ne Fensterfirma …*

Der Fenster-Produktionsbetrieb steht im Zentrum der Aufmerksamkeit von Herrn Meister. Die Gewinne, die hier gemacht werden, werden zwar nicht reinvestiert, sondern in krisensichereren Bereichen angelegt, der Stolz des Firmenchefs bezieht sich aber darauf, wie es im Laufe der Jahrzehnte gelungen ist, mit Erfindungsgeist und Improvisationsvermögen der Konkurrenz zu trotzen und erfolgreiche Produkte zu entwickeln, die dem Unternehmen das Überleben ermöglicht haben. Dies ist gleichzeitig seine Messlatte, was Anerkennung und Wertschätzung betrifft, und mit der sich die ganze Familie auseinander zu setzen hat. Es geht darum, wer in den Augen des Vaters der „richtige Mann“ ist:

> *[AI 27] Herr Meister: Das waren die Töchter,* das *(Blick zu Klaus) war auch,* der *wär der richtige Mann gewesen!*

In dem Maße, in dem klar ist, dass Frauen nicht in der Lage sind, einen solchen Betrieb zu führen, bleibt ihnen auch eine wesentliche Möglichkeit der Anerkennung durch den Vater verwehrt, was zu unterschiedlichen Strategien bei Mutter und Töchtern führt (s. u.).

Die unternehmerische Partnerschaft mit seinen Töchtern, aus der die Töchter auch erhebliches unternehmerisches Selbstwertgefühl ziehen, beurteilt Herr Meister folgendermaßen:

> *[UI 27] Herr Meister: … mit den Töchtern, die sind in einer Unternehmerfamilie groß geworden, selbst wenn sie kaum Interesse zeigen für das Unternehmen, dass sie doch irgendetwas mitkriegen, da schließt sich der Kreis, dass sie doch auch in diesem Bereich mal tätig sein wollten und das gerne tun, und das freut mich auch, dass se doch was mitgekriegt haben und auch sehen, dass das nicht nur Ärger und Spannung ist, dass das auch schön ist, wenn man dann am Ende einer Saison auch sagen kann, ja gut, lass das Unternehmen ruhig mal in diese eine Ecke fallen, es ist immer noch ein bisschen was übrig geblieben …*

Wenngleich sich die gemeinsame Gesellschaft auch als sehr erfolgreich erweist, steht für Herrn Meister der eigene Betrieb (das Unternehmen, an dem die Töchter angeblich *kaum Interesse zeigen*) immer im Zentrum seiner Aufmerksamkeit. Die Investorengesellschaft scheint aus dieser Perspektive kein richtiger „Betrieb“ zu sein, sondern eher eine Gewinnverwertungsmaschine, die man auch bei weniger Interesse für das Unternehmen in Gang halten kann. Entsprechend hat auch die Anerkennung der Töchter etwas gönnerhaft herablassendes (*auch in diesem Bereich mal tätig sein wollten*), man gewinnt den Eindruck, als sei Herr Meister bei aller geäußerter Freude nicht sonderlich beeindruckt.

Im Auswertungsinterview wird deutlich, dass die Freude über die Beteiligung der Töchter die Trauer über den Ausfall des Sohnes *(der wär der richtige Mann gewesen)* nicht wettmachen kann.

Frau Meister: Ich hätte … gerne so ein bisschen mitgemischt

Die Unternehmerfamilie lässt sich immer von zwei Seiten betrachten: die ein Unternehmen führende Familie und die Familie des Unternehmers. In diesem Spannungsfeld steht auch die Familie Meister. Dies gilt in erster Linie für die Frauen. Durch die Reservierung der Betriebsführung als Männerdomäne bleibt Frau Meister aus ihrer Sicht nur der Rückzug auf eine traditionelle Rolle als Mutter und Hausfrau. Ihre eigenen Ambitionen, im Geschäft mitzuhelfen, musste sie aufgeben. Das muss für sie um so bitterer sein, als sie in der Zeit um Klaus' Geburt, als ihr Mann wegen starker Depressionen nur bedingt arbeitsfähig war, für ihn eine Menge geschäftlicher Dinge erledigt hat, ohne dass ihr dafür Anerkennung ausgesprochen wird.

> *[AI 28] Frau Meister: Ja das, ich sag grade, das ist mir sehr schwer gefallen. Ich hätte zwar auch gerne so ein bisschen mitgemischt als junge Frau, aber da hat mein Mann sich dann vehement gegen gewehrt und mein Schwager auch. Haben mir immer erklärt, das geht nicht und äh, von daher ähm, ja also ist es mir schwer gefallen.*

Auch die Tochter Eva betont die Reduktion auf die Frauenrolle, die sich aus dem fehlenden *Raum, … was Eigenes zu tun*, ergeben hat. Gleichzeitig sieht sie darin aber auch die Festlegung auf eine traditionelle, nicht-emanzipierte Rolle, üblich für die Generation ihrer Mutter *(Frage des Alters)*. Als mögliches Gegenmodell führt sie die Bereitschaft an, sich durchzusetzen, wobei noch zu zeigen wäre, inwieweit ein ausreichender Spielraum für die Frauen zur Durchsetzung eigener Interessen innerhalb des Familienunternehmens gegeben ist:

> *[UI 28] Eva: Vielleicht wenn sie sich durchgesetzt hätte und hätte da ... schon getan, aber ich denk mal, das würde auch diese traditionelle Frauenrolle ..., das ist ja auch eine Frage des Alters. Also ich denke schon, dass meine Mutter das also schon belastet hat. Das glaub ich schon und dass sie eigentlich auch gar nicht so gerne Kinder, Kirche, Küche gelebt hat, denk ich mal.*

Obwohl Eva die Kritik von Frau Meister auf den Punkt bringt, widerspricht diese an dieser Stelle und wehrt sich gegen die implizite Entwertung als unemanzipierte Frau:

> *[UI 29] Frau Meister: Ich bin eigentlich auch gerne Hausfrau. Das Hausfrauendasein hat auch viele Facetten. Ich hab ja auch nebenher ein bisschen Sport ...*
>
> *Herr Meister: ... und viele Antiquitäten noch. Das war fast wie ein kleiner Beruf ...*

Sie verweist darauf, dass sie das Hausfrauensein nicht als eindimensionale, sondern als vielseitige Angelegenheit sieht, abgesehen von den Freizeitmöglichkeiten, die ihr zusätzlich noch offen stehen. Diese Relativierung *(eigentlich auch gerne)* der Last einer traditionellen Hausfrauenrolle *(Kinder, Kirche, Küche)* in diesem Kontext soll auch signalisieren, dass ihre Hausfrauenrolle nicht nur etwas durch die Umstände Oktroyiertes ist, sondern auch ein Feld darstellt, dass ihr einen eigenständigen Handlungsbereich als Managerin des Haushaltes bietet, für das sie Anerkennung wünscht.

Diese Anerkennung bleibt ihr sowohl von ihrem Mann als auch von den Töchtern, die für sich ein anderes Selbstverständnis suchen, versagt. Herrn Meisters Einwurf an dieser Stelle macht diesen Konflikt deutlich, indem er den Anerkennungsanspruch seiner Frau mit einer doppelten Verkleinerung zurückweist *(fast wie ein kleiner Beruf)*.

Geschlechtsspezifische Bewältigungsstrategien

Dass Frauen für die Nachfolge nicht in Betracht kommen, scheint nicht Gegenstand von argumentativen Auseinandersetzungen (gewesen) zu sein, sondern wird als quasi naturwüchsige Tatsache gehandelt, als Basiskonzept, dass allen Zukunftsüberlegungen als Folie zugrunde liegt. Diese Konzeption vermittelte sich den Kindern offenbar weniger explizit als implizit.

[UI 30] Frau Meister: Papa hat das schon signalisiert …

Die Art und Weise, wie Herr Meister dies signalisiert haben könnte, bleibt aber im Dunkeln. Die fehlende Explizitheit scheint aber gerade der Grund dafür zu sein, dass Alternativen gar nicht gedacht werden, ja – nicht denkbar sind. Hinzu kommt, dass Herr Meister durchweg alle Deutungsangebote und Hinweise aus der Familie, er habe die Töchter aktiv in Bezug auf diese Frage ausgegrenzt oder den Sohn zur Nachfolge gedrängt,

[AI 29] Frau Meister: … das war nie die Frage, ob er will!

zurückweist und sich auf die eher defensive Behauptung zurückzieht, die Töchter hätten gar kein Interesse gezeigt.

Bezeichnenderweise präsentiert Klaus – wie schon gezeigt – im therapeutischen Erstgespräch gleich zu Anfang auf die Frage nach dem Problem nicht die Psychose, sondern den Unterschied in der Erziehung bei Jungen und ihnen als Mädchen (s. o.), und beschreibt die Schwestern als privilegiert, mit größerem Freiraum ausgestattet, insbesondere bezüglich der Schule.

In allen drei Gesprächen lässt Herr Meister einerseits keinen Zweifel daran aufkommen, dass die Übernahme des Betriebes durch eine Tochter undenkbar ist, andererseits weist er aber die Idee zurück, den Sohn und die Töchter möglicherweise ungleich behandelt zu haben. Diese Unterschiede werden allenfalls den unterschiedlichen Begabungen der Kinder zugeschrieben, die eben auch unterschiedlicher Unterstützung in ihrer schulischen Entwicklung bedurft hätten, aber nicht einer eigenen Interessenlage. Herr Meister sieht sich daher nicht (im Gegensatz zu seiner Frau) als jemand, der mit seiner Erwartung einer Nachfolge durch Klaus für die Kinder (geschlechts-)spezifische Realitäten geschaffen hat, sondern eher als jemanden, der die individuellen Wege der Kinder gleichermaßen akzeptieren kann (mit Ausnahme allerdings einer Nachfolge durch eine Tochter). Hätte der Sohn sich gegen eine Nachfolge entschieden, was als Option offensichtlich im Raume stand (hätte nicht die

Psychose als Krankheit die Entscheidungsmächtigkeit des Sohnes überhaupt zunichte gemacht), hätte das aber für den Vater die gleichen Folgen gehabt: nämlich das Zugrundegehen des Betriebes, wie er es nun mit dem Neffen beobachten muss. Auf ähnliche Weise defensiv geht Herr Meister auch mit anderen entscheidenden Familienfragen um, etwa mit der Frage, wie Entscheidungen und Festlegungen getroffen werden. Er hält sich mit Stellungnahmen eher zurück, während seine Frau Kritik auf den Punkt bringt. Die Schärfe ihrer Aussagen verhilft wiederum dem Vater zur Unterstützung durch die Kinder, die ihn (zumindest im Erstgespräch) als weicher und besorgter beschreiben und gegen die Einschätzung von Frau Meister verteidigen, was sich aber in der Zwischenzeit verändert hat.

Obwohl die Töchter längst ihr unternehmerisches Potential (und Selbstbewusstsein) in der Investitionsgesellschaft unter Beweis stellen, sind die Diskussionen über die Zukunft des Unternehmens nach wie vor davon geprägt, welche Anerkennung Herr Meister für die Töchter wirklich aufbringt bzw. welche Ansprüche (z. B. bezüglich einer Erbregelung) sich für die Töchter daraus ableiten lassen. Dabei ist die Ambivalenz der Töchter spürbar. Einerseits weisen sie darauf hin, wie kränkend es für sie gewesen ist, vom Vater als Frau (und mögliche Nachfolgerin) nicht anerkannt zu werden, andererseits beschreiben sie es auch als eine Herausforderung, dem Vater gegenüber etwas zu beweisen. Besonders Marlene betont den Aspekt der Kränkung [UI 14], aber auch Eva beschreibt die mehr oder weniger subtile Abweisung durch den Vater [AI 13], doch lieber erst mal etwas anderes zu machen.

Marlene antwortet auf die Bitte um einen „Ratschlag" für Unternehmertöchter wie aus der Pistole geschossen: *In meinem nächsten Leben werde ich Mann!* [UI 16]

Diese Aussage, die die Frage eigentlich nicht beantwortet, bringt aber das Empfinden auf den Punkt, als Frau grundsätzlich benachteiligt zu sein. Als Möglichkeit für Frauen bleibt, sich wie Männer (bzw. wie der Vater!) durchzusetzen:

> *[UI 31] Marlene: Dass sie dicke Ellbogen entwickelt in so einer Familie dann und auch sich durchsetzt.*

Es zeigt sich aber wiederum, dass Herr Meister nur die eine Seite dieser Ambivalenz aufgreift, und zwar um seine Vorstellung von der Ungeeignetheit der Töchter zu verstärken

[AI 30] Herr Meister: … ich bin mir auch klar darüber, dass das nix für euch war!

Gleichzeitig weist er auch die Idee zurück, dass die Tochter ihre gewonnene Selbständigkeit in einem beliebigen Bereich (*Eva: … Betrieb oder 'ne Arztpraxis oder irgendwas anderes …*) erfolgreich im Familienbetrieb umsetzen könne:

[AI 31] Herr Meister: (… bei Arztpraxis …) das is' aber noch ma 'n Unterschied.

Auch Frau Meister, die selbst gerne im Betrieb mitgemischt hätte, sieht als einzig möglichen Weg, dass die Töchter ihre Entwicklung unabhängig vom Betrieb gehen:

[AI 32] Frau Meister: … und mir war wichtig, dass die vernünftige Berufe kriegten und auch unabhängig von diesen Dingen. … was Unabhängiges von der Sache, ja.

In der Pause des Unternehmensinterviews lassen die Töchter durchblicken, dass sie auch bezüglich ihrer Partnerwahl Konsequenzen aus dieser Familienerfahrung gezogen haben. Die Partner haben es nicht so leicht wie der Vater, sondern schwerer:

[UI 32] Marlene: Es ist eigentlich komisch, dass wir uns beide ganz andere Männer gesucht haben, ziemlich ähnlich die Männer. … Ja, und die passen beide eigentlich nicht in die Familie rein. … Die haben es schwer.

Für Klaus stellt sich die Situation ganz anders dar als für seine Schwestern. Trotz seiner stark eingeschränkten Lebensweise (ohne Ausbildung und praktische Tätigkeit und mit kontinuierlicher Medikation) kann er sich als potentieller Nachfolger der Anerkennung des Vaters sicher sein *(Der hat alles, was wir da gebrauchen konnten, in dem Betrieb …)*, ohne sich beweisen zu müssen. Für das, was er selbst als Jugendlicher ins Auge fasste, nämlich Musik zu machen oder einen Kleiderladen aufzubauen und „Klamotten nach eigenem Geschmack" zu verkaufen, d. h. sich eine Perspektive unabhängig vom Vater und ohne Zielsetzung auf den Betrieb zu suchen, blieb ihm die Anerkennung aber vorenthalten.

> *[UI 33] Klaus:… vielleicht war das ein bisschen hochtrabend, aber mein Vater hat mir immer ein bisschen die Füße weggezogen und hat mir die Lust ein bisschen genommen, irgendwas zu machen, und ich stand dann nachher mit der Schule und wusste dann gar nicht, was ich machen sollte.*

Gleichzeitig hatte er aber seit der Kindheit Zweifel, ob er es überhaupt mit der alles überragenden väterlichen Figur aufnehmen könnte *(glaubst du denn, ich hätte dat jeschafft?)*. Er sieht sich selbst eher als einen weichen Menschen, der im Baumarkt-Praktikum auch die Preise schon einmal falsch auszeichnete, um armen Kunden zu helfen, während er seinem Vater eine gewisse Härte („Unmenschlichkeit“) zuschreibt:

> *[UI 34] Klaus: (Wenn er) Arzt gewesen wäre, dann hätte er, vielleicht wäre er dann ein bisschen menschlicher gewesen. Ich habe jetzt auch einen Arbeiter getroffen, aus der Fabrik, der sagte, er sei recht unmenschlich.*

Es lassen sich also auch aus dieser Perspektive Gründe für die Annahme finden, dass die Krankheit für Klaus eine Möglichkeit des Umgangs (bzw. Nicht-Umgangs) mit den väterlichen Erwartungen an ihn als männlichen Nachfolger darstellen kann. Die von Schuld frei stellende Krankheit ermöglicht ihm (und dem Vater) eine enge emotionale Vater-Sohn-Beziehung, die nicht durch ein möglicherweise schuldhaftes Versagen des Sohnes bei der Fortführung des Betriebes belastet ist.

Klaus spürt, welche große Bedeutung er für den Vater (in Abgrenzung zu den Frauen in der Familie) hat, betont aber gleichzeitig, wie wichtig ihm der seit der Familientherapie gewonnene Abstand zum Vater ist, den er gleichzeitig als Verlust für den Vater betrachtet:

> *[AI 33] Klaus: … mein Vater, der leidet da sehr da drunter, unter der Distanz … also, … also ich muss da hart sein, hab ich gedacht, ich muss mein Leben leben, die sollen ihr Leben leben. Ich spür dat, das er darunter leidet, also das kann mer keiner erzählen hier. Innerlich weint der …*

Das latente Konfliktpotential zwischen Vater und Sohn kommt erst in den offenen psychotischen Episoden zum Ausbruch, in denen Klaus seinen Vater auch körperlich angriff:

[AI 34] Herr Meister: Aber irgendeine bestimmte Wut war bei dir immer auch mir gegen-, nicht immer, mir gegenüber [Klaus: Dir gegenüber?]. Das hab ich gemerkt, wenn du so voll in der Psychose drin warst und ich hab dich besucht im Krankenhaus, da hat er richtig zugeschlagen.

Entscheidungen

Betrieb

Aus der Tatsache, dass die Firma ein Männerbetrieb war, an dem die Frauen nicht nur nicht teilnahmen, sondern auch – wie gezeigt – aktiv ausgeschlossen waren, ergibt sich, dass auch betriebliche Entscheidungen Männersache waren. Laut Frau Meister wurde die Familie auch wenig konsultiert oder informiert über betriebliche Entscheidungen:

[UI 35] Frau Meister: Nein, das hat mein Mann immer ziemlich im Alleingang auch entschieden.

Auch im Nachschaugespräch betont Frau Meister ihre aktive Ausgrenzung durch die Männer. Die Brüder Meister auf der anderen Seite arbeiteten eng zusammen. Obwohl Herr Meister der Experte für die technische Seite des Betriebes war, gab es keine klare Trennung der Geschäftsbereiche zwischen ihm und seinem Bruder, sondern eine enge Verbindung ihrer Aktivitäten:

[UI 36] Herr Meister: Das war 'n bisschen durcheinander.

Frau Meister: Es wurde immer alles streng zusammen gemacht.

Die Trennung der Firmenangelegenheiten von der Familie wurde auch in schwierigen Situationen durchgehalten. Auch die gemeinsame Investitionsfirma mit den Töchtern, die gemeinsame Verwaltung und Anlage von Vermögen und der Rückzug Herrn Meisters aus dem Betrieb ändert nichts daran, dass dieser in erster Linie als individuell handelnde Unternehmerpersönlichkeit redet, der sich über seine Entscheidungen nicht rückversichern muss.

[AI 35] Herr Meister: Das ist en Gesellschaftervertrag. Es ist äh, 'ne KG, … da kann ich ausscheiden und dann oder, wenn ich verkaufe, müssen die, zumachen kann ich immer. Aus dem Vertrag raus, ne.

Die Wir-Form benutzt er eher unbestimmt und defensiv, etwa auf die Frage, ob er heute eher bereit wäre, die Familie in Unternehmensfragen einzubeziehen:

[AI 36] Herr Meister: … ach sicher, jetzt, jetzt schon, früher nicht, aber heute könn' mer sicher drüber reden, ne …

Marlene dagegen betont die Gemeinsamkeit der Verantwortung, welche die Bindungen der Familie stärkt.

[UI 37] Marlene: … man möchte es eigentlich erhalten, und das ist, denk ich mal, auch eine unheimliche Verantwortung. … Wir haben ein sehr enges Verhältnis untereinander. Wir sind viel zusammen.

Obwohl die Töchter mittlerweile Geschäftspartnerinnen des Vaters geworden sind, ist das Kräfteverhältnis in Hinsicht auf Zukunftsentscheidungen immer noch nicht eindeutig geklärt. Zwar wird der Familienzusammenhalt von allen betont, aber der Konflikt zum Beispiel in Bezug auf die Vermögensregelung im Todesfall scheint aufgrund der unterschiedlichen Interessen und Konfliktstrategien im Familienkreis nicht ohne weiteres lösbar. Die Töchter können sich nicht darüber sicher sein, inwieweit Herr Meister ihre Interessen akzeptiert und Lösungen in ihrem Sinne zustimmen wird. Gleichzeitig ist deutlich, dass er nicht den Weg der offenen Auseinandersetzung sucht, sondern sich eher bedeckt hält, seine Entscheidungen trifft und damit Fakten für die Familie schafft.

Familie

Das Gegenbild zur alleinigen Entscheidungsvollmacht des Vaters im Betrieb ist die Zuständigkeit der Mutter für die Familienangelegenheiten.

[UI 38] Marlene: Also berufliche Entscheidungen hat sicherlich mein Vater getroffen, schulische und familiäre meine Mutter.

Dieses Bild einer gelungenen Arbeitsteilung wird auch von Herrn Meister gepflegt *(fast wie ein kleiner Beruf)*. Er betont, dass die Linie bezüglich der Kinder von seiner Frau zu verantworten sei. Die Entscheidungsmacht von Frau Meister im familiären Bereich ist aber zumindest zweifelhaft. Auch Marlene hat nicht den Eindruck, dass die Trennung der Entscheidungsbereiche zwischen Betrieb und Familie eine ausdrücklich anerkannte ist, sondern dass Frau Meister die nötigen Dinge „irgendwie geregelt" hat.

[UI 39] Marlene: Nein, das hat er nicht gesagt, aber irgendwie hat Mutti das schon geregelt … und (es) war meistens dann schon geregelt.

Frau Meister präsentiert dagegen im Erstinterview eine völlig andere Sichtweise der Dinge. Sie spricht Konflikte über die Erziehung der Kinder an, bei denen sich ihr Mann durchgesetzt und die Kinder als Bündnispartner benutzt habe.

Ihre Wunschvorstellung ist weniger, in diesem Bereich alleine zu entscheiden, sondern sich (ebenso wie bezüglich der Firma) mit ihrem Mann in einem „Team" als Kooperationspartnerin sehen zu können. In beiden Bereichen fühlt sie sich enttäuscht. Was ihr offensichtlich bleibt (was ihr jedenfalls niemand abspricht), sind eine eigenständige Haushaltsführung und außerfamiliäre Aktivitäten (Sport, Antiquitäten). Wie bereits oben verdeutlicht, sieht sie die Möglichkeit zur Teamarbeit mit ihrem Mann gegenwärtig am ehesten in der Erbschaftsregelung für ihre Kinder.

Krankheit und Therapie

Sosehr sich Frau Meister mit den familiären Belangen alleine gelassen fühlt, manifestiert sich die besonders enge, wenngleich ambivalente Vater-Sohn-Bindung insbesondere in den psychotischen Episoden des Sohnes. Hier ist es der Vater, der die Entscheidungen in Bezug auf den Sohn trifft, während die Mutter auf Distanz vom Geschehen geht. Der Vater wird als Manager der Familie in den Krisensituationen gesehen, besonders von Eva, Vaters „Verteidigerin":

[EI 22] Eva: Und ich denke schon, ist er (Vater) derjenige, der ihn eigentlich auch zur Ruhe bringt, weil meine Mutter das einfach nicht aushalten kann.

An dieser Stelle ist interessant, dass es überhaupt zu familientherapeutischen Gesprächen gekommen ist. Ausschlaggebend war der Rat von familientherapeutisch versierten Verwandten der Mutter, die der Familie dazu rieten. Frau Meister war auch diejenige, die sich aufgrund ihres vergleichsweise klarsten Krankheitsbildes am meisten von einer Psychotherapie versprach.

Diese Unterstützung von außen scheint es leichter gemacht zu haben, eine solche Entscheidung zu treffen:

> *[AI 37] Frau Meister: Ja also, das war eigentlich en Gespräch mit 'ner, mit 'ner Kusine und 'nem Vetter und wir hatten ein Problem, nen kranken Sohn, und eh, dann meinten die, es wäre vielleicht sinnvoll, sich mal professionellen Rat zu holen.*

Eine wesentliche Folge der familientherapeutischen Gespräche war die Veränderung der Aufspaltung der Eltern. Sie grenzten sich gemeinsam stärker vom Sohn ab und fanden sich in einer klaren Allianz zusammen, die den Spielraum von Klaus klarer regelte und auch die Auseinandersetzungen der Eltern über die richtige Linie in der „Erziehung" verringerte. Dieser größere Abstand wurde von beiden Eltern vertreten, im Nachhinein aber von Klaus selbst als Voraussetzung seiner verbesserten Lage angesehen, vor allem dem Vater gegenüber [vgl. AI 8 und AI 33].

Auch wenn der Vater dieses Ergebnis der Therapie positiv bewertet, ist ganz eindeutig, dass er den Therapeuten mit Abstand das kleinste Mandat gibt. Er hat schon zu Beginn die größten Vorbehalte und rät seiner Tochter Eva, die auch Befürchtungen hat, was auf sie in einer Familientherapie zukomme, es einfach so zu halten, wie er selbst – und gibt damit eines seiner Erfolgsrezepte preis, große Konflikte zu vermeiden, ohne auf die Durchsetzung seiner Ziele zu verzichten:

> *[EI 23] Eva: Papa meinte, frag ich: „Papa was soll das eigentlich", hat der Papa gesagt, „geh ruhig mit, aber musst nicht soviel sagen" (lachen), sachte der dann da, und ich denk ma, das war wohl auch sein Motto, 'ne also, kann sich mal alles anhören, aber man lässt sich da nicht so gleich aus der Reserve locken, 'ne so …*

Während Frau Meister gerne die Konfliktthemen der Paarbeziehung und der betrieblichen Entscheidungsstrukturen in der Therapie weiter bearbeitet hätte und auch die Töchter im Nachhinein der Ansicht sind, das hätte der elterlichen Beziehung gut getan, beschränkte sich Herr Meister klar auf den im Erstinterview erwähnten Auftrag, einen besseren Umgang mit Klaus zu erreichen. Als deutlich wurde, dass die Therapie eine Änderung bewirkt hatte, entschied sich Herr Meister gegen den Wunsch seiner Frau für eine Beendigung. Im Nachschaugespräch begründet er das typischerweise wiederum nicht mit eigenen Vorbehalten, sondern mit dem vermeintlichen Unwillen seines Sohnes, der aber von diesem nie geäußert wurde.

Während Herr Meister im Betrieb zunächst mit dem Bruder, nach dessen Tod alle wesentlichen Entscheidungen alleine und eher ohne Rücksprache mit der Familie trifft, setzt er seine Interessen innerhalb der Familie defensiver und subtiler durch. Ohne sein Zutun geht nicht viel. Allerdings versteht er meisterhaft, seinen Geltungsanspruch auf das familiäre Geschehen zu verschleiern, wie auch das nachfolgende Zitat aus dem Nachschaugespräch belegt (*Lassen wer (!) das mal dahingestellt*). Immer wieder schreibt er geschickt anderen Motive zu, auf die er sich dann zur Begründung seines eigenen Handels bezieht. Konfrontativ eine Ich-Position einzunehmen, ist ihm fremd. Allerdings ist durch die Äußerungen der anderen immer erschließbar, dass niemand daran zweifelt, dass der Vater, wenn er schon nicht das letzte Wort hat, so doch immer letzte Instanz ist als milder Unternehmer-Patriarch, für den als Nachfolger eigentlich nur ein Klon in Frage kommt.

[AI 38] Interviewerin: Und wenn Sie da unterschiedlich sind, setzt er sich dann durch, oder?

Frau Meister: Ja ja, 'ne, in jedem Fall.

Herr Meister: Was?

Frau Meister: Dass du dich dann durchsetzt. Wenn wir unterschiedlicher Meinung sind.

Herr Meister: Lassen wer mal da hingestellt.

Interviewer: Und äh würden Sie sagen, in solchen Fällen ist er dann derjenige, der die Markierung setzt und sagt, wir gehen jetzt nicht mehr?

Frau Meister: Ja ja, ja …

Ähnlich wie in der Diskussion der Nachfolgeerwartung zeigt sich auch in der Art und Weise, wie Entscheidungen getroffen werden, ein familienspezifisches Muster. Obwohl die Bindungen in der Familie klar zutage treten und alle Familienmitglieder viel Zeit miteinander verbringen, werden Entscheidungen wenig expliziert (etwa im Vorhinein diskutiert, als Entscheidungen markiert und begründet), es scheint vielmehr, dass sie einfach getroffen werden. Dies ist in erster Linie die Strategie von Herrn Meister.

Viele Dinge geschehen einfach irgendwie, die Absichten dahinter bleiben auf seltsame Weise unklar, unabhängig davon, wie lange darüber gesprochen wird. Auch wenn Herr Meister Kommunikation in den hier analysierten Bereichen scheinbar durch Handeln und das Schaffen von Fakten ersetzt, ist er – wie einige Beispiele gezeigt haben – ein Meister der Kommunikation, wenn es um die Absicherung seiner Entscheidungshoheit und die Zurückweisung von Geltungsansprüchen der Aussagen anderer Familienmitglieder geht. Gerade weil er die anderen nicht in seine Überlegungen einbezieht, geht ohne ihn nichts. Für die Familie bedeutet das, dass sich alle an ihm orientieren müssen, ohne wirklich in den wesentlichen Themen Klarheit und Übereinkunft erzielen zu können.

Abschliessende Bemerkungen

In der Auswertung unserer Gesprächsprotokolle stand vor allem die Frage der Unternehmensnachfolge von der zweiten an die dritte Generation und damit verknüpfter zentraler Konzepte im Mittelpunkt. Unternehmensnachfolge beinhaltet als Entwicklungsaufgabe die Gestaltung von Übergängen. In unserem Fallbeispiel hat Herr Meister den Übergang von der ersten zur zweiten Generation gerade nicht als etwas besonders zu Gestaltendes erfahren. Sein Eintritt in das damals kleine väterliche Unternehmen stand fest. Er geschah aufgrund der Krankheit seines Vaters zu einem sehr frühen Zeitpunkt – sehr plötzlich und ohne Übergang. Herr Meister war bald – zusammen mit seinem Bruder – für das Überleben des Familienunternehmens verantwortlich. Sein späterer Erfolg war geprägt durch eine Strategie schnellen und entscheidungsorientierten Handelns bei geringem kommunikativen Abstimmungsbedarf.

Das Thema Nachfolge gerät vor diesem Hintergrund auch im Übergang von der zweiten zur dritten Generation gar nicht als etwas zu Gestaltendes in den Blick. Auch in Bezug auf den Sohn Klaus ist es eigentlich keine Frage, damit auch nicht verhandelbar, dass er als Nachfolger vorgesehen ist. Dieses aus dem unternehmerischen Sinnzusammenhang heraus nahe liegende „harte" Konstrukt wird jedoch, anders als in der Vorgängergeneration, nicht offen gehandhabt. Es ist eher eine das Handeln der Familie implizit begleitende Größe. Im familiären Kontext kann es so immer wieder relativiert werden.

Ein ähnliches Muster der faktischen, aber meist impliziten Geltung von harten Konzepten einerseits und ihrer Relativierung im familiären Diskurs andererseits wurde in den ausgewerteten Interviews auch in Bezug auf die Begriffe Krankheit/Psychose und Gender deutlich:

- Als Nachfolger kommt nur der Sohn infrage versus: Niemand wird gedrängt bzw. jeder nach seinen Möglichkeiten/Fähigkeiten.
- Unser Sohn/Bruder ist psychisch krank versus: Er hat andere Interessen/wenig Lust bzw. er kann gesund werden.
- Der Betrieb ist für Frauen nicht geeignet versus: Die Mädchen haben wenig Interesse gezeigt.

Auf diesem Hintergrund wird z. B. nicht entscheidbar, ob Klaus Nachfolger nicht sein kann oder nicht sein will, und es wird nicht deutlich, ob Vater sich um Klaus kümmert, weil er ein guter Vater sein will oder für seinen Betrieb sorgen möchte. Auf diese Weise entsteht im Diskurs bei allen Familienmitgliedern, besonders aber bei Herrn Meister, der Eindruck von implizit fest stehenden, relativ rigiden Bedeutungszuschreibungen, deren Geltung oder Relevanz im Unklaren gehalten werden oder diffus bleiben. Möglicherweise ist es gerade diese Diffusität, die es den Beteiligten in dieser Familie erlaubt, mit der Widersprüchlichkeit unternehmerischer versus familiärer Sinnzusammenhänge umgehen zu können. Im Zuge der Entwicklung des Unternehmens scheinen sich diese Widersprüche vergrößert zu haben, scheinen selbstverständliche Setzungen als Strategien des Übergangs nicht mehr auszureichen.

Auf diesem Hintergrund wird es schwer, zum einen unternehmerische Erfordernisse explizit zu thematisieren, zum anderen Abstimmungs- und Aushandlungsprozesse darüber in Gang zu setzen, wie familiäre Notwendigkeiten und die Bedürfnisse der Einzelnen damit in Einklang gebracht werden können.

So ist die Familie Meister an dieser Stelle des Übergangs von der zweiten zur dritten Generation mit ihren Bewältigungsmustern in Bezug auf die Weiterentwicklung des Familienunternehmens an eine Grenze gestoßen. Es sind die Schwestern von Klaus, die im Rahmen der alten Bewältigungsmuster nicht im Zentrum standen, die nun aber jenseits dieser Grenzen für Bewegung sorgen.

Während „Experten“ für die Elterngeneration zunächst nur im Zusammenhang mit der Krankheit des Sohnes denkbar waren, öffnen sich die Schwestern als Vertreterinnen der Nachfolgegeneration nun auch verstärkt für externe Hilfe im Sinne einer Expertenunterstützung zur Weiterentwicklung des Unternehmens.

Wären sie die möglichen Auftraggeber eines Beratungsprozesses in dieser Familie, so würde offensichtlich, dass für Familien mit Unternehmen nur ein multiperspektivischer Zugang mit Blick sowohl auf die familiäre Dynamik wie auf den unternehmerischen Kontext Sinn machen kann.

Entscheidende Orientierungen in diesem Prozess sind unseres Erachtens

- Ein Verständnis der Unternehmens- und Familiengeschichte und der darin enthaltenen entwicklungsblockierenden bzw. -fördernden Handlungsmuster der Beteiligten.
- Die explizite Thematisierung implizit gehandelter Erwartungen und Zuschreibungen.
- Die Anregung zu Abstimmungs- und Aushandlungsprozessen zwischen allen Beteiligten.

Ein solcher Kommunikationsprozess kann die Chancen zur Gestaltung von Übergängen in Familienunternehmen vergrößern helfen. Als Beratungsprozess erfordert er einen für die Belange des Unternehmens wie der Familienmitglieder gleichermaßen offenen und geschulten Blick.

12. Familien- und Organisationsaufstellungen als eine neue Beratungsmethode für Familienunternehmen – ein Fallbeispiel

Die „Aufstellungsarbeit" gehört zu den neueren Beratungsmethoden. Sie wird nicht nur im Bereich familiärer Fragestellungen, wo sie entwickelt wurde, angewendet, sondern zunehmend auch in der Organisationsberatung. Diese doppelte Anwendung legt nahe, sie auch für die Bearbeitung familiärer wie organisatorischer Fragestellungen von Familienunternehmen einzusetzen. Der Aufmerksamkeitsfokus dieser Beratungsform richtet sich auf Beziehungsmuster und -strukturen, die für die Beteiligten emotional von Bedeutung sind. Dabei steht – im Gegensatz zu anderen Beratungsmethoden – nicht das gesprochene Wort, die Erzählung des Auftraggebers, im Mittelpunkt der Methodik, sondern die räumliche Darstellung und Veränderung von Beziehungen. Wie der alltägliche Sprachgebrauch zeigt, nutzen fast alle unsere Begriffe, durch die emotionale Beziehungen charakterisiert werden, räumliche Metaphern. Eine Beziehung wird als nah und eng bewertet, jemand zeigt sich distanziert, hält Abstand, will nach oben, fühlt sich unterlegen usw. Diese enge Verknüpfung von Gefühl und räumlicher Repräsentation im Weltbild jedes Einzelnen nutzt die Aufstellungsarbeit. Ein Klient, der mit einer bestimmten Fragestellung in die Beratung kommt, wählt aus einer Gruppe von Personen, denen die Situation nicht bekannt ist, Repräsentanten der tatsächlichen Akteure und Beziehungspartner und stellt sie so zueinander im Raum auf, wie es seinem eigenen inneren Bild entspricht. Einige haben sich gegenseitig im Blick, andere sind außerhalb des Gesichtskreises der anderen positioniert, „manche stehen sich nah", andere sind „voneinander abgewendet". Nach vollendeter Aufstellung berichten die Repräsentanten, wie sie sich in ihrer jeweiligen Position fühlen. Sie nutzen dabei sich selbst als Sensor für das Erleben und die Gedanken, die man in dieser oder jener

Position entwickelt. Die Grundannahme dieses Verfahrens ist, dass unterschiedliche Personen in derselben Position ähnliche Gefühle entwickeln, d. h., dass die Beziehungsformen mehr die Gefühle produzieren als die Gefühle die Beziehungsformen (obwohl das im Einzelfall sicher nicht zu unterscheiden ist). Durch dieses Verfahren wird auf jeden Fall in unglaublich schneller Zeit möglich, Hypothesen über das Erleben der Beteiligten, sei es nun der Mitglieder einer Familie oder eines Unternehmens, zu entwickeln. Mit diesen Hypothesen kann dann weiter gearbeitet werden. Die Darstellung von Beziehungen beschränkt sich dabei nicht auf die zwischen und zu Personen, sondern auch die Beziehung zu Abstrakta (bzw. wie sie gesehen und erlebt werden) kann so sichtbar gemacht werden: die Beziehung zu einem Unternehmen, dem Markt, der familiären Tradition usw. Doch diese erste Aufstellung ist nur der Anfang der Beratungsarbeit; sie bildet den Ausgangspunkt für die vom Leiter der Sitzung vorangetriebene Suche nach Lösungsideen, d. h. nach Beziehungsmustern und -strukturen, die für alle Beteiligten (soweit dies anhand der Reaktionen der Stellvertreter zu vermuten ist) akzeptabel sind. Unterschiedliche Positionen werden ausprobiert, Sätze werden gesprochen, die einen hohen symbolischen Wert haben und dazu dienen, bestimmte Prozesse quasi rituell zu beenden und Unterschiede einzuführen. Dadurch werden zwar nicht unbedingt die tatsächlichen Beziehungen in Unternehmen und/oder Familie geändert, aber die Beteiligten werden in ihren Vorannahmen erschüttert, ihre Sichtweisen werden in Frage gestellt oder auch bestätigt, sie erhalten Anregungen, in welcher Richtung sie ihren Alltag und den Umgang miteinander verändern können. Die tatsächlichen Veränderungen müssen dann nach der Sitzung stattfinden, sie können so aber ermöglicht werden.

Das nachfolgende, ausführlich dokumentierte Fallbeispiel zeigt eine Familie mit einem in der vierten Generation im Familienbesitz befindlichen Unternehmen. Zwei Brüder und ihre Frauen führen diesen Betrieb nicht nur gemeinsam, sie wohnen auch noch nah beieinander. Die Vermischung von familiärem und betrieblichem Bereich ist somit kaum zu vermeiden. Das hat für die Männer wie für die Frauen weit reichende emotionale Folgen. Sie werden in dem hier dargestellten Fall, der die Methode illustriert, beispielhaft deutlich. Der Fall zeigt aber auch, dass diese Form der Beratung sehr tief gehende Prozesse anstoßen kann, die eine therapeutische Qualität gewinnen. Sie kann daher kompetent nur von sehr erfahrenen Beratern ausgeübt werden, die sich sowohl mit der psychischen Dynamik von Individuen wie auch der Kommunikations- und Interaktionsdynamik von Familien und Unternehmen auskennen. *FBS*

Familien- und Organisationsaufstellungen als eine neue Beratungsmethode für Familienunternehmen – ein Fallbeispiel

Gunthard Weber

1. Die Arbeit mit Systemaufstellungen

In diesem Beitrag möchten wir anhand der Beratung eines Familienunternehmens eine neue Beratungsmethode vorstellen: die Arbeit mit Systemaufstellungen (Weber 1993, 1998 und 2000a). Mithilfe von Systemaufstellungen können einerseits in überraschend kurzer Zeit zentrale Informationen über die Beziehungen und Dynamiken in einer Unternehmerfamilie als auch in dem Familienunternehmen gewonnen und direkt erfahrbar visualisiert werden. Andererseits ermöglicht es diese Methode, gleichzeitig Lösungsmöglichkeiten zu vorhandenen Fragestellungen und Herausforderungen probeweise durchzuspielen und Veränderungsprozesse gezielt anzuregen. Dieser Ansatz erweist sich in seiner zeitlichen Begrenzung, durch die oft überraschend schnell deutlich werdenden Zusammenhänge und seine Lösungsorientierung als eine außergewöhnlich flexible, effektive und ökonomische Beratungsalternative für Familienunternehmen, weil sie zugleich geeignet ist, die Prozesse in den Familien *und* den Unternehmen in den Blick zu nehmen und je nach den vorhandenen Dynamiken mehr die eine oder die andere Seite zu berücksichtigen, das heißt, entweder Familien- und/oder Organisationsaufstellungen zu nutzen.

Was sind Systemaufstellungen?

Diese Beratungsmethode entwickelte sich aus den Erkenntnissen und Erfahrungen mit räumlichen Darstellungen sozialer Systeme (siehe Schweitzer und Weber 1982), wie sie in den 1980er- und 1990er-Jahren von Bert Hellinger (Familien-Stellen, siehe Weber 1993 und 1998) und von Insa Sparrer und Matthias Varga von Kibéd (siehe Sparrer u. Varga von Kibéd 2000; Sparrer 2001) weiterentwickelt und von Gunthard Weber und anderen auf Organisationen übertragen wurden (Weber 2000a).

Die Vorgehensweise ist die, dass ein oder mehrere Mitglieder einer Familie oder eines Unternehmens mit konkreten Fragestellungen hinsichtlich ihrer Familienbeziehungen oder zur Situation des Unternehmens zu einem meist zwei- bis dreitägigen Beratungsseminar mit etwa zehn bis 20 Teilnehmern und Teilnehmerinnen kommen. Dort stellen sie mithilfe der Seminarteilnehmer als Stellvertreter für ihre Familienmitglieder oder der Mitarbeiter das Familien- bzw. Arbeitssystem oder eine Mischung aus beiden im Raum auf. Dieses aufgestellte Systembild und die Äußerungen der Stellvertreter an ihren Plätzen erzeugen in erstaunlich kurzer Zeit Sinn stiftende Informationen über die Dynamik und Struktur der Familie, des Unternehmens und die Beziehungen zwischen beiden. In einem zweiten Schritt wird dann unter Anleitung des Beraters (Aufstellers/Seminarleiters) durch Umstellungen der Repräsentanten und andere Vorgehensweisen ein Lösungsbild entwickelt. Der Gesamtprozess eines solchen Beratungsseminars löst oft nachhaltige Veränderungsimpulse aus.

2. „… irgendwie ist das alles ein Durcheinander" Ein Fallbeispiel

Der hier exemplarisch dargestellte Beratungsprozess fand im Rahmen eines Forschungsseminars zu Systemaufstellungen für Familienunternehmen statt.[1] An dem Seminar nahmen elf Familienmit-

1 Dieses Forschungsseminar und damit auch dieser Beitrag wurde nur durch die großzügige finanzielle Unterstützung des Familienunternehmers Werner Zapf möglich. Ihm gilt unser besonderer Dank ebenso wie den Ehepaaren

glieder aus sieben Familienunternehmen und zehn Unternehmensberater bzw. Familientherapeuten teil. Damit der gesamte Prozess über die zweieinhalb Tage des Beratungsseminars nachvollzogen werden kann, haben wir seinen Gesamtverlauf verschriftlicht. Wir geben hier ausschließlich die Transkriptausschnitte, die die Familie Schubert betreffen, nur unwesentlich gekürzt und sprachlich etwas begradigt wieder. Kursiv hervorgehoben sind einige hinzugefügte Kommentierungen.

2.1 Das Unternehmen und die Unternehmerfamilie[2]

Das Unternehmen der Familie Schubert ist ein größerer Dachdeckerbetrieb in Nordhessen. Es wird von zwei Brüdern, Klaus und Erich Schubert, geführt. Beide Ehefrauen, Sigrid und Gabriele Schubert, arbeiten im Büro des Betriebes. Die beiden Ehepaare kommen auf Empfehlung einer Beraterin in das Seminar. Diese nimmt ebenfalls an dem Seminar teil.

2.2 Die Systemaufstellungen der Ehepaare Schubert im Beratungsseminar

2.2.1 Die Anfangsrunde

In der Anfangsrunde stellen sich die Seminarteilnehmer vor und schildern ihre Anliegen.

HERR SCHUBERT 1: Mein Name ist Klaus Schubert. Ich komme aus Nordhessen Ich bin dort in einem Familienunternehmen vorwiegend im kaufmännischen Bereich tätig. Das Unternehmen besteht jetzt in der vierten Generation. Es ist ein Dachdeckerbetrieb. Wir haben die Besonderheit, dass ich mit meinem Bruder das Geschäft vom Vater übernommen habe und dass auch beide Frauen im Geschäft tätig sind.

WEBER: Das ist wirklich ein Familienunternehmen!

HERR SCHUBERT 1: Da gibt es natürlich besondere Konstellationen im Betrieb und der Partnerschaft und auch Probleme. Zum anderen ist in den 30 Jahren, die ich im Betrieb bin, die ganze Zeit ein Überlastungsgefühl und eine Schwere spürbar, dass ich schon ein paarmal die Tendenz

Schubert für ihre Offenheit und dafür, dass sie der Veröffentlichung ihrer Aufstellungen zugestimmt haben.

2 Die persönlichen Daten der Familie wurden aus Datenschutzgründen verändert.

hatte, aufzuhören und wegzugehen. Ja, das ist ein wesentliches Punkt, für den ich gern eine Lösung hätte.

WEBER: *Ist das für Sie immer noch eine offene Frage: Bleiben oder gehen?*

HERR SCHUBERT 1: *Nein, das nicht. Im Moment ist es so, dass es von der wirtschaftlichen Seite die schwierigste Zeit überhaupt für den Betrieb ist. Wie es im Krieg war, weiß ich nicht. Von der Konjunktur her ist die Branche zur Zeit ziemlich am Ende. Wir haben mit dem Überleben zu kämpfen, von den Preisen her. Aber ich fühle mich im Moment mehr am Platz als früher.*

WEBER: *Dann ist ja schon etwas passiert in Richtung Lösung.*

HERR SCHUBERT 1: *Ja* (schüttelt leicht den Kopf), *ich weiß nicht, im Augenblick strengt es mich sehr an.*

WEBER: *Woran werden Sie merken, dass eine gute Lösung passiert ist? Angenommen, ich treffe Sie in einem Jahr wieder, und es ist dann wesentlich besser, was ist dann anders?*

HERR SCHUBERT 1 (kurzes Überlegen): *Ich glaube, ich würde mehr lachen und Freude in mein Leben bringen. Ich würde nicht mehr das Gefühl haben, dass eine große Last auf meinen Schultern drückt. Ich würde mehr andere Dinge tun, mehr Zeit für andere Dinge haben.*

WEBER: *Wäre etwas in den Beziehungen anders? Hätte sich dann etwas in den Beziehungen des Vierer-Kleeblatts geändert?*

HERR SCHUBERT 1: *In meiner eigenen Beziehung würde sich nichts ändern. Für mich hat sich jetzt folgende Frage gestellt – meine Frau ist seit 1999 im Betrieb, also noch nicht sehr lange –, ob das organisatorisch überhaupt so funktionieren kann oder ob wir eine andere Entscheidung treffen müssen, das heißt, ob es ein organisatorisches Problem ist oder ob das so gar nicht funktionieren kann. Aber die Beziehungen würden sich nicht verändern. Was noch eine Frage ist – die kommt aber danach und ist nicht so brisant –, das ist die Frage der Nachfolge. Ich bin jetzt 56,– und meine Kinder sind 23 und 20. Sie haben beide die Tendenz, nicht in den Betrieb zu gehen. So ist die Frage: Was kommt dann? … Mein Vater hat das Geschäft von seinem Großvater übernommen. Er hat aber erst einen anderen Beruf erlernt und wurde regelrecht gedrängt, in den Betrieb einzusteigen. Mein Großvater hatte das Geschäft schleifen lassen, weil er feststellte, dass sein Sohn das Geschäft nicht übernimmt. Daraufhin ist mein Vater in den Betrieb eingestiegen und dann die anderen beiden Brüder auch. Die Geschäftsleitung hatte aber nur mein Vater. Die anderen haben mitgearbeitet.*

WEBER: *Also wäre es für die Söhne in der Familie durchaus ein gängiger Weg, erst einmal einen anderen Beruf zu lernen und dann vielleicht in das Unternehmen zurückzukehren?*

HERR SCHUBERT 1: *Ich habe mir natürlich auch selbst die Frage gestellt, ob es meine freie Entscheidung war. Ich habe den Beruf des Bankkaufmanns gelernt und bin dann später in den Betrieb eingestiegen, weil mein Vater es auch schwer hatte. Ich kann aber mit Sicherheit sagen, wenn ich nicht in dieser Familie mit diesem Betrieb geboren worden wäre, wäre ich nicht in das Zimmererhandwerk gegangen. Das kann ich sagen. Das hätte ich mir nicht herausgesucht. Wobei ... ich mache ja vorwiegend die kaufmännische Tätigkeit, und das war ja auch meine Richtung.*

WEBER (in die Seminarrunde): *Vieles, was Familienbetriebe ausmacht, haben wir schon da* (Heiterkeit). *Das sind genau die häufigen Fragen, die Familienmitglieder in Familienunternehmen beschäftigen, als Leiter im Betrieb, als Partnerinnen, als Kinder ...* (nickt Frau Schubert 1 zu).

FRAU SCHUBERT 1: *Ich bin Sigrid Schubert. Ich bin die Ehefrau. Ich bin am kürzesten im Betrieb, erst drei Jahre. Ich hatte eigentlich nie vor, in den Betrieb einzusteigen. Ich kann mich daran erinnern, dass mein Schwiegervater gleich am Anfang gesagt hat: Die Frauen haben nichts im Betrieb verloren. Das kann nicht gut gehen. Vor drei Jahren war dann eine Situation, dass eine Mitarbeiterin gestorben ist, und zu der Zeit wollte ich mich sowieso beruflich verändern. Das hat sich dann so gefügt, und es war dann für mich so: Ah genau, jetzt nehme ich meinen Platz ein, da gehöre ich eigentlich hin. Hm, in der Zwischenzeit bin ich mir da nicht mehr so sicher, ob das die richtige Entscheidung war, weil ich es auch als sehr schwer empfinde. Ich teile den Job mit meiner Schwägerin Gabriele, und es ist so, dass auch viel ... Wir haben die Situation, dass wir auch bei dem Büro wohnen, alle zusammen, und das ist oft nicht einfach, weil man natürlich alles mit in die Wohnung und von der Wohnung wieder alles rüberträgt.*

WEBER: *Und man weiß dann nicht, ob ein Essen eine Geschäftssitzung oder eine Familienmahlzeit ist.*

FRAU SCHUBERT 1: *Ja, da ist es ganz schwer, sich abzugrenzen. Hier ist man als Paar, hier ist man im Geschäft zusammen* (zeigt mit den Händen zwei Bereiche).

WEBER: *Also das Betriebliche und das Private gehen oft durcheinander. Das ist das Los der Familienunternehmerfamilien. Hm, Ihre Frage wäre also: Ist das ein guter Platz, oder brauche ich einen anderen Platz?*

FRAU SCHUBERT 1 (nickt): *Ja.*

WEBER: Ja, dafür sind Organisationsaufstellungen sehr gut, weil man sehen kann, wie es den Einzelnen an ihren Plätzen geht und ob es bessere Plätze für sie gibt. Das gucken wir uns an. O. k., danke.

HERR SCHUBERT 2: Meine Name ist Erich Schubert. Ich leite, wie mein Bruder gesagt hat, mit ihm zusammen den Betrieb und ich bin auch schon 31 Jahre im Betrieb. Die Entscheidung, in den Betrieb zu gehen, war so, dass mein Vater es schon erwartet hat, dass ich da einsteige.

WEBER: Wer ist der Ältere von Ihnen?

HERR SCHUBERT 2: Er (zeigt auf den Bruder).

WEBER: Waren Sie eher im Betrieb als der Bruder?

HERR SCHUBERT 2: Ja, ein Jahr.

WEBER: Da ist es umgekehrt, er ist älter, Sie waren eher im Betrieb.

HERR SCHUBERT 2: Ja, das war schon erwartet, dass ich in den Betrieb gehe, wobei ich auch Spaß am Sport hatte. Den Beruf des Sportlehrers hatte ich damals im Kopf, und ich habe mich dann für den Betrieb entschieden und bin seitdem dort drin und habe schon am Anfang Probleme mit meinem Vater gehabt. Ich konnte schwer annehmen, dass er mir zu sagen hat, was zu machen ist und ... wobei ich sagen muss, ich habe auch viel von ihm gelernt.

WEBER: Lebt der Vater noch?

HERR SCHUBERT 2: Nein. 1988 haben wir den Betrieb gemeinsam übernommen. Da ist er gestorben. Als ich dann die Meisterprüfung gemacht habe, habe ich die Führung – mehr den technisch-handwerklichen Bereich – und mein Bruder hat mehr den kaufmännischen Bereich übernommen. Die jetzige Situation ist so, dass viele Absprachen notwendig sind, um unsere Arbeit zu verrichten, was mir manchmal lästig vorkommt.

WEBER: Die vielen Absprachen?

HERR SCHUBERT 2: Ja, weil ich ... klar, es ist halt mit ihrer Seite abzustimmen, was zu machen ist.

WEBER: Mit wem müssen Sie sich alles abstimmen? Besonders mit dem Bruder?

HERR SCHUBERT 2: Ja, und dann geht es auch oft um die Kompetenz der Arbeit der Frauen. Es hat sich mittlerweile herauskristallisiert, dass jeder einen Teil hat im Kompetenzbereich, wobei auch vieles gemeinsam gemacht wird. Da gibt es immer kleine Reibereien ...

WEBER: *Sie sitzen hier ja auch gut dazwischen* (Herr Schubert 2 sitzt in der Runde zwischen den beiden Frauen).

HERR SCHUBERT 2 (lacht): *Ja, also die Frage ist, wie kann man die Organisation leichter machen und wie das Schwere aufgehoben werden kann; vielleicht durch mehr Teamarbeit. Die Wunschvorstellung ist, den Betrieb gut zu führen und auch genug Freiraum für Persönliches zu haben, wobei die Mischung von Familie und Privatem so eng ist, dass man es kaum trennen kann.*

WEBER: *Ja, wenn alle vier im Betrieb sind, ist das natürlich sehr verwoben. O. k., vielen Dank.*

FRAU SCHUBERT 2: *Ich bin Gabriele Schubert, ich bin die Frau von Erich. Ich bin schon längere Zeit im Betrieb. 1990 habe ich stundenweise angefangen, als Aushilfe. Dann hat sich das gesteigert, und als die Mitarbeiterin gestorben ist, habe ich dann ganztags gearbeitet, und als meine Schwägerin dann eingestiegen ist, haben wir uns die Arbeit geteilt. Zu der Arbeit: Ich mag sie, sie macht mir Spaß, ich mach sie gern. Früher war es so, dass, als ich noch nicht im Betrieb war, da habe ich schon gemerkt ... der große Einfluss ... die wenige Zeit, die für das Privatleben verbleibt. Seitdem ich mitarbeite, sehe ich viele Dinge anders, und trotzdem, denk ich, müsste man es doch organisatorisch hinkriegen, dass man sagt: Und jetzt habe ich Wochenende! Für mich ist das auch ein Problem: Ich merke, wenn ich morgens im Büro war und mittags freihab, dann fällt mir was ein, und dann springt man schnell mal ins Büro und erledigt was, und dann wird man was gefragt, und dann kommt immer was ins Rollen, und im Nu ist eine halbe, eine Dreiviertelstunde rum. Das würde einem einfach nicht passieren, wenn man in einem fremden Betrieb arbeitet. Genauso gibt es manchmal private Sachen, die man dann im Betrieb erledigt. Das vermischt sich dann immer so. Mir fällt es unheimlich schwer, das zu trennen. Das ist mein Anliegen.*

WEBER: *Das kann ich gut verstehen.*

FRAU SCHUBERT 2: *Was ich auch festgestellt habe, ist, dass mir … es liegt mir so am Herzen, dass die Leute, die bei uns arbeiten, sich bei uns wohl fühlen. Ich merk dann auch, dass die Stellung, die ich habe, einfach nicht ganz klar ist. Einmal bin ich Ehefrau, dann bin ich Angestellte, und er ist der Chef. Dann sind wir Schwägerinnen, und dann sind wir wieder Angestellte. Für die Leute draußen bin ich, glaub ich, Chefin. Manchmal habe ich das Gefühl, ich bin's, und ich bin's nicht, und irgendwie ist das alles ein Durcheinander.*

WEBER (lächelnd): *Es ist einfach so, dass Sie mit den verschiedenen Rollen eine multiple Persönlichkeit sind* (Lachen im Raum). *O. k., fein. Ich habe das gut gehört.*

Kommentar: Wenn man die Anliegen der vier Schuberts betrachtet, fallen übereinstimmende Themen und auch etliche spezifische Fragestellungen auf:

(a) Beide Männer fühlen sich überlastet und berichten über eine Schwere und äußern den Wunsch nach Erleichterungen.
(b) Es scheint eine wirtschaftlich schwierige Zeit zu sein, die aber nicht besonders zum Thema gemacht wird.
(c) Das Thema Nachfolge wird von Herrn Schubert 1 angesprochen, scheint aber zur Zeit (noch) keine größere Bedeutung zu haben.
(d) Zwischen den Männern scheint es untergründig Schwierigkeiten zu geben, wer was zu sagen hat, und Abstimmungen und Absprachen scheinen nicht immer leicht. Untergründig scheint auch noch die Frage für mehrere bedeutsam: Will ich überhaupt im Unternehmen bleiben?
(e) Der Platz der Frauen im Unternehmen und zueinander scheint unklar. Einerseits hat das offensichtlich etwas mit der Stellung der Frauen in den Familien Schubert zu tun, andererseits scheinen auch die Rollen und die Aufgabenbereiche nicht klar abgegrenzt oder definiert und dadurch „Reibereien" vorzukommen.
(f) Alle berichten über die häufigen Kontextvermischungen von Privatem und Dienstlichem und haben den Wunsch, diese Bereiche mehr zu trennen und mehr Raum für Privates zu haben.

Entsprechend der Anliegen könnten Ziele für das Seminar also sein:

- Entlastung und Erleichterung.
- Klärung, wann wer was entscheidet (Hierarchie?).
- Aufzeigen freierer Plätze in der Familie und im Betrieb. Dabei könnte es besonders um die Stellung und die Plätze der angeheirateten Frauen in den Familien Schubert gehen.
- Konfliktfelder zwischen den Männern und den Frauen aufzuzeigen und Anregungen für Konfliktlösungen bzw. neue Optionen zu geben.
- Eine stärkere Trennung von Berufsfeldern und Privatleben zu erreichen.
- Rollen- und Aufgabenklärung (auch der Geschlechterrollen).

2.2.2 Die ersten Aufstellungen der Familie Schubert am ersten Nachmittag des Seminars

AUFSTELLUNG VON HERRN SCHUBERT 1
(und danach der anderen drei)

WEBER: (Herr Schubert 1 meldet sich, um eine Aufstellung zu machen, und setzt sich auf den freien Stuhl rechts von Weber). *Ich habe heute Vormittag ja schon einmal gehört, was Sie bewegt. Es ist aber gut, wenn Sie noch einmal zusammenzufassen, was für* Sie *jetzt das Wichtigste ist.*

HERR SCHUBERT 1 (ernst): *Also für mich ist das Wichtigste: Wie kann ich diese Schwere, das Gefühl von Unfreiheit verändern ... wobei die Überlegung meinerseits schon war, hängt das mit der Situation zusammen, dass die Frauen noch mit im Betrieb sind?*

WEBER (humorvoll): *Auf alle Fälle!* (Lachen und Unruhe.)

HERR SCHUBERT 1: Ich kann es nicht deutlicher belegen. Es ist nur so, dass sich das Gefühl schon die ganze Zeit durchzieht. Im Moment haben wir ja eine schwere Konjunkturlage. Das Gleiche war aber auch in früheren Zeiten, und deshalb gehe ich davon aus, dass da auch noch etwas anderes eine Rolle spielt. Man könnte meinen, wenn es wieder leichter wird, verändert sich auch diese Situation. Davon gehe ich nicht aus. Ich glaube eben, das es etwas Tieferes ist. Ich habe ja schon vorhin angesprochen, ob ich hier am richtigen Platz bin. Ich weiß das nicht, wobei ich im Augenblick nicht die Tendenz habe, irgendetwas anderes zu machen oder wegzugehen.

WEBER: Es wäre also gut, wenn Sie im Unternehmen bleiben könnten und es leichter hätten.

HERR SCHUBERT 1 (nickt): *Wobei ich bei mir festgestellt habe, dass es mir manchmal schwer fällt, den anderen Verantwortung abzugeben, warum auch immer. Ob ich das Gefühl habe, ich kann es am besten, oder ob ich da nicht konsequent genug bin, irgendetwas durchzusetzen ... Und für mich wäre es – wie mein Bruder auch schon angedeutet hat – ein Anliegen, dass unser Betrieb auch eine große Familie ist, die harmonisch zusammenarbeitet und damit etwas bewegen kann und dass sich jeder gut fühlt an seinem Platz. Manchmal steht mir das auch im Weg, wenn irgendetwas nicht klappt und es macht jemand etwas nicht, wie er es sollte, dann stehe ich mir mit diesem Anspruch im Weg ... dass ich da einfach nicht die richtigen Schritte in die Wege leite. Was ich natürlich jetzt auch mitgekriegt habe, ist, dass es meinen Vorfahren genauso ge-*

gangen ist. Ich habe einen Vater erlebt mit der gleichen Tendenz, und der Großvater war auch so.

WEBER: In dieser Familie ist man ein gutes Mitglied, wenn man es sich nicht zu leicht macht.

HERR SCHUBERT 1: Ja, das ist ein Anspruch, der im Raum steht.

WEBER: Wie werden denn in Ihrer Familie Leute angesehen, die es sich leicht machen? Die vielleicht sogar leichtlebig sind? Was würde der Vater oder Großvater dazu sagen?

HERR SCHUBERT 1: Ohm, ja, die werden schon sehen, wohin das führt (allgemeines Lachen).

WEBER: Und wohin führt das?

HERR SCHUBERT 1: Irgendwann wird es einen Rückschlag geben.

WEBER: Vögel, die am Morgen singen, holt am Abend die Katz. Ja, das ist ein wichtiger Teil. Wir gehören gut dazu, wenn wir es so machen wie unsere Ahnen und unsere Eltern. Und wir bekommen Schuldgefühle, wenn wir es uns leichter machen. Da muss ich Sie warnen. Und was hat das auch für die (zeigt auf die anderen Familienmitglieder) *für eine Wirkung, wenn Sie auf einmal anfangen, es sich leichter zu machen? Das könnte ja ansteckend wirken. Oder die machen es sich weiter schwer, und Sie machen es sich leicht ...*

HERR SCHUBERT 1 (lacht): *Ja, das ist auch nicht leicht* (allgemeines Lachen).

WEBER: Wenn schon, müssten Sie es sich gemeinsam leicht machen. Es wäre also gut, wenn Sie das ganze Schiff in eine andere Richtung kriegten. Ich frage die anderen nachher noch mal selbst. – Also, Sie haben das Unternehmen von Ihrem Vater übernommen.

HERR SCHUBERT 1: Ja.

WEBER: Die Eltern leben beide nicht mehr?

HERR SCHUBERT 1: Die Mutter lebt noch, der Vater nicht mehr.

WEBER: Und Sie haben einen Sohn und eine Tochter?

Herr Schubert 1: Ja, und mein Bruder zwei Söhne.

Kommentar: Gegenüber der Eingangsrunde kommen keine grundsätzlich neuen Aspekte hinzu. Noch deutlicher wird, wie sehr sich Herr Schubert damit beschäftigt, ob die Schwierigkeiten und die

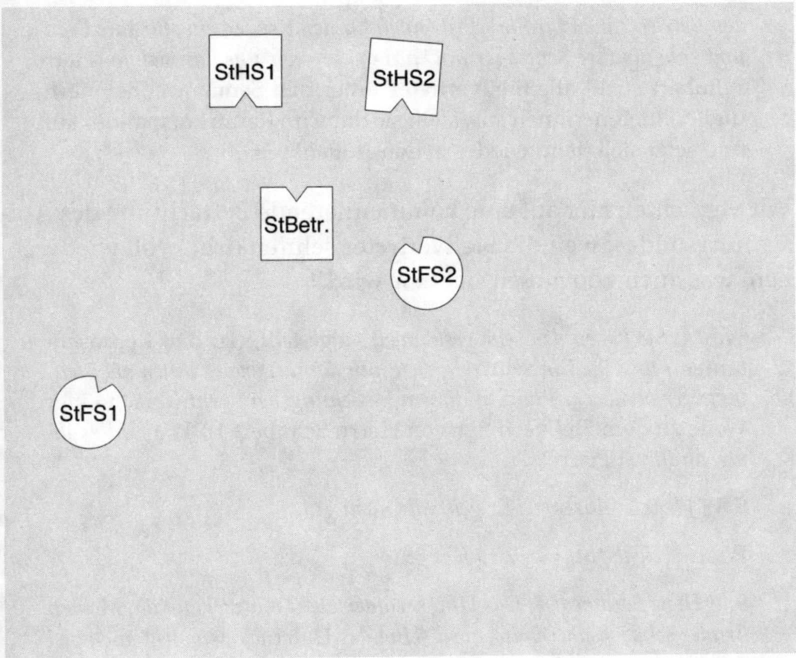

Abb. 1: Aufstellungsbild Familie Schubert und Betrieb; Aufstellung von Herrn Schubert 1

StHS1 = Stellvertreter für Herrn Schubert 1
StHS2 = Stellvertreter für Herrn Schubert 2
StFS1 = Stellvertreter für Frau Schubert 1
StFS2 = Stellvertreter für Frau Schubert 2
StBetr. = Stellvertreter für den Betrieb

Schwere im Unternehmen damit zusammenhängen, dass die Ehefrauen auch im Betrieb arbeiten. Er sieht eine Tendenz bei sich, zu viel Verantwortung zu übernehmen und sich vielleicht zu viel um ein harmonisches Betriebsklima zu bemühen. Hier stellt er auch ein generationenübergreifendes Muster fest.

> WEBER: *O. k. Wäre es in Ordnung für Sie, wenn wir uns zuerst die Familienbeziehungen angucken?* (Ja.) *Und später das Unternehmen?* (Er nickt; Weber denkt eine Weile nach.) *Ich überlege, ob ich das Unternehmen gleich dazunehme oder erst einmal nur die Familie aufstellen lasse. – Ich nehme den Betrieb gleich dazu. Also, Sie stellen auf: einen für*

den Betrieb, einen für Sie selbst, einen für den Bruder, eine für Ihre Frau und eine für Ihre Schwägerin. Dann gucken wir uns das mal an (Herr Schubert sucht alle Stellvertreter unter den Seminarteilnehmern und -teilnehmerinnen aus, stellt sie dann im Raum zueinander auf und setzt sich dann wieder in den Außenkreis).

Wir verzichten hier auf eine kommentierende Betrachtung des Aufstellungsbildes, weil die Stellvertreter sehr eindruckvoll wiedergeben, was auch von außen sichtbar wird.

WEBER: *Sie haben das sehr gesammelt aufgestellt,* (zu den Repräsentanten:) *und Sie konzentrieren sich nun darauf, wie es Ihnen als Stellvertreter an Ihrem Platz in diesem Beziehungsnetz geht.* (Nach einer Weile zu dem Stellvertreter von Herrn Schubert 1:) *Wie geht es Ihnen an Ihrem Platz?*

STV[3] HERR SCHUBERT 1: *Es geht mir nicht gut.*

WEBER: *Nicht gut. Was ist nicht gut?*

STV HERR SCHUBERT 1: *Das Unternehmen steht mir viel zu nah. Meinen Bruder sehe ich überhaupt nicht. Und das Unternehmen steht auch viel mehr bei mir als bei meinem Bruder.*

Kommentar: Das ist eine auffällige Äußerung, denn im tatsächlichen Aufstellungsbild steht der StV für den Betrieb nur ein wenig mehr vor ihm als vor dem StV des Bruders.

WEBER: *Das heißt mehr Verantwortung?*

STV HERR SCHUBERT 1: *Mehr Belastung, weil es so nah steht.*

WEBER: *Wie geht's dem Bruder?*

STV HERR SCHUBERT 2: *Es ist komisch, es besteht überhaupt kein Kontakt zu meinem Bruder. So tot, es ist keine Spannung und kein Konflikt, aber so tot irgendwie. Das Unternehmen erlebe ich als eine ganz große Last, die ich vor mir herschiebe und über meine Frau würde ich immer stolpern* (zeigt in Richtung der StV seiner Frau). *Das ist nicht unharmonisch, aber es ist nicht hilfreich.*

WEBER: *Gibt es bei Ihnen irgendeine Tendenz, etwas zu tun?* (Er überlegt eine Weile, StV Herr Schubert 1 zeigt eine Reaktion, Weber zu ihm:) *Was war das Nicken?*

3 Stellvertreter/-innen werden im Text als StV abgekürzt.

StV Herr Schubert 1: Also, alsEerstes würde ich das Unternehmen weiter wegschieben.

Weber: Es ist meistens etwas leichter, selbst Abstand zu nehmen, als ein Unternehmen wegzuschieben (Heiterkeit). *Gibt es beim Bruder eine Tendenz?*

StV Herr Schubert 2: Ja, ich würde auch die Position des Unternehmens verändern wollen (Heiterkeit).

Weber: Da ist eine große Einigkeit.

StV Herr Schubert 2: Sonst kommt man nicht vorwärts, ist mein Gefühl.

Weber (zu StV Frau Schubert 1): Wie geht es Ihnen als Frau und Mitarbeiterin?

StV Frau Schubert 1: Ich fühl mich hier am weitesten weg, eigentlich als ob ich gar nicht dazugehöre. Ich kriege gar nicht alles mit und sehe das Unternehmen von hinten. Eigentlich fühle ich mich hier gar nicht einbezogen in dem Kreis (macht eine Handbewegung, als wäre vor ihr eine Trennlinie).

Weber: Nicht richtig dazugehörig, mehr am Rand?

StV Frau Schubert 1: Nicht richtig drin, ja.

Weber: Wie geht es der Frau des Bruders?

StV Frau Schubert 2: Mein erstes Gefühl war, das Unternehmen fällt auf mich, und es liegt sehr, sehr viel Last auf meinen Schultern. Das spüre ich auch körperlich. Ich denke immer, ich müsste auch die anderen angucken, aber ich bin wie fest verwurzelt mit dem Blick auf den Rücken (des StV des Betriebs), *und alles andere ist nur Halbschatten. Was ich spüre, ist die Belastung* (zeigt auf ihre Schultern).

Weber: Schwere und Last. (Sie nickt; zu Herrn Schubert 1:) *Wäre es für Sie in Ordnung, wenn wir den Bruder sein Bild auch aufstellen lassen?*

Herr Schubert 1: Ja klar.

Kommentar: Daraufhin stellen Herr Schubert 2, Frau Schubert 1 und Frau Schubert 1 nacheinander ebenfalls ihre inneren Bilder der Beziehungen mit denselben Stellvertretern im Raum auf. Es wäre an dieser Stelle sehr aufschlussreich, die sehr unterschiedlichen Bilder und die Äußerungen der Stellvertreter miteinander zu vergleichen. Aus Platzgründen müssen wir hier leider darauf verzichten.

WEBER (kommt nach den Aufstellungen der anderen auf Herrn Schubert 1 zurück): *Sie wollten ja aufstellen, und wir kehren zurück zur ersten Aufstellung.* (Zu allen Stellvertretern:) *Kehren Sie noch einmal zur ersten Aufstellung, so wie er sie aufgestellt hat, zurück. Es war sehr spannend, die Unterschiede zu sehen.* (Die Stellvertreter konstellieren wieder die erste Aufstellung von Herrn Schubert 1). *Jetzt möchte ich Sie noch bitten, Ihren Vater hinzuzustellen.* (Herr Schubert 1 sucht einen Stellvertreter aus und stellt ihn in das Bild).

Kommentar: Wir ließen einen Stellvertreter für den Vater Schubert dazustellen, um sichtbar werden zu lassen, inwieweit wir Hinweise dafür bekommen, ob sich die Familienmitglieder im Einklang mit oder in Opposition zu ihm erleben und inwieweit er als unterstützend erlebt wird und ob die Nachfolgenden sein Werk gerne und ihn achtend weiterführen.

WEBER: *Für wen änderte sich etwas, als der Vater dazukam?*

STV HERR SCHUBERT 1: *Für mich. Ich empfinde den Vater als Kontrollperson. Den einzigen Blickkontakt habe ich direkt mit dem Vater. An dem Unternehmen streife ich mit dem Blick vorbei. Das Unternehmen empfinde ich als Belastung. Das bisschen Freiheit, das ich noch hatte, ist mir jetzt auch noch weggenommen.*

Weber: Wenn man sich das Bild anschaut, kommt man auf die Idee: Der Mittelpunkt des Lebens der Familien ist das Unternehmen. Eigentlich gibt es nicht viel mehr als das Unternehmen, auf unterschiedliche und eher belastende Art und Weise. Und der Wunsch ist ja, etwas mehr Luft und Leichtigkeit zu kriegen. Also muss das Unternehmen einen anderen Platz bekommen. Das Unternehmen steht zu nahe. (Beginnt, den Stellvertreter des Betriebes weiter nach hinten zu stellen; zu StV Herr Schubert 1:) *Ist das eine gute Entfernung? (Ja.)* … (Er stellt dann auch die anderen entsprechend den für Organisationsaufstellungen entwickelten Prinzipien zu einem „Lösungs“-Bild um; siehe Weber und Gross 1998; Weber 2000a.)

WEBER: *Wie ist der Platz?*

STV HERR SCHUBERT 1 (nickt): *Gut! Ich fühle mich jetzt mit dem Bruder gestärkt. Ich habe das Unternehmen vor mir, es ist aber nicht mehr so belastend, und die Ehefrauen spielen keine große Rolle. Die sind da, aber ob die da sind oder nicht, spielt keine so große Rolle.*

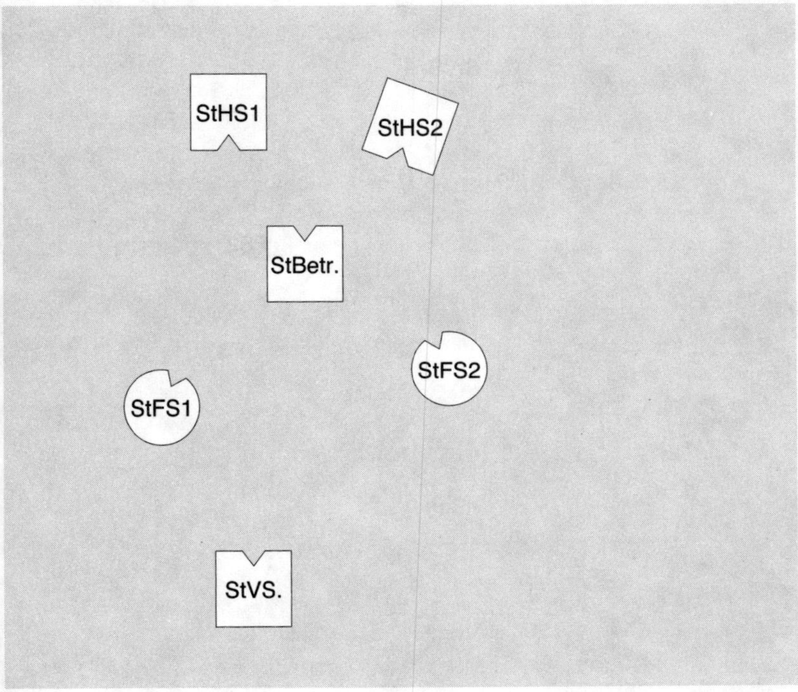

Abb. 2: Aufstellungsbild Familie Schubert und Betrieb; Aufstellung von Herrn Schubert 1, ergänzt

StVS = Stellvertreter des Vaters von Herrn Schubert 1 und 2

WEBER: *Ja, ich probiere es hinterher noch einmal anders. Wie geht's dem Bruder?*

STV HERR SCHUBERT 2: *Viel besser. Ich hätte als wichtigsten Impuls für mich: Ich würde das Unternehmen gerne rumdrehen, dass es zukunftsgewendet ist* (macht eine Drehbewegung mit der Hand). *Dann wäre die Last ganz weg. Den Vater empfinde ich als guten Geist im Hintergrund. Und es ist kraftvoll so, das erlebe ich auch. Das* (macht Handbewegung zu den Frauen) *kann ich noch nicht definieren, ob das hilft oder nicht. Es stört auf jeden Fall nicht.*

StV Frau Schubert 2: Ich bin sehr dabei. Also, ich will mitarbeiten, mach meine Sachen. Hier habe ich eine Partnerin (macht Bewegung zu StV Frau Schubert 1), *mit der ich mich abspreche, und den Betrieb habe ich*

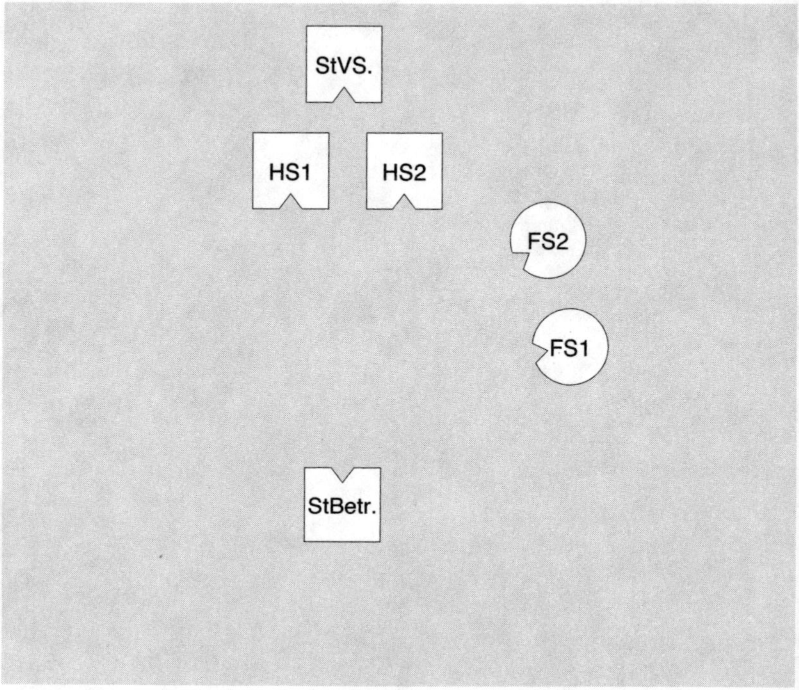

Abb. 3: „Lösungs"-Bild für Familien Schubert und Betrieb

HS1 = Herr Schubert 1
HS2 = Herr Schubert 2
FS1 = Frau Schubert 1
FS2 = Frau Schubert 2

im Blick und tue was für das Unternehmen und habe da meine Rolle. (Weber stellt StV Frau Schubert 1 noch etwas mehr auf das Unternehmens ausgerichtet auf.) *Also, ich will mitarbeiten.*

WEBER: Ja, das wäre jetzt das Organisationsbild.

STV FRAU SCHUBERT 1: Also, ich fühle mich jetzt wesentlich besser als gerade kurz vorher (vor der kleinen Positionsveränderung durch Weber). *Ich fühle mich jetzt auch als Mitarbeiterin für das Unternehmen, und das finde ich ganz wichtig, auch für meine Rolle als Mitarbeiterin. Es ist gut so, und auch das* (zeigt zu StV Frau Schubert 2) *ist kein Nebeneinander, es ist ein Miteinander.*

WEBER: Wie geht's dem Vater?

StV Vater Schubert: *Gegen den ersten Platz, der wirklich chaotisch und belastend war, ist der hier sogar sehr harmonisch. Ich habe auch kein Problem damit, dass ich die Söhne vom Rücken sehe. Ich habe sie ja mein Leben lang vor mir gehabt. Ihre Einstellung zueinander und zum Unternehmen stimmt. Und auch die Angst, dass die Frauen zu viel Einfluss nehmen könnten, besteht nicht. Das Bild ist in Ordnung.*

Weber: *Wie geht's dem Unternehmen?*

StV Unternehmen: *Ja, auch am besten. Ich habe Raum und kann selber aktiv werden. Ich habe auch den starken Impuls, mich rumzudrehen und nach vorne zu gehen, und die* (zeigt auf die Familienmitglieder) *würde ich als Unterstützung empfinden.*

Kommentar: Ziel eines Endbildes bezüglich der Organisation ist es immer, dem Aufstellenden das Bild eines Platzes zu vermitteln, der für ihn gemäß ist und an dem er sich frei, energiereich und gleichzeitig kooperationsbereit fühlt. Noch besser ist es, wenn das für möglichst viele der Beteiligten gelingt. Nach den Äußerungen der Stellvertreter gelang das mit diesem Bild in besonderem Maße. Jetzt kommt es darauf an, wie die Familienmitglieder sich selbst an den Plätzen fühlen. Die angebotenen Sätze dienen dazu, Änderungen grundsätzlicher Haltungen in Beziehungen und Beziehungs- und Positionsklärungen anzuregen.

Weber (zu den Ehepaaren Schubert): *Also, für die Organisation ist das ein gutes Bild. Gehen Sie vier doch einmal an Ihre Plätze und gucken Sie, wie es Ihnen da geht.* (Dann zu Herrn Schubert 1:) *Wie ist es da?*

Herr Schubert 1: *Ich fühle mich gut da und vom Rücken her gestärkt.* (Zum Bruder hin:) *Das ist auch im Ordnung, und den Abstand* (zu dem StV des Betriebes) *find ich auch ganz gut.*

Weber: *Wie geht's dem Bruder?*

Herr Schubert 2: *So die Position ist auch o. k.*

Frau Schubert 2: *Geschäftlich ist es o. k., ist o. k.*

Frau Schubert 1 (windet sich etwas mit dem Körper, atmet tief ein): *Ich bin hier nicht ... ich weiß nicht, wie ich hier ... ich, ich fühl mich etwas unwohl, kann aber nicht ...*

Weber (dreht sie zur Schwägerin): *Gucken Sie mal die Schwägerin an* (beide stellen sich gegenüber), *und sagen Sie ihr: Du hast im Betrieb die älteren Rechte.*

Frau Schubert 1: Du hast hier die älteren Rechte.

Weber: Du bist länger da.

Frau Schubert 1: Du bist länger da.

Weber: Ich bin später gekommen.

Frau Schubert 1: Ich bin später gekommen.

Weber: Das achte ich.

Frau Schubert 1: Das achte ich.

Weber: Ich möchte gerne mit dir zusammenarbeiten.

Frau Schubert 1: Ich möchte gerne mit dir zusammenarbeiten.

Weber (zu Frau Schubert 2): *Wie ist das für Sie?*

Frau Schubert 2 (bewegt): *Es macht mich traurig* (bekommt Tränen in die Augen).

Weber: Ist es eher eine Traurigkeit, die gut tut, als bekämen Sie etwas, was Sie sich schon lange gewünscht haben? (Frau Schubert 2 nickt und beginnt zu weinen, wischt sich die Tränen weg: *Hm.) Genau, Sie haben im Betrieb die älteren Rechte, Sie haben sich zehn Jahre länger eingesetzt für die Sache, und es ist gut, wenn man das achtet.* (Sie lächelt; zu Frau Schubert 1:) *Und es ist gut, wenn Sie das wissen und den Vorsprung achten. Jetzt richte ich Sie beide wieder auf die Aufgabe aus.* (Dreht sie so, dass sie auf den Betrieb schauen und auch ihre Männer sehen können; geht zu Herr Schubert 1:) *Sagen Sie ihm mal* (zum Bruder): *Du bist ein bisschen länger im Unternehmen.*

Herr Schubert 1: Du bist ein bisschen länger im Unternehmen.

Weber: Und ich bin der Ältere.

Herr Schubert 1: Und ich bin der Ältere.

Weber (zu beiden): *Und wer übernimmt jetzt die Leitung von Ihnen beiden; etwas mehr die Leitung im Zweifelsfall?* (Leichte Spannung im Raum, dann lachen alle in der Familie.) *Ich biete einfach mal etwas an, und Sie können ja protestieren.* (Zu Herrn Schubert 1:) *Sagen Sie ihm mal: Ich nehme die Leitung.*

Herr Schubert 1 (schaut den Bruder eine Weile an): *Ich nehme die Leitung.*

Weber: Und du bist mir sehr wichtig.

HERR SCHUBERT 1: *Und du bist mir sehr wichtig.*

WEBER: *Wir können es nur gemeinsam machen.*

HERR SCHUBERT 1: *Wir können es nur gemeinsam machen.* (Beide schauen sich lange ernst an, dann zu Weber gewandt:) *Also mit dem „Ich übernehme die Leitung" habe ich Schwierigkeiten.*

WEBER (stellt die Brüder in umgekehrter Reihenfolge auf, Herrn Schubert 2 rechts von Herrn Schubert 1; nach den Erfahrungen mit der Aufstellungsarbeit entspricht der rechte Platz eher dem Leitungsplatz): *Wechseln wir mal die Reihenfolge. In meinem Bild von Aufstellungen hätte jetzt der jüngere Bruder die Leitung.* (Zu Herrn Schubert 1:) *Oder haben Sie gedacht, Sie machen es beide gleichberechtigt? Was war Ihr Modell?*

HERR SCHUBERT 1: *Ja, also ich habe Schwierigkeiten, ihm das zu sagen, dass wir nicht in Gleichheit sind.*

WEBER: *Aber es stimmt, was ich gesagt habe?* (Zum Bruder:) *Stimmt es eher*? (Nickt zustimmend: *Hm.* – Weber stellt beide wieder in die alten Positionen. Zu Herrn Schubert 1:)–*Sagen Sie ihm mal: Als Brüder sind wir gleich.*

HERR SCHUBERT 1: *Als Brüder sind wir gleich.*

WEBER: *Und im Unternehmen trage ich etwas mehr Verantwortung.*

HERR SCHUBERT 1: *Und im Unternehmen trage ich etwas mehr Verantwortung.*

Weber (zu Herrn Schubert 1): *Wie ist das?*

HERR SCHUBERT 1: *Stimmt.*

Weber (zu Herrn Schubert 2): *Wie ist das für Sie?*

HERR SCHUBERT 2 (wiegt leicht den Kopf, als stimmte er nur ambivalent zu, dann nickt er): *Ja, stimmt auch.*

Weber: Und es ist gut, noch einmal den Vater hinter sich zu spüren. Von dem haben Sie es, dankbar zu spüren, dass Sie es von ihm haben, und Sie führen es weiter. Und dem (zeigt auf StV des Betriebes) *sagen Sie: Du hast etwas nah bei uns gestanden.*

HERR SCHUBERT 1: *Du hast etwas nah bei uns gestanden.*

WEBER: *Ich brauche etwas mehr Luft.*

Herr Schubert 1: Ich brauche etwas mehr Luft.

Weber: Und dafür sorge ich jetzt.

Herr Schubert 1: Und dafür sorge ich jetzt.

Weber: Ich delegiere mehr.

Herr Schubert 1: Ich delegiere mehr.

Weber: Und das Wochenende gehört der Familie.

Herr Schubert 1: Das Wochenende gehört der Familie. (Die Frauen lächeln erst, dann lachen alle.)

Weber: Was gibt's da zu lachen? – Scheint Vergnügen zu machen. Es gefällt mir so. Und am Wochenende wäre es dann so (stellt „Lösungs"-Bild für die Familien auf).

Frau Schubert 2: Das Unternehmen muss aber noch ein bisschen weg (lacht; Weber stellt den StV des Betriebes aus dem Blick).

Weber: Der Vater steht dann hinter beiden Familien. Jetzt brauche ich auch noch die Mutter dazu (stellt eine Stellvertreterin für die Mutter Schubert links neben den StV von Vater Schubert).

Weber (zu Frau Schubert 1): *Wie ist das?*

Frau Schubert 1: Hm, das ist gut. (Das andere Ehepaar nickt auch.)

Herr Schubert 2: Fürs Wochenende! (Lachen.)

Weber: Es darf es auch manchmal abends so sein oder morgens und abends (erneutes Lachen). *So lassen ich es im Augenblick. Wenn Sie noch weitere Fragen haben, schauen wir uns das später an.*

Herr Schubert 1 (nickt): *Danke schön!* (Alle setzen sich.)

Weber (nach einer Weile): *Es ist eine der Herausforderungen für Familienunternehmen, dass das Unternehmen nicht ganz der Mittelpunkt der Familie wird. Im Grunde genommen sagte das erste Bild: Das Unternehmen geht vor, hat Vorrang vor allen persönlichen Bedürfnissen. Das erste Bild war so, dass* alle *auf das Unternehmen geguckt haben, und es zeigte deutlich, wie wenig Freiraum es für Privates gab. Das Unternehmen in eine Position zu kriegen, wo man mehr Freiraum kriegt und es nicht den Blick auf alles andere verstellt, das ist eine Aufgabe.* (Ein Gruppenmitglied drückt aus, dass zu viel Nähe auch nicht so gesund für das Unternehmen ist.) *Stimmt. Das Unternehmen hat auch unter Luftmangel gelitten. Dem tut es auch gut, wenn es nicht so nah ist. Man verliert sonst den Überblick, wenn es so nah ist. Man ist ganz*

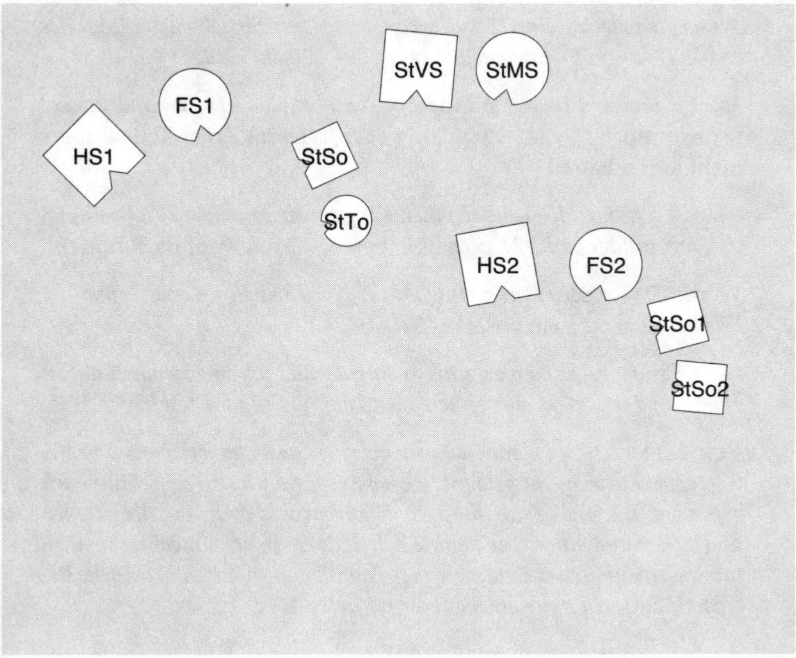

Abb. 4: „Lösungs"-Bild für die Familien Schubert 1 und 2

StSo = Stellvertreter Sohn
StSo1 = Stellvertreter Sohn 1
StSo2 = Stellvertreter Sohn 2
StTo = Stellvertreterin Tochter
StMS = Stellvertreterin für die Mutter von Herrn Schubert 1 und 2

involviert, hat keine Sicht mehr auf anderes und sieht nur noch das Nächstliegende. (Etwas später:) *Es ist natürlich gefährlich, so eine Aufstellung zu machen, vielleicht ist nun die Zeit der großen Harmonie vorbei. Man sagt dann danach manchmal klarer, was man will und was man nicht will. Das schadet aber gar nichts. Familiäre Solidarität gibt es hier sowieso genug.*

2.2.3 Aus der Abschlussrunde am Ende des ersten Tages

Um zu erfahren, wie es den Seminarteilnehmern am Ende des Tages geht, wird eine „Runde" gemacht, in der sich alle im Uhrzeigersinn nacheinander äußern.

WEBER: *Ich möchte einfach mal sehen, wie es den Einzelnen am Ende des ersten Tages geht und ob neue Fragen aufgetaucht sind.*

HERR SCHUBERT 1 (unverständlich): *... und es sind so viele Eindrücke ...* (Er sagt noch etwas, was man wegen Niesens eines Teilnehmers nicht hören kann.)

FRAU SCHUBERT 1: *Ich habe ziemlich Kopfschmerzen seit der Aufstellung, und mir tut der ganze Nacken weh* (bewegt ihren Kopf nach hinten).

WEBER: *Da ist noch etwas Ungelöstes. Wir schauen uns das später an. Wir haben ja noch ein bisschen Zeit.*

HERR SCHUBERT 2: *Es war sehr spannend, und ich bin ziemlich aufgewühlt, und das muss sich setzen, aber ich finde es ganz toll hier.*

FRAU SCHUBERT 2: *Ja, dafür, dass ich gestern gar nicht herkommen wollte* (lacht), *hat es sich sehr gelohnt. Ich habe es für mich sehr aufschlussreich gefunden. Ich fand es gut, dass ich dabei war und dass ich selber stellen und stehen und miterleben konnte. Ich finde es einfach unwahrscheinlich interessant und spannend, wie viel Familien ausmachen bei einem Betrieb* (lacht). *Ich freue mich auf die nächsten Tage.*

2.2.4 Der zweite Tag des Seminars
Aufstellung von Frau Schubert 1

Als der Aufstellungsleiter am Anfang des zweiten Tages nach Nachklängen zum ersten Tag fragt, berichtet Frau Schubert 1, dass sie schlecht geschlafen habe. Ihr sei die Aufstellung die ganze Nacht im Kopf herumgegangen. Vom Verstand her habe alles gestimmt, von der Seele her aber noch nicht. Es folgen bis zur Mittagspause drei Aufstellungen anderer Seminarteilnehmer. Am Nachmittag des zweiten Tages nach einer weiteren Aufstellung:

WEBER (schaut Frau Schubert 1 an): *Gibt's noch was zu tun?*

Frau Schubert 1: Ja, ich habe immer noch Kopfschmerzen.

WEBER: *Ja, gibt's da noch was zu tun?*

Frau Schubert 1: Ja, es gibt noch was zu tun. (Weber zeigt auf den Stuhl links neben sich, und Frau Schubert 1 setzt sich dorthin.) *Also, ich bin heute Nacht mehrmals die Aufstellung durchgegangen, und, wie gesagt, der Verstand hat mir gesagt, dass es genauso richtig war,* und *ich hab mich nicht wohl dabei gefühlt. Ich hab mich auf meinem Platz ganz klein gefühlt und sehr ... und ohne Schutz, ganz ausgeliefert.*

Ich habe auch gestern so während des Tages, so in Gesprächen auch gemerkt, dass es privat und im Geschäft, dass es nicht stimmt. Ich hab zwar die ganze Zeit über gedacht, eigentlich habe ich keine Probleme mit meinem Mann, und ich kann mich gut rausziehen. Wenn ich in der Wohnung bin, ist es auch gar nicht so, dass das Geschäft nur da drin ist, aber was mir so gestern gekommen ist, dass ich gedacht hab ... oder was ich die ganze Zeit fühle, er ist ... im Prinzip ist er nicht zufrieden mit mir.

Kommentar: *In ihrem Aussehen und ihrer Stimme wirkt Frau Schubert 1 hier wesentlich jünger, als sie ist, und die Beschreibungen weisen auch mehr auf den Bereich der Eltern-Kind-Beziehung. Das legt nahe, dass Material aus früheren Zeiten an die Oberfläche gekommen ist. Der Aufstellungsleiter versucht aber zuerst, auf der Erwachsenen- und Arbeitsebene zu bleiben, und wendet sich dann später doch einer Dynamik aus der Herkunftsfamilie von Frau Schubert 1 zu.*

WEBER: *Er ist nicht zufrieden.*

FRAU SCHUBERT 1: *Ja, ja. Ich glaube, er erwartet viel mehr von mir, wo ich mich weigere, es auch zu geben, weil ... ich glaube, er erwartet viel mehr Einsatz.*

WEBER: *Fürs Unternehmen?*

FRAU SCHUBERT 1: *Ja, fürs Unternehmen. Wobei bei mir immer auch da ist: Wenn ich mehr Einsatz bringe im Unternehmen, wer kümmert sich dann um die Familie? Weil er ja nie da ist. Dann ist gar kein Privatleben mehr.*

WEBER: *Wenn Sie nach Ihrem eigenen inneren Gefühl gingen, würden Sie dann eher im Unternehmen arbeiten oder etwas anderes tun?* (Frau Schubert 1 atmet tief ein und schaut nachdenkend nach oben.) *Gibt es noch Träume von etwas anderem, was Sie machen könnten?*

FRAU SCHUBERT 1 (schüttelt den Kopf): *Ich habe keine im Moment, wobei die Tendenz da ist, wegzugehen. Die ist bei mir ganz stark da. Am Anfang, als Klaus mir das angeboten hat, da fühlte ich ganz stark, oh ja, jetzt nehme ich in dieser Familie den Platz ein, weil ich lange das Gefühl hatte, ich komme in die Familie Schubert überhaupt nicht rein. Ich steh da irgendwo draußen, und jetzt kann ich meinen Platz in der Familie auch wirklich einnehmen. Es ist aber so, dass ich die ganze Zeit, die ich im Betrieb bin, von Klaus immer wieder zu hören bekomme: „Ich glaube, du bist nicht am richtigen Platz." Bis ich jetzt mal Anfang des Jahres zu ihm gesagt habe: „Hör bitte auf, und sag mir das nicht dauernd." Weil er sagt: „Ich glaube, du fühlst dich da überhaupt nicht wohl, ich glaube, dass ich nicht deine Arbeit ... ich glaube, du solltest raus." Bis ich gesagt habe: „Du, lass mich da selber danach gucken, ich möchte das nicht dauernd hören." Jetzt weiß ich nicht, ist es die Wirkung davon, oder ist es tatsächlich gut für mich rauszugehen? Ich kann es also nicht genau beantworten.*

Weber: Mutig wäre es, nur Ihre Beziehung aufzustellen (zeigt auf sie und ihren Mann), *nur Ihren Mann und Sie und dann mal zu gucken ...* (Sie nickt: *Hm, hm.) Wäre das in Ordnung?* (Sie nickt mehrmals.) *O. k.* (Frau Schubert 1 sucht zwei StV für sich und ihren Mann aus und stellt sie auf.) *Nehmen Sie einen Platz, von dem Sie es gut sehen können.* (Die StV von Frau Schubert 1 schaut auf den Boden vor sich; nach einer Weile:) *Wie geht es der Frau?*

StV Frau Schubert 1: Ich fühle mich sehr gebeugt, und um meinen Mann anzuschauen, brauche ich viel Kraft, um mich aufzurichten (tut das und schaut ihn ernst an), *und hier ist es schwer* (zeigt auf ihren rechten Arm).

Weber: Und wenn Sie ihn jetzt anschauen, was ist dann?

StV Frau Schubert 1 (hilflose Bewegung der Arme): *Er ist nicht bei mir ... Ich fühle mich alleine.*

Weber: Wie geht es dem Mann?

StV Herr Schubert 1: Ich liebe sie.

Weber (kennt einige der StV gut, deshalb duzt er sie): *Du liebst sie.*

StV Herr Schubert 1: Ja, und ich bin hier am falschen Platz. Ich soll hier etwas tun, was ich nicht tun kann. Ich will eigentlich ihr Mann sein, aber nicht ... Ich merke so, wie was heiß und kalt durch mich durchläuft. Das ist zu viel für mich.

Weber (stellt sich zur StV der Frau und berührt sie): *Sagen Sie ihm mal: Ich brauch dich neben mir.*

StV Frau Schubert 1 (schaut ihn ernst an): *Ich brauch dich neben mir.*

Weber: Sonst gehe ich.

StV Frau Schubert 1 (leise): *Das kann ich nicht sagen. Dann habe ich Eiseskälte in mir. Dann erstarr ich innerlich. Das kann ich nicht sagen.*

Weber: Wenn Sie gehen sollen? (Sie, bejahend: *Hm.) Sonst werde ich traurig.*

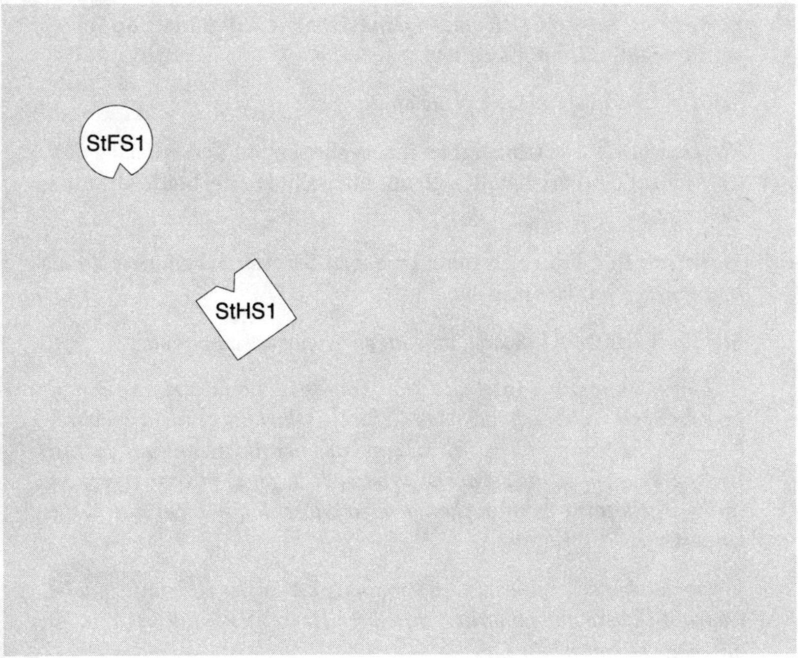

Abb. 5: Paaraufstellung Frau Schubert 1 am zweiten Tag

StV Frau Schubert 1: Ich brauch dich neben mir, sonst bin ich sehr traurig.

Weber: Stimmt das? (Sie, zustimmend: *Hm, stimmt!) Ich brauche dich, auch ohne die Firma.*

StV Frau Schubert 1 (lächelt): *Ich brauche dich auch ohne die Firma.* (Weber: *Stimmt das?) Ja, das stimmt.*

Weber: Dann bin ich dir eine gute Frau.

StV Frau Schubert 1: Dann bin ich dir eine gute Frau.

Weber: Dann kriegst du meine ganze Liebe.

StV Frau Schubert 1 (lächelt ihn liebevoll an): *Dann bekommst du meine ganze Liebe.*

Weber (wendet sich ihr zu): *Jetzt ist die Frage, muss er dahin* (zeigt auf ihre rechte Seite), *oder müssen Sie dahin* (zeigt an seine rechte Seite)*?*

StV Frau Schubert 1: Ich muss dahin (schaut auf den Platz an seiner rechten Seite). *Ich muss zu ihm.*

StV Herr Schubert 1: Ich möchte an ihre Seite.

Weber: Noch besser. (Er zeigt an ihre rechte Seite.) *Komm mal hierhin.* (StV Herr Schubert 1 stellt sich an ihre rechte Seite, beide strahlen, sie nickt.)

Weber (zu StV Frau Schubert 1): *Sagen Sie mal: Schön, dass du als Mann neben mir stehst.*

StV Frau Schubert 1: Schön, dass du als Mann neben mir stehst.

StV Herr Schubert 1 (nickt): *Schön.* (Beide lachen herzlich.) *Schön! Ja, sehr schön, aber ich habe das Gefühl – ich kann es nicht beschreiben –, sie ist traurig wegen etwas, und das hat nichts mit mir zu tun. Ich spüre ... ich würde sie gerne ... ich würde gerne mit ihr verreisen, es ihr irgendwie schön machen, aber ich löse damit nicht das ... das kann ich nicht schaffen.*

Weber: Ist da noch etwas aus der Vergangenheit in der Herkunftsfamilie, was da Schwere mit reinbringt aus Ihrer Herkunftsfamilie ... Was Sie mitgebracht haben?

Frau Schubert 1: Also, es ist so, dass mein Vater mich nicht beachtet hat. Mein Vater hat mich eigentlich immer übersehen. Ich war das dritte von fünf Kindern, und eigentlich war ich für ihn nicht vorhanden.

Weber: Wir brauchen den Vater auch noch. Suchen Sie mal den Vater aus. (StV Herr Schubert 1: *Tut mir gut, das zu hören.* – Weber, zu Herrn Schubert 1 gewandt:) *Man kann schlecht Mann und Vater gleichzeitig sein.* (Frau Schubert 1 wählt StV für ihren Vater aus; Weber stellt die StV von Frau Schubert 1 dem StV ihres Vaters gegenüber und holt dann sofort Frau Schubert 1 an diesen Platz.) *Das mach ich gleich mit Ihnen: Sieh mich bitte als deine Tochter!*

Frau Schubert 1: Sieh mich bitte als deine Tochter!

Weber: Ich bin auch da.

Frau Schubert 1: Ich bin auch da.

Weber: Ich brauch dich auch.

Frau Schubert 1: Ich brauch dich auch.

StV des Vaters von Frau Schubert: Um richtig da zu sein, brauche ich, glaube ich, noch meine Frau.

WEBER: *Gut.* (Wählt eine StV für die Mutter von Frau Schubert 1 aus und stellt sie an seine linke Seite; Frau Schubert 1 schaut unverwandt ernst auf den StV des Vaters.) *Sieh mich bitte auch!*

Frau Schubert 1: Sieh mich bitte auch!

WEBER: *Ich bin auch dein Kind.*

FRAU SCHUBERT 1: *Ich bin auch dein Kind.*

WEBER: *Bitte!*

FRAU SCHUBERT 1: *Bitte!*

WEBER: *Wie ist das für den Vater?*

STV DES VATERS VON FRAU SCHUBERT: *Kann das sein, dass in deiner Kindheit viel los war? Es kommt mir so vor, als ob es um mich ziemlich wirbelt, und ich …*

FRAU SCHUBERT 1: *Ich merke nur, dass es mir stinkt, dass ich immer bitten muss. Dass er nicht einfach da ist und ich immer sagen muss: Bitte, bitte, beachte mich!*

WEBER (dreht sie um 180 Grad): *Gehen Sie, geh mal ganz langsam rückwärts.* (Sie tut es und nähert sich so dem StV des Vaters langsam rückwärts) *Nur weiter.* (Der StV des Vaters nimmt sie an beiden Oberarmen und zieht sie zu sich; sie schaut lange und ernst nach vorne und hebt dann seitlich die Handflächen nach außen, als wehrte sich etwas bei ihr; die StV der Mutter schüttelt den Kopf.) *Was ist?*

FRAU SCHUBERT 1: *Da ist zwar körperliche Nähe, aber es ist wie eine Mauer da.*

StV der Mutter VON FRAU SCHUBERT: *Ich habe schweißnasse Hände. Das wurde immer schlimmer. Es ist eine sehr komische Anspannung da.*

WEBER: *In der Partnerschaft?*

StV der Mutter von Frau Schubert: Das weiß ich nicht genau … (unverständlich), *aber es wurde, als sie näher kam, immer stärker.*

WEBER (dreht Frau Schubert 1 noch einmal den StV der Eltern zu, sodass sie etwa in der Mitte einen Meter vor ihnen steht): *Ich brauch dich nicht mehr!*

FRAU SCHUBERT 1 (zum StV des Vaters): *Ich brauch dich nicht mehr!*

WEBER: *Ich mach's alleine.*

Frau Schubert 1: Ich mach's alleine. – Das fühlt sich besser an. Besser als das Bitten.

Weber: Das ist eine Entscheidung, die Sie getroffen haben (provokativ): *Du bist mir egal!*

Frau Schubert 1: Du bist mir egal!

Weber: Du hast mich zu sehr enttäuscht.

Frau Schubert 1: Du hast mich zu sehr enttäuscht.

Weber: Lieber bleibe ich einsam, als dass ich noch einmal etwas von dir nehme.

Frau Schubert 1: Das klingt gut! – Lieber bleibe ich einsam, als dass ich noch einmal etwas von dir nehme.

Weber: Genau! Und schon gar nicht verneige ich mich vor dir.

Frau Schubert 1: Und schon gar nicht verneige ich mich vor dir … Das kenn ich.

Weber: Ja, das ist eine Lebensentscheidung: Ich mach's jetzt alleine. Ich brauche niemand. (Frau Schubert 1, zustimmend: *Hm.*) *Dann brauch man auch den Mann nicht wirklich* (Frau Schubert 1 schaut weiter unverwandt auf den StV des Vaters und nickt).

Weber: Es gibt ja so etwas wie lonely cowboys, *aber dass es so was wie* lonely cowgirls *gibt, wusste ich noch nicht. Immer wenn es bei denen warm werden könnte, gehen die weg.* (Zu Herrn Schubert 1:) *Geht sie manchmal weg, wenn es warm wird?* (Er schüttelt den Kopf.) *Nicht.* (Zu Frau Schubert 1:) *Das ist ungelöst mit dem Vater, und es ist eine Entscheidung. Ich kann da nichts machen. Und damit kann man auch leben.* (Stellt sie vor die StV der Mutter.) *Wie ist es denn bei der Mutter? Hat die Sie gesehen?* (Sie nickt.) *Sagen Sie ihr mal: Schön, dass du mich gesehen hast.*

Frau Schubert 1: Schön, dass du mich gesehen hast.

Weber: Das hat mir gut getan.

Frau Schubert 1 (bewegt): *Das hat mir gut getan.*

Weber: Und dafür dank ich dir.

Frau Schubert 1: Und dafür dank ich dir. (Sie beginnt zu weinen; Frau Schubert 1 und die StV der Mutter umarmen sich innig und lange.) *Meine Mutter ist vor zwei Jahren gestorben, und ich vermisse sie immer noch sehr.*

WEBER: *Ich vermiss dich noch sehr. Du fehlst mir.* (Sie weint.)

FRAU SCHUBERT 1: *Ich vermiss dich noch sehr. Du fehlst mir.*

WEBER: *Und in mir lebst du weiter.*

FRAU SCHUBERT 1: *Und in mir lebst du weiter.*

Weber: Du behältst einen guten Platz bei mir.

FRAU SCHUBERT 1: *Du behältst einen guten Platz bei mir.* (Frau S. und StV der Mutter nicken beide.)

WEBER: *Schau freundlich, wenn ich es mir schön und warm mache.*

FRAU SCHUBERT 1: *Und schau freundlich, wenn ich es mir schön und warm mache ...*

WEBER (stellt sie zurück neben den StV des Ehemannes. Sie schaut ihm ins Gesicht): *Jetzt musst du mir Vater und Mann sein.* (Der Aufsteller meinte es eher provokativ. Sie nimmt es aber wörtlich.)

FRAU SCHUBERT 1: *Jetzt musst du mir Vater und Mann sein.*

WEBER (zu StV des Mannes): *Sag ihr: Dein Mann bin ich gerne. Deinen Vater kann ich dir nicht ersetzen.*

STV VON HERRN SCHUBERT 1: *Dein Mann bin ich sehr gerne. Deinen Vater kann ich dir nicht ersetzen.*

WEBER (zu StV des Mannes): *Das musst du mit ihm ausmachen.*

STV VON HERRN SCHUBERT 1 (schaut sie an): *Das musst du mit ihm ausmachen, und ich werde es auch ...* (sie nickt und schaut nachdenklich nach unten). *Ich habe das Gefühl, jetzt wird unsere Beziehung viel besser.*

Weber (zeigt auf den StV des Vater): *Schauen Sie mal da rüber: Lass mir noch ein bisschen Zeit.*

FRAU SCHUBERT 1 (ernst): *Lass mir noch ein bisschen Zeit* (StV des Vaters nickt).

WEBER (wendet sich Frau Schubert 1 zu): *Bert Hellinger sagt ja: Kopfschmerzen sind manchmal ein Zeichen für angestaute Liebe – komische Vorstellung* (Frau Schubert lacht herzlich und schaut wieder unter sich). *Sie sehen jünger aus, als Sie sind.*

FRAU SCHUBERT 1: *Ich hab seit dem Tod meiner Mutters das Gefühl, dass ich meinem Vater näher komme, weil es jetzt so ist, dass meine Mutter nicht mehr da ist. Wenn ich früher nach Hause gekommen bin, dann hat mein Vater überhaupt nicht hochgeguckt und Guten Tag gesagt* (hebt ihren Kopf nach oben, um es zu demonstrieren). *Aber wenn ich jetzt nach Hause komme, ist meine Mutter nicht da. Früher hat das alles meine Mutter übernommen, mit mir geredet, und jetzt muss er aufschauen und muss mich begrüßen und auch mit mir reden, weil niemand da ist, der das für ihn übernimmt.*

WEBER: *Vielleicht freut er sich sogar darüber.*

FRAU SCHUBERT 1 (leise mit unsicherer Handbewegung): *Weiß ich nicht.* (Zum StV des Vaters:) *Freust du dich, wenn ich zu dir komme?*

STV VATER VON FRAU SCHUBERT 1 (nickt mehrmals): *Ja.*

FRAU SCHUBERT 1 (nach einer Weile): *Das tut mir gut. Ich merke aber* (lächelt und reibt vor sich die Fingerspitzen beider Hände aneinander), *dass es mich auch ...*

WEBER (lächelnd): *Es ist gefährlich. Wenn Sie da nachgeben, wird es ganz gefährlich.* (Provokativ:) *Sie sollten noch ein bisschen stark bleiben!*

Frau Schubert 1: Das ist so eine Angst, verletzt zu werden.

Weber: Genau (nickt mehrmals).

StV Vater von Frau Schubert 1: Für mich ist es wie ein Auftauen ...

Weber (zu Herrn Schubert 1): *Kommen Sie mal her (tauscht StV des Mannes mit Herrn Schubert 1 selbst aus und stellt ihn rechts neben seine Frau).*

WEBER (zu Frau Schubert): *Sagen Sie ihm mal: Bitte stell dich neben mich als Mann!*

FRAU SCHUBERT 1 (schaut ihn an): *Bitte stell dich neben mich als Mann!* (Sie schauen sich eine Weile an.)

WEBER (schaut zu Frau Schubert 1): *Was kommt da?* (Keine Antwort; nach einer Weile:) *Was wünschen Sie sich, dass er zu Ihnen sagt?*

FRAU SCHUBERT 1: *Was mir sofort kommt: Ich bin ganz für dich da.*

Weber (tritt näher): *Wenn er das zu Ihnen sagt?* (Sie nickt.) *Das ist etwas zu viel, aber* (sie lacht, und es entsteht auch Heiterkeit in der Gruppe) – *aber mal für eine Stunde oder zwei oder manchmal auch et-*

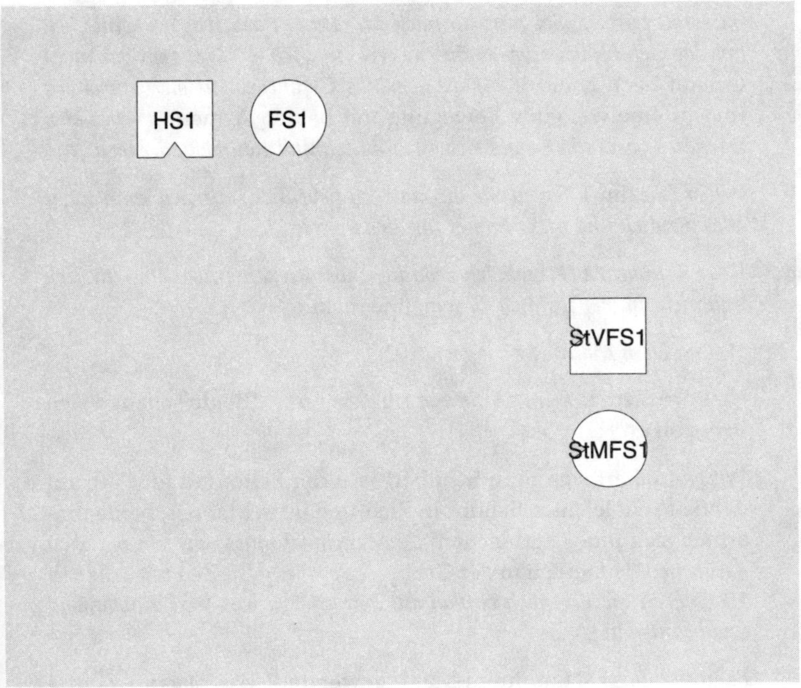

Abb. 6: „Lösungs"-Bild Ehepaar Schubert 1 mit ihren Eltern

StVFS1 = Stellvertreter des Vaters von Frau Schubert 1
StMFS1 = Stellvertreterin der Mutter von Frau Schubert 1

was länger, ist das in Ordnung (weiter Heiterkeit in der Gruppe). *Es ist schön, wenn du dir Zeit für uns nimmst.*

Frau Schubert 1: Es ist schön, wenn du dir Zeit für uns nimmst (Sie schauen sich beide an, er neigt sich noch etwas von ihr weg.)

WEBER: *Schön, wenn du mehr mit mir verheiratet bist als mit dem Betrieb.*

Frau Schubert 1: Schön, wenn du mehr mit mir verheiratet bist als mit dem Betrieb. (Beide schauen sich an.)

WEBER: *Wie ist das für den Mann?*

HERR SCHUBERT 1 (legt die rechte Hand flach auf seine Brust): *Es fühlt sich gut an, und da ist ein Teil ... hm ... kann ich ... vorhin war das 'ne totale Last ... „Sei ganz für mich da." Das ist das, was ich kenne. Ich hab das Gefühl: Ich muss immer da sein, und ich weiß, es geht gar nicht* (schaut nach oben). *Ich habe aber das Gefühl, es tut sich etwas auf* (macht eine weitende Bewegung mit beiden Armen) *... dass sich irgendwas verändert, dass sich auch Zeiten und Räume verändern ...*

Weber (zu ihm): *Sagen Sie ihr mal: Ich liebe dich, aber ich kann nicht alles für dich und nicht immer für dich da sein.*

HERR SCHUBERT 1 (ernst): *Ich liebe dich, aber ich kann nicht alles für dich und nicht immer für dich da sein.* (Sie nickt.)

WEBER: *Dein Mann bin ich gerne.*

Herr Schubert 1: Dein Mann bin ich sehr gerne. (Beide schauen sich liebevoll an.)

WEBER (nähert sich Frau Schubert von der Seite und gibt ihr mit der Seite ein leichten Schubs in Richtung ihres Mannes; beide umarmen sich innig und lachen ...): *Manchmal muss man ein bisschen nachhelfen* (Heiterkeit in der Gruppe). *So ist es gut. (Zu Frau Schubert 1:) Gucken Sie ihn noch einmal an: Wir nähern uns jetzt zunehmend und behutsam.*

FRAU SCHUBERT 1 (zu ihrem Mann gewendet): *Wir nähern uns jetzt zunehmend und behutsam.*

WEBER (tritt näher zu ihr): *Wie ist das?*

FRAU SCHUBERT 1: *Das fühlt sich sehr gut an.*

WEBER (tritt zu ihm und berührt ihn mit der Hand auf der Brust): *Und wie ist das für Sie?*

HERR SCHUBERT 1: *Auch gut!*

Frau Schubert 1 (nickt): *Behutsam hat für mich eine ruhige Bedeutung. Das gibt mir Frieden.*

HERR SCHUBERT 1: *Bei mir ist das auch der Teil, wo ich auch bei mir bleiben kann.*

WEBER (nickt mehrmals, leise): *Ganz schön. Ich glaube, das war's für heute.*

Frau Schubert 1: Ja, danke. (Alle setzen sich, sie dankt auch den StV ihrer Eltern.)

Nach einer Pause fragt Weber, wer noch Anliegen in der Gruppe hat. Herr Schubert meldet sich und überlegt, ob er noch etwas tun will. Weber rät ihm, bis zum nächsten Tag zu warten und das Geschehene wirken zu lassen.

2.2.5 Aufstellung von Frau Schubert 2 am zweiten Tag nachmittags

(Herkunftsfamilie Schubert und Schwiegerkinder)

WEBER (zeigt auf Frau Schubert 2 und den freien Stuhl links neben sich): *Geburtstagskindern kann ich nichts ausschlagen.* (Neigt sich nach einer Weile zu ihr hinüber und sagt leise und wie vertraulich:) *Irgendjemand in der Gruppe hat mir gesagt: Sag denen doch mal, die Schwägerinnen sollten mal zusammen spazieren gehen. – Hat die gesagt. – Ich sage nur, was die gesagt hat.* (Lachen in der Gruppe.); *verschmitzt lächelnd). Ich halte mich da ganz raus. Jetzt vergessen wir es wieder … Also, was ist das Anliegen?*

FRAU SCHUBERT 2 (zögernd und bewegt): *Ich möchte gern einen Platz in der Familie Schubert einnehmen und nicht mehr übersehen werden.*

WEBER: *Wer gehört denn zu den Schuberts alles dazu?*

FRAU SCHUBERT 2: *Das sind die Bekannten* (zeigt auf die drei anderen aus der Familie), *und dazu gehört auch noch die älteste Schwester und die Schwiegereltern.*

WEBER: *Was macht die älteste Schwester? Ist die älteste Schwester auch irgendwie daran beteiligt?*

FRAU SCHUBERT 2: *Nein, die lebt mit einem Partner in einer anderen Stadt, und die Schwiegermuter lebt im Nachbarort.*

WEBER: *Wenn man in so eine Familie einheiratet, hat man es manchmal schwer, dort einen Platz zu kriegen.*

FRAU SCHUBERT 2: *Ja.*

Weber: Ist das ein Clan?

Frau Schubert 2: Ja. Für mich schon (nickt).

WEBER: *Verschworene Gesellschaft?* (Sie nickt.) *O. k., dann nehmen wir die Schuberts und Sie. Ist das recht? … Also die Brüder, die Schwester. Wollen wir den Vater dazunehmen? Und die Mutter?*

FRAU SCHUBERT 2: *Mir wäre der Vater wichtiger.*

Weber: O. k. Eltern, drei Kinder und Sie als Eingeheiratete … Ran an die Arbeit. Jetzt müssen Sie auch noch an Ihrem Geburtstag arbeiten.

Frau Schubert 2 (steht auf): *Ja, mein Geburtstagsgeschenk.* (Sie wählt Stellvertreter/-innen für die Genannten und für sich selbst aus und stellt sie im Raum zueinander auf.)

Weber: Wie geht's es der Gabriele Schubert da?

StV Frau Schubert 2: Mir? (Weber: *Ja.) Ich habe 'ne halbe Gesichtslähmung* (zeigt auf die der Familie Schubert zugewandte Gesichtshälfte), *und sonst* (eher ironisch im Ton) *ist das gar nicht schlecht da* (macht eine ausfahrende Armbewegung nach der der Familie abgewandten Seite). *Aber hier* (zeigt auf die linke Gesichts- und Körperhälfte, die der Familie zugewandt ist) *ist es wie steif.*

Weber: Eine lebendige und eine gelähmte Seite. (Sie: *Ja.) Wie geht es dem Vater?*

StV Vater Schubert: Gut. Zu meiner Frau ist es sehr geschäftlich, zunächst mal. (Zeigt auf die andere Seite.) *Es zieht mich eher zu dieser Seite.* (Lehnt sich, etwas in die Knie gehend, an die StV der ältesten Tochter an.) *Ich habe sonst irgendwelche … Vokabeln im Kopf.*

Weber: Wie geht's der Mutter Schubert?

StV der Mutter Schubert: Ich stehe gut auf meinen Beinen, was irgendwie erstaunlich ist, weil, hm (schaut den StV ihres Mannes an) ... Ich gehöre irgendwie gar nicht dazu.. Die warten alle auf etwas. Die stehen da ... Eigentlich interessiert mich das nicht.

Weber: Älteste Tochter?

StV Älteste Tochter: Es ist nicht gut (zeigt auf die dem StV des Vaters zugewandte Seite). *Das ist hier ganz steif. Hier ist so ein Druck* (fasst sich an die linke Halspartie, lehnt sich nach rechts vom Vater weg), *und meine Hände prickeln, und es sind nur Männer hier, und ich* (zeigt nach vorne) *gucke ein bisschen nach draußen* (zeigt auf die Brust). *Wenig Luft* (schüttelt den Kopf). *Der Vater ist zu viel, zu groß, und wo ist meine Mutter* (hilflose Handbewegung)*?*

StV Herr Schubert 1: Ich komme mir vor, als ob ich der Einzige wäre, der sich hier umgucken kann. (Schaut nach beiden Seiten.) *Die gucken alle nach unten. Mit der Mutter habe ich ein bisschen Kontakt, und meine erste Idee war: wie auf einer Beerdigung.* (Zeigt vor sich wie auf ein Grab.) *Ich habe hier* (zeigt auf StV der älteren Schwester) *ein bisschen Trauer, auch eher Sorge und mit der Mutter Kontakt, wenn sie mal guckt,*

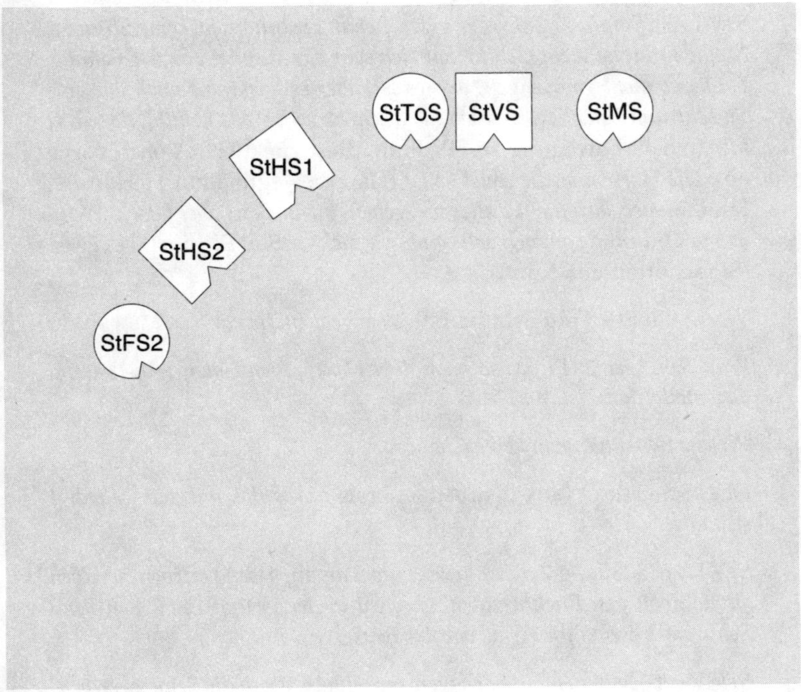

Abb. 7: Aufstellung Frau Schubert 2 (Herkunftsfamilie Schubert und Frau Schubert 2)

StVS = Stellvertreter für Vater Schubert
StMS = Stellvertreterin für Mutter Schubert
StToS = Stellvertreterin älteste Tochter Schubert

ganz guten Kontakt, und der Rest guckt irgendwie ... (Zeigt auf den Boden vor sich.) *Ich warte darauf, dass das hier zu Ende ist, dass ich hier was machen kann.. dass das Leben weitergeht.*

StV Herr Schubert 2: Also, ich habe das Gefühl, zu meiner Familie, das ist eigentlich o. k. für mich.

StV Frau Schubert 2 (schaut ihn an): *Wer ist denn das? Wen meinste damit? Mich?*

Weber: Er hat da rüber gezeigt (zeigt zur Herkunftsfamilie).

StV Frau Schubert 2: Ah ja, das habe ich mir gedacht.

STV HERR SCHUBERT 2: *Das ist eigentlich in Ordnung, ja, keine Störung. Meine Frau, ist mein Gefühl, hat sich sehr abgewendet von der Familie. Ich kann nicht ganz sagen, was es ist, aber es wirkt auf mich wie enttäuscht und beleidigt, und ich habe sehr deutlich das Gefühl, das stört hier* (macht Bewegung zu StV Frau, diese rückt etwas nach vorne ab). *Die Harmonie, die sonst so ist* (Handbewegung zur Herkunftsfamilie), *nee, darf nicht weiter weggehen. Ihr Blick ist aber falsch. Wenn das in Ordnung kommen soll, muss sie sich ...* (Sie: *Ei-jei-je!*) *bewegen.* (Sie schüttelt den Kopf.)

WEBER (zu StV Frau Schubert 2): *Was geht in dir vor?*

Frau Schubert 2: Ei, ja, so nach dem Motto, wenn man sich passend dazustellt, dann ist es richtig.

WEBER: *Sonst hat man keine Chance.*

FRAU SCHUBERT 2 (aus dem Außenkreis): *Und das mit dem beleidigt stimmt.*

STV HERR SCHUBERT 2: *Ich würde es nicht als anpassend erleben, sondern als liebevoll den Blick wenden. (Lachen in der Gruppe; StV von Frau Schubert 2 kreuzt die Arme vor der Brust)*

STV VATER: *Mir zieht's den Magen zusammen, wenn die Schwiegertochter ... Ja, weswegen? Ja*
(drückt sich mit der Hand in die Magergegend), *wenn er spricht. Ich hab dann irgendwie ein Herz ... für sie ...* (leise) *weiß auch nicht* (lacht unsicher).

STV FRAU SCHUBERT 2 (schaut, sich hindrehend zum StV des Schwiegervaters:) *Und ich denk, du bist schuld* (schaut wieder geradeaus, betroffenes Schweigen im Raum).

WEBER (provokativ zu StV Herr Schubert 2): *Sag mal zu ihr: Die Schuberts gehen vor.*

STV VATER (sofort und betont): *Ja!* (Lautes Lachen in der Gruppe, StV älteste Tochter greift sich an die Brust und schaut nach oben.) *Ja.*

STV HERR SCHUBERT 2 (nach einer Weile schaut er zu der StV seiner Frau): *Meine Familie geht vor.*

STV VON FRAU SCHUBERT 2 (zu Weber): *Ich hab das kapiert. Deshalb steh ich ja so!*

STV MUTTER SCHUBERT: *Da kann ich nur sagen, das stimmt. Das Einzige, wie man dazugehören kann, ist über Kinder. Wenn man Kinder bringt, ist man mehr wert.*

WEBER: *Ist die Schwester auch verheiratet?*

HERR SCHUBERT 1: *Sie ist geschieden.*

WEBER: *Hatte der Vater eine Schwester? ... Sie* (die StV der ältesten Tochter) *steht beim Vater wie für irgendjemand anders.*

HERR SCHUBERT 1: *Der Vater ist der Älteste.*

HERR SCHUBERT 2: *Die Nächste war eine Schwester.*

HERR SCHUBERT 1: *Nee, der Nächste war wieder ein Sohn, der nach sechs Wochen gestorben ist ... Und dann war ...* (Frau Schubert 2: 'ne Schwester.) *... 'ne Schwester.*

WEBER: *Was ist mit der Schwester passiert?*

HERR SCHUBERT 1 UND FRAU SCHUBERT 2 (fast gleichzeitig): *Ist gestorben.*

WEBER: *Früh gestorben oder ...* (Irgendjemand sagt: Später.) *Später.* (Nickt, seufzt tief, die StV der Familie stehen wie angewurzelt und sprachlos da; Weber steht wieder auf, zeigt nach einer Weile auf den StV von Herr Schubert 2 und sagt zu Frau Schubert 2:) *Also, wenn er dabei bleibt, müssen Sie vielleicht gehen. Dann kriegen Sie keinen Platz.* (Frau Schubert 2 nickt: *Hm.*)

STV HERR SCHUBERT 2: *Aber sie ist hier nicht verkehrt.* (Betont:) *Ich bin nur so stolz auf meine Familie. Ihr Blick ist falsch.*

Weber (geht auf ihn zu, nimmt ihn an der Hand und führt ihn von der linken Seite der Eltern auf die rechte – siehe nächstes Bild – und die StV von Frau Schubert 2 rechts neben ihn, sodass sie beide die Familie im Blick haben, aber unabhängig von ihr stehen; dann führt er die älteste Tochter an den Platz links von der Mutter; das Paar Schubert 2 führt er dann noch etwas weiter nach rechts, sodass dazwischen der StV von Herr Schubert 1 Platz hat, und neben ihn rechts stellt er eine StV für seine Frau, die er auswählt): *Deine Frau. – Wie ist das so?*

STV HERR SCHUBERT 2: *Meine Familie ist zu weit weg. Das nimmt die Familienbande.*

WEBER: *Die Schuberts gehen vor!*

StV Frau Schubert 2: *Also auf dem Platz vorher, da habe ich alles mit mir selber ausgemacht, und jetzt krieg ich grad zum ersten Mal die Idee, dass es auch Frauen gibt, die ähnlich dastehen* (lacht wie amüsiert) *wie ich* (StV Frau Schubert 1 lacht auch, die älteste Schwester nickt und hebt die Hand, als wollte sie etwas dazu sagen). *Das hat auch was.*

Weber: Eine Solidarität der Frauen?

Älteste Schwester: Ich spür das auch (StV der Mutter nickt auch).

Weber (zu ihr): Dieser Platz (meint Platz links neben der Mutter) wäre vorübergehend mal ganz gut, so bei der Mutter anzukommen (sie nickt; nach einer Weile führt er beide Eltern mehr nach rechts, dass sie den Kindern mehr gegenüberstehen, wählt einen Stellvertreter für den Partner der ältesten Schwester und stellt ihn rechts neben diese. So stehen die drei Paar jetzt den Eltern gegenüber.)

Weber: Versuch doch mal, ihr (StV seiner Frau) zu sagen: Unsere Familie geht jetzt vor. (StV Herr Schubert 2 sagt nichts, schüttelt nur leicht den Kopf.)

Weber: Geht nicht!

StV Herr Schubert 2: Das Ganze muss stimmen für mich. Sonst müsste ich mich ja abwenden von denen (zeigt ohne hinzuschauend auf die zwei rechts von im stehenden Paare).

Weber: Ein bisschen abwenden wäre nicht schlecht.

StV Herr Schubert 2: Aber wäre nicht mein Wunsch.

StV Älteste Schwester: Das habe ich auch getan. Ich habe mich auch ein bisschen abgewendet. Das geht.

StV Partner der ältesten Schwester (zeigt nach vorne ins Freie): *Ich finde, wir haben es aber auch am leichtesten.*

Weber (sieht Reaktion bei StV Frau Schubert 2): *Was ist bei dir?*

StV Frau Schubert 2: Irgendwie bin ich beleidigt und beschwert. Das ist ein pseudoharmonischer … (schüttelt den Kopf, wendet sich den zwei anderen Paaren zu) *Tut nicht so heilig, ist mein …* (unverständlich) *… so heilig. Es stimmt so nicht,* (resigniert) *aber …*

StV Herr Schubert 2: Ich hätte sehr das Bedürfnis, zu sagen: Nimm mir nicht meine Familie, sondern komm zu uns rein (StV Vater kreuzt die Arme vor sich). *Es ist nur dein Blick.*

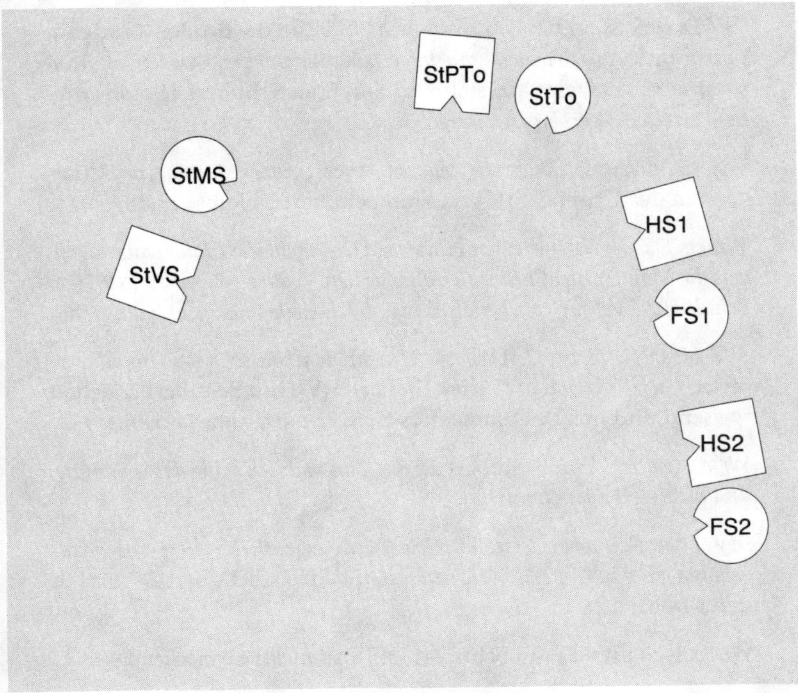

Abb. 8: „Lösungs"-Bild Aufstellung Herkunftsfamilie Schubert plus Schwiegerkinder

StPTo = Stellvertreter für den Partner der ältesten Tochter Schubert

WEBER (zu den Schuberts): *Also, wenn man heiratet und die Herkunftsfamilie bleibt wichtiger als die neue Familie, gibt es oft Schwierigkeiten. In Systemen ist es nach unserer Erfahrung in der Aufstellungsarbeit gut, wenn das neue System Vorrang bekommt vor dem alten und man gleichzeitig in einem guten Verhältnis mit der Herkunftsfamilie bleibt. Es sieht so aus, als wäre das hier nicht der Fall. Die alte Familie hat offensichtlich Vorrang vor der neuen. Und wenn das so bleibt, ist die Gefahr* (nimmt Frau Schubert 2 am Arm und führt sie nach links aus dem System) …

STV FRAU SCHUBERT 2: Wobei ich eigentlich ... (Zeigt, dass sie nicht dorthin will.)

WEBER: ... da nicht hinmöchte (führt sie zurück). *Dann sag ihm doch mal, was du brauchst.*

STV FRAU SCHUBERT 2: *Was ich brauch?* (Sich an die Brüder wendend, bestimmt:) *Also, was ich brauch, ist, dass ihr zwei mal was regelt, weil sonst wir zwei* (zeigt auf sich und StV Frau Schubert 1) *stellvertretend streiten.* (Leise:) *Das brauch ich.*

FRAU SCHUBERT 2: *Sollen die Männer einen Spaziergang machen?* (Lachen in der Gruppe, StV von Frau Schubert 2 bleibt ernst.)

WEBER: *Das ist ein wichtiger Hinweis. Dass nicht die Frauen austragen, was die Männer nicht unter sich ausmachen. (Pause. – Geht zu StV Herr Schubert 2:) Versuch doch mal zu sagen: Ich stelle mich jetzt ganz zu dir.*

STV HERR SCHUBERT 2: *Das wär's nicht. Ich hab sehr den Impuls, zu sagen: Guck liebevoll auf meine Familie* (StV Frau Schubert 2 lächelt wissend und nickt). *Dann wird es zwischen uns ganz harmonisch.*

WEBER (zu StV Frau Schubert 2): *Sag ihm mal: Ich achte deine Familie, und bitte stell dich zu mir.*

STV FRAU SCHUBERT 2 (nickt): *Ich würde eigentlich sehr gerne dazugehören, aber bitte stell du dich zu mir.* (StV Herr Schubert 2 schüttelt den Kopf.)

WEBER (schaut zu Frau Schubert 2): *Es ist nichts zu machen.*

STV FRAU SCHUBERT 2: *Ich hab das Gefühl einer sehr hohen Anstrengung, aber vielleicht wollte ich auch ein bisschen Chefin sein. Ich merk, dass das, glaub ich, keinen Sinn hat.* (Schüttelt den Kopf; zu den StV der Männer:) *Vielleicht solltet ihr einen Spaziergang machen und wir uns einen anderen Job suchen* (zuckt mit den Armen, weist zu StV von Herr Schubert 2 und sagt einen kurzen, unverständlichen Satz mit dem Ausdruck, dass es mit ihm nicht gehe).

WEBER (zu StV Frau Schubert 2): *Du würdest aber auch nicht gehen. Du würdest leiden?*

STV FRAU SCHUBERT 2: *Ich würde eher trotzig bleiben* (stampft mit einem Fuß auf).

WEBER: *... trotzig bleiben. (Pause.) Also ich glaube, es ist deutlich geworden, was ist ... Ich mache nicht mehr. Ich lass es da* (schaut zu Frau Schubert 2). *Das ist ein ambivalentes Geburtstagsgeschenk.*

FRAU SCHUBERT 2 (schüttelt leicht den Kopf): *Hm, hm, es ist auch meine Vorstellung.*

Weber: Und es ist was fällig. (Sie nickt.)

StV ältere Schwester Schubert: *Für mich gehört sie dazu, für mich ist es schade, wenn sie geht,* (nickt heftig) *sehr schade! Für mich ist sie wichtig.*

StV Herr Schubert 1: *Ich habe auch eine ganz enge Verbindung zu ihr. Ich weiß gar nicht, warum sie mich so böse anguckt, so vorwurfsvoll? Ich habe auch sehr viel Sorge für sie, mehr Sorge als um meine Frau. Eher schau ich, dass da nichts passiert. Also, ich bin für Spaziergänge für alle?* ... (Lachen in der Außengruppe; Videobandwechsel; Weber hat die beiden Paare ihre Plätze einnehmen lassen und offensichtlich Frau Schubert einen Satz angeboten.)

Frau Schubert 2: *... dass unsere Familie an erster Stelle steht* (das Ehepaar schaut sich lange an).

Weber: Und ich achte auch deine Familie.

Frau Schubert 2: Und ich achte auch deine Familie. Ich weiß, dass die dir wichtig ist, und die sollst du auch haben (er nickt und schaut sie an).

Weber: *Stell dich ganz an meine Seite!*

Frau Schubert 2: *Stell dich ganz an* meine *Seite.* (Er tut es, und sie halten sich beide an der Hand.)

Weber (zu Herrn Schubert 2): *Sagen Sie ihr mal: Du bist meine Nummer 1.*

Herr Schubert 2: *Du bist meine Nummer 1.* (Beide strahlen sich an.)

Weber: *Und das zeige ich dir auch.*

Herr Schubert 2 (nickt ihr zu): *Das zeige ich dir auch. (Beide schauen sich an und umarmen sich dann innig und lange.)*

Frau Schubert 2 (löst sich dann von ihm, nimmt ihn bei der Hand und sagt zu Weber): *Ich hätte furchtbar gerne meinem Schwiegervater noch etwas gesagt.*

Weber: *Gerne, hier steht er.*

Frau Schubert 2 (tritt vor den StV Vater Schubert, berührt): *Ich möchte dir sagen, dass ich deine Arbeit, die du geleistet hast, sehr schätze* (beginnt zu weinen), *und da ich jetzt auch so viel arbeite, möchte ich, dass es was Gutes wird. Und ich werde deine Arbeit in Ehren halten.* (Schweigen.)

Weber (zu StV Vater Schubert): *Wie ist das für dich?*

StV Vater Schubert: *Ich seh sie zum ersten Mal* (er sieht berührt aus; Pause). *Mir sind vorher nur militärische Metaphern eingefallen. Mir ging auch immer durch den Kopf: die Frauen nur als Hilfstruppe ... es ist ganz gut, dass sie da sind, aber …*

Weber (zu StV Vater Schubert): *Schau sie mal an und sag: Danke.*

StV Vater Schubert: *Danke.* (Die beiden schauen sich lange an, dann nickt er, beide lächeln.)

Weber (zu StV Vater Schubert): Ich stell mich hinter dich.

StV Vater Schubert: *Ich stell mich hinter dich.* (Beide nicken sich zu, dann zu Weber:) *Ich schätze sie wirklich … Es war eigentlich vorher so* (Bewegung mit dem Arm), *so das Fußvolk oder so was ...*

Weber (zu StV Vater Schubert): *Frauen haben im Unternehmen nichts zu tun.*

StV Vater Schubert: *Das war ein bissel meine Attitüde ...*

Weber (unterbricht): *Jetzt sehe ich deinen Beitrag.*

StV Vater Schubert: Ja, jetzt sehe ich den Beitrag von dir und von den Frauen *(schaut auch zur StV der Mutter Schubert).* Ich glaube, ich habe auch meine Frau *(lacht verlegen)* nicht gut behandelt, die war auch draußen vor, denk ich mal. *(Herr Schubert 1beginnt* bitterlich zu weinen an seinem Platz und verbirgt sein Gesicht in den Händen.)

Weber (geht zu ihm, legt die Hand auf seine Brust): *Was ist der Schmerz?*

Herr Schubert 1 (unverständlich): *… immer meine Mutter beschimpft … und … ihr … (Weber geleitet Herrn Schubert 1 vor den StV des Vaters, der schaut aber weiter unter sich und weint immer noch.)*

Weber (leise): *Schauen Sie ihn an. (Herr Schubert 1 atmet mehrmals sehr tief ein und aus. Dann wird er ruhiger, und Weber lässt ihn los. Weber zeigt auf den StV des Vaters, der ebenfalls unter sich schaut.) Es war manchmal schlimm für mich … und schwer.*

Herr Schubert 1 (atmet noch zweimal tief): *Es war sehr schlimm für mich. Ich hatte das Gefühl, ich hatte als Kind …* (Unverständlich, der Schmerz kommt wieder hoch, und Weber legt die Hand auf seinen Rücken, er atmet tief ein und aus.)

StV Vater Schubert: *Puhhh, jetzt ist es raus.*

Weber (zu Herrn Schubert 1): *Sagen Sie ihm: Ich mach es mir jetzt leichter.* (Herr Schubert zeigt eine innere Bewegung und schaut zur StV seiner Mutter.) *War da noch was?* (Geht zur StV der Mutter.) *Was war mit der Mutter?*

Herr Schubert 1 (sagt leise): *Ich hatte eine besondere Rolle bei ihr, die schwer war …*

Weber: Ich kann's nicht für dich tragen.

Herr Schubert 1 (zu StV der Mutter gewandt, leise): *Ich kann es nicht für dich tragen.*

Weber: Ich bin nur das Kind.

Herr Schubert 1: Ich bin nur das Kind.

Weber: Ich lass es bei euch. (Herr Schubert 1 sagt leise etwas Unverständliches.)

StV Mutter Schubert: Darf ich was sagen? (Weber: *Ja.*) *Lass deine Frau nicht das Gleiche machen, wie ich es mit meinem Mann hatte.* (Beide schauen sich an und nicken; Weber nimmt Herr Schubert 1 am Arm und führt ihn wieder neben seine Frau und stellt beide Paare so, dass sie sich gegenseitig etwas weniger sehen.)

Weber: Gibt's noch was zu regeln?

Frau Schubert 2: Es ist gut jetzt so mit der Blickrichtung. (Mit einer Handbewegung zu den beiden anderen Paaren nach rechts lachend): *Ich kenn ja alles schon.. Da liegt auch viel Schwere* (zeigt nach vorne ins Freie), *viel zukunftsorientierter ist es so.*

Weber: Sagen Sie ihm noch mal: Wenn es zu schwierig wird, ziehen wir woandershin.

Frau Schubert 2 (lacht laut, dann er auch): *Das weiß er schon! Das weiß er wirklich. Das habe ich schon gesagt.* (Lacht, beide biegen sich vor Lachen.)

Weber: Schon bekannt. Manchmal hinkt man hinterher …

Frau Schubert 2 (zu ihrem Mann gewandt): *Ich möchte es doch noch sagen: Wenn's zu schwierig wird, ziehen wir woandershin.* (Alle lachen. Sie hält ihm den Mund zu.)

Herr Schubert 1 (ernst zu seinem Bruder): *Also, ich spüre auch den Impuls, dass wir noch was zu klären haben und dass wir uns geschont haben, irgendwie im Interesse vom Vater.*

WEBER: *Ja. Das mit den Spaziergängen war gar keine schlechte Idee. Dass die Männer, die Brüder zusammen und die Schwägerinnen zusammen darüber reden, was sie gerne möchten.* (Zu Frau Schubert 2 gewandt): *Kann ich es für Sie so lassen?*

FRAU SCHUBERT 2: *Für mich … Es geht im Augenblick nichts anderes, und das ist für mich o. k.*

WEBER: *Und es ist gut, die eigenen Wünsche ernst zu nehmen. Das ist wichtig in dieser Familie, dass Frauen auch eigene Wünsche haben dürfen und dass diese auch gesehen werden.* – (Humorvoll:) *Bevor die Solidarität unter den Frauen zu stark wird, ziehe ich mich zurück* (setzt sich in den Außenkreis). *O. k., Sie können sich setzen. – Irgendwie habe ich das Gefühl, wir haben genug gearbeitet für heute.* (Zustimmung in der Gruppe; Ende des zweiten Tages.)

2.2.6 Runde am Anfang des dritten Tages

WEBER (viel Lachen und Gespräche in der Gruppe): *Es ist eine gute Lebendigkeit im Raum. Wir machen einfach mal eine kurze Runde und sehen, was noch anliegt und wie es den Einzelnen geht.* (Lächelt nach links:) *Links beginnt.*

FRAU SCHUBERT 1 (sieht viel gelöster aus als am Tag zuvor): *Das habe ich mir gedacht. Ja, also, ich habe heute Nacht viel besser geschlafen.*

WEBER: *Sieht so aus.*

FRAU SCHUBERT 1: *Hm.* (Alle lachen laut.)

WEBER: *Was die schon wieder denken.*

Frau Schubert 1: Keine Kopfschmerzen mehr, wobei mir immer noch einiges im Kopf rumgeht (macht mit einem Arm eine Kreisbewegung). *Ich habe das Gefühl, es gibt einiges zu tun, also …*

WEBER: *Es ist ja auch gut, wenn man einiges vorhat.* (Sie nickt freundlich.)

HERR SCHUBERT 1: *Ich habe sehr schlecht geschlafen.*

WEBER: *Das ist der gerechte Ausgleich.* (Herr Schubert 1 lacht.)

HERR SCHUBERT 1: *Bei mir war so der Eindruck gestern, dass die Frauen den Betrieb benutzt haben, um in die Familie zu kommen, und wir beide* (meint sich und den Bruder) *unsere Frauen benutzt haben, um unsere Probleme zu verlagern, und ich merke, dass mir ganz heiß wird, wenn ich dran denk, einen Spaziergang zu machen. Und ich will auch gucken, ob da auch Raum ist, noch was zu tun.*

WEBER: *Ich bin mir nicht so sicher, ob es nicht genug ist, was wir hier getan haben* (er nickt).

FRAU SCHUBERT 2: *Mir geht's gut. Wir hatten noch einen sehr schönen Abend gestern. Und ich habe gemerkt, dass sich für mich durch das, was ich meinem Schwiegervater gesagt habe, dass sich da richtig was gesetzt hat. Ich habe innerlich ausgeatmet, und es ist Frieden in mir eingekehrt. Ich hab für mich festgestellt, jetzt kann ich mich beruflich, also für den Betrieb wieder auf eine ganz andere Perspektive einlassen. Ich habe gestern Abend gedacht, es tät mich jetzt interessieren, eine Aufstellung mit Mitarbeitern und unserer Kundschaft zu machen und zu gucken, was da eigentlich los ist, und ich hab gemerkt, dass das, was mir alles in der Familie viel zu eng war, da fühl ich mich jetzt wieder viel freier.*

WEBER: *Schön.*

FRAU SCHUBERT 2: *Und das wäre jetzt ein Punkt, der mich sehr interessieren würde, vom Betrieblichen her zu gucken, was denkt die Kundschaft über uns, wie wir ... ja, das wäre für mich jetzt der nächste Schritt.*

WEBER: *Gut!*

HERR SCHUBERT 2: *Für mich haben sich gestern auch Fragen aufgetan. Mir war nicht klar, dass unsere Familie noch so dominant war und ich mich zwischen zwei Stühlen befunden habe. Das muss sich setzen.*

WEBER: *Wenn Sie bisher zwischen zwei Stühlen gesessen haben – Sie haben gesagt,* es *muss sich setzen –, wo sitzen Sie denn jetzt heute?*

HERR SCHUBERT 2: *Sie sehen's ja, bei meiner Frau. Wobei mir noch nicht klar ist, was der Betrieb für eine Kraft hat. Das ist noch so eine Frage.* (Weber nickt; die Runde geht weiter.)

2.2.7 Abschlussrunde des Seminars

(Frau Schubert 1 fängt an; der Anfang dessen, was sie sagte, ist nicht aufgenommen.)

FRAU SCHUBERT 2: *... Ich sehe wieder Möglichkeiten, wobei ich nicht weiß, welche. Es war vorher so ... ich bin mir sehr beschränkt vorgekommen. Jetzt habe ich wieder das Gefühl der Weite* (macht eine dementsprechende Handbewegung) *und auch das Gefühl, es ist alles möglich, es ist einfach alles möglich, ja* (nickt), *das ist für mich eine gute Aussicht.*

WEBER: *Ja, Aussicht* (macht mit den Armen eine sich ausweitende Bewegung), *schön!*

HERR SCHUBERT 1: *Bei mir ist es ähnlich. Ich hab ja heute Morgen die Tendenz gehabt, noch was zu machen. Ich habe aber auch gemerkt, das ging in Richtung Festlegung, und es ist jetzt auch ein gutes Gefühl, mit der Unklarheit zu bleiben und sie zuzulassen und zu sehen, was sich entwickelt. Also ich habe sehr viel gelernt von allen hier* (macht eine Handbewegung in die Runde), *und ich bin unendlich dankbar für die Möglichkeit, so was erlebt zu haben. Ja, ich fühl mich gut.* (Nach einer Beraterin und einem Berater kommt Herr Schubert 2 an die Reihe).

HERR SCHUBERT 2: *Ich möchte mich auch bei allen bedanken. Ich denke, ich habe mehr Mut bekommen, mich mehr zu öffnen, und dafür danke ich.*

WEBER (nickt): *Fein.*

FRAU SCHUBERT 2: *Für mich ist ein Stück Leichtigkeit wieder zurückgekehrt und … ich weiß auch noch nicht genau, wo es hinführt. Aber ich bin voller Zuversicht und bin jetzt einfach mal gespannt, wie es sich entwickelt und wie wir dann auch damit umgehen, und andererseits bin ich dann auch froh, dass ich Wochenende habe, weil, ich habe das Gefühl gehabt seit Donnerstag, das ging so Tag und Nacht* (lacht), *das hat auch in der Nacht nicht aufgehört mit Aufstellungen. Ich brauch jetzt auch wieder ein bisschen Freiraum, um das alles verarbeiten zu können. Ich kann auch nur sagen, dass ich dankbar bin, dass ich froh bin, mich entschieden zu haben, hierher zu kommen. Und, ja, ich bin speziell froh über meine Aufstellungen. Also, das war wirklich so wie ein Brocken, der runtergefallen ist. Ja, packen wir's an. Danke schön. (Zu Weber:) Auch ein ganz herzliches Dankeschön für Ihre liebevolle Art und Ihre Ehrlichkeit.*

3. Abschlussbemerkung

Wir hoffen, dass dem Leser durch die Niederschrift deutlich geworden ist, wie durch die Aufstellungen dieser Familien und die Äußerungen der Stellvertreter einerseits wichtige Erkenntnisse und Dynamiken ans Licht kamen und auf welche Weise andererseits entsprechend den Anliegen wesentliche Änderungsimpulse hinsichtlich Erleichterungen, Beziehungsklärungen, Kontextvermischungen von Privatem und Dienstlichem und der Position der

Frauen in dem Unternehmen und in der Familie Schubert angestoßen wurden. Gleichzeitig muss gesehen werden, dass mit dem Ende des Aufstellungsseminars die eigentliche Veränderungsarbeit für die beiden Ehepaare erst beginnt und diese Impulse nur weiterwirken können, wenn den Aufstellungen und dem, was sich in dem Seminarprozess ereignete, weiterhin Bedeutung gegeben wird. In diesem Falle bezogen sich die Anliegen überwiegend auf den familiären Bereich, in anderen Fällen geht es in den Aufstellungen wesentlich mehr um innerbetriebliche Beziehungen, um konkrete Organisationsentwicklungsmaßnahmen oder um andere Bereiche wie die Beziehung zu den Kunden oder um Zukunftsperspektiven.

13. AROMA – Zwei Familien und ein Unternehmen suchen ihre Zukunft

Zur Zukunftssicherung in Familienunternehmen

Der Generationenwechsel in Familienunternehmen bildet eine der riskantesten Phasen im Lebenszyklus eines Unternehmens. Er erfordert in beiden Systemen eine sorgfältige und bewusste Vorsorge, die aber meist nicht geleistet wird. Das Beispiel der Firma AROMA, in der es darum ging, zwei Eigner-Familien in ihren Aktivitäten zu koordinieren und ein Unternehmen zukunftsfähig zu machen, zeigt, wie solch ein Prozess geplant und gestaltet werden kann. Die einzelnen Schritte werden beschrieben, begründet und in ihrer Wirkung analysiert. Der Prozess und sein Design können als beispielhaft für einen geplanten Übergang auf eine Nachfolgegeneration und ein Fremdmanagement verstanden werden. Es ist ein Prozess, der von Beratern begleitet wurde, die sich verantwortlich für die Entwicklung der Firma wie auch der Familien fühlten. Mit dieser Doppelstrategie der Prozessbegleitung kann beiden Systemen und ihrer unterschiedlichen Logik in beispielhafter Weise Rechnung getragen werden.

FBS

AROMA – Zwei Familien und ein Unternehmen suchen ihre Zukunft

Zur Zukunftssicherung in Familienunternehmen

Reinhart Nagel, Margit Oswald, Rudolf Wimmer

Eigentümergeführte Familienunternehmen sind neben vielen Erfolgsfaktoren durch einen besonderen Risikofaktor geprägt: Der Übergang von der Gründergeneration zur zweiten Generation bildet ein Gefährdungspotential, mit dem Nicht-Familienunternehmen in dieser Form nicht konfrontiert sind. Verschiedene Untersuchungen zeigen, dass in den meisten Familienunternehmungen keine explizite Vorsorge für die Nachfolge getroffen wird bzw. kein explizites Verfahren für die Zukunftsausrichtung des Unternehmens vorgesehen ist.[1]

Dies liegt auch an der ganz charakteristischen Form, wie eigentümergeführte Familienunternehmen gelernt haben, für ihre Zukunft vorzusorgen. Es ist dies eine Praxis, die in der Pionierphase durch die starke Einheit von Unternehmerpersönlichkeit und Unternehmen noch hoch funktional ist. In späteren Wachstums- und Entwicklungsphasen wird diese eingeübte Praxis der Überlebensvorsorge zum nicht zu unterschätzenden Risikofaktor. Dieses Risiko wird in der Regel noch dadurch verschärft, dass die wachstumsbedingten organisationalen Transformationsleistungen nicht selten parallel mit der Nachfolge zwischen der Gründerpersönlichkeit und seiner Nachfolger prozessiert werden müssen, d. h. dass es zumeist deutlich weniger personalisierte Führungsstrukturen zu implementieren gilt.

1 Diese Problematik ist ausführlich dargestellt bei Wimmer et al. (1996)

In der vorliegenden Arbeit wird versucht, an Hand eines Fallbeispiels diese heiklen Übergänge zu beschreiben, dies sowohl bezogen auf das Unternehmen (wir haben diesem den Namen AROMA gegeben) wie auch auf die beteiligten Eigentümerfamilien.

Implizites explizit machen

Nahezu archetypisch für die Pionierphase eines Familienunternehmens ist es, dass sich die wesentlichen Weichenstellungen für die Zukunft in der Regel gar nicht so sehr vom operativen Tagesgeschäft unterscheiden. Sie sind in die eingespielten Entscheidungsmuster der Unternehmerpersönlichkeit integriert und werden oft erst im Nachhinein als Entscheidungen mit besonderem Weitblick qualifiziert. Die unternehmerische Entscheidungsfindung in fast allen Grundsatzfragen ist durch intuitiv getroffene Festlegungen scheinbar „aus dem Bauch heraus" geprägt. Aus einer langjährigen Kenntnis des Geschäftes sowie aus dem engen Kontakt mit den Schlüsselkunden entsteht ein „unternehmerisches Gespür", aus dem heraus meist sehr erfolgreich die erforderlichen Weichenstellungen für das Unternehmen getroffen werden, sei es, dass es zu einer bedeutsamen Produktinnovation kommt oder eine Marktexpansion eingeleitet oder auch eine neue strategische Kooperation eingegangen wird. In diesem Entscheidungsmuster findet kein expliziter strategischer Dialog im Unternehmen statt. Der Pionier hat die Zukunftsverantwortung quasi monopolisiert. Die Schlüsselmitarbeiter des Unternehmens agieren dabei primär als Umsetzer der strategischen Festlegungen des Eigentümers, dem auch die entsprechende Verantwortung unbestritten zugeschrieben wird.

Diese Spielart der Zukunftsbewältigung besitzt unzweifelhaft ihre Vorteile: Sie fördert Schnelligkeit in der Entscheidungsfindung wie in der Umsetzung, sie sichert eine unbürokratische Vorgehensweise, Kreativität, Mut und häufig unternehmerische „große Würfe". Der zentrale Risikofaktor dieser Form der Zukunftsausrichtung liegt in der Person des Unternehmers selbst. Die abnehmende Lernfähigkeit von (zu) selbstsicher gewordenen Gründern ist vor dem Hintergrund unserer Erfahrungen wohl einer der wichtigsten Gründe für das wirtschaftliche Scheitern von Führungspersönlichkeiten, denen über lange Zeit ausgesprochen charismatische Fähigkeiten zugeschrieben worden sind.

Die Generationsablösung in einem Familienunternehmen ist meist ein guter Anlass, die Fragen der Zukunftssicherung des Unternehmens wie der Familie, aber auch die Art, wie diese Festlegungen zustande kommen, neu zu verhandeln. Auch im vorliegenden Fallbeispiel ergab sich durch das Hineinwachsen der zweiten Generation die Chance für einen Musterwechsel in der Art und Weise, wie strategische Weichenstellungen bislang herbeigeführt wurden. Bei den Nachfolgern war auf Grund konkreter Erfahrungen das Bedürfnis entstanden, wichtige Zukunftsfestlegungen doch mehr als gemeinschaftliche Führungsleistung denn als einsame Einzelentscheidungen zu praktizieren. In den folgenden Überlegungen geht es vor allem um die Beschreibung dieses Wandels im Grundverständnis strategischer Unternehmensführung, der mit dem Führungswechsel an der Spitze des Unternehmens einherging und mitgeholfen hat, den Nachfolgeprozess erfolgreich zu gestalten. Was ist mit dem hier angesprochenen Musterwechsel gemeint?

Diese deutlich andere Spielart der strategischen Unternehmensführung versteht Strategieentwicklung als eine nicht delegierbare gemeinschaftliche Führungsleistung eines sozialen Systems. In einem expliziten und gekonnten Zusammenspiel mit den involvierten Unternehmensteilen und Entscheidungsträgern findet in periodischen Abständen abseits vom operativen Tagesgeschäft eine bewusste und entsprechend inszenierte Auseinandersetzung mit den zentralen unternehmerischen Überlebensfragen der Organisation statt. In diesem Prozess werden die handlungsleitenden strategischen Festlegungen regelmäßig überprüft und wenn erforderlich durch neue Weichenstellungen ergänzt bzw. korrigiert.

Strategieentwicklung in diesem Verständnis ist kein mit großem Aufwand betriebener, von Experten getragener Sonderprozess, den ein Unternehmen aus gegebenem Anlass auf sich nimmt, sondern ein integraler Bestandteil des Führungsgeschehens, dessen Ziel primär darin besteht, die eigenen Identitätsfestlegungen angesichts sich überraschend ändernder Umweltbedingungen überprüfbar und korrigierbar zu halten.[2]

2 Die verschiedenen von uns beobachteten Strategiespielarten haben wir in einem Artikel zusammengefasst (Wimmer u. Nagel 2000). Zu den Details der

Dieser anspruchsvolle Prozess der Zukunftssicherung in einem Familienunternehmen wird im Folgenden beschrieben. Der Artikel untersucht am Fallbeispiel von AROMA (Name und Fall wurden verfremdet) den versuchten Musterwechsel in der Spielart der Strategieentwicklung von einem intuitiven Pioniertypus hin zu einer gemeinschaftlichen Strategiediskussion, in der das Wissen um sowie die Verantwortung für die zentralen Existenzfragen des Unternehmens auf eine wesentlich breitere Basis gestellt wird. Er beschreibt die Prozessarchitektur für die Auseinandersetzung mit dieser Frage sowohl im Familiensystem als auch im Unternehmen. Abschließend fassen wir jene „Knackpunkte" zusammen, die wir vor dem Hintergrund unserer Beratungserfahrung bei einem Generationenwechsel und bei der strategischen Neuausrichtung eines Familienunternehmens für besonders beachtenswert halten.

Die Ausgangssituation bei AROMA

Das Unternehmen AROMA wurde nach dem Zweiten Weltkrieg von einem Techniker und einem Kaufmann gegründet, die einander bereits gut kannten, zwischen denen aber keine Verwandtschaftsbeziehung bestand. Unternehmenszweck war damals wie heute die Erzeugung von Geschmacksgrundlagen und Hilfsstoffen für alkoholfreie Getränke, für Spirituosen und für Lebensmittel wie Konserven, Backwaren und Speiseeis.

Den beiden Pionieren kam in der Aufbauphase des Unternehmens das Wachstumspotential in der Nachkriegszeit sehr zugute. Mit Mut und Weitblick, einer nahezu bedingungslosen Kundenorientierung und einem guten „Gespür" für Produkt/Marktrelationen konnten sie nicht nur einen guten Ruf für ihre Produkte, sondern auch eine außergewöhnliche Form der Kundenbindung etablieren. Über den Schlüssel ihres Erfolgs befragt, nannten die beiden Gründer als Ausschlag gebend ihre erfolgreiche Partnerschaft als Führungstandem und ihre absolute Kundenorientierung. *„Wie gesagt, ich habe die Kunden alle gekannt. Ich habe jeden Kundengeburtstag gewusst, wann wer Hochzeit gehabt hat. Ich war auch Trau-*

Entwicklung einer Unternehmensstrategie verweisen wir auf von Nagel und Wimmer (2002).

zeuge, Taufpate meiner Kunden. Der Kunde hat mit uns gelebt. Der Kunde hat bei uns zur Familie gehört".[3]

Die ersten dreißig Jahre der Unternehmensentwicklung waren geprägt durch ein organisches Wachstum. Schritt für Schritt konnte sich das Unternehmen in einem regionalen Markt etablieren.

Durch die Ostöffnung Anfang der Neunzigerjahre ergaben sich plötzlich außergewöhnliche Wachstumschancen. Der Mittelpunkt der Geschäftstätigkeit verlagerte sich immer mehr in die ehemaligen Kronländer der Donaumonarchie und in die noch östlicher gelegenen Reformstaaten: Mit Jointventures in Rumänien, Polen, Kroatien und Bosnien-Herzegowina und Distributionspartnern in Slowenien, Jugoslawien, Ungarn, Tschechien, Slowakei, Bulgarien, Russland, Ukraine, Weißrussland und Moldawien. Seit 1988 vervierfachte sich der Umsatz und der Mitarbeiterstand verdoppelte sich seit 1991 auf heute 230 Mitarbeiter und Mitarbeiterinnen.

AROMA wandelte sich in wenigen Jahren von einem nationalen Produktionsbetrieb zu einem internationalen Anbieter in den eher risikoreichen Absatzmärkten Zentral-, Süd- und Osteuropas. Den beiden Gründern ist es in wenigen Jahren gelungen, die Firma zu einem der drei führenden Unternehmen in der Branche hochzuziehen.

Trotz dieser veränderten Unternehmenssituation wurde AROMA nach wie vor von den beiden Gründern in der von ihnen seit Jahrzehnten gewohnten Form geführt. Die beiden Pioniere arbeiteten trotz relevant unterschiedlicher Eigentumsanteile sehr partnerschaftlich zusammen und blickten mit Stolz auf sich als erfolgreiches Tandem an der Unternehmensspitze. In der Zwischenzeit waren auch vier Kinder aus den beiden Familienstämmen im Mittelmanagement des Unternehmens tätig geworden. Zusätzlich hatte man einen nicht zur Familie gehörenden Fremdmanager ins Unternehmen geholt. Die beiden Ehefrauen waren von Beginn an im Unternehmen nicht unmittelbar engagiert *„und mischten sich in die Unternehmensführung nicht ein"*.

Das schnelle Wachstum machte letztlich die Grenzen dieser lange Zeit durchaus funktionalen Führungspraxis deutlich: Sowohl die nachkommenden Familienmitglieder als auch die in Schlüsselposi-

3 Die kursiv gedruckten Aussagen sind Auszüge aus den Interviews mit den beiden Unternehmensgründern.

tionen befindlichen langjährigen Mitarbeiter begannen nach einer strategischen Orientierung in diesem zunehmend als risikoreich empfundenen Geschäft zu suchen.

Der Beratungsanlass und die Initiative für den Wandel

Als die beiden „Gründerväter" die 60 überschritten hatten, tauchte in ihren bilateralen Gesprächen öfter mal die Frage der Nachfolge auf, geprägt von einer gewissen Sorge um die Zukunft des Unternehmens. Sie sahen, dass durch den Erfolg und durch die rasche Expansion neue Herausforderungen auftauchten, denen sie sich beide mit ihren erprobten Erfolgsmustern nicht mehr ganz gewachsen fühlten.

Kontaktaufnahme durch die „junge Generation"

Der Schritt, diesen grundsätzlichen Überlegungen „am Familientisch" konkrete Handlungen folgen zu lassen, wurde durch die jüngere Generation gesetzt. Die vier im Unternehmen tätigen Kinder nahmen Kontakt mit unserer Organisationsberatungsfirma auf, da sie sich in unserem Buch über Familienunternehmen[4] mit ihren Fragen und Herausforderungen wiedergefunden hatten.

In einem Erstgespräch wurde deutlich, dass es ihnen sowohl um die Lösung der Nachfolgefrage im Unternehmen als auch um die künftige Ausrichtung des Unternehmens insgesamt ging. *Wer von ihnen sollte den beiden Senioren in der Geschäftsführung nachfolgen? Wie sollte die Eigentumsverteilung in Zukunft aussehen? In welcher Rolle können die Gründer dem Unternehmens erhalten bleiben?*

Auf der Ebene des Unternehmens zeigten sie sich besorgt, dass die anstehenden Modernisierungen nicht mehr schnell genug vorgenommen würden. Zudem war zu beobachten, dass gerade besonders talentierte Mitarbeiter die Firma mangels klarer Zukunftsperspektiven verließen.

Schon in diesem Erstgespräch stand außer Streit, dass die angestrebten Veränderungen nicht ohne aktive Beteiligung der bisherigen Unternehmensspitze inganggesetzt werden können. Die beiden

4 Wimmer et al. (1996)

Eigentümer mussten einem solchen Klärungsprozess über die Zukunft des Unternehmens und der künftigen Rolle der beiden Familien zustimmen, ja mehr noch, sie mussten einen aktiven Part in diesem Veränderungsprozess übernehmen.

Die Gründer beauftragen eine „Vorstudie"

Da auch bei den beiden Pionieren in der Zwischenzeit ein gewisses Problembewusstsein gewachsen war, war es für die Kinder nicht so schwierig, sie für einen systematischen Klärungsprozess zu gewinnen. Nach ersten Kontaktgesprächen stimmten die beiden Gründer einem Vorprojekt zu. In Interviews mit den Familienmitgliedern und den Schlüsselspielern des Unternehmens sollten deren Sicht zur Unternehmensentwicklung erhoben und die notwendigen Zukunftsschritte diagnostiziert werden. Diese Unternehmensdiagnose sollte Grundlage einer Prozessarchitektur zur Bearbeitung der Zukunftsfragen für die Familien und das Unternehmen bilden. Dieser erste Schritt der Einzelinterviews mit den 15 Schlüsselspielern aus allen Unternehmensbereichen und Hauptmärkten löste einerseits viel Spannung im Unternehmen aus, wurde aber auch mit viel Hoffnung belegt. Die Aktion hatte ein Signal gesetzt, dass einschneidende Veränderungen zu erwarten sind.

Positive Aspekte aus den Interviews

Die gute Kooperation der beiden Partner wurde von den Befragten durchgehend sehr gewürdigt. Diese führte im Unternehmensalltag zu einer zügigen und unbürokratischen Entscheidungsfindung, sodass die Firma in der Lage war, schnell flexible und unorthodoxe Lösungen für ihre Kunden maßzuschneidern. Die wesentlichen Weichenstellungen wurden durch die beiden Gründer in unkomplizierter Abstimmung miteinander aus der hautnahen Kenntnis des Geschäftes und der Spielregeln der Branche vorgenommen. Die allermeisten Mitarbeiter waren mit dem Unternehmen mitgewachsen und fühlten sich als Teil dieser „Unternehmensfamilie", der gegenüber sie sich hochloyal zeigten. Dies äußerte sich in einer außergewöhnlichen Einsatzbereitschaft, mit der das eine oder andere an wachstumsbedingten organisatorischen Ungereimtheiten immer wieder kompensiert werden konnte. Es gab ganz wenige formal festgelegte Kommunikations- und Organisationsstrukturen. Diese bildeten sich ad hoc, je nachdem welche Lösungen das Tagesgeschäft verlangte. Orientierung schaffte die genaue Kenntnis der handelnden Personen, aus der heraus eine gewisse Erwartungssicherheit abgeleitet werden konnte. Zur unausgesprochenen Grundhaltung aller Beteiligten zählte es, die Firma bedingungslos über persönliche und familiale Interessen zu stellen. Die beiden Pioniere boten dafür ein lebendiges Vorbild.

Besondere Herausforderungen

Das schnelle Wachstum in den Neunzigerjahren zeigte allerdings auch die Grenzen dieser über lange Zeit erfolgreich praktizierten Form der Unternehmenssteuerung auf: Immer häufiger war man neben den üblichen organisatorischen Unklarheiten mit Entscheidungslagen konfrontiert, in denen die tradierten Selbstverständlichkeiten nicht mehr ausreichten. Sowohl die nachkommenden Familienmitglieder als auch die in Schlüsselpositionen befindlichen langjährigen Mitarbeiter forderten deshalb vehement eine explizitere strategische Orientierung ein. Viele zukunftsrelevante Fragen waren im Unternehmen nicht ausdiskutiert. Es fehlte eine gemeinsam getragene Grundüberzeugung, wie sich das Unternehmen unter den veränderten wirtschaftlichen Rahmenbedingungen am besten behaupten kann.

Zu den wichtigsten Herausforderungen zählten beispielsweise:

- Klarheit über künftige geschäftliche Ausrichtung (z. B. Richtung und Geschwindigkeit der Expansionspolitik, Entscheidung über die Schwerpunkte der Marktentwicklung im Osten, Klärung der Schwerpunkte der Produktentwicklung …).
- Weiterentwicklung der Organisationsstrukturen (z. B. die sinnvolle Verbindung zwischen dem Mutterhaus und den Jointventures, Optimierung der bestehenden Abläufe, Klärung der Kompetenzen einzelner Rollenträger, Aufbau eines aussagefähigen Controllings, Stärkung der Führungsverantwortung unterhalb der Unternehmensspitze, um dem gewaltig gestiegenen Steuerungsbedarf des Gesamtunternehmens gerecht zu werden).
- Gezielte Personalentwicklung (Einführung leistungsorientierter Anreizsysteme, gezielte Investitionen in die Weiterqualifizierung der Mitarbeiter, Schaffung geeigneter Laufbahnperspektiven für die zentralen Know-how-Träger des Unternehmens).

Wie ein roter Faden zog sich durch alle Interviews, dass sich die Firma AROMA ganz offensichtlich in einer Übergangsphase befand: die alten Pionierzeiten und ihre Erfolgsmuster hatten ausgedient. Eine neue Phase der Unternehmensentwicklung war angesagt, deren Konturen sich allerdings noch ganz unscharf abzeichneten.

Die Architektur des Beratungsprozesses

In einem ersten Schritt wurden die wichtigsten Ergebnisse der vorgeschalteten Interviews den beiden Gründern sowie den im Unternehmen tätigen Familienmitgliedern vorgestellt und eingehend miteinander besprochen. Dieser Prozess war nicht ganz unheikel, galt es doch die beiden Gründer mit einer Reihe von Problemen zu konfrontieren, deren Existenz sie zwar seit Längerem spürten, über die aber noch nie generationsübergreifend in aller Öffentlichkeit gesprochen worden war. An dieser Stelle bewährte es sich, dass die beiden Berater im Vorfeld erhebliche Zeit in den Vertrauensaufbau mit den beiden Pionieren investiert hatten, sodass diese sich ungeschminkt mit den kritischen Punkten der Unternehmensentwicklung auseinander setzen konnten, ohne sich in ihrer Unternehmeridentität total in Frage gestellt zu fühlen. Erleichtert wurde diese Realitätssicht zweifelsohne durch den Umstand, dass die Gründer die hohe Wertschätzung für ihre enorme Aufbauarbeit von allen Seiten spürten. Ergebnis dieses Prozesses war eine gemeinsam geteilte Realitätseinschätzung in den beiden Eigentümerfamilien, die den weiteren Handlungsbedarf in den wesentlichen Punkten außer Streit stellte. Im Kern waren es zwei zentrale Themen, die in den nächsten Schritten zu bearbeiten waren:

1. Für die Mitglieder der beiden Eigentümerfamilien galt es, miteinander ein klares Bild darüber zu entwickeln, wie sich die geplante Übergabe in der Geschäftsführung auf die ökonomische Grundversorgung der Senioren und ihrer Ehepartner auswirken wird. Für beide Pioniere hatte diese Frage solange keine wesentliche Rolle gespielt, als sie beide als Eigentümer auch die Funktion der Geschäftsführung innehatten und über ihr Gehalt aus dieser Funktion im Wesentlichen den Lebensunterhalt der beiden Familien bestreiten konnten. Über all die Jahre hinweg

waren die Erträge des Unternehmens in dieses reinvestiert worden, getreu nach dem Prinzip: zuerst die Belange des Unternehmens, dann die persönlichen Interessen. Aus diesem Grund hatte bis zum Zeitpunkt der Übergabe der Umstand, dass die Eigentumsverhältnisse zwischen den beiden Familien markant unterschiedlich gestaltet waren (etwa im Verhältnis 4 : 1) sowohl in der Führung des Unternehmens wie auch in der Entnahmepolitik keine erkennbare Rolle gespielt.
Dieses komplexitätsreduzierende Arrangement stand jetzt zur Disposition. Es galt erstmals explizite Spielregeln für die Entnahmepolitik zu finden, die den unterschiedlichen Eigentumsverhältnissen gerecht werden konnten und insbesondere den Erwartungen der weichenden Generation an ihre eigene Altersversorgung angemessen Rechnung trugen, ohne dem Unternehmen ungebührlich viel an Finanzkraft zu entziehen.
Neben all diesen Fragen, die sich um die persönlichen Zukunftsängste der älteren Generation rankten, mussten innerhalb und zwischen den beiden Familien außerdem eine Reihe weiterer, emotional höchst brisanter Themen angegangen werden, die bis zu diesem Zeitpunkt mehr oder weniger Tabu waren: Wer von den Kindern sollte in welcher Weise am Eigentum beteiligt werden, wem trauten die Senioren es zu, in die Rolle der Geschäftsleitung hineinzuwachsen? Wie ließ sich der Zeitpunkt für diesen formellen Übergabeschritt verbindlich fixieren? Sollten die Senioren überhaupt und wenn ja in welcher Weise nach der Übergabe im Unternehmen noch eine Rolle spielen?

2. Ähnlich wie auf der Seite der beiden Eigentümerfamilien bot der Übergabeprozess auch die Chance, auf der Seite des Unternehmens die vielen offenen und sichtlich drängenden Zukunftsfragen zu erörtern und die anstehenden Weichenstellungen vorzunehmen. Wie schon angedeutet, betraf dies vor allem Entscheidungen über die strategische Positionierung des Unternehmens, die Anpassung der evolutionär gewachsenen Organisations- und Führungsstrukturen an die Unternehmensgröße sowie Akzentsetzungen für eine Strategie geleitete Personalpolitik.

Für die Bearbeitung dieser Fragestellungen galt es eine Form zu finden, die mithelfen sollte, den Nukleus der künftigen Führungsstruktur bereits auszuprägen und zu erproben.

Angesichts dieser komplexen Ausgangslage war es für die beteiligten Berater nahe liegend, für die Entscheidungsbedarfe der Eigentümerfamilien wie für das Unternehmen getrennte Bearbeitungsstrukturen zu schaffen, ohne den Gesamtzusammenhang dieser beiden Prozesse aus den Augen zu verlieren.

Der Arbeitsprozess mit den beteiligten Familien

Nachdem es gelungen war, für die hier grob skizzierte Prozessarchitektur zwischen allen Beteiligten in den Familien wie im Unternehmen ein Einverständnis zu gewinnen, galt es im ersten Schritt mit den beiden Pionieren ihre persönlichen Interessenlagen abzuklären. In mehreren Sitzungen gelang es, dass sie ihre jeweiligen Positionen, ihre Zukunftserwartungen, aber auch ihre Sorgen und Befürchtungen einander zugänglich machten. In diesem Aushandlungsprozess klärten sich erste Vorstellungen, wie sich die unterschiedliche Eigentumsverteilung einerseits auf die künftige Altersversorgung auswirken sollte, es festigte sich aber andererseits auch der Wunsch der Senioren, dass das Unternehmen auch künftig aus den beiden Familien heraus von einem Geschäftsleitungsteam in gleichberechtigter Weise geführt werden sollte, so wie das ja auch in der Vergangenheit erfolgreich praktiziert worden war.

Mit diesen ersten Aushandlungsergebnissen gingen die Senioren in ihre jeweiligen Familien und sorgten dort fallweise mit beraterischer Unterstützung für die erforderlichen Abstimmungs- und Klärungsprozesse. In diesen Wochen und Monaten gab es eine Vielzahl an formellen, mehr jedoch an informellen Gesprächen in den unterschiedlichsten Formationen, die jedoch bei allen hier hochkommenden, zum Teil sehr alten Konflikten, stets von der unbestrittenen Autorität der beiden Senioren und ihrem ungebrochenen Wunsch geprägt waren, eine Lösung zu finden, die zwar den familialen Sonderinteressen im Einzelfall Rechnung tragen sollte, die aber letztlich die Vitalität des Unternehmens nicht gefährdet. Dieses Grundprinzip schien in keinem Augenblick infrage gestellt.

Auf der Basis dieses ersten Einigungsprozesses zwischen den Generationen und zwischen den Familien wurde dann seitens der Berater ein juristischer Experte eingebaut, mit dessen Hilfe eine gesellschaftsrechtliche Lösung ausgearbeitet wurde, die dem komplexen Regelungsbedarf dieser Gesamtkonstellation eine juristisch tragfähige Fassung verschafft hat. Letztlich wurde eine Rechtsform präferiert, die die Mehrheitsanteile am Unternehmen in einer Familienstiftung deponierte, über die Versorgungserwartungen der einen Eigentümerfamilie abgesichert worden sind, während die beiden Junioren, die letztlich in die Geschäftsführung nachgerückt sind, mit annähernd gleichen Eigentumsanteilen ausgestattet wurden. Auf diesem Wege haben die Nachfolger in der Geschäftsführung mit der Stiftung als Mehrheitseigentümerin ein Gegenüber bekommen, das die Eigentümerinteressen künftig expliziter wahrnehmen wird und gleichzeitig eine Instanz abgibt, mit der die wesentlichen unternehmerischen Weichenstellungen gleichsam mit einer zusätzlichen Perspektive ausdiskutiert werden müssen.

Faszinierend an diesem gesamten Entscheidungsfindungsprozess war, dass die gefundenen Lösungen sich irgendwie evolutionär herauskristallisiert haben, manchmal zur Überraschung aller Beteiligten, und dass in diesem Prozess das Gesamtsystem die Balance zwischen Tabuisierung und unvermeidlicher Enttabuisierung auf erstaunlich kreative Weise halten konnte.

Der Strategieprozess bezogen auf die Firma AROMA

Parallel zu diesem familienbezogenen Klärungsprozess wurde eine zweite Beratungsschiene konzipiert, die sich primär mit der Zukunft des Unternehmens befasste. Ziel dieses Prozesses war es, die strategische Grundausrichtung zu klären und die daraus abzuleitenden Organisationsfragen zu beantworten. Dazu wurde ein Strategieentwicklungsprozess in mehreren Schritten aufgesetzt, der im Wesentlichen dem strategischen Managementmodell der OSB folgte.[5]

(Vgl. dazu die Graphik auf S. 328, die die einzelnen Arbeitsschritte in Form eines sich verengenden Trichters darstellt.)

In zwei Strategie-Workshops wurde mit den Schlüsselmitarbeitern und den für die Ostmärkte zuständigen Partnern über zukünftige Weichenstellungen nachgedacht: Wie entwickeln sich die spezifischen Märkte, in denen die Firma heute tätig ist und welche Chancen, aber auch welche Bedrohungen werden dort gesehen?

Verschiedene wichtige AROMA-Produkte wurden systematisch dahin überprüft, ob es sich lohnt, sich auf diesem Feld weiter anzustrengen oder die Kräfte auf andere Produkte oder andere Märkte zu legen. Ferner setzten sich die Workshopteilnehmer auch mit den

5 Zur Logik dieses Managementprozesses siehe Wimmer u. Nagel (2000)

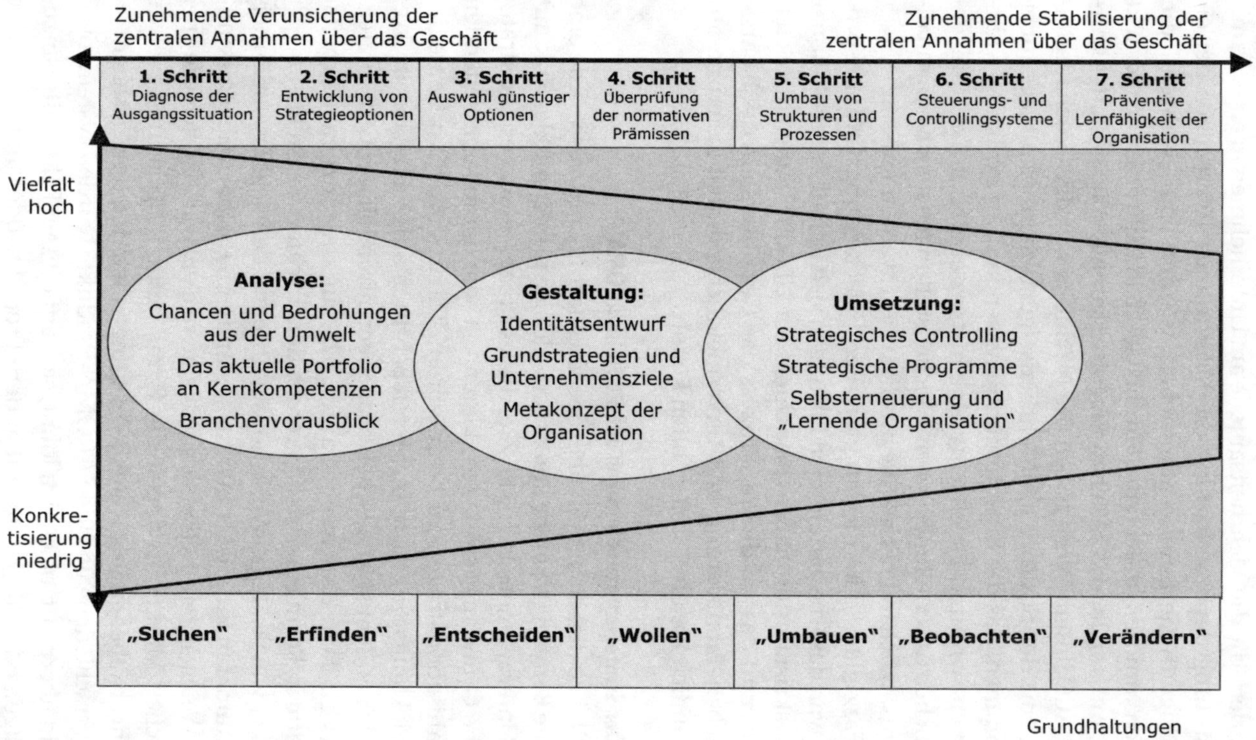
Zunehmende Verunsicherung der zentralen Annahmen über das Geschäft
Zunehmende Stabilisierung der zentralen Annahmen über das Geschäft
1. Schritt Diagnose der Ausgangssituation
2. Schritt Entwicklung von Strategieoptionen
3. Schritt Auswahl günstiger Optionen
4. Schritt Überprüfung der normativen Prämissen
5. Schritt Umbau von Strukturen und Prozessen
6. Schritt Steuerungs- und Controllingsysteme
7. Schritt Präventive Lernfähigkeit der Organisation
Vielfalt hoch
Konkretisierung niedrig
Analyse:
Chancen und Bedrohungen aus der Umwelt
Das aktuelle Portfolio an Kernkompetenzen
Branchenvorausblick
Gestaltung:
Identitätsentwurf
Grundstrategien und Unternehmensziele
Metakonzept der Organisation
Umsetzung:
Strategisches Controlling
Strategische Programme
Selbsterneuerung und „Lernende Organisation"
„Suchen"
„Erfinden"
„Entscheiden"
„Wollen"
„Umbauen"
„Beobachten"
„Verändern"
Grundhaltungen

Wurzeln des bisherigen Erfolges auseinander: Wo liegen letztlich die Kernkompetenzen, die die Firma bisher so erfolgreich gemacht haben?

Neue strategische Weichenstellungen wie beispielsweise der Ausbau der eigenen Entwicklungskompetenz, eine Professionalisierung und Intensivierung der Partnerschaft mit den Jointventures und regionalen Vertretungen wurden erörtert. Schließlich wurden die konkreten Maßnahmen zur Umsetzung der Neuorientierung im Strategieteam vereinbart.

Zusammenfassend kann man sagen, dass sich dieser Strategieprozess Schritt für Schritt zu einer wesentlichen Kommunikationsplattform entwickelt hat, auf der die zentralen Themen der Unternehmensentwicklung explizit in einer weiteren Unternehmensöffentlichkeit besprochen werden konnte. Durch die Einbeziehung der wesentlichen Schlüsselspieler des Unternehmens wurde den Mitarbeitern signalisiert, dass es den Gründern mit dem Generationenwechsel und der Erneuerung des Unternehmens wirklich ernst war. Durch die Öffnung der Diskussion über den Familienkreis hinaus wurde es einem relevanten Teil der Organisation ermöglicht,

- sich über ein gemeinsames Bild der Ausgangssituation zu verständigen und sich über die nicht länger aufschiebbaren Veränderungsnotwendigkeiten bewusst zu werden,
- strategisches Denken und Perspektiven einzuüben und gemeinsam Alternativen zu erörtern,
- das strategische Know-how im Unternehmen aufzubauen und zu verbreitern,
- die unternehmerische Perspektive der Pioniere auf breitere Schultern zu verteilen und eine gemeinsame Sprache dafür zu finden.

Weiterentwicklung der Führungs- und Organisationsstrukturen

Im Verlauf des Strategieprozesses wurden erste Erfahrungen mit anderen Organisationsformen (wie z. B. der Projektorganisation) gesammelt. Ein wesentlicher Punkt bei der für die Strategieentwicklung gefundenen Arbeitsform war, dass die potentiellen Nachfolger aus den beiden Unternehmerfamilien gemeinsam mit anderen künftigen „Hoffnungsträgern" der Firma Zukunftsentwürfe entwickelten, diese gegeneinander abgewogen haben und mit geteilten

Verantwortlichkeiten strategische Maßnahmen geplant und letztlich auch umgesetzt haben. In dieser Projektorganisation wurden erste Erfahrungen gesammelt, wie die Führungsstrukturen der Zukunft gestaltet werden könnten. Das gab sowohl der „Jugend" mehr Sicherheit, worin die künftigen Aufgaben bestehen und inwieweit sie sich dafür schon gerüstet fühlten. Andererseits hatten im Verlauf dieses einjährigen Prozesses auch die Senioren Zeit, sich auf diese neue Konstellation einzurichten und mit einem veränderten Einfluss zu experimentieren, ohne bereits offiziell aus der Unternehmensleitung zurückgetreten zu sein.

Die Veränderung der Einflussstrukturen war und ist nicht nur bei AROMA ein Knackpunkt der Unternehmensentwicklung. Die notwendige Transformation der Führungsstrukturen im Zuge eines Generationenwechsels ist in Familienunternehmen generell eine heikle Schlüsselstelle, die einer besonderen Aufmerksamkeit bedarf.

Im Zuge des hier geschilderten Beratungsprozesses stellte sich relativ rasch heraus, dass eine neue Phase der Unternehmensentwicklung nicht mit den alten Steuerungsstrukturen erfolgreich zu bewältigen war. Eine stärkere Delegation von Entscheidungen an gewisse Schlüsselspieler gerade in einem solch hoch dezentralisierten Unternehmen und die Einrichtung eines stabilen Führungskreises waren wichtige strukturelle Maßnahmen zur Weiterentwicklung der Führungsstrukturen. Führungsfragen sollten nicht mehr nur im Kreis der beiden Gründer, sondern jeweils in einem Leitungsteam erörtert werden. Mitglieder des neuen Leitungsteams wurden neben den beiden Gründern (bis zur Abgabe ihrer Geschäftsführungsfunktion) die beiden Nachfolger und ein „Fremdmanager". Um die Arbeitsfähigkeit dieser neuen Führungsstrukturen kümmert sich heute zusätzlich die Tochter eines der Gründer, die im Unternehmen für Personalfragen zuständig ist. Durch ihre beraterische Vorerfahrung verfügt sie über Kompetenzen, um die noch ungewohnte Kommunikation zwischen den Generationen „zu verflüssigen" und bei Konflikten eine tragfähige Lösung zu finden.

Nachdem die dyadische Führungsstruktur in dieser Firma eine lange Tradition hatte, ist die Veränderung in Richtung der Steuerung durch ein formelles Topmanagementteam kein leichter Lernprozess. Rückschläge sind dabei nicht überraschend. Diese haben bislang allerdings noch nicht dazu geführt, dass sich die alten Entscheidungsmuster wieder etabliert hätten.

Exkurs: Transformation der Führungsstrukturen als Schlüsselstelle der Unternehmensentwicklung[6]

Das in Familienunternehmen vorherrschende Führungsverständnis ist in vielen Fällen nach wie vor eigentümerbezogen patriarchalisch bestimmt: Führung obliegt der Eigentümerfamilie, eine entwickelte Arbeitsteilung zwischen einzelnen Führungsebenen ist zumeist nicht anzutreffen, Führung ist Monopol der Eigentümer an der Spitze des Unternehmens.

Aus so einem Umgang mit dem Thema Führung entsteht solange keine ernsthafte Problemlage für das Unternehmen, solange auf Grund eines organischen, langsamen Wachstums der Steuerungsaufwand an der Spitze gut bewältigt werden kann und eine Unternehmerfamilie selbst in der Lage ist, halbwegs fähige Führungskräfte aus der Familie heraus zu produzieren. Gelingt dies einmal nicht mehr, dann kann eine ernste Krise für das Unternehmen entstehen. Scheidet etwa ein Pionier, der das Führungsmonopol jahrelang besetzt hatte, unvorhergesehen aus, dann entsteht plötzlich ein gefährliches Führungsvakuum. Aus der Mitarbeiterschaft bieten sich zumeist keine Personen an, die Führungsaufgaben sofort übernehmen könnten. Topmanager als Quereinsteiger sind dann die einzige Lösung, auf die allerdings in der Regel weder das Unternehmen noch die Eigentümerfamilie vorbereitet sind. Solche Quereinsteiger geraten unweigerlich in ein schwieriges Spannungsfeld zwischen den Interessenlagen der Eigentümer und den Interessen, die sich aus den Notwendigkeiten für das Unternehmen ergeben. Engagiert man sich für eine der Seiten zu stark oder auch zu gering, dann ist das Scheitern vorprogrammiert, da eine Seite immer unzufrieden ist. Erfahrene Fremdmanager sind auch häufig gar nicht bereit, sich auf so eine heikle Gratwanderung einzulassen, oder werfen nach kurzer Zeit das Handtuch.

In vielen eigentümergeführten Familienunternehmen ist Führung kein explizites Thema. Es gibt wenig formalisierte und explizit gepflegte Führungsstrukturen und dafür geeignete Formen der Regelkommunikation. Die unternehmerischen Führungsfunktionen sind in den Händen der Eigentümer an der Spitze

6 Vgl. dazu Wimmer et al (1996); Heintel (1993)

vereint. Bei ihnen laufen alle Fäden zusammen. Auf diese Weise wachsen andere Funktionsträger nur sehr schwer in Positionen mit Führungsverantwortung hinein, auch wenn sie formell solche Positionen bekleiden. Sie kommen aus der Mitarbeiterrolle nicht heraus. Dies schafft der Spitze einerseits einen größeren Manövrierspielraum mit extrem kurzen Reaktionszeiten und Entscheidungswegen, auf der anderen Seite hängt das Unternehmen auf diese Weise allein an der Tüchtigkeit und Lernfähigkeit seiner Spitze. Es ist dies ein Führungsmodell, das in Zeiten rasanten Wachstums und einer sich beschleunigenden Internationalisierung als immer weniger funktional erlebt wird.

Führungsverantwortung an Mitarbeiter zu übertragen, wird nicht selten aus der Tradition eines auf den Gründer zugeschnittenen Führungsstils von diesen selbst mit Skepsis betrachtet und vordergründig als Entscheidungs- oder Führungsschwäche im Vergleich zum bestimmt agierenden Gründer ausgelegt. Das Pendant zur monopolisierten Führungsverantwortung an der Spitze findet sich häufig in entsprechenden Verhaltensmustern auf Seiten der Mitarbeiter. Diese haben gelernt, sich auf die eingespielte Arbeitsteilung zwischen oben und unten zu stützen. Ist man so eine Tradition lange Zeit gewöhnt, so fällt es schwer, Angebote in Richtung Delegation von Führung wirklich aufzugreifen und sich in Führungsbelangen eigenständig gegenüber der Unternehmerfamilie zu verhalten.

Knackpunkte bei der Zukunftssicherung von Familienunternehmen: Das Management des Übergangs als Schlüsselstelle für das Überleben von Familienunternehmen

Erfolgreiche Gründerpersönlichkeiten schaffen es, aufgrund einer für sie charakteristischen inneren Psychodynamik und Selbstpräsentation, sich selbst und ihre Umgebung mit der Überzeugung auszustatten, ihr unternehmerisches Aufbauwerk sei schlicht als Ausdruck der Einzigartigkeit ihrer Leistung und ihrer Persönlichkeit anzusehen. Unternehmen und Persönlichkeit fließen in ein untrennbares Ganzes zusammen, welches verdient, über die eigene Lebensperiode hinaus weiterzubestehen. Die Weiterführung des

Unternehmens durch die nächste Generation ist daher in gewisser Weise ein nicht in Frage zu stellendes Muss, in dem der „Gründerunternehmer“ gleichsam über seinen Tod hinaus weiterleben kann. Gleichzeitig sind viele dieser Pioniere von der festen Überzeugung getrieben, dass das Unternehmen ohne ihre feste Hand nicht erfolgreich existieren kann. Da sie in fast allen relevanten Prozessen tatsächlich ihre Finger im Spiel haben, können sie sich ihre eigene Unentbehrlichkeit im Alltag immer wieder bestätigen lassen. Mit dieser Unentbehrlichkeitserfahrung geht bei solchen Persönlichkeiten vielfach der Verdacht einher, dass es die Nachfolger nur schlechter machen können. Das Paradoxon besteht somit darin, dass der Gründer beides will: die gelungene Übernahme durch die Nachfolger, um das Weiterbestehen des eigenen Werkes zu sichern und dass er aber gleichzeitig das Misstrauen nicht loswird, die Nachfolger könnten scheitern, weil sie nicht in die eigenen Fußstapfen zu treten in der Lage sind. Daraus und aus einer fast spiegelbildlichen Ambivalenz auf der Nachfolgerseite, ergeben sich für die Nachfolgegeneration widersprüchliche und eigentlich schwer erfüllbare Aufträge, die ein Scheitern tatsächlich eher wahrscheinlich machen.

Diese Dynamik gewinnt eine zusätzliche Erklärungsdimension, wenn man den inneren Triebkräften vieler Firmengründer nachgeht (die aktuelle Motivlage bei vielen Start-ups in der New Economy dürfte da allerdings deutlich anders gelagert zu sein). Die erfolgreiche Gründung eines Unternehmens scheint vielfach auch eine Antwort auf eine höchst individuelle Problemlage der Gründer widerzuspiegeln. Der enorme Energieeinsatz, den Pioniere ihr gesamtes Berufsleben rund um die Uhr an den Tag legen, kann sich auch dem unstillbaren Streben nach persönlicher Autonomie verdanken, dem tiefen Bedürfnis, in der eigenen Existenzsicherung von niemandem in der Welt wirklich abhängig zu sein. Dieses Streben stärkt den Drang, etwas Eigenes, etwas Bleibendes auf die Beine zu stellen. Anderen einen Arbeitsplatz anbieten und für ihre Existenzsicherung sorgen zu können, kann eine Antwort auf die eigene Situation des „Nicht-Versorgtseins“ darstellen, eine kreative Bewältigung von tief sitzenden Existenzängsten.

Aus dieser inneren Dynamik heraus, unternehmerischen Erfolg als Bestätigung der eigenen „Existenzangstbewältigungskompetenz“ zu sehen, ließe sich einigermaßen plausibel erklären, warum für manche Gründer die Übergabe, gerade auch an die eigenen Kinder, dieses Loslassen des eigenen Unternehmens als so außerordentlich bedrohlich erlebt wird. Die berechtigte Annahme, dass die Nachfolger diese Existenz- und Gründerproblematik gar nicht verstehen können, ja diesen inneren Antrieb gar nicht aufbringen, wird dann manchmal zum unterschwelligen Argument, dass sie für eine erfolgreiche Weiterführung des Unternehmens nicht wirklich gerüstet seien. Auch hier zeichnet sich eine familiale Paradoxie ab, nämlich die, dass die Nachkommen gerade durch die Gründungsleistung existentiell abgesichert und sorgenfrei aufwachsen können, dass aber zugleich der Vorwurf im Raum steht, dass diese nicht wirklich zu wissen scheinen, was harte und entbehrungsreiche Arbeit für ein Unternehmen bedeute und sich deswegen nicht in dem gleichen Ausmaß um das Unternehmen kümmern werden, wie dies die Gründergeneration getan hat. Nicht selten machen die Übergeber in ihrer inneren Kalkulation die Eignung der nachrückenden Generation an diesem bedingungslosen Einsatzwillen fest.

So sehr das Wissen um die Risken des Übergabeprozesses heute bereits verbreitet sind, so weit verbreitet ist in der Praxis nach wie vor das Phänomen, dass eine ernsthafte Thematisierung dieser Gründer-Nachfolger-Konstellation äußerst schwierig bis fast unmöglich erscheint. Zu groß sind offensichtlich die damit verbundenen emotionalen Belastungen, Gefahren und Verletzungsmöglichkeiten. Dazu kommt, dass Unternehmerfamilien familieneigene Kommunikationsformen ausprägten, die das offene Thematisieren von persönlichen Bedürfnissen, das ungenierte Ansprechen von Interessenkonflikten, von Macht- und Rivalitätsauseinandersetzungen nicht gerade befördern. So legt sich die Decke eines schweren Tabus solange es geht über diese ganze Thematik, ein Umstand, der mit dazu beiträgt, dass der ganze Übergabeprozess vielfach immer noch viel zu spät angegangen wird.

Zur Sicherung der Unternehmenskontinuität benötigt das Familienunternehmen deshalb eine besondere Fähigkeit zum „Management von Übergängen“. Es kann das als einer der zentralen Unterschiede zu kapitalmarktorientierten Publikumsgesellschaften angesehen werden. Im Zusammenhang mit der Nachfolgeregelung lassen sich verschiedene wichtige „Übergänge“ definieren, in denen es manchmal ganz hilfreich sein kann, beraterische Unterstützung von außen hinzuzuziehen. Denn an Hand des hier geschilderten Fallbeispiels sollte verdeutlicht werden, dass im Zuge eines

Generationenwechsels in Familienunternehmen sehr heikle Übergänge in den beteiligten Familien wie im Unternehmen selbst zu bewältigen sind, wobei diese unterschiedlichen „Systemumbauten" einander stützen oder extrem labilisieren können.

Wird die Generationsübergabe nicht nur als Krise, das Unternehmen als erweitertes Spielfeld für familieninterne Konflikte und Auseinandersetzungen betrachtet, sondern als Möglichkeit des Neubeginns genutzt, d. h. als Chance gesehen, den unternehmerischen Schwung der Anfangsjahre immer wieder neu zu entfachen, dann sind die Vorzeichen für das Familienunternehmen in bewegten wirtschaftlichen und politischen Zeiten durchaus chancenreich.

Vor dem Hintergrund dieser Überlegungen und als Schlussfolgerung aus dem vorliegenden Fallbeispiel lassen sich einige Schlüsselstellen bei der Bewältigung der Zukunftssicherung von Familienunternehmen identifizieren. Einige dieser „Knackpunkte" konnten in diesem Fallbeispiel gut gelöst werden, an anderen wiederum lassen sich Anregungen für die Unterstützung von Familienunternehmen gewinnen.

1. Die Stärkung expliziter Kommunikationsformen für heikle Themenfelder

Das alltägliche Kommunikationsgeschehen in Familienunternehmen ist durch eine hohe Informalität und Nicht-Schriftlichkeit gekennzeichnet. Wie in der Familie steht der persönliche Kontakt im Vordergrund. Mehrdeutigkeit dominiert. Es ist selten klar, ob eine diskutierte Sachfrage nun endgültig entschieden ist oder nicht. Dies ist vielfach erst an den nachfolgenden Handlungen zu erkennen. Wechselseitige Erwartungen bleiben vielfach unausgesprochen, wenn auch deutlich spürbar. Wenn etwas schief geht, kann jeden die Verantwortung treffen. Solche Muster sind in manchen Kontexten durchaus nützlich, bei der expliziten strategischen Ausrichtung eines Unternehmens und der Vereinbarung von Nachfolgeregelungen kommt dieses Kommunikationsmuster an seine Grenzen. Ohne offene und direkte Auseinandersetzung besteht die Gefahr, dass das Unternehmen wie die Familie die unvermeidliche Neuausrichtung und Strukturtransformation nicht fokussiert und jeder Beteiligte jene Aktivitäten forciert, die er höchstpersönlich für erforderlich hält. Die gemeinsame Orientierungssicherheit geht verloren.

Um diesen familial geprägten Kommunikationsmustern zu begegnen, lohnt es sich, in einem beratungsgestützten Übergabeprozess geschützte Kommunikationsgelegenheiten zu schaffen und zwar sowohl auf der Seite der Familie wie im Unternehmen, die unmittelbare Aushandlungsprozesse sowie direkte Konfliktaustragung ermöglichen und gemeinsame Festlegungen zulassen. Diese können in der weiteren Folge dann als stabile Berufungsgrundlage dienen (dies alles, ohne eine „systemfremde" Formalisierung des Kommunikationsgeschehens anzuregen).

2. Der Übergang vom Prinzip der Zugehörigkeit zum Prinzip der Qualifikation

In vielen Familienunternehmen sind die Eigentümer- und Managementrolle eng miteinander verknüpft. Eine schrittweise Entkoppelung dieser Rollen bedeutet, Fähigkeiten, Qualifikationen und nicht zuletzt die Motive der Nachfolgegeneration zu thematisieren und in Frage zu stellen. Dies verlangt einen Übergang vom Prinzip „Management qua Familienzugehörigkeit und Eigentum" zum Prinzip „Management qua erworbener Qualifikation". Diese beiden Übergabepfade werden häufig nicht sorgfältig voneinander getrennt, sondern in der Auseinandersetzung vermischt und überlagert. Wie können „die Jungen" ein Standing innerhalb des Unternehmens entwickeln, wenn sie die Führungsrolle gleichsam erben, fachlich aber nicht anerkannt oder sogar abgewertet sind? Ein Hinauszögern entsprechender Problemlösungen kann dem Unternehmen wertvolle Zeit kosten. Innovationsschübe und Weichenstellungen werden verpasst. Der bisherige Erfolg behindert notwendige Veränderungen, ein „Modernisierungsstau" ist die Folge. Häufig Jahre zu spät haben dann Nachfolger alle Hände voll zu tun, diese schwierige Situation zu meistern.

Kompetenzunterschiede sind sowohl unter Familienmitgliedern als auch in der „Großfamilie" des Unternehmens schwierig zu thematisieren, weil die Illusion familialer Gleichheit und Gerechtigkeit aufgegeben werden muss und funktional notwendige Unterschiede einzuführen sind. Uns scheint deshalb als Begleitmaßnahme des Übergangs wichtig, systematische Verfahren der Potentialerkennung einzuführen und eine gezielte Potentialentwicklung von Schlüsselspielern zu befördern, die sich an den strategischen Festlegungen des Unternehmens orientiert.

3. Der bewusste Umgang mit den beiden Systemebenen im Beratungsprozess: Zukunftssicherung für die Familie einerseits und Zukunftssicherung für das Unternehmen andererseits

In der Übergabesituation ist es in der Regel unvermeidlich, dass der Konflikt zwischen den in der Familie beheimateten Eigentümerinteressen und den Überlebensnotwendigkeiten des Unternehmens schärfer zutage tritt. Es gilt einen Prozess zu gestalten, der der ausscheidenden Generation zu ihrem „Recht" verhilft und gleichzeitig sicher stellt, dass die Überlebensnotwendigkeiten des Unternehmens den Vorrang behalten.

Durch die enge Vermischung dieser Ebenen in der familienbetrieblichen Realität, erscheint es uns besonders wichtig, explizit ausgeschilderte Settings einzurichten, die einerseits klar der Bearbeitung der Familienzukunft und andererseits deutlich der Unternehmenszukunft gewidmet sind. Dadurch wird die Gefahr der permanenten Vermischung von Unternehmensinteressen und Familieninteressen auch durch die Trennung der Bearbeitungsebenen verringert, ohne den Zusammenhang aus den Augen zu verlieren.

4. Die strukturelle Trennung der Einheit von Führung und Eigentum

Nach einem Generationenwechsel ist es meist sinnvoll, den Unterschied zwischen Management und Eigentümer auch strukturell zu verankern. Während der Gründer diese beiden Aspekte in sich vereint, macht eine Unterscheidung zwischen Familienmitgliedern, die nicht im Unternehmen sind (aber Eigentümerinteressen haben) und Personen/Familienmitgliedern, die in ihrer Rolle als (Top) Manager in erster Linie das Überleben des Unternehmens im Auge haben müssen, Sinn. In unserem Fallbeispiel wurde diese Unterscheidung durch die Rechtskonstruktion einer Stiftung geschaffen. Dadurch soll in diesem Fall sicher gestellt werden, dass Familienmitglieder am Ertrag des Unternehmens partizipieren, ohne in die operative Führung des Unternehmens eingreifen zu können. Die Personen, die für das Unternehmen verantwortlich sind, können so nach der Unternehmenslogik (und nicht primär nach der Familienlogik) handeln.

5. Die Integration eines potenten Fremdmanagements

Eine besondere Form der Trennung von Familie und Management ist das Engagement von familienfremden Topmanagern.

Wenn sich die Frage einer innerfamilialen Übergabe – aus welchen Gründen immer – nicht stellt, so ist die Überlegung des Übergangs zu einem Fremdmanagement nahe liegend. Erfahrungsgemäß aber ist diese Trennung nicht minder schwierig und risikobehaftet. Wie kann sich die Familie durchringen, ihr Unternehmen teilweise oder auch vollständig in die Hände eines Nicht-Familienmitglieds zu übergeben? Wie wird der Bruch mit der Tradition und der Verzicht auf dynastisches Weiterführen und Weiterleben verkraftet? Wie findet man professionelle Manager, die bereit und fähig sind, diese schwierige und konfliktträchtige Rolle, loyal der Familie aber auch dem Unternehmen gegenüber, kreativ zu gestalten? In der Doppelrolle Eigentümer und Manager musste der Firmenchef Konfliktsituationen zwischen der Überlebenssicherung des Unternehmens und der Bedienung der Eigentümerinteressen mit sich selbst ausmachen und verhandeln. Im Falle eines Fremdmanagements wird dieser Grundkonflikt in verschärfter Weise durch unterschiedliche Personen mit unterschiedlicher Interessenlage repräsentiert, die die Spielregeln für Konfliktlösungen vielfach erst erarbeiten müssen. Die Vitalität von Familienunternehmen zeigt sich heutzutage unter anderem daran, dass sie ihre Attraktivität für begabte Fremdmanager steigern und diesen eine interessante Entwicklungsperspektive bieten; d. h. aber, dass sie mit den beschriebenen Dilemmata bereits einen kreativen Umgang gefunden haben.

14. Der goldene Käfig

Eine Unternehmerfamilie im Prozess der Autonomisierung

Die folgende Geschichte zeichnet innerfamiliär eine Entwicklung nach, die gesellschaftsweit zu beobachten ist: die Trennung von Familie und Unternehmen. Sie dauert 70 Jahre, und in dieser Zeit ändern Familie und Unternehmen (oder besser: die verschiedenen Unternehmen) ihre Gestalt. Der hier berichtete Abschnitt der Historie beginnt damit, dass ein potentieller Nachfolger eine „passende" Frau heiratet, die in den Betrieb seiner Eltern eintritt. Familie und Unternehmen sind nicht zu trennen, beide Partner führen den Betrieb, den der Vater noch patriarchalisch geführt hatte, partnerschaftlich. Am Ende einer konfliktreichen Geschichte, die zur Trennung der Ehe, zu neuen Partnerschaften und Ehen führt, steht auch ein neues Unternehmen. Doch jetzt sind Familie und Unternehmen klar und eindeutig getrennt, zwei Sphären, die autonom voneinander funktionieren, eine nicht mehr als eine Randgröße für die andere.

FBS

Der goldene Käfig

Eine Unternehmerfamilie im Prozess der Autonomisierung[1]

Reinhard Sieder

Jakob Lorenz Schütz war ein sarkastischer, autokratischer, aber auch gefühlsreicher Mann. Er spezialisierte sein vom Vater übernommenes Unternehmen nach dem Krieg auf sakrale Goldschmiedekunst. 1955 nahm er die Tochter eines jüdischen Unternehmers zur Frau. Als einzige ihrer Familie hatte sie das Konzentrationslager Bergen-Belsen überlebt. Die Fabriken ihres Vaters und alles Vermögen hatten die Nazis geraubt. Ihr erster Sohn starb bald nach der Geburt. Im August 1961 gebar sie einen zweiten Sohn. Valentin Schütz blieb das einzige Kind und alle Welt erwartete, dass er eines Tages den väterlichen Betrieb übernehmen werde. Dem heranwachsenden Jungen wurde diese Erwartung bald zur Last. Zwar lockte es ihn durchaus, wohlhabend und selbständig zu werden, doch bedrückte ihn die Vorstellung, dafür in der Familie und im Betrieb die Strenge, die Ironie und den Spott des Vaters noch über Jahre ertragen zu müssen. Und immer deutlicher verspürte er den Wunsch, etwas Anderes, Eigenes, Neues und Großes zu schaffen – das Kunsthandwerk des Goldschmieds sei doch geradezu mikroskopisch. Nach dem Abitur und einer anschließenden Lehre als Goldschmied im väterlichen Betrieb ging er mit 22 Jahren an die Kunsthochschule in Genf.

1 Fallstudie im Rahmen des Forschungsprojekts „Beziehungskulturen abseits der Norm. Eine qualitative Studie über ‚Stieffamilien' und ‚Einelternfamilien'", im Auftrag des Bundesministeriums für Bildung, Wissenschaft und Kultur. Projektleitung: Reinhard Sieder; wissenschaftliche Mitarbeit: Corina Ahlers, Florian Oberhuber, Claudia Renner und Eva Schemm; Transkription der Interviews: Erika Eder.

Hier traf er Marie-Claire, die eben ihr Studium in Schmuckdesign zu Ende brachte. Aus einer Studentenfreundschaft entstand eine intime Beziehung.

Marie-Claire, drei Jahre älter als Valentin, stammt aus dem Schweizer Tessin. Ihre Herkunftsfamilie ist Teil eines Familienclans, der sich in mehreren Generationen verzweigt und vier „Linien" oder „Stämme" ausgebildet hat, die zu ungleichen Teilen einen Pharma-Konzern besitzen und in einem noblen Hotel in Lugano zur jährlichen Aktionärsversammlung zusammenkommen. Alle vier „Stämme" nehmen dann an einem großen Konferenztisch Platz und stellen rotblaue Fähnchen mit ihren Familienwappen vor sich auf. Ist die Versammlung beendet, wechseln an die fünfzig Personen den Saal und essen – in neuerlich streng geregelter, aber nun die „Stämme" durchmischender, geschlechtsbunter Sitzordnung – zu Abend. Der Familienclan versucht, das Geschäfts- und das Familienleben durch dieses Ritual möglichst deutlich zu trennen. In kleineren Familienunternehmen gelingt dies, wie im Folgenden zu zeigen sein wird, nicht im selben Maße und es kommt immer wieder zu Rollendiffusionen.

Marie-Claires Eltern sind strikt gegen die Verbindung mit Valentin, sie haben andere, familiendynastisch kalkulierte Pläne mit ihr. Als Marie-Claire ihr Studium abschließt, beendet auch Valentin sein Schnupperjahr und überzeugt sie, mit ihm in seine norddeutsche Heimatstadt zu übersiedeln. Es ist wie eine Flucht der jungen Frau aus dem streng katholischen Familienclan und dessen Heiratsplänen. Im Hause Schütz wird sie freundlich aufgenommen. Als Schmuckdesignerin tritt sie in das Familienunternehmen ein und wächst zur Assistentin des künftigen Schwiegervaters heran. Der autokratische Führungsstil des Unternehmers und seine Rolle als patriarchalischer Haus- und Familienvorstand bestärken einander.[2] Auch für Marie-Claire entsteht immer wieder eine Rollendiffusion: Ihr Chef ist zugleich ihr (künftiger) Schwiegervater, sie selbst nicht

2 Wie Fritz Simon, Rudolf Wimmer u. a. bereits treffend verallgemeinert haben, realisieren besonders Unternehmensgründer ihre privaten Verhaltensweisen und Persönlichkeitsmerkmale in der Regel auch im Betrieb. Dort wie da zeigen sie häufig einen patriarchalischen, manchmal auch autokratischen Führungsstil. Dieser Stil setzt sich aber nicht selten in der zweiten Generation unverändert oder modifiziert fort, und selbst die dritte ist davon mitunter noch nicht

nur seine Assistentin, sondern auch seine (künftige) Schwiegertochter. Immer wieder mischt sich Privates in den Betrieb und Geschäftliches in das Private. Konflikte und Spannungen wirken, je nachdem, wo sie entstanden sind, vom Betrieb in die Familie oder von der Familie in den Betrieb.

Flucht und Heimkehr

Wohl auch um dieser Verflechtung von Familie und Betrieb zu entkommen, entschließt sich Valentin, in einer etwa 500 Kilometer entfernten Universitätsstadt Mineralogie zu studieren. So wird das Paar, ehe es noch verheiratet ist, wochentags getrennt. Was sonst oft unter Geschwistern geschieht, vollzieht sich hier zwischen Braut und Bräutigam: Die künftige Schwiegertochter ermöglicht dem einzigen Sohn und Erben des Hauses, dem manifesten Konflikt mit dem Vater und Firmenchef zu entweichen und persönlichen Interessen und Neigungen zu folgen.

Marie-Claire opfert sich für ihren künftigen Ehemann, doch sie gewinnt auch an Macht. Sowohl in der Familie als auch im Betrieb erlangt sie bald erheblich mehr Einfluss als Valentin. Sie investiert Energie, Zeit, sozialen Aufwand und fachliche Kompetenz in den Familienbetrieb, und entsprechend der Logik des Familienunternehmens wird sie für ihre Einsätze honoriert.[3] Als enge Vertraute der Schwiegermutter – wir können eine Allianz der Frauen gegen den mächtigen Hausherrn vermuten – erhält sie auch in der Familie einen festen Platz.

Spätestens nach Abschluss seines Studiums muss Valentin in das Elternhaus zurückkehren, will er sein Zugriffsrecht auf das Familienunternehmen wahren. Der absolvierte Mineraloge fügt sich – mit einiger Verspätung gegenüber Marie-Claire – der Tradition des Hauses ein, doch unübersehbar ist der professionelle Vorrang Marie-Claires in den ersten Jahren. Mit dem als dauerhaft geplanten

völlig frei, wie am hier vorgestellten Fall zu zeigen sein wird. Siehe Simon (2001, S. 359–377, hier S. 367) (in diesem Buch als Kapitel 3 wieder abgedruckt, Anm. d. Hrsg.)

3 Vgl. Simon (2001, S. 371) (siehe oben, Kapitel 3)

Leben unter einem Dach ist es nun an der Zeit, Hochzeit zu feiern. Um sich ein autonomes Geschäftsfeld zu schaffen, gründen Valentin und Marie-Claire ein eigenes Schmuck-Atelier – ein Gründungsakt *innerhalb* der dreigenerationalen Firmengeschichte, der sich als ökonomisch höchst erfolgreich herausstellen wird.[4]

Es wäre nun aber ganz unzutreffend, sich das junge Paar in den folgenden Jahren als ein dyadisches Unternehmerpaar vorzustellen. Es ist zwar betrieblich verstrickt, doch teilt es die anfallenden Aufgaben auf eine Art, die es beinahe die gesamte Arbeitswoche räumlich trennt. Marie-Claire ist für den Entwurf und die Ausführung der Schmuckstücke, Valentin für Kundenkontakte und den Ankauf der Materialien zuständig, was an zwei bis drei Tagen der Woche seine Anwesenheit an der Diamantenbörse in Antwerpen erfordert und viele Geschäftsreisen mit sich bringt. Damit noch nicht genug, übernimmt er einen Lehrauftrag für Kristallphysik an einer Universität in einer anderen Stadt. In den folgenden Jahren ist er „nur unterwegs", schläft wenig und sieht seine Frau und seine kleine Tochter Carla nur an den Wochenenden. Die bürgerliche Familienordnung stellt sich auf eine branchen- und klassenspezifische Weise her: Die Frau kocht nicht, aber sie entwirft und schmiedet die Preziosen; der Mann zieht in die Welt, um die Geschäfte mit Gold und Diamanten zu machen. Die Betreuung der Tochter Carla übernimmt die Großmutter.

Die Affäre

In den vier Jahren, die Marie-Claire an der Seite ihres späteren Schwiegervaters verbringt, aber auch in den Jahren nach Valentins halbherziger Heimkehr verlebt sie nur sehr wenig gemeinsame Zeit mit ihrem Mann. In Siegfried, einem alten Jugend- und Studienfreund Valentins, der im Hause Schütz seit seinen frühen Jugend-

4 Dies sei hervorgehoben, da in der Literatur oft nur die Gründung des Familienunternehmens mit ihren Folgen für den exzellenten Status des Gründers hervorgehoben wird. Oft erfolgen jedoch Weichenstellungen in der zweiten oder dritten Generation, die ein Unternehmen auf eine neue „Erfolgsspur" bringen. In der Regel wird dies den jeweiligen Unternehmensführern auch in der Familien- und Betriebsgeschichte entsprechend zugerechnet.

tagen aus- und eingeht, findet sie einen verständnisvollen Zuhörer und Freund. Nach und nach entsteht daraus eine heimliche Liebesbeziehung. 1987 stirbt Valentins Vater wortlos und binnen einer Sekunde am Geburtstagstisch der Mutter. Herzinfarkt. Einige Monate später entdeckt Valentin das intime Verhältnis seiner Frau zu seinem besten Freund.

Nun wirkt sich die Struktur des Familienunternehmens *komplizierend* aus: Valentin ist in seiner sozialkulturellen Identität als Mann aus dem Gleichgewicht gebracht, zumal das Verhältnis, wie sich nun herausstellt, auch über die Zeit bestanden hat, in der Marie-Claire schwanger war und das Kind zur Welt kam. Überdies sieht er sich in seiner engsten Jugendfreundschaft betrogen. Und nicht zuletzt muss der Vertrauensbruch in der ehelichen Beziehung auch seine Partnerschaft mit Marie-Claire im Unternehmen tangieren. Nach dem Tod des Schwiegervaters fand sich Marie-Claire aus dessen Herrschaft befreit, doch an Valentin ist nun die Anforderung gestellt, die Nachfolge des Vaters in der Familie und im Betrieb anzutreten. Genau in diesem kritischen Moment des Generationenwechsels erscheint der Nachfolger durch die Aufdeckung des Betruges im eigenen Haus und durch den Vertrauensverlust zwischen den Ehepartnern äußerst geschwächt.

Das Paar reagiert auf die Affäre in der Familie und im Betrieb systemspezifisch: Im Betrieb antwortet es auf die drohende Destabilisierung mit noch intensiveren Anstrengungen und erzielt in dieser Phase große geschäftliche Erfolge. Der von Marie-Claire entworfene und von sechs Goldschmieden erzeugte Schmuck erregt großes Aufsehen; Berichte erscheinen in den wichtigsten Modejournalen der Welt. Doch in der Familie hält die schwere Erschütterung und die Gefahr des Zerbrechens an. Marie-Claire erleidet noch einen weiteren Verlust: Ihr Liebhaber geht nach Lateinamerika, um für einen Weltkonzern nach Erdöl zu suchen. Spätestens seit der Entdeckung der heimlichen Liebschaft hat das Ehepaar kein Sexualleben mehr und nur sehr wenig Beziehungsalltag miteinander. Mehr denn je ist Valentin nun außer Haus: in Antwerpen die halbe Woche, auf Ausstellungen, bei Kunden, und so weiter. Das Subsystem der Ehe ist stark ramponiert, das Subsystem der Liebesbeziehung Marie-Claires ist – bis auf Weiteres – still gelegt. Eine kurze Affäre Valentins mit einer Studentin der Universität bestätigt ihm zwar seine Attraktivität und sexuelle Potenz, doch beendet er das aussichtslose Verhältnis nach wenigen Wochen.

Der Ausweg

Wenn sie bei allem geschäftlichen Stress noch zusammenkommen, führen Valentin und Marie-Claire lange Diskussionen, um eine Lösung zu finden. Doch immer stärker macht sich in Valentin das Verlangen nach Rache und nach Distanzierung von seiner Ehefrau bemerkbar. Da Marie-Claire durch ihre führende Rolle im Betrieb und als Mutter unersetzbar erscheint und überdies auf die Loyalität der Schwiegermutter zählen kann, führt Valentins Tendenz, sich von Marie-Claire zu distanzieren, auch zu seiner inneren Ablösung vom Elternhaus. Der Ausweg eröffnet sich genau über jene Ambition, der Valentin schon mit seinem Studium gefolgt ist: Ein internationaler Konzern bietet dem diplomierten Mineralogen an, für fünf Jahre nach Südafrika zu gehen, um nach Diamantenvorkommen zu suchen. Nach einiger Überlegung entschließt sich Valentin, das Angebot anzunehmen. Gegen den Willen seiner Ehefrau und seiner Mutter verkauft er den gesamten Betrieb, nicht ohne allerdings für die ökonomische Sicherheit Marie-Claires zu sorgen: Er erwirbt ein kleines Juwelier-Geschäft, wo sie ihren Beruf weiter ausüben und ihre Kunden empfangen kann, ein letzter Akt seiner patriarchalischen *und* partnerschaftlichen Verantwortung als Familienunternehmer.

Valentin entscheidet sich für die Arbeit in Afrika, um Distanz zu Marie-Claire und dem Elternhaus zu gewinnen, und in der Hoffnung, sein Selbstwertgefühl durch diese Bewährungsprobe wieder zu stärken: „Ich hatte mir einen Zeitraum von fünf Jahren vorgenommen, den wollte ich durchstehen. Früher ist man ins Kloster gegangen, um Distanz zu finden, das war für mich so diese Arbeit im Steinbruch."[5] In den felsigen Wüstenstrichen nahe der alten

5 Interview mit „Valentin Schütz", Transkript Seite 18, Zeilen 16–19. Die mehrstündigen Gespräche mit „Valentin" wurden zu Pfingsten 2001 vom Verfasser geführt, in der Folge vollständig transkribiert und in einer Interpretengemeinschaft sequenzanalytisch analysiert. Tonbänder und Transkript befinden sich im Besitz des Verfassers. Aus Platzgründen müssen die wörtlichen Zitate in

Diamantenstadt Kimberley geht er seiner einsamen Arbeit nach und übersteht manche gefährliche Situation. Es ist die politisch äußerst stürmische Zeit der ersten Hälfte der 1990er Jahre, der Auseinandersetzungen zwischen den verfeindeten Lagern des ANC und der an Zulu-Traditionen anknüpfenden Inkatha-Bewegung. Dem Angriff einer marodierenden bewaffneten Gruppe entkommt Valentin mit seinem Jeep nur mit Mühe und Glück.

Valentin war nach Afrika gekommen, um Diamanten zu suchen und entdeckt hier seine große Sehnsucht nach dem Kind. „Wenn ich mal von der Mine runter war und ich war in Kimberley, das war so die nächste größere Stadt, wo man auch mal Sachen einkaufen konnte (...) ich sah so Frauen mit Kindern, denen hätte ich die Kinder wegreißen können. Ich hatte eine wirklich tiefe Sehnsucht nach meiner Tochter, überhaupt nach einem Kind, es war, glaube ich, noch nicht mal so spezifisch nur nach „*meinem* Kind, sondern überhaupt ein tiefes Verlangen nach dem Kind".[6]

Das Moratorium fällt dann viel kürzer aus als geplant, denn schon in seinem ersten Afrika-Jahr trifft Valentin Eva, in Aachen geboren und aufgewachsen, aber seit vielen Jahren Juristin bei einer Landesregierung in Österreich. „Ich hatte gerade Urlaub gehabt und bin dann wieder nach Afrika zurückgeflogen, und da geht das Flugzeug kaputt. Und da saß die Eva mit drinnen. So haben wir uns kennen gelernt und dann haben wir so eine Nacht Zwangsaufenthalt gehabt, weil ein neues Flugzeug her musste, das andere war nicht zu reparieren."[7] Vom ersten Augenblick an assoziiert Valentin Eva mit seinem Wunsch nach einem Kind.

Eva ist zu dieser Zeit knapp vierzig und hat eine Ehe und eine mehrjährige Beziehung hinter sich, die beide unter anderem daran gescheitert sind, dass die Partner ihren Kinderwunsch nicht teilten. Ähnlich wie Valentin wurde sie durch die wiederholte Untreue ihres Ehepartners schwer gekränkt. Valentin und Eva verabreden sich

diesem Text sehr knapp gehalten werden. Die Zitierweise verweist auf die Seitenzahlen und die Zeilen im Transkript. Besonders stark betonte Worte werden im Transkript kursiviert, Sprechpausen je nach Länge mit Bindestrichen markiert, Abbrüche mit „/", Auslassungen mit (...). Zum Forschungsprojekt siehe Anm. 1.

6 Interview mit „Valentin Schütz", Transkript S. 18, Z. 20 bis S. 19, Z. 3.

7 Interview mit „Valentin Schütz", Transkript S. 19, Z. 10–16.

in Johannesburg, wo Onkel und Tante auf Eva warten, um sie mit einem wohlhabenden Anwalt zu verkuppeln. Hier ist Valentin nicht erwünscht. Es dauert Monate, bis er Eva wiedersieht. Im folgenden Sommer verbringt er zwei Wochen Urlaub mit ihr in Namibia, dem ehemaligen Deutsch-Südwestafrika: „In einer neunzehnhundertzwölf erbauten kleinen Stadt, eine reine Wüstenstadt, vorne ist Wasser, hinten ist Sand. Da stehen diese deutschen Patrizierhäuser im Sand, das ist so ne ganz witzige Szenerie. Und da gibt es ein Hotel, das heißt der Schweizer Hof, und dort haben wir unsere Tochter gezeugt. Das fand ich irgendwie lustig, weil meine erste Frau ja Schweizerin war."[8]

Der Beginn der Schwangerschaft macht die neue Beziehung verbindlich und legitimiert, dass Valentin sein Moratorium abbricht. Einmal noch besucht ihn Marie-Claire allein in Südafrika und dabei anerkennen beide, dass ihre Ehe aufzulösen ist. Nach Deutschland zurückgekehrt, leitet Marie-Claire die Scheidung ein. Valentin beendet seine Arbeit auf den Diamantenfeldern und übersiedelt zu Eva, in eine ihm noch völlig fremde Stadt im Süden Österreichs.

Neubeginn

Sowohl in privater wie in beruflicher Hinsicht setzt Valentin einen radikalen Neubeginn: Er gründet ein Unternehmen in einem Wirtschaftszweig, in dem er zunächst keinerlei Erfahrung hat. Er erwirbt Baugründe und errichtet darauf größere Wohnhäuser, deren Wohnungen er vermietet oder verkauft – ein Geschäft mit großen Investitionsvolumina, hohem Risiko, aber einer planerischen Dimension, die er sich schon früher gewünscht hat. Doch ganz anders als bei seinem Einstieg in das väterliche Unternehmen steht er jetzt als Unternehmer völlig allein: Er kann nicht mehr auf den guten Ruf einer alteingesessenen Unternehmerfamilie vertrauen. Er ist ein Newcomer in der Branche und ein Zuwanderer in der Stadt. Konkurrierende Unternehmer schneiden ihn gezielt von wichtigen Informationen ab. So kommt er bei Auftragsvergaben und Grundstücksgeschäften oft nicht zum Zug und gerät einmal in arge wirtschaftliche Schwierigkeiten.

8 Interview mit „Valentin Schütz", Transkript S. 22, Z. 1–10.

Was das neue Unternehmen vom ehemaligen Familienunternehmen unterscheidet ist aber auch, dass sich seine Partnerin in keiner Weise daran beteiligt: Weder emotional und sozial noch ökonomisch und fachlich nimmt Eva am Aufbau und an der Führung der Firma teil. Als höhere Beamtin der Landesregierung ist sie ökonomisch völlig *unabhängig* vom Unternehmen des Mannes. Sie identifiziert sich nicht damit und beobachtet die Geschäfte des Mannes nur aus der Distanz. Eva ist weder in materieller noch in psychosozialer Hinsicht auf ein symbiotisches Verhältnis mit dem neuen Partner eingestellt, im Gegenteil: Aus den leidvollen Erfahrungen in ihren früheren Beziehungen hat sie den Schluss gezogen, dass es sicherer und vernünftiger sei, in jeder Hinsicht auf den Erhalt der eigenen Selbständigkeit zu achten. Daher drängt sie auf die sorgfältige Trennung ihres Einkommens vom Geschäft des Mannes. Valentin, dem diese Form des Zusammenlebens relativ autonomer Partner zunächst völlig fremd ist, muss erst lernen, sich darauf einzustellen und sie nicht als Mangel an Gemeinsamkeit zu erleben. Doch so anders und neu dieses Zusammenleben für die Partner ist, gehen sie doch an der Spitze ihrer einigermaßen turbulenten Lebensgeschichten und alles, was sie tun oder lassen, erhält sein Gewicht aus dem Vergleich mit ihren früheren Beziehungen und Lebensumständen. Es ist ein Zusammenleben im Modus des „anders als ...".

Zwei Familien, ein System

Mehr als tausend Kilometer südlich von seinem „Elternhaus" lebt Valentin Schütz nun als Bauunternehmer mit der Landesbeamtin Eva S. und der gemeinsamen Tochter Lisa. Auf den ersten Blick und für die Nachbarn trägt das Zusammenleben alle Merkmale einer ersten Kleinfamilie, immer noch Inbegriff der Normalität. Doch blicken Mann und Frau in ihren mittleren Lebensjahren bereits auf frühere Ehen und langjährige Beziehungen zurück. Für Valentin gewinnt überdies seine Tochter Carla an Bedeutung, deren erste Lebensjahre er aufgrund seiner vielfältigen Geschäfte großteils versäumt hat. Aber es ist schwierig, über tausend Kilometer hinweg den Kontakt mit ihr lebendig zu halten. Dem *Familienmythos* der okzidentalen Moderne, der Glück und Geborgenheit im Zusammenleben von Vater, Mutter und Kind unter einem Dach verspricht, entspricht diese zweite Familie also in diesem Punkt nicht.[9]

Die neue Kernfamilie wirkt aber auch auf das „Elternhaus" im Norden Deutschlands zurück: Etwa ein Jahr nach Valentins erneuter Bindung heiratet Marie-Claire ihren aus Lateinamerika heimgekehrten Liebhaber Siegfried. Das alte/neue Paar bildet mit Carla nun eine Stieffamilie[10], in der Siegfried allerdings keinen Anspruch

9 Die Erstfamilie Valentins verfehlte den Bauplan des Familienmythos der okzidentalen Moderne vor allem in dem Punkt, dass sowohl das Paar als auch Vater und Tochter viel zu wenig gemeinsame Zeit „unter einem Dach" verbrachten und ihr Familienleben stark durch betriebliches Handeln überlagert war. Obgleich Valentin nun in seiner zweiten Familie versucht, dies nicht zu wiederholen, bleibt der Umstand, dass seine erste Tochter nicht mit ihm dauernd unter einem Dach leben kann, ein Moment der subjektiv wahrgenommenen Differenz zum Familienmythos. Der Familienmythos symbolisiert auf kulturspezifische Weise das komplexe sinnliche Bedürfnis nach Liebe, Zuwendung, Geborgenheit und sexueller Zufriedenheit im Zusammenleben einer „leiblichen Dreifaltigkeit" von Vater, Mutter und Kind unter einem Dach, das sich aus der anthropologischen Lage des Menschen schon im ersten Schrei nach Nahrung und seinem Bedürfnis nach ganzheitlicher (physisch-psychischer) Liebe artikuliert, ein Bedürfnis, das den Menschen fortan nicht mehr verlässt (S. Freud). Viele Strategien in Zweitfamilien, insbesondere dort, wo leibliche und nichtleibliche Elternschaft „unter einem Dach" gelebt wird (wie auch in der Zweitfamilie Marie-Claires), scheinen uns Auseinandersetzungen der Erwachsenen und der Kinder mit dem Familienmythos zu sein.

10 Der Begriff „Stieffamilie" weckt negative Assoziationen, die vor allem vom Mythos der Stiefmutter herrühren, welche als nichtleibliche Mutter gegen den okzidentalen Familienmythos verstößt. Der „schlechte Ruf" aller Stief-Verhältnisse ist gewissermaßen ein Effekt des mächtigen Familienmythos. Überdies ist der Terminus „Stieffamilie" alt und konnotiert daher frühere Verhältnisse, die sich von den aktuellen Verhältnissen unterscheiden: Bis in die Mitte des 20. Jahrhunderts bezeichnete er überwiegend Familien, die sich nach dem Tod eines Elternteils – überwiegend der Mutter – durch Wiederverheiratung des Vaters ergänzt hatten. Gegenwärtige „Stieffamilien" entstehen jedoch überwiegend durch Trennung und Scheidung und sind in der überwiegenden Mehrzahl Stiefvater-Familien, da die Kinder meistens bei den Müttern wohnen bleiben. Neu ist aber auch die mehr oder minder fortgesetzte Elternarbeit des vom Kind getrennt lebenden Elternteils, und neu sind auch die verschiedenen Beziehungen und Kommunikationen, die zwischen leiblichen und psychosozialen Eltern in der geteilten Sorge um das Kind hergestellt werden. Vgl. Friedl u. Maier-Aichen (1991); Sieder (2000).

auf die Rolle des Vaters erhebt, sondern sich auf die Rolle eines „väterlichen Freundes“ beschränkt.[11] Zwischen beiden Familien bestehen vielfältige soziale, kulturelle, materielle und – nicht zuletzt – imaginäre Zusammenhänge: Selbst über tausend Kilometer hinweg bilden sie ein „binukleares Familiensystem“.[12] Wie wir dies in solchen Familiensystemen häufig gefunden haben, nimmt die jetzt zwölf Jahre alte Tochter Carla darin eine besondere Lage und Stellung ein. Seit Beginn ihrer Pubertät meldet sie soziale und emotionale Ansprüche an den Vater an und bindet auf diese Weise nicht nur sich selbst, sondern die gesamte Fortsetzungsfamilie an den im südlichen Österreich lebenden Vater und damit auch an dessen zweite Familie, nicht zuletzt an die sechsjährige Halbschwester Lisa. Mit ihren Wünschen und Phantasien, die um die Wiedervereinigung beider Familienkerne in „einem Elternhaus“ kreisen, beschäftigt sie nicht nur Valentin, sondern auch ihre Mutter, ihre Großmutter und nicht zuletzt auch ihren väterlichen Freund Siegfried. Irgendwann wird sie die Frage stellen, wann und wie das Verhältnis zwischen ihrer Mutter und Siegfried begonnen hat. Bislang wurde sie darüber völlig im Unklaren gelassen. Doch gerade die Tabuisierung dieser Geschichte und ihrer Folgen dürfte Carlas Neugierde stimulieren. Wahrscheinlich hat ihr neuerdings vehement vorgetragener Wunsch, den Vater künftig nur noch in Begleitung der Mutter oder der Großmutter zu besuchen, mit ihrer Ungewissheit und ihrem er-

11 Zur Typologie nicht leiblicher Mann-Kind-Beziehungen in Fortsetzungsfamilien siehe Friedl u. Maier-Aichen (1991) und (2000).

12 Vgl. Constance R. Ahrons (1979). Wir benützen diesen Begriff in folgender Bedeutung: Er bezeichnet ein nach Trennung und Scheidung entstehendes soziales System aus zwei Familienkernen, die verschiedener Art und Zusammensetzung sein können, zwischen welchen eine Zeit lang Austausch-, Konkurrenz-, Feindschafts- oder Stützungsverhältnisse, nicht zuletzt häufige Bezugnahmen in der innerfamilialen Kommunikation sowie in der wechselseitigen Imagination bestehen. Lebt in jedem der beiden Kerne ein Ex-Partner und Elternteil, pendelt deren Kind oder pendeln deren Kinder mehr oder minder regelmäßig zwischen beiden Kernen hin und her und nehmen dabei spezifische Funktionen ein: Sie können Kohärenz und Versöhnung stiften, sie können aber auch als „Spione“ in den „gegnerischen“ Familienkern geschickt werden, als „lebender Beweis“ für die schlechten Eigenschaften der anderen Gruppe gelten u. a. m. Vgl. Sieder (2000); siehe dazu Anm. 9.

wachenden Interesse an den familiengeschichtlichen Zusammenhängen zu tun.[13] Und offenbar ahnt Valentin, dass aufgrund dieser unbeantworteten Fragen und Wünsche seiner Tochter eine Auseinandersetzung notwendig sein wird, die sich die Erwachsenen derzeit noch nicht zutrauen. „Auch wenn es da immer wieder mal Rückschläge gibt, ne, das ist nicht auszuschließen. Ich denke auch, das wird in Zukunft passieren."[14]

Der Besucher

Wenn Valentin in den letzten Jahren ein oder zweimal im Jahr für ein paar Tage in sein norddeutsches Elternhaus kommt, erhält er bei Tisch den Platz des Besuchers zugewiesen. Den Platz des Familienoberhauptes besetzt sein Freund und Rivale Siegfried. Doch dessen Rolle im Haus und in der Familie unterscheidet sich von der Rolle seiner Vorgänger. Siegfried ist nicht das Oberhaupt eines Familienunternehmens, sondern leitender Angestellter einer Firma in Berlin, die vom Ausbau der deutschen Hauptstadt profitiert. Er kommt nur

13 Im leidvollen Begehren Carlas nach dem (leiblichen) Vater zeigt sich der okzidentale Familienmythos der Moderne am Werk, siehe dazu Anm. 9. Sigmund Freud schreibt, dass „ungefähr von der Zeit der Vorpubertät angefangen" das Kind sich des „Themas der Familienbeziehungen" bemächtige. Ein charakteristisches Beispiel sei „das bekannte Tagträumen, das weit über die Pubertät hinaus fortgesetzt wird. Eine genaue Beobachtung dieser Tagträume lehrt, dass sie der Erfüllung von Wünschen, der Korrektur des Lebens dienen. (...) Um die angegebene Zeit beschäftigt sich nun die Phantasie des Kindes mit der Aufgabe, die gering geschätzten Eltern loszuwerden und durch in der Regel sozial höher stehende zu ersetzen. Dabei wird das zufällige Zusammentreffen mit wirklichen Erlebnissen (...) ausgenützt." Freud (1909, S. 224). – Beziehen wir diese Beobachtung Freuds auf das rezente binukleare Familiensystem, das zumindest in einem seiner beiden Kerne eine Stieffamilie hat, erscheint es plausibel, dass die Relation zwischen dem getrennt lebenden leiblichen Vater und dem psychosozialen Vater oder väterlichen Freund diese „Phantasietätigkeit" des Kindes anregen wird. Neuerlich ist es also die Differenz zu dem die sinnlichen Sehnsüchte symbolisierenden Familienmythos, auf deren Aufhebung oder auch nur Erklärung sich die psychische Energie des Kindes richtet.

14 Interview mit „Valentin Schütz", Transkript S. 62, Z. 18–22.

an den Wochenenden nach Hause. Seit er als zweiter Ehemann der Marie-Claire eingezogen ist, wird nicht mehr zu allen Mahlzeiten ein weißes Tischtuch und Silberbesteck aufgelegt. Carla wird, so beobachtet es Valentin bei seinen Besuchen, nicht zu feinen Manieren bei Tisch angehalten, kultivierte Gespräche fänden bei Tisch kaum noch statt; denn dafür bringe der „eher zur Gemütlichkeit neigende" und aus einem „einfachen Elternhaus" stammende Siegfried keine Voraussetzungen und kein Interesse mit. Als Valentin einmal sein Missfallen äußert, sagt seine Mutter zu ihm: „Du musstest ja nicht das Haus verlassen – und die Dinge ändern sich ne – und das is – an an an solchen Äußerlichkeiten … – wird es dann innerlich eng ne un un und dicht nich – dass … wo man so direkt – mit dem – Kopf draufgestoßen wird."[15]

Valentin glaubt, dass sich Siegfried seiner neuen Rolle im Hause Schütz selbst nach einigen Jahren „nicht sicher" ist. Der *prekär* gewordenen Rolle Valentins als Besucher im eigenen „Elternhaus" steht also ein noch immer *prekärer* Nachfolger gegenüber, der seine Stelle im Haus nicht mit jener sinnlichen Gewissheit einnehmen kann, welche der Familienmythos verspricht. In systemischer Sicht adressiert die Kommunikation im sozialen System die Teilnehmer als Personen: Wer bist du und wer bin ich? Wer sind wir zusammen? Und wer gehört nicht zu uns? So erstaunt es nicht, dass Valentin berichtet, jedes Mal zu Beginn seiner Besuche im Elternhaus wolle das Gespräch nicht so recht anlaufen. Alle gingen höchst vorsichtig miteinander um und seien ängstlich bemüht, das vergangene Geschehen mit keiner Silbe zu berühren. Eine starke Anspannung sei zu bemerken, „ein Hauch von Eis in der Luft".[16]

Wie viel Wahrheit muten sich die Akteure dieses binuklearen Familiensystems zu? Was muss verschwiegen, darf nicht gestanden werden, um das System stabil zu erhalten?[17] Der Tochter Carla (wie

15 Interview mit „Valentin Schütz", Transkript S. 60, Z. 7–11.

16 Interview mit „Valentin Schütz", Transkript S. 60, Z. 8 bis S. 61, Z. 2.

17 Dass die Familie keine „effektive Institution der Selbstthematisierung" sein kann, weil dies zu ihrer Zerstörung führen würde, ist u. a. die These von Rainer Winter (1990); hier scheint eine der Anomien im Prozess der Individualisierung zu liegen, der, wie Michel Foucault gezeigt hat, mit dem besonderen Faible für das Geständnis der biographischen Wahrheit verknüpft ist; vgl. Sieder (1997, S. 249).

auch der Tochter Lisa) wird der heimliche Beginn der intimen Beziehung von Marie-Claire und Siegfried bisher verschwiegen. Zwischen den Erwachsenen besteht Einvernehmen darüber, bestimmte Entwicklungen, die dadurch im sozialen System wie in den psychischen Systemen der Akteure ausgelöst wurden, nicht zu besprechen. Dennoch ist das Nichtbesprochene in der Kommunikation wirksam, annähernd fassbar in jener Anspannung („Grundnervosität"), jener besonderen Vorsicht im Umgang miteinander. Umgekehrt kann man fragen, was ausdrücklich kommuniziert werden muss, um das soziale System zu erhalten. Dazu zählt in diesem Fall nicht zuletzt die Wiederherstellung einer gewissen Freundschaft zwischen Valentin und Siegfried, wie schwer sie Valentin anfangs gefallen sein mag, und wie schwer sie wohl auch für Siegfried war, mit seinen Schuldgefühlen. Dazu zählt auch das enge Vertrauensverhältnis zwischen Marie-Claire und ihrer (ehemaligen) Schwiegermutter, ohne welches die Scheidung wohl das Ausscheiden Marie-Claires und Carlas aus dem Haus bedeutet hätte. Und dazu zählt nicht zuletzt, dass Frau Schütz alles dazu tat, um die Familie – nach dem Tod ihres Ehemannes, dem Auszug des Sohnes und dem Verkauf des Unternehmens auf die Großmutter-Mutter-Kind-Triade in ihrem Kern und den zweiten Ehemann Marie-Claires an ihrem Rand ‚reduziert'– nicht zu gefährden.

Koevolutive Systeme

Die Unternehmerfamilie gibt es nicht. Jede ist ein besonderer Fall des Möglichen. Doch allen Unternehmerfamilien ist gemeinsam, dass zwei soziale Systeme, die einer unterschiedlichen Logik folgen, möglichst kompatibel gemacht werden müssen: das System der Familie und das System des Betriebs. Diese beiden sozialen Systeme[18] sind sich, systemtheoretisch gesprochen, wechselseitig Umwelt und wirken aufeinander, sie stören und irritieren einander und sie stoßen sich zu weiteren Entwicklungen an, die Auflösung eines der Systeme oder beider Systeme als den ultimativen Schritt von Entwicklung inbegriffen.

18 Zum Verhältnis dieser beiden sozialen Systeme in systemtheoretischer Sicht siehe v. a. Simon (2001, S. 364)

Marie-Claire tritt im sozialen System des Familienunternehmens an die Stelle des Sohnes: Sie entlastet ihn zumindest für die Jahre seines Studiums von der schwierigen Rolle des Nachfolgers. Damit erlangt sie im sozialen System der Unternehmerfamilie aufgrund ihrer Leistungen einen weitaus sichereren Platz, als er einer künftigen Schwiegertochter sonst jemals zukäme. Das System Familie reagiert darauf nach seiner ihm eigenen familistischen Logik: Es „adoptiert" die künftige Schwiegertochter. Das System des Unternehmens reagiert wiederum auf die familistische Integration der Marie-Claire in seiner systemeigenen Logik: Es hievt sie rasch an die Spitze des Unternehmens. Eine Serie von systemspezifischen Reaktionen.

Die Operationen in beiden Systemen sind nicht ereignishaft und voneinander isoliert, sondern prozessual, interaktionell und koevolutiv und bringen daher relativ stabile Kommunikationsmuster hervor, von denen die einen als eher privat und familial, die anderen als eher betrieblich und ökonomisch gelten. Zwar reagieren sie auf besondere Ereignisse – insbesondere auf *störende* Ereignisse – jeweils in ihren spezifischen Systemlogiken, weil sich aber einige der maßgeblichen Personen synchron und diachron in beiden Systemen bewegen, müssen sie Entscheidungen treffen, die beide Logiken aufeinander beziehen. Es ist nahe liegend aber falsch zu behaupten, eine Entscheidung gemäß der Logik des privaten Lebens (etwa die Entscheidung zur Trennung infolge der Erschütterung des Vertrauens) würde gegen die Logik des Betriebes (etwa gegen die hier geltende Maxime des ökonomischen Erfolges) „verstoßen", da die private Entscheidung die Führungslage im Familienbetrieb sofort verändert und umgekehrt. (Beispielsweise könnte ein sich privat zerstreitendes Paar den Betrieb bald nicht mehr erfolgreich führen.) Die Veränderung in dem einen System führt zur Veränderung in dem anderen: die beiden Systeme verhalten sich zueinander *koevolutiv*.

In eine solche koevolutive Dynamik gerät Valentin, als er sich veranlasst sieht, aus privaten Gründen den Betrieb ausgerechnet am Höhepunkt internationalen Erfolges zu verkaufen. Oder war der Verkauf des gesamten Unternehmens eine in betriebswirtschaftlicher Sicht übertriebene Rache für die erlittene Demütigung? Hätte Valentin den Betrieb denn auch „teilen" können? Oder hätte er sich vom „Elternhaus" emanzipieren, von seiner Frau trennen und den

Betrieb dennoch weiterführen können? Warum folgte Marie-Claire nicht derselben Logik, sondern opponierte, wie die Schwiegermutter, dem Verkauf? „Elternhaus" ist eine Raum- und Orts-Metapher für die vielfältigen Überlappungen von Familie und Betrieb. Dass Marie-Claire das „Elternhaus" Valentins nicht verlassen würde, zeichnete sich ab und wurde von der Mutter angekündigt; das Unternehmen hätte mit ihr seine künstlerische und gestalterische Qualität verloren. So ist Valentins Entscheidung, das Familienunternehmen zu verkaufen, nicht nur willkürliche Rache, sondern in *seiner* Perspektive auch logische Konsequenz: Mit der Ehe erscheint auch das komplementäre Unternehmer-Paar obsolet.

Dass die beiden Hauptakteure – Valentin und Marie-Claire – nicht zu einer *einhelligen* Entscheidung gelangen, zeigt einmal mehr, dass sich weder die familiale noch die betriebliche Logik ungeachtet der jeweiligen persönlichen Interessen durchsetzen kann. Marie-Claire will, dass Valentin seine Demütigung überwindet und den Betrieb mit ihr partnerschaftlich weiterführt. Valentin aber glaubt dazu nicht imstande zu sein. Während Marie-Claire fürchten muss, durch den Verkauf der Firma an Lebensqualität und Macht zu verlieren, beabsichtigt Valentin, sein Eigentum in „Spielkapital" für einen neuen Lebensabschnitt zu transformieren. Beide sozialen Systeme funktionieren also nicht „über die Köpfe hinweg", sondern abhängig von den Ressourcen, Interessen und Perspektiven ihrer Akteure.

Entkoppelung

In den 1970er und 1980er Jahren erfolgte in den westeuropäischen Gesellschaften ein neuerlicher Schub an Individualisierung, nicht zuletzt für die gebildeten und gut ausgebildeten Frauen in einem politisch erkämpften, aber auch volkswirtschaftlich begründeten Nachziehverfahren, in Deutschland und Österreich unter sozialdemokratischer Hegemonie. Der Fall zeigt etwas davon: An die Stelle des aus der väterlichen Herrschaft flüchtenden Sohnes tritt dessen Braut und Ehefrau, die in der Folge in einer Weise Autorität und Führungsmacht in der Familie und im Unternehmen erlangt, die früher undenkbar gewesen wäre. Zwar zahlt sie für diese Stellung auch manchen Preis, die Einsamkeit, die unerfüllte Sehnsucht nach

Emotionalität und Geborgenheit, die sie dazu bringt, eine Nebenbeziehung aufzubauen und einiges zu riskieren[19]. Doch nach einem Moratorium gelingt es ihr, diese Beziehung zu legitimieren, ohne das Haus verlassen zu müssen. Ihre Untreue – für Frauen in dieser sozialen Klasse früher oft fatal, für Männer meistens Gewohnheit – führt zwar zur Beendigung der ersten Ehe, zerstört jedoch nicht ihren sozialen Status in Valentins „Elternhaus".

Hingegen schlägt das Projekt des Valentin Schütz zunächst fehl, sich aus der väterlichen Herrschaft zu emanzipieren. Letztlich vermag er sich nur zu befreien, indem er das Unternehmen verkauft, womit er nicht nur seiner Frau und seiner Mutter, sondern auch sich selbst einiges Leid zufügen muss. Seinen zweiten Versuch, mit Frau und Kind „eine Familie" zu leben, unternimmt er, durch einen puren Zufall bestimmt, weit ab vom Ort und vom sozialen Milieu seiner Herkunft. Erneut gründet er ein Unternehmen, diesmal jedoch in einer Branche, mit der keiner seiner Vorfahren je etwas zu tun gehabt hat. Und er bindet sich an eine Frau, die ein für ihn völlig neues Konzept von weiblicher Individualität vertritt, ein Konzept, in das der Diskurs der zweiten Frauenbewegung nach 1970 eingeschrieben ist: eine private Partnerschaft bei strikt getrennten ökonomischen Belangen, Sinn stiftender Erwerbsarbeit der Frau und ohne romantische Phantasien der Verschmelzung.

Die zweite Familie des Valentin Schütz hat also nur wenig mit der ersten gemein: Sie ist nicht als „Unternehmerfamilie" zu bezeichnen und sie ist kein bürgerliches Familienprojekt. Zwar findet sich

19 Es ist zu fragen, was die so disziplinierte und professionelle Marie-Claire dazu bringt, dieses hohe Risiko einzugehen. Diese Frage kann hier mangels Erzählungen von Marie-Claire nicht empirisch beantwortet werden. Im Allgemeinen erzeugt der Zustand der Verliebtheit Gefühle der Grandiosität des/der Geliebten und damit von sich selbst und somit eine Kühnheit, zu der eine/r sonst nicht fähig wäre: etwa die Kühnheit, eine berufliche Stellung, einen führenden Platz im Unternehmen, einen Wohnort, ein soziales Netzwerk zu riskieren oder gar aufzugeben oder – wie es vor allem für Männer zutrifft, sich von den eigenen Kindern zu trennen. Während die erste ernst genommene Liebe im Leben oft erst die Kraft verleiht, sich von den Eltern abzulösen, erzeugt neuerdings die Liebe in den mittleren Lebensjahren die Energie, laufende Lebensprojekte abzubrechen und „neu" anzufangen, worin einige Illusionen inbegriffen sind, weil „das Alte" nicht so ohne weiteres vergehen will.

im Souterrain des Wohnhauses ein Büro des Mannes, doch die Frau betritt es nur selten und jedenfalls nicht, um irgendeine Aufgabe im Rahmen des Unternehmens zu übernehmen. Niemand in der Stadt würde diese Frau mit dem Unternehmen des Mannes identifizieren. Da sie mit ihm nicht verheiratet ist, belasten sie auch Bankkredite und Haftungen des Mannes als Unternehmer nicht. Die Frau gründet ihren Ruf und ihr Ansehen ausschließlich auf dem, was sie in ihrem Beruf tut und leistet; weder wählt sie ihre Freundinnen und Freunde im Interesse der Firma des Mannes, noch trägt sie Kleider oder Schmuck, um sein Unternehmen zu repräsentieren. Eine Frau, die sich nicht über die Geschäfte des Mannes definiert, fühlt sich auch nicht als Frau in einem Familienunternehmen. Freilich beeinflussen die Arbeitszeiten, die wirtschaftlichen Sorgen, die sozialen Netzwerke des Mannes auch ihr Leben, wie umgekehrt die Arbeitszeiten, die beruflichen Sorgen und sozialen Netzwerke der Frau vom Mann wahrgenommen werden. Aber das hat das Paar mit allen erwerbstätigen Paaren gemeinsam. Von einer „Unternehmerfamilie" ist jedoch mit soziologischem Gewinn nur zu reden, wenn die Beteiligten entsprechende Praktiken, Rollen und Identitäten realisieren und konstruieren, wenn Mann und Frau zumindest in einer Generation, deutlicher noch über zwei oder mehr Generationen hinweg, das Unternehmen in den Mittelpunkt ihrer gemeinsamen Lebensinteressen rücken und wenn sie als Paar von der sozialen Umwelt auf das Engste mit dem Unternehmen verbunden werden.

Es könnte durchaus sein, dass es Valentin vorzöge, würde sich seine zweite Frau als „Unternehmersgattin" definieren, wie es ihm vielleicht auch gefiele, dann etwas mehr vom patriarchalischen Stil seines verstorbenen Vaters leben zu können. Sein nostalgischer Rückblick auf das verlorene Tafelsilber weist darauf hin. Mit dem Verlust des sorgsam gedeckten Tisches betrauert er den Verlust einer Ordnung der bürgerlichen Familie, in der jede Person ihren qua Geburt und Geschlecht „angestammten" Platz einnimmt und die Rituale des Familienlebens Sicherheit und Vorhersehbarkeit geben. Doch sein Scheitern in der Nachfolge des patriarchalen Unternehmers scheint irreversibel. Wie sich Eva definiert, bestimmt nun nicht mehr die mächtige Kultur einer Unternehmerfamilie, sondern die individualisierte und autonomisierte Frau selbst, auf der Basis ihrer eigenen Sinn- und Identität stiftenden Arbeit und in ihrer persönlichen Auseinandersetzung mit den Diskursen ihres sozialkulturellen Milieus.

Wir haben also nicht nur eine Abfolge von mehreren Familien im Zeitraum von etwa sieben Jahrzehnten vor uns, sondern auch einen Wechsel des Typus der Familien und der Familienunternehmen. Valentins Großvater hatte in den 1930er Jahren einen Kleinbetrieb gegründet, der noch in der Tradition des zünftigen Handwerks ganz hierarchisch auf den Mann als Patriarch, Lehrherr und Familienvater zugeschnitten war und ihm auch in der städtischen Gesellschaft Ansehen und Achtung verschaffte. Sein Sohn, Valentins Vater, vergrößerte den Betrieb in den 1950er Jahren zum Mittelbetrieb. In der ersten wie in der zweiten Generation repräsentierte und managte die Ehefrau „das Haus", ohne operativ an den Geschäften teilzunehmen. Für die ersten beiden Generationen kann also bei allen Unterschieden von einer *„patriarchalischen Unternehmerfamilie"* und von einem *„patriarchalischen Familienunternehmen"* gesprochen werden.

Davon unterscheidet sich die Unternehmerfamilie und das Familienunternehmen in der dritten Generation deutlich: Valentin und Marie-Claire führten den Betrieb *partnerschaftlich und in komplementärer Arbeitsteilung*, ohne allerdings auch schon in den Besitzverhältnissen Gleichrangigkeit herzustellen. Diese Komplementarität des wirtschaftsführenden Paares bei aufrechter Besitzdominanz des Mannes begünstigte in der schweren Ehekrise den Verkauf des Unternehmens. Oder abstrakter gesagt, das *merging* von Teilen des alten Typus und Teilen des neuen erzeugte den finalen Zusammenbruch des Doppelsystems: das Unternehmen zerbrach am Zerfall der Familie, die Familie zerbrach am individualisierten Glücksanspruch des Paares.

Im Unterschied zu den hier vorgefundenen zwei Typen der Unternehmerfamilie (der patriarchalischen und der partnerschaftlichkomplementären) ist weder die zweite Familie des Valentin noch die zweite Familie der Marie-Claire als Unternehmerfamilie zu bezeichnen. In beiden Fällen sind die Unternehmen (das Bauunternehmen Valentins und das kleine Schmuckatelier Marie-Claires) vom Familienleben weitgehend *entkoppelt*. Marie-Claires zweiter Ehemann und Eva sind mit ihren Lohneinkommen und beruflichen Netzwerken (als leitender Angestellter bzw. als Juristin einer Landesregierung) unabhängig von den Unternehmen ihrer Partner. Beide Familien repräsentieren die Unternehmen nicht mehr.

Stil

An die Stelle des „Hauses“, welches erst durch die Koppelung an den Betrieb und über den Generationenwechsel mythische Bedeutung als „Elternhaus“ gewinnt, ist ein flexibleres privates Wohnen getreten, in dem sich nicht primär das Unternehmen, sondern die individualisierten Individuen artikulieren. Jene stilistischen Überhöhungen, die dem Zusammenleben symbolischen Ausdruck, ästhetische Eigenart, sozialen Sinn und historische Bedeutung verleihen, sind privatisiert. Zu diesem *Familienstil* gehören die im Lauf der Zeit eingespielten Rituale des Zusammenlebens, die Art, wie die soziale Gruppe ihre Feste und Feiern inszeniert, und nicht zuletzt die Gestaltung des Wohnens, das Arrangement der Möbel und Bilder, die Fotogalerie an der Wand, die der Gruppe historische Kohärenz als „Familie“ attestiert und sich selbst wie den Besuchern eindrücklich vor Augen führt.

Im gegenständlichen Fall zeugen vor allem wertvolle, vom Großvater geschaffene Ölbilder und Möbel und – mitten im Salon – der zierliche Werktisch des Goldschmieds – vom verlorenen „Elternhaus“. Diese Rekontextualisierung und Verfremdung des Werktischs – seine „Versetzung“ von der Werkstatt in das Wohnzimmer – kann als Symbol des vollzogenen Wechsels von der Unternehmerfamilie zur privatisierten Familie gelesen werden. Hingegen haben die beiden vorangegangenen Beziehungen der neuen Partnerin (noch?) keine symbolische Präsenz im aktuellen Wohnen erlangt. Sie bleiben unsichtbar, sind nicht Stil bildend und werden nicht in die gemeinsame Familiengeschichte integriert. Wir sehen: auch im System des Wohnens sind die Systemteile nicht gleich, auch Wohnen ist ein interessiertes, standpunktabhängiges und perspektivisches Handeln der darin ungleich mächtigen Beteiligten.

Kapital

Der Vorrang des wirtschaftlichen Kapitals und der Besitzregelung sollte nicht den Blick auf das Gewicht anderer Ressourcen verstellen. Ein häufiges Missverständnis, das sich um die Systemtheorie verbreitet hat, ist die Vorstellung, die Systemkomponenten seien –

in einem sich selber erhaltenden („autopoietischen") System[20] – alle gleich. Doch die ungleiche Verteilung von biologischen, psychologischen, ökonomischen und symbolischen Ressourcen oder – in der Terminologie Pierre Bourdieus[21] – Kapitalien erzeugt im sozialen System Ungleichheiten, die gewisse soziale und psychische Dynamiken allererst entstehen lassen. Auch in einer Unternehmerfamilie, die offensichtlich in hohem Maße durch die Akkumulation wirtschaftlichen Kapitals bestimmt ist, sind immer auch kulturelles und soziales Kapital mit im Spiel, und letztlich kommt es auch hier auf das Mischungsverhältnis der Kapitalien an, über die eine/r verfügt und die von anderen anerkannt werden, womit sich erst jedwedes Kapital in *symbolisches*, sozial wirksames Kapital konvertiert.

Marie-Claire verfügt mit ihrer Bildung und Ausbildung, mit ihren künstlerischen Fähigkeiten, aber auch mit ihrer anerzogenen Strenge und Selbstdisziplin über ein hohes, im Handlungsfeld des Familienunternehmens zu Buche schlagendes *kulturelles* Kapital. Als Ehefrau des Erben und (künftigen) Hausvorstands und Firmenchefs, als Mutter von dessen Tochter und als Mutter der Enkeltochter der Schwiegereltern, als enge Vertraute der Schwiegermutter, zunächst als Assistentin des (Senior-)Chefs und später als umsichtige Leiterin des Schmuckateliers mit qualifizierten Mitarbeitern etc. verfügt sie auch über hohes soziales Kapital. Vergleichen wir ihre Kapitalien mit jenen ihres Mannes, hat sie eingangs die allerbeste Ausbildung für das Unternehmen, worin ihr Valentin deutlich unterlegen ist, vor allem aber ist sie in den folgenden Jahren *präsent*, sie bringt ihre kulturellen und sozialen Ressourcen tagtäglich in die sozialen Systeme des Betriebs und der Familie ein, während Valentin überwiegend *abwesend* ist, wenn auch in den letzten Jahren zu geschäftlichen Zwecken.

Das kulturelle Kapital Valentins besteht zunächst aus dem Erwerb allgemeiner Bildung und ihrer Anerkennung im Abitur, dann aus der Lehre im väterlichen Betrieb und dem Studium der Mineralogie, verbunden mit Titel und Stelle als Lehrbeauftragter an einer

20 Vgl. Levold, Wedekind u. Georgi (1990, S. 77). Eine kritische und differenzierende Auseinandersetzung mit dem aus der Biologie übernommenen Konzept der Autopoiesis für soziale Gruppen unternimmt Kriz (1997, bes. S. 116 ff.).
21 Pierre Bourdieu (1987)

Universität. Doch diese Kapitalsorten werden im Familienbetrieb nicht schlagend. Seine wissenschaftlichen Ambitionen begründen über die Jahre die *Abwesenheit* des Sohnes und eröffnen ihm schließlich den *Ausweg* aus dem Elternhaus.

Sein wirtschaftliches Kapital allerdings – Valentin besitzt nach dem Tod seines Vaters den größten Teil des Unternehmens sowie Anteile an der Diamantenbörse in Antwerpen – ermächtigt ihn, die Entscheidung des Verkaufs gegen die Interessen der Mutter und der Ehefrau durchzusetzen. In eigentumsrechtlicher Hinsicht ist also der Übergang vom patriarchalischen zum partnerschaftlich geführten Unternehmen noch nicht vollzogen. Während das Paar den Betrieb partnerschaftlich-komplementär leitet, weil dies praktisch notwendig und nützlich erscheint, gestaltet es das Besitzverhältnis noch nach dem patriarchalischen und patrilinearen Denkmodell. Dem Verlust an sozialem Kapital, den Valentin durch die Untreue seiner Ehefrau im eigenen Elternhaus erlitten hat und der nun durch die Tabuisierung des Geschehenen möglichst gering gehalten werden soll, begegnet er mit dem Verkauf des Unternehmens – eine Transformation seines ökonomischen Kapitals, die der Ehefrau mit dem Betrieb die materielle Grundlage ihrer Macht entzieht.

Diese Entscheidung entbehrt also, wie gesagt, keineswegs psychosozialer *und* ökonomischer Logik. Sie lässt Valentin *in actu* als den ökonomisch Mächtigsten aller Akteure in beiden Systemen erscheinen. Ob sie sich allerdings letztlich rechnet und einen *Kontenausgleich* zwischen den (Ex-)Partnern ermöglichen wird, entzieht sich im Moment der Entscheidung der Vorhersehbarkeit. Und in der Retrospektive ist die Frage, von welchem der beiden (ehemaligen) Partner zu welchem Zeitpunkt im Leben die Rechnung aufgemacht wird. Bei den eher seltenen Gelegenheiten ausführlicher biographischer Zwischenbilanzen (wie im lebensgeschichtlichen Interview oder in der Therapie) wird zwar versucht, ökonomische, soziale, kulturelle und psychische Gewinne und Verluste abzuwägen, doch erbringt dies kaum je ein klares Ergebnis. Eine gemeinsame Währung oder auch nur ein Umrechnungsschlüssel für affektive, soziale und körperliche Geborgenheit einerseits und für ökonomische Leistungen und Werte andererseits sind nicht zu finden – ein Konvertierungsproblem für jede Lebensbilanz.

Homo oeconomicus?

Angesichts dessen ist auch das ökonomistische Bild vom Unternehmer zu korrigieren. Weder Großvater noch Vater noch Sohn folgen als Unternehmer jenem „unersättlichen Geschäftstrieb", mit dem Werner Sombart „den Kapitalisten" charakterisierte.[22] Keiner von ihnen entspricht jenem agonalen Prinzip, für welches Max Weber die Metapher vom „Unternehmer der kalten Hand" erfunden hat.[23] Vielmehr sind sie Unternehmer, die mit ihrer Arbeit immer auch bildnerische, architektonische, musikalische, wissenschaftliche und – wie sich an Valentins Beteiligung am Wiederaufbau einer Synagoge zeigt – auch ideologische, politische und religiöse Ambitionen verfolgen. Kurz, sie verbinden persönliche Leidenschaften mit ihren Geschäften.

Wir können diesen Aspekt des besonderen Falles verallgemeinern: Unternehmerisches Handeln folgt keineswegs nur ökonomischer Rationalität. Es verflicht sich so gut wie immer in einen einflussreichen diskursiven, zeitgeistigen, sozial historischen und – nicht zuletzt – geschlechtsspezifischen Horizont, indem es seine individuellen Möglichkeiten und Grenzen sucht und findet. Dies wird hier unter anderem sichtbar, wenn Valentin das Familienunternehmen am Höhepunkt des geschäftlichen Erfolges verkauft, weil ihm seine Weiterführung aus zutiefst „persönlichen" und „männlichen" Gründen unmöglich erscheint.

Trauma und Amnesie

Indes, nichts vom aufgegebenen Alten ist wirkungslos. Wir sind auch, was wir nicht mehr sind, aber doch einmal waren.[24] Ein altes Element seiner Familien-Geschichte taucht jüngst im Lebenshorizont Valentins auf, und nicht zufällig ist es ein Element der mütterlichen Seite, nachdem die Nachfolge des Vaters gewissermaßen gescheitert ist: Immer intensiver setzt er sich mit seiner jüdischen

22 Werner Sombart (1903–1928)
23 Max Weber (1970)
24 Alois Hahn (2000, S. 97)

Herkunft auseinander, womit ihn freilich die fatale Geschichte des 20. Jahrhunderts einholt: Noch an ihrem Ausgang rekonstruiert er seine jüdische Identität im Schatten des Holocaust – als Stifter einer wieder aufgebauten Synagoge in der kleinen jüdischen Gemeinde jener Stadt, in der er nun schon einige Jahre lebt.

Das Gedächtnis des 20. Jahrhunderts schwankt, so Andreas Huyssen, zwischen Trauma und Amnesie.[25] Ein Trauma tragen vor allem die Opfer des Holocausts und ihre Kinder. Sie leiden an ihren Erinnerungen. (Erinnerungsverlust oder -unlust hingegen zeigen viele Mitläufer und viele Täter.) Das Trauma selbst ist nicht erzählbar, weder für den Erzähler noch für den Analytiker einer Lebensgeschichte, es hinterlässt in ihr nur deutbare Spuren des Schweigens. So entsteht auch hier nach und nach vor unseren Augen ein Zusammenhang zwischen dem privaten und geschäftlichen Leben dieser drei Generationen und der großen Katastrophe des 20. Jahrhunderts.

Nicht nur die „allgemeine" Geschichte, sondern mit ihr auch diese Familiengeschichte schwankt zwischen Trauma und Amnesie. Könnte nicht ein Trauma der Mutter angesichts der Nazi-Barbarei erklären, warum sie „ihre Familie" erhalten will, selbst um den Preis, dass der Sohn von seinem Rivalen abgelöst und verdrängt wird? Bestimmen nicht unaussprechbare Verletzungen, die der Vater seinem Sohn zugefügt haben mag, dessen Tendenz, sich von den patriarchalen Zwängen zu befreien, und koste es den Verlust des „Elternhauses"? Und entsteht nicht die jüngst wieder spürbar gewordene jüdische Identität des Valentin Schütz in einer österreichischen Umwelt von Leugnern, Beschwichtigern und Antisemiten, von denen einige nicht immer sauber agierende Konkurrenten sind?

So ungefähr schreibt sich auch hier die allgemeine Geschichte Deutschlands, Österreichs und Europas im 20. Jahrhundert in die Geschichte des Familienunternehmens ein. Die ökonomische und politische Krise der 1930er Jahre ermöglichte und begrenzte die Gründung des handwerklichen Betriebs, der Zusammenbruch des „Dritten Reichs" und der folgende Wiederaufbau zahlreicher Kirchengebäude und Kunstdenkmäler ermöglichte seine rasche Expansion. Dabei stand eine Frau an der Seite des Unternehmers, deren

25 Andreas Huyssen (1995, S. 249 ff.)

Familie unter den Nazis Leben und Vermögen verloren hatte. Fast ein ganzes Volk hatte hier auf mörderische und räuberische Weise in ein bürgerliches Familienunternehmen interveniert. Und selbst noch das Misslingen einer Betriebsübergabe *inter vivos* wie auch jene klandestine Liebesbeziehung, die zum Ende des Familienunternehmens führen sollte, folgten dem gesellschaftlichen Skript der 1970er, 1980er und 1990er Jahre, welches die Autonomisierung und Selbstverwirklichung – erstmals auch für Frauen – höher bewertete als die pflichtbewusste und opferbereite Erfüllung der Familientradition.[26]

Gewinn und Verlust

Der von Valentin in der Mitte des Lebens vollzogene Wechsel des Wohnortes, der Branche und des Beziehungs- und Familientyps ermöglicht ihm partielle Emanzipation, erzeugt aber auch Verlust. Ganz oben auf der Rechnung steht der Verlust einer fest gefügten, symbolisch sorgfältig ausgestalteten häuslichen Ordnung, deutlich sichtbar u. a. in der Sitzordnung bei Tisch und in den Tischsitten. Was Valentin in seinem „Elternhaus" seit seinem Abgang an Stilgefühl und Tischsitten vermisst, realisiert er in seiner zweiten Familie, die keine Unternehmerfamilie mehr ist, von Anfang an nicht. Obwohl er sich seit seiner Jugend aus den Zwängen des patriarchalischen „Elternhauses" befreien wollte, betrauert er dennoch den Verlust der alten Familienkultur. Der Führungsstil im Betrieb ließ sich aus Gründen wirtschaftlicher Zweckmäßigkeit und aus eigenen Interessen rascher modernisieren, als das patriarchalische Phantasma vom „Elternhaus" an Wirksamkeit verlor. Eine leise Trauer und doch auch die Anerkennung der signifikant veränderten Lage mischen sich, wenn Valentin seine Lebenserzählung resümiert: Ich habe einen zweiten Anfang gesetzt, doch das Begonnene wird das Verlorene nicht ersetzen.

Die Schübe im säkularen Prozess der Individualisierung machen auch vor den Unternehmern und ihren Familien nicht Halt. Sie sind

26 Zum Konzept des „gesellschaftlichen Skripts" und dessen Relation zu individuellen Lebensgeschichten vgl. Sieder (1999, S. 234–264)

nicht nur für das *patriarchalische*, sondern auch für das *partnerschaftlich* und *komplementär* geführte Familienunternehmen eine bedrohliche Herausforderung, stellen sie doch in Frage, was sich im 18. und 19. Jahrhundert als die besondere Stärke jedes Familienunternehmens herausgebildet hatte: die Stabilität der privaten, emotionalisierten Beziehungen seines Kernpersonals, der Ehegatten und der Eltern und Kinder.[27] Die *Serialisierung* des Familienlebens seit den 1970er Jahren – die Tatsache, dass immer mehr Menschen, auch Unternehmer, mehr als einmal im Leben eine Ehe oder eine eheähnliche Beziehung eingehen und jeder Versuch Folgen für den nächsten hinterlässt[28] – bedeutet für das Familienunternehmen nicht zuletzt, dass die Vermögensverhältnisse und die Betriebsführung mit jedem privaten Bruch neu arrangiert werden müssen.

Das „Elternhaus" verlor – hier wie in anderen Fällen – mit dem angesehenen Betrieb das materielle und sozialkulturelle Fundament seiner städtischen Bürgerlichkeit, seiner verbindlichen Ordnung und Etikette im Alltagsleben, seiner normativen Kraft in der Erziehung der Kinder und einiges mehr, was allerdings einen begrenzten Zugewinn an Autonomie für die Personen mit sich brachte. Annähernd gleichzeitig mit dem Konzept des patriarchalischen Familienunternehmens fiel auch das Konzept der auf ewiger Treue begründeten Ehe und mit ihm die Garantie eines dauerhaften Kernpersonals im Familienunternehmen. Der bislang letzte Schub an Autonomisierung der Frauen in den 1970er und 1980er Jahren nahm männlichen Unternehmern einiges von ihrer familienbetrieblichen Macht, befreite sie aber auch von der Last des alten Patriarchats. Durch die verbesserte Bildung und Ausbildung der Frauen wuchs die Möglichkeit, Partnerin eines Unternehmers oder Partner einer Unternehmerin zu sein, ohne sich zwangsläufig als ein „Unternehmerpaar" zu konstituieren.[29] Diese *Dissoziation des Paares vom Unternehmen*, welche die Trenn- und Scheidbarkeit des Paares erheb-

27 Eine historische Skizze der Herausbildung der bürgerlichen Familie und des innen geleiteten, selbstverantwortlichen und disziplinierten bürgerlichen Menschen im 18. und 19. Jahrhundert findet sich bei Sieder (1987, S.125 ff.).

28 Vgl. Sieder (1998, S. 211–284, bes. S. 239 ff.)

29 Hier scheint eine Analogie zu lohnabhängigen Paaren vorzuliegen: Vergleicht man die Haus- und Beziehungsarbeit der lohnabhängigen Frau mit der

lich erhöht, kann als zeit- und milieuspezifischer Ausdruck der *Autonomisierung*[30] betrachtet werden. Die Frau als Unternehmerin, ohne einen Unternehmer-Ehemann an ihrer Seite, ist vielleicht ihr spektakulärster Ausdruck.

Nicht nur in der sozialen Klasse der Unternehmer tendieren Männer wie Frauen in Ehen und festen Beziehungen angesichts der unübersehbar gewordenen Risiken ihres Scheiterns dazu, einen Abschnitt des Lebens zu teilen, ohne sich dem Partner bzw. der Partnerin ökonomisch und psychosozial vollständig auszuliefern. Die zweite Familie des Unternehmers Valentin Schütz in der angebrochenen zweiten Lebenshälfte ist auch ein Experiment, ob er dies, seiner familienbetrieblichen Herkunft zum Trotz, nicht noch lernen könnte.

familienbetrieblichen Arbeit der Unternehmersfrau (die neben eventueller Mitarbeit im Betrieb ebenfalls Haus- und Beziehungsarbeit verrichtet), lässt sich sagen: Beide werden etwa seit den 1970er Jahren diskursiv aus der zuvor weit gehend selbstverständlichen Pflicht entlassen, dem verdienenden Mann zu dienen, sei es mit Hausarbeit oder als Managerin aller sozialen Beziehungen, einschließlich der Repräsentation des Mannes und/oder seines Unternehmens durch das körperliche, ästhetische und sexuell-erotische Kapital der Frau. Auch wenn sich solches Dienen und Repräsentieren immer noch häufig findet, wurde es von einer vermeintlich natürlichen Ordnung zum umstrittenen Gegenstand diverser Diskurse und innerhalb der Paarbeziehungen zum immer wieder auf die private Agenda gesetzten Verhandlungsgegenstand.

30 Unter Autonomisierung verstehen wir einen Aspekt der Individualisierung, der den einzelnen Mann und im 20. Jahrhundert auch die einzelne Frau tendenziell aus Bindungen an Institutionen – wie beispielsweise das Familienunternehmen – und aus Traditionen und Wertsystemen herauslöst und zugleich veranlasst, seine / ihre Bindungen verstärkt zu reflektieren. Die breite Diskussion dessen seit Marx, Durkheim, Tönnies und Parsons sowie zuletzt bei Anthony Giddens, Ulrich Beck u. v. a. hat keinen Zweifel daran gelassen, dass diese Erweiterung der Handlungsspielräume und Wahlmöglichkeiten mit erhöhtem Druck zur Gestaltung der sozialen Beziehungen und gestiegenen Risiken ihres Zerbrechens einhergeht. Zur Begriffsklärung vgl. Honneth (1994, S. 20–28)

15. Nachbemerkung

Die Entkopplung von Familie und Unternehmen

Fritz B. Simon

Familienunternehmen sind deswegen so faszinierend, weil sie in einzigartiger Weise den Blick auf den Zusammenhang zwischen persönlichen und professionellen Beziehungen erlauben, zwischen Arbeit und Liebe, Gefühl und Geschäft. Sie bieten sich als Studienobjekt aber auch deswegen an, weil sie hier und heute – d. h. in der Gegenwart – erlauben, Familien- und Unternehmenstypen zu studieren, wie sie sich in den vergangenen Jahrhunderten nacheinander entwickelt haben. Das Universum der Familienunternehmen ist so etwas wie ein Themenpark zur Geschichte der Unternehmensformen.

Am einfachsten lässt sich die Entwicklung verdeutlichen, wenn wir – wie in den einleitenden Bemerkungen zu diesem Buch – die drei Bereiche Familie, Unternehmen und Eigentum (Kapital) betrachten (vgl. Abb. 1, Seite 10). Die Art und Weise, wie diese drei Bereiche sich überschneiden, führt zu unterschiedlichen Rollen und Beziehungen der Akteure. Ursprünglich – so kann man, vielleicht etwas vereinfachend, formulieren – waren diese drei Kreise einmal deckungsgleich: die Familienmitglieder waren auch die Mitarbeiter der ökonomischen Überlebenseinheit (der Begriff Unternehmen mag hier etwas hoch gegriffen sein) und sie teilten sich deren Eigentum (vgl. Abb. 2, Seite 369). Man konnte und brauchte also noch nicht unterscheiden zwischen Unternehmen, Familie und Eigentum, da die so benannten Systeme deckungsgleich waren. Und es gab nur einen Typus von Mitgliedern (entsprechend der Nummerierung in der Grafik des Einleitungskapitels durch die Nummer 1 klassifiziert), der Mitglied aller drei Systeme war.

Auch heute lässt sich dieser Unternehmens- und Familientyp noch in manchen Gegenden und Branchen finden: der Landwirtschaft, der Gastronomie, dem Handwerk etc. Aufgrund der personellen Identität der Teilnehmer kann es sich hier immer nur um Klein- und Kleinstbetriebe handeln. Diese Wirtschaftsform ist erfolgreich, andernfalls hätte sie nicht die Zeiten überdauert. Sie stellt ein Extrem des Familienunternehmens dar, das auch für die Familienmitglieder ein Extrem darstellt. Wenn schon der Alltag des Kindes verquickt ist mit der Erfahrung des Geschäftes, so ist es wahrscheinlich angemessener, davon zu sprechen, dass das Familienunternehmen eine Familie der besonderen Art ist (vgl. Bruno Hildenbrand, Kap. 6). In der Gastronomie etwa wachsen manchmal die Kinder in der Gaststube auf, die Stammgäste sind nicht von Onkel und Tante zu unterscheiden und der Lebensraum der Familie – ihr Esstisch zum Beispiel – wird nur durch subtile Zeichen – eine andere Tischdecke und das Schild „Reserviert" etwa – markiert.

Am anderen Ende des Spektrums finden sich die Unternehmen in denen es zur vollständigen Entkopplung der genannten drei Bereiche (Familie, Unternehmen, Eigentum) gekommen ist.

Sie entspricht dem allgemeinen gesellschaftlichen Trend zur Individualisierung und Mobilisierung, d. h., der Einzelne wird zur ökonomischen Überlebenseinheit und er geht unterschiedliche professionelle und private Bindungen ein, die unabhängig voneinander geschlossen und auch unabhängig voneinander wieder gelöst werden können. Wer sich von seiner Frau oder seinem Mann scheiden lässt, braucht nicht auch den Arbeitsplatz zu wechseln. Die Trennungsverhandlungen betreffen dann möglicherweise das Sorgerecht um die Kinder und die Aufteilung der Schallplattensammlung, sie haben aber keine Auswirkungen in irgendwelchen Gesellschafterversammlungen.

Die Entkopplung von Familie, Unternehmen und Eigentum führt dazu, dass jeder Einzelne in unterschiedlichen Bereichen lebt, arbeitet und sein Geld investiert. Man verlässt morgens das Haus und geht in die Firma, in der man arbeitet. Dort trifft man Kollegen, Mitarbeiter und Vorgesetzte, mit denen man außerhalb seiner Arbeit nichts zu tun hat oder nichts zu tun haben müsste. Sie sind austauschbar, sie kündigen oder man kündigt ihnen, und an ihre Stelle treten neue Kollegen, Mitarbeiter, Vorgesetzte. Zuhause hat man seine Familie, und die Familienbeziehungen sind dort die einzigen

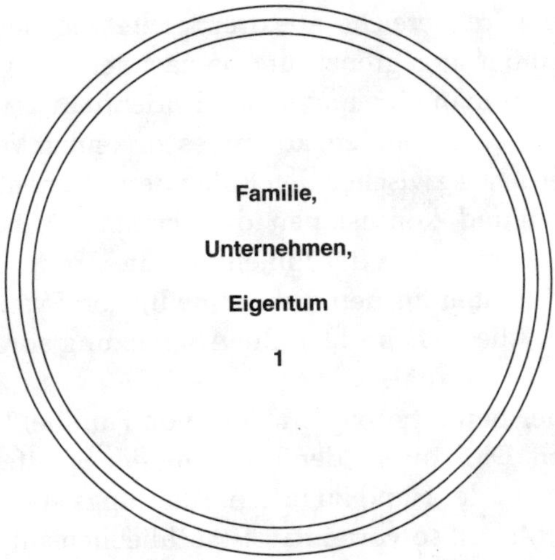

Abb. 2: Die Einheit (Nicht-Unterscheidbarkeit) von Familie, Unternehmen und Eigentum. Alle Familienmitglieder sind Mitarbeiter im Unternehmen und sie sind auch Anteilseigner. Jeder hat also drei „Identitäten", die seine Beziehungen zu den anderen bestimmen.

Beziehungen, die alle miteinander verbinden. Arbeit und Liebe, Gefühl und Geschäft sind klar getrennt. Wenn man wohlhabend genug ist, so besitzt man Aktien, doch die Firmen, deren Anteilsscheine man sein Eigen nennen kann, kennt man meist nur aus der Presse, man arbeitet nicht in ihnen und man hat keine verwandtschaftlichen Beziehungen zu den anderen Aktionären. Man trifft sich bestenfalls auf der Jahreshauptversammlung, isst Würstchen zusammen, und was einen darüber hinaus mit den anderen Anteilseignern verbindet, ist der Wunsch nach einer anständigen Rendite. Wenn man Unternehmer sein sollte, so betrachtet man sein Unternehmen nicht als Familienunternehmen, denn die Familie betrachtet sich auch nicht als verantwortlich für das Wohlergehen des Unternehmens. Unternehmer sein bedeutet in diesem Zusammenhang, einen Job wie andere zu haben (die Entwicklung vom Familienunternehmen, das gemeinsam, partnerschaftlich von Valentin und Marie-Claire geführt wurde, hin zu ihren jetzigen, von der Familie getrennten Unternehmen, die Reinhard Sieder in Kapitel 14 schildert, illustriert diesen Trend).

So sind alle drei Bereiche, alle drei Spielfelder, klar und eindeutig gegeneinander abgegrenzt, und je nachdem, in welchem man sich bewegt, hat man eine andere (Teil-)Identität. Da sich die drei Bereiche nicht überschneiden, kommt es zu keinen Verwicklungen und Widersprüchen zwischen den Rollendefinitionen, keinen Identitätskonflikten und -konfusionen (die Klassen 1, 2, 3 und 4 aus der Abbildung auf Seite 10 in der Einleitung, die für die Vermischung der Zugehörigkeiten zu den unterschiedlichen Systemen stehen, gibt es nicht). Alles scheint klar, die Abgrenzung sorgt für die Reduktion der Komplexität.

Dies ist der heute propagierte Typ von Familie, Unternehmen und Eigentum. Die Vorteile der Trennung der Spielfelder und -regeln scheinen auf der Hand zu liegen. Allerdings stellt sich die Frage, ob dieses Modell so vorteilhaft ist; schließlich sind die meisten Unternehmen Familienunternehmen und sie praktizieren die Vermischung. Dass sie überleben und überlebt haben, legt zumindest die Hypothese nahe, dass sie auch ein Erfolgsfaktor sein können.

Der Grund dafür ist bei den Klein- und Kleinstbetrieben offensichtlich: Wenn Familienmitglieder mitarbeiten, ist dies extrem kostengünstig, da in der Regel kein Fremder bereit ist, sich in gleichem Maße zu engagieren oder gar selbst auszubeuten, wie derjenige, der ein Unternehmen als sein Eigentum betrachtet, als Teil seiner selbst oder seiner Familie.

Doch auch bei Großunternehmen, die weltweit operieren, erweist sich das Modell des Familienunternehmens als erfolgreich. In einem vom Eigentümer oder seiner Familie geführten Betrieb wird die Komplexität der Entscheidungsfindung dadurch reduziert, dass ein Markt weniger genau beobachtet werden muss, der bei börsennotierten Firmen als überlebenswichtige Umwelt immer stärker ins Gewicht fällt: der Kapitalmarkt. Die Unabhängigkeit vom Kapitalmarkt dürfte ein wesentlicher Erfolgsfaktor sein, da sie zu einer alternativen Art der Entscheidungsfindung führt. In börsennotierten Aktiengesellschaften gibt es Investoren, die nicht zur Familie gehören. Für das Unternehmen und sein Management hat dies weit reichende Folgen. Der freie Kapitalmarkt gehorcht einer anderen Rationalität als eine Familie. Er ist meist an kurzfristiger Rentabilität interessiert, eine Familie hingegen an langfristiger Zukunftssicherung. Im Idealfall ist die Familie bereit, auf Gewinne in der Gegenwart bzw. deren Ausschüttung zu verzichten, wenn

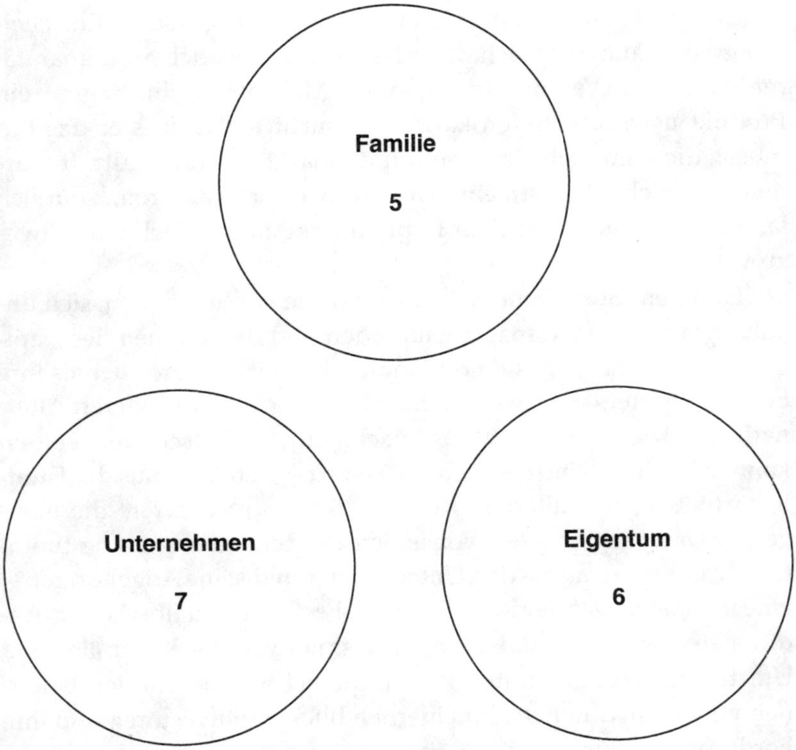

Abb. 3: Bei der Kapitalgesellschaft haben sich die drei Systeme Familie, Unternehmen und Eigentum differenziert, d.h., sie sind entkoppelt. Jeder Akteur hat im jeweiligen Spielfeld nur noch eine, unverwechselbare Teil-Identität und Rolle (als Familienmitglied, Mitarbeiter oder Anteilseigner).

dadurch die Chance erhöht wird, das Unternehmen an die nächste Generation zu übergeben. So kann das Management eines Familienunternehmens andere Planungshorizonte zugrunde legen als das Management einer Aktiengesellschaft. Dort müssen die Verantwortlichen sich darum bemühen, den Aktienkurs hoch zu halten, schon um „feindliche Übernahmen" zu verhindern (von ihrer oft damit gekoppelten Honorierung einmal ganz abgesehen); sie müssen unrentable Firmenbereiche losschlagen und können nicht geduldig viel versprechende Entwicklungen abwarten. Die Sicherheit vor Übernahmen und die „Geduld" des Kapitals eröffnen dem Management in Familienunternehmen einen weit größeren Entscheidungsspielraum, der sich dann beispielsweise auch an humanitären Werten wie Verantwortung für die Mitarbeiter, eine Region, ein Produkt usw. orientieren kann (was nicht heißt, dass er das tun muss), die vom globalisierten Kapitalmarkt sofort abgestraft würden. Ein solches Investment in relativ „weiche" Faktoren, kann sich langfristig rechnen, ist dem Kapitalmarkt aber manchmal schwer zu vermitteln.

Familienunternehmen, die es auf diese Weise schaffen, sich unabhängig von den Managementmoden und den Launen des Kapitalmarkts zu machen, sind oft langfristig weit erfolgreicher als ihre börsennotierten Mitbewerber. Sie können so zur attraktiven Alternative werden, die zeigt, dass nachhaltig gewirtschaftet werden kann. Allerdings sind sie auch Risiken ausgesetzt, die aus der Familienartigkeit ihrer internen Kommunikation resultieren: die mangelnde Durchschaubarkeit von außen, die Zentrierung auf bestimmte Führungspersonen – den Unternehmer und seine Angehörigen –, eine mangelnde strategische Planung, Festhalten an überholten Traditionen usw. können dazu führen, dass notwendige Kontrollen und Umstrukturierungen unterbleiben, die bei börsennotierten Unternehmen schon durch den nüchternen Blick der Investoren und ihre Forderungen vorangetrieben werden.

Wo es gelingt, mit diesen Risiken angemessen umzugehen, dürfte es zu der bemerkenswerten Situation kommen, dass der (Familien-)Unternehmer, der zu Beginn der industriellen Revolution das Feindbild für die arbeitende Bevölkerung abgab (feist, faul und Zigarre rauchend), zum Modell eines zeitgemäßen Managers wird, weil er familiäre (d. h. personenorientierte, soziale, zukunftsorientierte) Werte in das Unternehmen bringt und sich damit von der gnadenlosen Logik des Kapitalmarktes abkoppelt. Allerdings gilt auch für solche Unternehmen, was für alle Unternehmen gilt: Sie müssen rentabel wirtschaften.

Literatur

Ahrons, C. R. (1979): The binuclear family. Two households, one family. *Alternative Lifestyles* 2: 499–515.

Albach, H. u. W. Freund (1989): Generationswechsel und Unternehmenskontinuität. Gütersloh (Bertelsmann Stiftung).

Baecker, D. (1993): Die Form des Unternehmens. Frankfurt (Suhrkamp).

Barthes, R. (1964): Mythen des Alltags. Frankfurt (Suhrkamp).

Bäumlin, A. (2001): „Geduld hat (Frauen) schon immer geschadet". Interview von Yvonne Denise Köchli. *Weltwoche* 29, 19. 7. 2001.

Berger, P. u. H. Kellner (1965): Die Ehe und die Konstruktion der Wirklichkeit. *Soziale Welt* 16: 220–235.

Bertram, H. (2000): Die verborgenen familiären Beziehungen in Deutschland: Die multilokale Mehrgenerationenfamilie. In: M. Kohli u. H. Szydlik (Hrsg.): Generationen in Familie und Gesellschaft. Opladen (Leske & Budrich), S. 97–121.

Bohler, K. F. u. B. Hildenbrand (1997): Landwirtschaftliche Familienbetriebe in der Krise. Münster (LIT).

R. N. Bonder, (2001): The Kabbalah of Money. Boston/London (Shambhala).

Bourdieu, P. (1982): Die feinen Unterschiede. Kritik der gesellschaftlichen Urteilskraft. Frankfurt (Suhrkamp).

Bourdieu, P. (1987): Sozialer Sinn. Kritik der theoretischen Vernunft. Frankfurt (Suhrkamp).

Brost, M. (2000): Blank ohne Bank. Die Geldinstitute mögen Gewinn bringende Großkunden – der Mittelstand kommt nicht mehr an die nötigen Kredite. *Die Zeit* 23, 31. 5. 2000.

Brunner, O. (1978): Vom „ganzen Haus" zur „Familie". In: H. Rosenbaum (Hrsg.): Seminar: Familie und Gesellschaftsstruktur. Frankfurt (Suhrkamp), S. 83–91.

Ciompi, L. (1997): Die emotionalen Grundlagen des Denkens. Göttingen (Vandenhoek & Ruprecht).

Damasio, A. (2000): The Feeling of what Happens. London (Vintage Publishers).

Davis-Brown, K. a. S. Salamon (1988): Farm Families in Crisis: An Application of Stress Theory to Farm Family Research. In: R. Marotz-Baden, Ch. B. Hennon a. T. Brubaker (eds.): Families in Rural America: Stress, Adaptation and Revitalization. St. Paul, Minnesota (National Council on Family Relations), S. 47–55.

Devereux, G. (1970): Die ethnische Identität. Ihre logischen Grundlagen und ihre Dysfunktionen. In: ders. (1972): Ethnopsychoanalyse. Frankfurt (Suhrkamp).

Dunsch, J. (Hrsg.) (1996): An den Schalthebeln der Wirtschaft – 33 Unternehmerfamilien im Portrait. Stuttgart (Deutsche Verlags-Anstalt).

Domayer, E. u. G. Vater (1997): Personalmanagement im Familienunternehmen. *Hernsteiner Heft* 1.

Domayer E. u. M. Oswald (1994): Der Pionier, sein Unternehmen und die Übergabe; *Organisationsentwicklung* 3.

Elwert, G. (1987): Ausdehnung der Käuflichkeit und Einbettung der Wirtschaft – Markt und Moralökonomie. In: K. Heinemann (Hrsg.): Soziologie wirtschaftlichen Handelns.

Kölner Zeitschrift für Soziologie und Sozialpsychologie. Sonderheft 28: 300–321.

Erikson, E. H. (1946): Ich-Entwicklung und geschichtlicher Wandel. In: ders. (1959): Identität und Lebenszyklus. Frankfurt (Suhrkamp) 1966, S. 11–54.

Freud, S. (1909): Der Familienroman der Neurotiker. (Studienausgabe Bd. IV, Psychologische Schriften) Frankfurt (S. Fischer), 1970, S. 222–226.

Fischer, H. R. u. A. Retzer (2001): Das Geschäft war von Anfang an das zentrale Familienereignis ... das Unternehmen darf nicht zum Spielball der Familie werden. *Familiendynamik* 26: 302–322.

Friedl, I. u. R. Maier-Aichen (1991): Leben in Stieffamilien. Familiendynamik und Alltagsbewältigung in neuen Familienkonstellationen Weinheim/München (Juventa).

Godelier, M. (1996): Das Rätsel der Gabe. Geld, Geschenke, heilige Objekte. München (C. H. Beck).

Goody, J. (1986): Die Logik der Schrift und die Organisation von Gesellschaft. Frankfurt (Suhrkamp) 1990.

Haffner, S. (2001): Geschichte eines Deutschen. Die Erinnerungen 1914–1933. München (DVA)

Hagedorn, K. (1992): Das Leitbild des bäuerlichen Familienbetriebs in der Agrarpolitik. *Zeitschrift für Agrargeschichte und Agrarsoziologie* 40: 53–86.

Hahn, A. (2000): Konstruktionen des Selbst, der Welt und der Geschichte, Frankfurt (Suhrkamp).

Haibach, M. (2001): Frauen erben anders. Königstein/Taunus (Helmer).

Heintel, P. (1993): Managementprobleme eines Familienunternehmens. Fallbeispiele und allgemeine Konsequenzen. In: R. Nagel (Hrsg.):

Consulting. Das Handbuch für Unternehmensberatung in Österreich. Wien (Falter), 3. Aufl.

Hildenbrand, B. (1987): Wer soll bemerken, dass Bernhard krank wird? Familiale Wirklichkeitskonstruktionsprozesse bei der Erstmanifestation einer schizophrenen Psychose. In: J. B. Bergold u. U. Flick (Hrsg.): Ein-Sichten – Zugänge zur Sicht des Subjekts mittels qualitativer Forschung. Tübingen (DGVT-Verlag), S. 151–162.

Hildenbrand, B. (1991): Alltag als Therapie. Bern/Stuttgart (Huber).

Hildenbrand, B. (1999): Fallrekonstruktive Familienforschung. Opladen (Leske & Budrich).

Hildenbrand, B., K. F. Bohler, W. Jahn u. R. Schmitt (1992): Bauernfamilien im Modernisierungsprozess. Frankfurt (Campus).

Hill, R. (1949): Families Under Stress. New York (Harper and Row).

Honneth, A. (1994): Aspekte der Individualisierung. In: ders. (1994): Desintegration. Bruchstücke einer soziologischen Zeitdiagnose. Frankfurt (Fischer Taschenbuch).

Huyssen, A. (1995): Twilight Memories. Marking Time in a Culture of Amnesia. New York/London (Routledge).

Kets de Vries, M. (1996): Family Business. Human Dilemmas in the Family Firm. London (Thomson Business).

Klimenta, H. (2001): Die 12 Aktienirrtümer. München (DVA).

Kriz, J. (1997): Systemtheorie. Eine Einführung für Psychotherapeuten, Psychologen und Mediziner. Wien (Facultas).

Krüsselberg, H.-G. (1987): Ökonomik der Familie. In: K. Heinemann (Hrsg.): Soziologie wirtschaftlichen Handelns. *Kölner Zeitschrift für Soziologie und Sozialpsychologie*, Sonderheft 28: 169–192.

Levold, T., E. Wedekind u. H. Georgi (1990): Familienorientierte Behandlungsstrategien bei Inzest. *System Familie* 3: 74–87.

Luckmann, T. (1992): Theorie des sozialen Handelns. Berlin/New York (de Gryter).

Luhmann, N. (1981): Organisation im Wirtschaftssystem. Opladen (Westdeutscher Verlag), S. 390–414.

Luhmann, N. (1982): Liebe als Passion. Frankfurt (Suhrkamp).

Luhmann, N. (1984): Soziale Systeme. Frankfurt (Suhrkamp).

Luhmann, N. (1988): Sozialsystem Familie. *System Familie* 1: 75–91.

Luhmann, N. (1991): Die Form „Person". *Soziale Welt* 42: 166–175.

Luhmann, N. (1992): Die operative Geschlossenheit psychischer und sozialer Systeme. In: H. R. Fischer, A. Retzer, J. Schweitzer (Hrsg.): Das Ende der großen Entwürfe. Frankfurt (Suhrkamp), S. 117–131.

Mauss, M. (1950): Die Gabe. Frankfurt (Suhrkamp) 1984.

McCubbin, H. I. a. J. M. Patterson (1983): The Family Stress Process: The double ABCX model of adjustment and adaptation. In: H. I. McCubbin, M. B. Sussman a. J. M. Patterson (eds.): Social Stress and the Family.

Advances and Developments in Family Stress Theory and Research. New York (Haworth), S. 7–37.

Meyer, A. (1999): „Als wär's ein Stück von mir". Die emotionale Seite der Unternehmensnachfolge. *Organisationsentwicklung* 4: 37.

Olsen, D. H., H. I. McCubbin a. associates (1983): Families – What makes them work. Beverly Hills (Sage).

Oswald, M. u. R. Wimmer (1998): Die Besonderheiten von Familienunternehmen. *Hernsteiner Heft* 2.

Petri, H. (1994): Geschwister-Liebe und Rivalität Stuttgart/Zürich (Kreuz).

Ploetz, C. (1998): Der große Ploetz zur Weltgeschichte. Freiburg (Komet).

Reich, K. (1998): Die Ordnung der Blicke. Perspektiven des interaktionistischen Konstruktivismus, Bd. 1 u. 2. Darmstadt (Luchterhand).

Rudzio, K. (2000): Angst vorm Zeugnis. Künftig werden Noten darüber entscheiden, ob Unternehmen an Kapital kommen. *Die Zeit*, 31. 5. 2000.

Schweitzer, J. und G. Weber (1982): Beziehung als Metapher. Die Familienskulptur als diagnostische, therapeutische und Ausbildungstechnik. Familiendynamik 7 (2): 113–128.

Sieder, R. (1987): Sozialgeschichte der Familie. Frankfurt (Suhrkamp).

Sieder, R. (1997): Freisetzung und Bindung. Eine Fallstudie zu aktuellen Dynamiken im Ehe- und Familienleben. In: J. Ehmer, T. K. Hareven u. R. Wall (Hrsg.): Historische Familienforschung. Ergebnisse und Kontroversen. Frankfurt/New York (Campus), S. 229–253.

Sieder, R. (1998): Besitz und Begehren, Erbe und Elternglück. Familien in Deutschland und Österreich. In: A. Burguière u. a. (Hrsg.): Geschichte der Familie. Bd. 4: 20. Jahrhundert. Frankfurt/New York (Campus).

Sieder, R. (1999): Gesellschaft und Person: Geschichte und Biographie. Nachschrift. In: ders. (Hrsg.): Brüchiges Leben. Biographien in sozialen Systemen. Wien (Turia & Kant), S. 234–264.

Sieder, R. (2000): Von Patriarchen und anderen Vätern. Männer in Familien nach Trennung und Scheidung. *Österreichische Zeitschrift für Geschichtswissenschaften* 11 (3): 83–107.

Simon, F. B. (1984): Der Prozeß der Individuation. Göttingen (Vandenhoeck & Ruprecht).

Simon, F. B. (1990): Meine Psychose, mein Fahrrad und ich. Zur Selbstorganisation der Verrücktheit. Heidelberg (Carl-Auer-Systeme), 9. Aufl. 2002.

Simon, F. B. (1996): Die Organisation der Selbstorganisation. Thesen zum „systemischen Management". In: B. Heitger, C. Schmitz u P. Gester (Hrsg.): Managerie. 4. Jahrbuch für systemisches Management. Heidelberg (Carl-Auer-Systeme).

Simon F. B. (1997): Die Kunst, nicht zu lernen. Heidelberg (Carl-Auer-Systeme), 3. Aufl. 2002.

Simon, F. B. (1998): Beyond Bipolar Thinking: Patterns of Conflict as a Focus for Diagnosis and Intervention. *Family Process* 37: 215–232.

Simon, F. B. (1999a): Organisationen und Familien als soziale Organisationen unterschiedlichen Typs. *Soziale Systeme* 5: 181–200.

Simon, F. B. (1999b): Familien, Unternehmen und Familienunternehmen. Einige Überlegungen zu Unterschieden, Gemeinsamkeiten und den Folgen. *Organisationsentwicklung* 4: 16–23.

Simon, F. B. (2000): Die Grenzfunktion der Familie. *System Familie* 13: 140 – 148.

Simon, F. B. (2001): Die Familie des Familienunternehmens. *Familiendynamik* 26: 359–377.

Simon, F. B. (2002): Was sind vertrauliche Informationen? In: C. Kolbeck, R. Wimmer (Hrsg.) (2002): Finanzierung für den Mittelstand. Trends, Unternehmensrating, Praxisfälle. Wiesbaden (Gabler), S. 173–182.

Simon, F. B., G. Weber, H. Stierlin, A. Retzer u G. Schmidt (1989): „Schizoaffektive" Muster: Eine systemische Beschreibung. *Familiendynamik* 14: 190–213.

Simon, F. B., C/O/N/E/C/T/A-Autorengruppe (1992/98): Radikale Marktwirtschaft. Die Grundlagen des systemischen Managements. Heidelberg (Carl-Auer-Systeme), 4. Aufl. 2001.

Sombart, W. (1903–1928): Der moderne Kapitalismus. 3 Bde. München/ Leipzig (Duncker & Humblot).

Sparrer, I. (2001): Wunder, Lösungen und System. Lösungsfokussierte Systemische Strukturausstellungen für Therapie und Organisationsberatung. Heidelberg (Carl-Auer-Systeme).

Sparrer, I. und M. Varga von Kibéd (2000): Ganz im Gegenteil. Tetralemmaarbeit und andere Grundformen Systemischer Strukturaufstellungen – für Querdenker und solche, die es werden wollen. (3., überarb. Aufl. 2001.) Heidelberg (Carl-Auer-Systeme).

Steffens, T. (2001): Biographische Verläufe psychisch Kranker und ihrer Familien. Bd. 1 u. 2. Dissertation zur Erlangung des akademischen Grades doctor philosophiae. Jena (Fakultät für Sozial- und Verhaltenswissenschaften der Friedrich-Schiller-Universität).

Stierlin, H. (1997): Verrechnungsnotstände. Über Gerechtigkeit in sich wandelnden Beziehungen. *Familiendynamik* 22: 136–155.

Strauss, A. L. (1968): Spiegel und Masken – Die Suche nach Identität. Frankfurt (Suhrkamp).

Tyrell, H. (1976): Probleme einer Theorie der gesellschaftlichen Ausdifferenzierung der privatisierten modernen Kernfamilie. *Zeitschrift für Soziologie* 5: 393–417.

Vater, G. u. E. Domayer (1995): Das Familienunternehmen – Chancen und Risiken. In: R. Grossmann, E. Krainz u.–M. Oswald (Hrsg.): Veränderung in Organisationen. Wiesbaden (Gabler).

Weber, G. (Hrsg.) (1993): Zweierlei Glück. Die systemische Psychotherapie Bert Hellingers. (14. Aufl. 2002.) Heidelberg (Carl-Auer-Systeme).

Weber, G. (Hrsg.) (1998): Praxis des Familien-Stellens. Beiträge zu systemischen Lösungen nach Bert Hellinger. Heidelberg (Carl-Auer-Systeme).

Weber, G. (Hrsg.) (2000a): Praxis der Organisationsaufstellungen. (2. Aufl. 2001.) Heidelberg (Carl-Auer-Systeme).

Weber, G. (2000b): Die Praxis der Organisationsaufstellungen: Basics und Besonderes. In: G. Weber (Hrsg.): Praxis der Organisationsaufstellungen. Heidelberg (Carl-Auer-Systeme), S. 34–90.

Weber, G. und B. Gross (1998): Organisationsaufstellungen. In: G. Weber (Hrsg.): Praxis des Familien-Stellens. Beiträge zu systemischen Lösungen nach Bert Hellinger. Heidelberg (Carl-Auer-Systeme), S. 405–420.

Weber, M. (1924): Zur Geschichte der Handelsgesellschaften im Mittelalter. In: ders. (1988): Gesammelte Aufsätze zur Sozial- und Wirtschaftsgeschichte. Tübingen (Mohr Siebeck), S. 312–443.

Weber M. (1970): Wirtschaft und Gesellschaft. Tübingen (Mohr Siebeck).

Welter-Enderlin, R. (1982): Familie und Arbeitswelt. *Familiendynamik* 7: 49–61.

Welter-Enderlin, R. (1985): Krankheitsverständnis und Alltagsbewältigung in Familien mit chronischer Polyarthritis. München (Psychologie Verlags Union).

Welter-Enderlin, R. (1987): Familismus, Sexismus und Familientherapie. *Familiendynamik* 12: 261.

Welter-Enderlin, R. (1989): Wer hat Angst vor Virginia Woolf, und vor wem hat sie Angst? *Zeitschrift für systemische Thererapie* 7: 101.

Welter-Enderlin, R. (2000): Familienunternehmen, Unternehmerfamilien. Seminar mit Frauen in Führungspositionen, Fachhochschule beider Basel, organisiert von Christina von Passavant.

Welter-Enderlin, R. u. B. Hildenbrand (1996): Systemische Therapie als Begegnung. Zweiter Teil: Zur Hofübergabe von Familie Brenner. Stuttgart (Klett-Cotta).

Werner, G. (1987): Gastwirtssöhne sind im Vorteil: Zur Sozialgeschichte der deutschen Literatur. *German Life and Letters* 40: 337–348.

Wichmann, H. (1981): 45 Jahre danach. München (Angerer).

Wimmer, R., E. Domayer, M. Oswald u. G. Vater (1996): Familienunternehmen – Auslaufmodell oder Erfolgstyp? Wiesbaden (Gabler).

Wimmer, R. u. R. Nagel (2000): Der strategische Managementprozess. *Organisationsentwicklung* 1: 4–19.

Winter, R. (1990): Das Spannungsfeld zwischen Individuum und Familie: Selbstthematisierung in der Familie und familiale Selbstthematisierung. *System Familie* 3: 251–263.

Zucker, B. (1990): Zukunft für Familienunternehmen. In: Zukunft für Familienunternehmen? Perspektiven für die Unternehmenskontinuität. Rüschlikon (Gottlieb Duttweiler Institut).

Zucker, B. u. B. Borwick (1992): Die Beziehung Familie – Unternehmen. Ein entwickelbarer Erfolgsfaktor der Familienunternehmen. In: Ch. Schmitz, P. Gester u. B. Heitger (Hrsg.): Managerie. 1. Jahrbuch für Systemisches Denken und Handeln im Management. Heidelberg (Carl-Auer-Systeme).

Über die Autoren

Bettina Haas, Studium der Soziologie, Psychologie und Politologie mit Abschluss Magister Artium; Postgraduierten-Stipendiatin der Victor-Gollacz-Stiftung; Familientherapeutin und Supervisorin, Mitglied der Fachverbände DGSV und DAF; Heilpraktikerin (PT), Balintgruppenleiterin, Gruppenanalytikerin; Schwerpunkte: Paartherapie, Teamsupervision, Organisationsberatung.

Margarete Haaß-Wiesegart, Jg. 1950, Dipl.-Psych.; langjährige Tätigkeit in stationärer und ambulanter Psychiatrie, Praxis für Verhaltenstherapie, Paar- und Familientherapie; Präsidentin der Deutsch-Chinesischen Akademie für Psychotherapie; wissenschaftliches Interesse: Geschichte der Psychiatrie/Psychotherapie in China, Kulturanthropologische Fragestellungen bei Frauen und Familien.

Bruno Hildenbrand, Prof. Dr., arbeitete als Dozent und Supervisor; Professor für Soziologie an der Universität Jena. Gemeinsam mit Rosmarie Welter-Enderlin Herausgeber der Buchreihe „Familienwelten" und des Buchs „Gefühle und Systeme" (Carl-Auer-Systeme Verlag).

Tom Levold, Jg. 1953, Studium der Sozialwissenschaften, Psychologie und Völkerkunde. Lehrtherapeut und lehrender Supervisor der systemischen Gesellschaft (SG) und der Arbeitsgemeinschaft für psychoanalytisch-systemische Forschung und Therapie (APF) in Köln. In freier Praxis als Psychotherapeut (HPG), Supervisor, Organisationsberater und Coach tätig. Zahlreiche Veröffentlichungen über verschiedene Aspekte systemischer Theorie und Praxis.

Karin Martens-Schmid, Dr., Linguistin und Systemische Therapeutin/Supervisorin. Lehrtherapeutin und lehrende Supervisorin der APF e.V. Köln und der Systemischen Gesellschaft. Seit 1992 Therapie, Supervision und Coaching in eigener Praxis. Arbeitsschwerpunkte: Beratung und Coaching bei beruflichen und persönlichen Entscheidungs- und Veränderungsprozessen. Konfliktmanagement, Analyse und Entwicklung kommunikativer Muster und Strategien. Praxisfelder: u. a. Medien- und Kulturbereich, Justiz, mittelständische Unternehmen, Gesundheitswesen, öffentliche Verwaltung.

Reinhart Nagel, Mag., Dr., Studium der Sozial- und Wirtschaftswissenschaften an den Universitäten Konstanz und Wien, Lehrbeauftragter an der Technischen Universität Wien sowie an der Universität Klagenfurt; geschäftsführender Gesellschafter der OSB (Gesellschaft für systemische Organisationsberatung) in Wien; Trainings- und Beratungserfahrung in Unternehmen und in der öffentlichen Verwaltung mit den Schwerpunkten Organisationsberatung, ganzheitliche Unternehmungsentwicklung und strategische Unternehmensführung.

Margit Oswald, Studium der Germanistik und Anglistik an der Universität Wien, Lehrbeauftragte an der Universität Wien und an der Universität Klagenfurt; Trainerin und Lehrberaterin der ÖGGO (Österreichische Gesellschaft für Gruppendynamik und Organisationsberatung); geschäftsführende Gesellschafterin der OSB (Gesellschaft für systemische Organisationsberatung) in Wien; Konzeption und Durchführung von (internationalen) Management-Curricula; Beratung von Strategie- und Veränderungsprozessen in Unternehmen, Managementerfahrungen in eigenen Familienunternehmen.

Christiane Schuchardt-Hain, Jg. 1951, Dipl.-Sozialwissenschaftlerin. Langjährige Berufserfahrung in den Bereichen Personal und Marketing. Seit 1997 tätig als systemische Familientherapeutin, Supervisorin und Organisationsberaterin in freier Praxis. Mitglied des Langenfelder Instituts für systemische Forschung und Praxis. Arbeitsschwerpunkt: Beratung von Familienunternehmen, Coaching und Beratung in beruflichen und persönlichen Veränderungsprozessen.

Reinhard Sieder, Dr. phil., a. o. Univ.-Prof. für Sozial- und Wirtschaftsgeschichte an der Universität Wien; Veröffentlichungen u. a.: Vom Patriarchat zur Partnerschaft, Historische Familienforschung, Sozialgeschichte der Familie.

Gunthard Weber, Dr. med., Arzt für Psychiatrie und Psychotherapeutische Medizin/Psychotherapie, Systemtherapeut und -berater; Mitbegründer der Internationalen Arbeitsgemeinschaft Systemische Lösungen nach Bert Hellinger. Autor und Herausgeber zahlreicher Veröffentlichungen. Sein Bestseller „Zweierlei Glück" wurde in 10 Sprachen übersetzt.

Rosmarie Welter-Enderlin, MSW, Paar-, Familien- und Organisationsberaterin, Gründerin und Leiterin des Ausbildungsinstituts für systemische Therapie und Beratung in Meilen (Schweiz); Lehrbeauftragte an der Universität Zürich; Autorin zahlreicher Fachartikel und Bücher, u. a. „Paare – Leidenschaft und lange Weile".

Rudolf Wimmer, Prof. Dr., Studium der Rechts- und Sozialwissenschaften an der Universität Wien, geschäftsführender Gesellschafter der OSB (Gesellschaft für systemische Organisationsberatung), Wien; Inhaber des Lehrstuhls für Führung und Organisation am Deutsche Bank Institut für Familienunternehmen an der Universität Witten/Herdecke; Trainer und Berater in Fragen des Veränderungsmanagements und Strategieentwicklung; Mitherausgeber der Zeitschrift „Organisationsentwicklung".

Über den Herausgeber

© Martin Storz, Graffiti

Fritz B. Simon, Studium der Soziologie und Medizin, Psychiater, Psychoanalytiker und Systemtherapeut, Habilitation für Psychosomatik und Psychotherapie an der Universität Heidelberg, Professor für Führung und Organisation, Institut für Familienunternehmen der Universität Witten/Herdecke. Begründer (mit Gunthard Weber u. a.) des Heidelberger Instituts für systemische Forschung, der Internationalen Gesellschaft für systemische Therapie (IGST) und des Carl-Auer-Systeme Verlags. Geschäftsführender Gesellschafter des Managementzentrums Witten (MZW). Von 1994 bis 2001 Vizepräsident der European Family Therapy Association (EFTA), von 1996 bis 2001 Herausgeber der Zeitschrift *Familiendynamik*. Autor zahlreicher Bücher, u. a. *Tödliche Konflikte, Meine Psychose, mein Fahrrad und ich, Radikale Marktwirtschaft* (mit der Autorengruppe C/O/N/E/C/T/A), *Die Kunst, nicht zu lernen, Zirkuläres Fragen* und Mitherausgeber von *Terror im System*.